황현필의 진보를 위한 역사

1장

식민지근대화론
거짓말을 그만하라

식민지배를 당했던 나라가
자국을 지배했던 침략국에 대해
근대화를 이루어 주었다며 고마워하는 경우는
듣지도 보지도 못했다.

식민지시대 친일파의 매국은 선택이었지만
그 후손들의 매국은 학습되고 세뇌된 매국이기에
부끄러움을 모른다.

황현필의
진보를 위한
역사

진짜 진보의 지침서

&

가짜 극우의 계몽서

황현필 지음

역바연

나의 책무와 애국심

나는 어차피 친일매국 세력과 역사전쟁을 시작했다.
그들과의 역사전쟁은 이제 나의 책무이자 애국심 발현이다.

신돈은 이렇게 말했다.
"네가 세상에 맞춰 살든지, 아니면 세상을 바꾸든지."
나는 그들의 세상에 맞춰 살 수 없다.
그렇다면 나의 선택은 무엇인가.

언젠가는
또 누군가는
이런 책을 꼭 써야만 했다.
하지만
다른 누군가가 쉽게 쓸 수 있는 책이라면
나는 이 책을 출간하지 않았을 것이다.

이 책이

대한민국을 올바르게 사랑하고

정상적인 역사관을 가지신 분들에게는

(감히) 지침서가 되기를 바라며,

친일매국과 독재추종 세력에게는

정신개조의 기회가 되기를 바란다.

1,000페이지에 육박하는 방대한 분량을

대중적인 역사로 다가가기 위해 550페이지로 줄이는 작업은

자식처럼 소중한 글밭을 버리는 가슴 아픈 작업이었다.

감수에 힘써 주신

역사바로잡기연구소 공동소장 공정범과

존경하는 역사 선배 신봉수 선생님께 감사의 말씀을 전한다.

당신은 진보인가, 보수인가

보수保守는 보호하고 지킨다는 뜻이다.

진보進步는 앞으로 나아간다는 뜻이다.

진보와 보수를 나누는 잣대와 기준도 다양하지만 진보와 보수를 선악의 개념으로 나누어 단정할 수 없다. 사실 대다수의 사람들은 진보와 보수의 양면을 지니고 있다. 요즘은 부자임에도 진보를 자처하고, 청년임에도 보수를 지지하지만, 일반적으로 사람들이 진보와 보수에 대해 갖는 이미지는 이러하다.

보수는 현재의 상황이 좋다고 생각하면서 현상 유지를 원한다.

진보는 지금보다 더 나은 세상을 위해 변화를 원한다.

보수는 자유로운 시장 경제를 선호한다.

진보는 정부가 개입하는 계획 경제를 인정한다.

보수는 성장을 중시하고,

진보는 분배를 중시한다.

보수는 결과를 중시하고,

진보는 과정을 중시한다.

보수는 주로 부자들이고,

진보는 주로 서민들이다. 물론, 꼭 그렇지는 않다.

보수는 주로 노년층이고,

진보는 주로 청년층이다. 예전에는 그랬다.

보수는 이승만과 박정희를 추종하고,

진보는 김대중과 노무현을 존경한다.

보수는 북한을 주적으로 바라보고

진보는 북한을 민족공동체로 인식한다.

보수는 분단시대가 지속되기를 바라고,

진보는 분단시대를 극복하고 통일을 희망한다.

보수는 반공의 가치를 높이고,

진보는 독립운동의 가치를 높이려 한다.

보수는 친일매국노에 관대하고,

진보는 친일매국노를 척결하자고 한다.

보수는 친일, 친미, 반중의 외교관을 보이고

진보는 반일, 용중, 용미의 외교관을 보인다.

그리고

보수주의자는 자유를 중시하고,

진보주의자는 평등을 중시한다.

보수가 중시하는 자유가 지나치게 강조되어 자유만 넘쳐나는 사회가 되면, 산업혁명 때 노동자들처럼 인간다운 대우도 받지 못하는 사람들이 생겨난다. 반대로, 진보가 중시하는 평등만이 강조되어 인간의 본능인 자유가 침해당하는 수준까지 이르면, 공산주의와 가까워진다. 따라서 자유주의와 평등주의가 적절히 섞여 균형을 이루었을 때 올바른 사회가 만들어질 수 있다. 진보와 보수는 어느 한쪽으로 치우치지 않고 더 좋은 세상을 만들기 위해 모두 존재하는 것이 맞다.

역사적 인물도 시대와 관점에 따라 진보로 보일 수도, 보수로 보일 수도 있다.

예를 들어, 흥선대원군은 진보인가? 보수인가?

대원군은 군주시대의 전제 왕권을 강화하기 위해 노력했다. 새로운 종교인 천주교를 박해했으며, 통상수교거부정책을 펼쳐 새로운 서구 문물을 배척하고 척화비까지 세웠다. 이를 볼 때, 대원군은 보수적인 성향을 지닌 인물로 평가될 수 있다. 그러나 양반에게 군포를 부담하게 하는 호포법을 실시하여 양반과 평민 간의 균등 과세를 실현했고, 향촌 양반의 기득권이던 서원을 철폐한 것을 보면 이보다 진보적일 수 없다.

그렇다면 박정희 전 대통령은 진보인가? 보수인가?

박정희는 반공을 강조하며 국민의 염원인 통일을 이용해 자신의 독재 권력을 강화했고, 친일파를 대거 등용하는 등 보수적인 성향을 보였다. 그러나 경제개발 5개년 계획을 추진하며 계획 경제를 시행했고, 일종의 관제 농민운동이라 할 수 있는 새마을운동을 전개했다. 박정희정권은 민간 주도가 아닌 국가 주도로 경제성장의 방향을 잡고 성장률과 수출을 일일이 관리했다. 또한, 박정희정권은 시장 경제에 개입했고, 기업의 경영에도 관여했다. 경제적인 면에서는 박정희만큼 진보적인 대통령은 없었다.

진보와 보수에 대한 평가는 시대적 배경에 따라 달라질 수 있다.

예를 들어 프랑스혁명(1789)을 살펴보자.

당시 프랑스에서는 왕족, 귀족, 성직자 등의 상류층은 전체 인구의 약 2%에 불과했다. 이들은 혁명에 반대하는 세력이었고, 보수라고 불렸다. 반면, 혁명을 주도했던 자본가, 노동자, 농민 등 전체 인구 98%의 대중은 진보라고 불렸다. 그런데 프랑스혁명이 성공한 후 혁명의 속도와 방향을 놓고 진보에서 분열이 시작되었다. 혁명을 이끌었던 진보 세력 중 의장의 오른쪽에 앉은 자본가 중심의 지롱드파는 우파라고 불렸고, 의장의 왼쪽에 앉은 노동자 중심의 자코뱅파는 좌파라고 불렸다. 이처럼 우파와 좌파의 개념은 진보에서 갈라져 나왔다. 그러나 시간이 지나면서 진보 내 우파와 좌파의 대립이 커지자, 부르주아 우파는 기존의 보수 세력이었던 귀족, 성직자 등과 손잡고 더 큰 형태의 보수 세력을 형성한다. 이제 진보에는 좌파만 남았다. '보수 = 우파', '진보 = 좌파'의 개념은 이렇게 생겨났다.

이 개념을 우리 역사에 대입해 보자.

일제강점기가 더 살기 좋았던 친일매국노, 지주, 자본가들은 일제의 식민통치가 계속되기를 바랐다. 당시는 이들이 보수였다(그런데 보수라는 단어를 매국노 같은 부정적인 이미지와 연결하는 것은 무리가 있기에 수구꼴통이 맞다). 반면, 일제강점기를 끝내고 세상을 바꾸고자 했던 독립운동가들이 진보였다.

독립운동가들은 독립운동의 방략을 놓고 사회주의 사상을 받아들인 사회주의 계열과 사회주의 사상을 거부하고 독립만을 우선시하는 민족주의 계열로 나뉘었다. 사회주의계는 좌파라 불렸고, 민족주의계는 우파라 불렸다. 우리도 프랑스처럼 진보에서 좌파와 우파가 탄생했다. 그런데 우리의 좌파 출발선은 프랑스와 달랐다. 프랑스혁명 당시의 좌파는 주로 노동자와 농민 계급이었던 반면, 우리의 좌파는 사회주의자를 칭하는 표현이었다.

좌우합작을 하며 독립운동을 전개했던 진보 내 좌파와 우파 중 친일변절자들은 거의 우파에서 나왔다. 해방 후 부활한 친일매국 세력은 진보에서 변절한 우파와 손잡고 역시 우파로 변신했다. 이로 인해 우파에는 독립운동에 참여한 민족주의 계열의 우파와 변절한 우파, 그리고 매국노들이 뒤섞이게 되었다. 특히 친일매국 우파는 대부분 이승만 곁으로 모여들었다. 이들은 신탁통치 문제 등을 계기로 좌파와 심각한 대립을 일으키며 반공을 더욱 강조했다. 그러면서 친일매국 우파는 반공투사가 되었다. 이후 6·25전쟁을 거치면서 친일매국 우파는 반공우파가 되었다. 반공우파의 뿌리는 친일매국인 것이다. 따라서 반공우파는 '보수(친일매국) vs 진보(독립운동)'의 구분이 싫다. '우파(반공) vs 좌파(사회주의)'의 세상을 만들어야 한다. 그래서 보수들은 스스로를 우파라고 한다.

사전적 의미의 좌파는 진보와 비슷한 개념으로 해석될 수 있지만, 대한민국의 진보는 스스로 좌파라고 불리는 것을 껄끄러워한다. 그 이유는, 좌파라는 용어가 사회주의자를 칭하는 의미이기 때문이다. 과연 대한민국의 진보 중에 사회주의 사상을 선호하는 사람이 얼마나 될까.

나 역시 사회주의와 공산주의에 거부감을 느낀다. 이는 일제강점기 사회주의계 독립운동가들을 존경하는 것과는 다른 문제이다.

그렇기에 독립운동을 했던 민족주의계 우파를 지지하는 나와 같은 사람들은 좌파라 불리는 게 싫다. 보수 세력이 나와 같은 진보를 좌파라 부르려 하는 것은, 좌파를 사회주의 혹은 북한과 연관시키려는 의도가 있다는 것도 알기에 더욱 그렇다. 그래서 진보는 '우파 vs 좌파'의 개념보다 '진보 vs 보수'로 세상을 보고 싶어 한다.

내가 생각하는 진정한 우파는 진보 진영, 즉 독립운동 진영의 우파다. 임시정부가 그렇고, 김구와 김규식이 그렇다. 우파라면서 임시정부를 부정하고 김구와 김규식을 좌파 취급하는 우파가 있다. 바로 친일매국 우파와 반공 우파들이다. 김구 같은 반공주의자를 좌파로 받아들이는 친일매국 우파와 반공 우파들은 자신들보다 조금이라도 왼쪽에 있으면 모두 좌파라고 인식한다.

그렇다면, 친일매국 우파와 반공 우파들은 극우인가?

극우는 전체주의, 순혈주의, 자국중심주의, 군국주의 등의 특징을 보이며, 자민족우월주의로 타민족에 대해 배타적이다. 이런 성향들은 처절한 애국심으로 드러나면서 폭력성을 띠기도 한다. 나치즘과 파시즘, 일본의 군국주의가 대표적인 극우이다. 그러나 친일매국과 반공 우파들은 자국보다 일본의 입장을 대변하고, 자민족우월주의는커녕 조선을 비하하며 같은 민족인 북한에 대해 배타적이고 혐오하는 감정을 지녔기에 통일에 대한 의지가 전혀 없는 반민족 세력이다. 세상에 이런 극우는 없다. 그렇다면 이들을 대체 뭐라고 불러야 하는가. 매국적이고, 독재를 추종하고, 반민족적이고, 자학사관에 빠져 있고, 최근에는 내란과 학살을 옹호하는 이들을 칭하는 용어를 나는 아직 찾지 못했다.

이 땅의 진정한 보수라면 우리의 역사와 전통을 중시하고, 그로 인해 민족적 일체감을 가지고 통일을 꿈꿔야 한다. 또한, 우리를 불법으로 식민지배했던 일본에 당당히 사과를 요구하는 자세와 이 땅의 민주주의 질서 내에서 개인의 자유와 우리의 평등을 함께 소중하게 생각하는 마음이 있어야 한다. 보수의 가치가 반민족, 친일매국, 독재추종일 수는 없는 것 아닌가.

나는
평등만큼 자유의 가치를 중시하고,
분배가 중요한 만큼 성장을 통해 국가경쟁력을 키우기를 바라며,
노동의 가치만큼 기업의 가치를 존중한다.
따라서 나는 분명 보수적인 측면이 있다.
그러나 나는 친일파에게 분노를 느끼고 독립운동가를 존경하며,
분단보다는 통일을 지향한다.
내가 이승만과 박정희보다 김대중과 노무현을 지지한다는 이유로
나를 진보라고 한다면,
현재 대한민국에서 나는 진보가 맞다.

나는 진보이지만 사회주의와 공산주의를 거부한다. 나는 조국의 독립을 위해 헌신하고 통일정부 수립을 위해 노력했던 민족주의계 우파

김구와 김규식의 노선에 역사적 지지를 보낸다. 나는 친일매국 세력이 함부로 우파임을 자처하면서, 독립운동과 통일정부 수립을 위해 노력했던 이 땅의 진정한 우파를 감히 좌파로 몰아가는 상황을 거부한다.

진짜 우파가 우파로 인정받고, 가짜 우파인 매국 세력이 이 땅에서 설 자리가 없어져야 후대에게 올바른 역사를 계승할 수 있다고 믿는다.

그렇기에 나는 대한민국에서 진보이자 우파로 살고자 한다.

차례

1장 | 식민지근대화론 거짓말을 그만하라

2장 | 식민지 수탈과 학살의 진실을 말하라

3장 | 독립운동을 상처 내지 말라

6장 | 제주4·3사건의 왜곡을 멈추라

7장 | 이승만 국부 만들기를 그만두라

8장 | 6·25전쟁의 사실을 은폐하지 말라

9장 | 박정희 신격화를 중단하라

12장 | 대한민국의 정신을 훼손하지 말라

01 친일매국 세력이
식민지근대화론을 주장하는 이유

"일제강점기 한국은 산업화와 경제성장을 이룩했다."
"조선왕조와 달리 총독부는 경제성장에 필수적인 투자를 했다."

위의 주장은 2024년 전남대학교 교수 김재호가 발간한 《한국 경제사 개관》의 내용 중 일부이다.

뉴라이트 한승조 고려대 명예교수는 2005년 일본 극우 잡지에 아래와 같은 내용을 기고했다.

"일본의 한국에 대한 식민지지배는 오히려 매우 다행스런 일이며, 원망하기보다는 오히려 축복해야 하며 일본인에게 감사해야 할 것이다. 일본통치 35년간 일본에 저항하지 않고 협력하는 등 친일 행위를 했다고 꾸짖거나 규탄, 죄인 취급을 해야 할 이유는 없다."

식민지근대화론은 일본의 식민지배 덕분에 한국이 근대화되었다는 주장이다. 이는 현재 우리가 누리는 경제적, 사회적, 문화적 성장의 원동력이 일제강점기에서 비롯되었다는 역사적 관점이다.

일제강점기에 한국의 근대화가 이루어졌다는 발상 자체가 어처구니없다. 뉴라이트 김재호는 경제학을 전공했고, 뉴라이트 한승조는 정치학을 공부했다. 그렇다면 대한민국 유수의 역사학자들은 이들의 주장을 어떻게 받아들일까? 두말할 것 없이 어처구니없어 한다.

일제강점기를 통해 한국의 근대화가 이루어졌다고 말하는 것은 자학적이고, 의도적이고, 비논리적인 주장이다. 이러한 억지스러운 주장을 펼치고, 역사를 왜곡하는 사람들은 보통 일본인이거나 한국인 중에서는 뉴라이트를 비롯한 친일매국 세력이다.

식민지근대화론을 뿌리내리려는 자들의 목적은 다음과 같다.

첫째, 일제강점기를 미화하기 위해 조선을 비하한다. 조선이 미개했어야 일제강점기가 더 살 만했다고 설명할 수 있기 때문에 식민지근대화론과 '조선 죽이기'는 불가분의 관계이다.

일제강점기 이전의 역사를 부정적으로 인식하게 하여 한국인에게 역사적 상실감을 안겨 주고 열등의식을 갖게 하려는 의도이다.

둘째, 식민지근대화론이 성립되면 한국의 근대화를 이끌어 준 일본에 고마운 마음을 갖게 되니, 한국인들의 반일 정서를 완화시킬 수 있다.

셋째, 식민지근대화론을 통해 일제의 식민지배에 저항했던 수많은 독립운동가를 바보로 만들 수 있다. 독립운동가를 전근대적 조선만을 지향했던 구시대적 인물이자 폭력적인 테러리스트로 폄하하려는 것이다.

넷째, 일제강점기 친일파들의 반민족 행위에 대해 면죄부를 주는 동시에 현재 자신들의 친일 행위에 정당성을 부여할 수 있다.

다섯째, 식민지근대화론을 주장함으로써 일본으로부터 연구비 명목의 돈을 받을 수 있다. 이들이 역사를 파는 가장 큰 이유일 수도 있다.
뉴라이트의 창시자나 다름없는 안병직은 자신의 논문에서 밝혔다.
"도요타재단으로부터 연구비의 지원이 없었더라면, 이번의 공동연구는 출발부터 불가능하였다."

여섯째, 식민지근대화론을 주장하는 소수의 뉴라이트가 됨으로써 학계에서 비주류였던 자신들이 정치 권력에 편승하여 자리 욕심을 부릴 수 있다. 실제로 윤석열정권에서는 대한민국 주요 역사기관장 자리에 모두 뉴라이트를 앉혔다.
국사편찬위원장이 된 허동현은 과거에 다음과 같이 발언했다.
"공산주의자 홍범도의 흉상이 육사에 존치되는 것은 어불성설이다."

동북아역사재단 이사장이 된 박지향은 이렇게 발언했다.
"일본이 과거를 사과하지 않는다는 인식을 강요해선 안 된다."

한국학중앙연구원 원장으로 낙점된 김낙년은 과거에 이렇게 말했다.
"거짓말과 엉터리 논리로 일본의 식민지배를 비판하지 말라."

최근 독립기념관장으로 임명된 김형석의 발언은 이러했다.
"일제강점기 우리는 일본인이었다."

해방 이후 식민사관을 탈피하고 싶었던 대한민국의 역사학자들은 조선 후기에 나타난 경제적 변화에서 근대의 싹을 찾으려 했다.

조선 후기 이앙법(모내기)이 전국으로 확산되면서 한 사람이 넓은 농경지에서 농사를 짓는 광작廣作이 가능해졌다. 광작에 성공한 소수의 농민은 부농으로 성장했지만, 다수의 소작농은 농경지에서 쫓겨나 일자리를 찾아 도시나 포구 또는 광산으로 이동했다. 이로 인해 도시의 인구가 증가했고, 도시의 인구를 먹여 살리기 위한 상품작물의 재배가 활기를 띠었다. 그 과정에서 한양의 시전상인과 각 도시를 거점으로 활동하는 사상私商(송상, 만상, 내상, 경강상인) 같은 상인들이 크게 성장했다. 또한, 조선 후기 광산 경영의 활기는 물주(투자자)와 덕대(광산 경영자) 같은 새로운 자본가의 출현을 낳았다. 한편, 세금을 현물(특산품) 대신 돈으로 납부하는 대동법이 시행되면서 국가가 필요로 하는 물품을 전국 각지에 조달하는 공인貢人이 성장했다. 대동법의 시행에 따라 각 지역의 수공업품이 대량으로 수주되는 과정에서 성장한 독립수공업자도 있었다.

조선 후기의 시전상인과 사상, 물주와 덕대, 공인과 독립수공업자는 분명 이전 시대에 없었던 새로운 자본가들이었다. 이러한 상업자본가의 출현으로 조선에서 자본주의의 싹이 텄다는 '자본주의 맹아'가 제시되면서 조선 후기의 자발적인 근대화가 증명되었다. 그래서 식민지근대화론은 한동안 명함도 내밀지 못했다.

그러나 1990년대에 접어들면서 조선의 자발적인 근대화에 대한 연구가 시들해지자 슬그머니 고개를 든 식민지근대화론은 2000년대에 들어 역사학자도 아닌 경제학자 출신의 뉴라이트 세력에 의해 강하게 대두되었다.

식민지근대화론의 선두 주자는 안병직과 이영훈이었다. 두 사람 모두 경제학을 전공했다. 이들은 한때 마오주의에 빠져 한반도의 공산화를 꿈꿨던 극좌파 인물들이었다. 사실 안병직은 학생운동권의 대부이기도 했다. 안병직은 일본 유학 후 친일로 돌아섰고, 그가 한국으로 돌아와 설립한 낙성대경제연구소는 식민지근대화론을 제창하는 본부가 되었다.

그의 제자 이영훈은 "위안부는 자발적이었다"라는 망언으로 유명세를 타다가 유튜브 채널 〈이승만 학당〉을 운영하면서 세종대왕을 공격하기 시작했다. 이영훈의 매국적 역사관은 이후 많은 꼴통 유튜브 채널을 통해 대중에게 확산되었다. 이영훈은 《반일종족주의》를 집필하며 뉴라이트의 대표적인 인물로 자리매김했다.

내가 공부한 역사에 따르면, 식민지근대화론은 이론으로서 가치를 찾아볼 수 없다. 식민지근대화론은 소수의 거짓말쟁이가 의도를 가지고 자행한 수준 낮은 역사 왜곡에 불과하다. 많은 역사학자들이 논문과 저서를 통해 이들의 거짓을 꾸짖었시만 그저 학계의 논문 싸움에 그치고 말았다. 오늘날 역사학계의 논문은 그들만의 리그일 뿐, 대중에게 영향을 미치지 못한다. 반면, 거짓과 날조의 역사는 인터넷과 유튜브 같은 매체를 통해 사실인 양 널리 전파되고 있다.

이번 장에서는 식민지근대화론의 허구성을 밝히고, 대중에게 잘못 전파된 거짓 내용을 바로잡도록 하겠다.

참고문헌

· 김기협, 《뉴라이트 비판: 나라를 망치는 사이비들에 관한 18가지 이야기》, 돌베개, 2024.
· 김종욱, 《근대의 경계를 넘은 사람들: 조선 후기, 여성해방과 어린이 존중의 근대화 이야기》, 모시는사람들, 2018.
· 주종환, 《뉴라이트의 실체 그리고 한나라당: 식민지근대화론의 허구성》, 일빛, 2008.
· 박섭 외, 《식민지 근대화론의 이해와 비판(한국현대사의 재인식25)》, 백산서당, 2004.
· 이선민, 《한국의 자주적 근대화에 관한 성찰: 자생적 근대화론과 식민지 근대화론을 넘어서》, 나남출판, 2021.

02 조선보다
일제강점기가 살기 좋았다고?

일제강점기에 근대화가 정착되었다면, 근대의 기본 요소에 해당하는 민주주의, 자본주의, 합리주의, 평등사상이 보였는지 확인해야 한다.

식민지시대 조선인에게 정치적으로 민주주의가 실현되었는가?

식민지시대 조선인이 사회적으로 평등했는가?

식민지시대 조선인이 합리적인 삶을 살았는가?

식민지시대 조선인이 자유·평등·박애의 존중을 받았는가?

택도 없었다.

뉴라이트 입장에서는 식민지근대화론을 증명하기 위해 오로지 경제적 성과만을 제시했다. 그들은 일제강점기 조선의 평균 경제성장률이 3%였다는 통계를 제시한다. 그러나 앵거스 매디슨의 통계 자료(OECD의 경제 통계)에 입각하여 1913~1950년 시기의 각 나라의 경제성장률을 살펴보면 이들의 주장이 거짓임이 드러난다.

1913~1950년 각 나라별 경제성장률

후보	일본	한국	대만	필리핀	태국	세계 평균
경제성장률(%) (1913~1950)	2.21	0.30	2.87	2.23	2.23	2.11

친일매국 세력은 일제강점기에 한국의 경제가 발전했다고 주장하지만, 일본과 한국을 따로 보았을 때 한국의 경제성장률은 형편없었다. 이 시기 일본의 경제는 성장하고 있었지만, 일본인과 조선인 간 소득 격차는 점점 벌어지고 있었다.

1913~1950년 각 나라별 1인당 소득증가율

후보	일본	한국	대만	필리핀	태국	세계 평균
1인당 소득증가율(%) (1913~1950)	0.89	-0.40	0.61	0.01	-0.06	0.13

일제강점기 조선인의 1인당 소득이 크게 증가하지 않은 이유는 무엇일까? 그 시기 경제성장의 단물은 다수의 조선인이 아닌, 당시 한반도 인구의 3% 정도만을 차지하는 일본인이 독식했기 때문이다. 즉, 조선의 경제가 발전해도 그 이익은 대부분 일본이 가져갔던 것이다.

역사적 사실만을 적시하더라도 일제강점기 한국인이 경제적으로 더 잘살게 되었다는 주장이 얼마나 허황된 거짓말인지 확인할 수 있다.

일제강점기 한국인 1인당 쌀 소비량 변화 추이

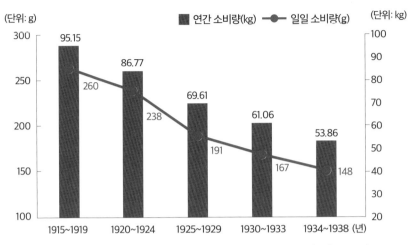

Andrew J. Grajdanzev,《Modern Korea》, 1944.

일본은 회사령(1910)을 발표하여 조선인의 회사 설립을 막았다. 그 결과, 조선의 기간산업은 모두 일본인 회사의 차지였다. 또, 어업령(1911)을 발표하여 일본인 중심의 어장을 편성하고, 조선 어민의 활동을 억압했다. 산림령(1911)과 광업령(1915)에 따라 조선의 산림과 광산이 수탈당하며 조선의 임업과 광업이 몰락했다.

일본은 토지조사사업(1912~1918)을 실시하여 조선의 토지 40%를 빼앗아 일본인에게 저렴한 가격으로 나눠 주어 일본인 지주를 양성했고, 전통적으로 인정되었던 조선 농민의 소작권을 빼앗아 지주에게 넘김으로써 소작농이 피눈물을 흘리며 농경지를 떠나게 만들었다.

일본이 실시한 산미증식계획(1920~1934)은 조선의 많은 쌀을 일본으로 반출시켜 조선의 쌀 가격을 올리고, 조선인의 1인당 쌀 소비량을 감소시켰다. 조선인의 쌀 소비량이 감소했다는 사실이 안 믿기는가?

일본인과 한국인의 1인당 연간 쌀 소비량

연도	1인당 연간 소비량(석)	
	일본	한국
1915	1.111	0.724
1920	1.118	0.623
1925	1.128	0.518
1930	1.077	0.450
1933	1.095	0.411

고바야카와 구로, 《조선농업발달사》, 조선총독부출판국, 1935.

위 조선총독부의 자료를 보고 당시 굶주렸을 조선인을 생각해 보라.

일제는 중일전쟁이 발발하자 국가총동원령(1938)을 실시하여 조선의 쌀과 가축, 심지어 숟가락과 밥그릇까지 모두 빼앗아 갔다.

조선인은 징용으로 광산과 공장과 섬으로 끌려갔다.

조선인은 학도병으로, 징병으로 전쟁터에 끌려갔다.

또, 정신대로, 위안부로 가서는 안 될 곳까지 끌려가 참담한 고통을 당했다.

어떻게 일제강점기에 조선인이 경제적으로 더 잘살았다고 말할 수 있는가? 식민통치를 당하며 섬나라 놈들에게 멸시를 당하고 그것도 모자라 2등신민 취급을 받으며 사는 것이 과연 행복했을까? 일제강점기가 그렇게 살 만했다면 왜 3·1운동 때 200만 명이 '대한독립 만세'를 외쳤고, 그중 7,000여 명이 독립을 위해 죽어야만 했을까? 식민지 조선에서 사는 것이 행복했다면 왜 많은 조선인들이 정든 고향을 떠나 만주나 연

조선인 성인 남성의 평균 신장

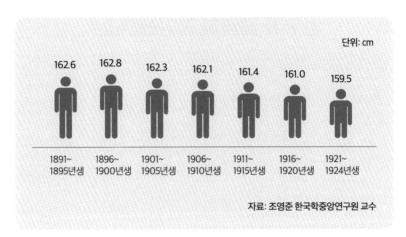

단위: cm

162.6	162.8	162.3	162.1	161.4	161.0	159.5
1891~ 1895년생	1896~ 1900년생	1901~ 1905년생	1906~ 1910년생	1911~ 1915년생	1916~ 1920년생	1921~ 1924년생

자료: 조영준 한국학중앙연구원 교수

해주를 전전해야만 했을까?

일제강점기 전(1891~1895년생) 성인 남성의 평균 신장은 162cm였다. 그런데 일제강점기(1921~1924년생) 조선인 성인 남성의 평균 신장은 159cm로, 30여 년 사이 무려 3cm나 줄었다. 항상 일본인보다 키가 컸던 우리가 키로 추월당했던 유일한 시기는 바로 일제강점기였다. 그 시기 일본인들은 잘 먹고 잘살았나 보다.

참고문헌
· 송규진, 《통계로 보는 일제강점기 사회경제사》, 고려대학교출판문화원, 2018.
· 도리우미 유타카, 《일본학자가 본 식민지 근내화론》, 지식산업사, 2019.

03 일제강점기에 인구가 급격히 증가했다고?

"가난했던 조선시대보다 더 살 만했고 의학도 발달했으니, 일제시대에 인구가 폭발적으로 증가한 것은 엄연한 사실이다."

뉴라이트를 비롯한 신친일파는 일제강점기 조선인의 생활 수준이 좋아지면서 인구가 폭발적으로 증가했다고 주장한다. 그러나 이 주장은 전제조건부터 틀렸다. 일제강점기 조선인의 생활 수준은 현저히 떨어졌다. 1인당 소득은 대한제국 시기보다 낮아졌고, 1인당 쌀 소비량도 줄어들었다. 그로 인해 일제강점기 조선인의 키가 줄었음을 앞서 언급했다.

일제강점기에 인구가 증가한 것은 사실인가? 사실이다. 그렇다면 조선시대에 정체되었던 인구 증가가 일제강점기에 들어 폭발적으로 증가했을까? 결코 그렇지 않았다.

각 시대와 국가별 인구 통계는 조사 결과가 부정확한 경우가 많아 학계에서도 해석이 다양하다 보니, 보편적인 자료로 비교해 보겠다.

대한제국 시기의 인구 급증

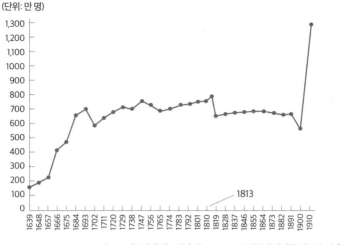

(단위: 만 명)

인조 17년부터 융희 4년까지(1639~1910) 정부가 집계한 인구 수의 추세

우리는 인구가 증가한 시기를 세 시기로 나누어 비교해 보아야 한다.

첫째, 대한제국 시기의 인구 변화(1910년 이전)

둘째, 일제강점기 35년간의 인구 변화(1910~1945)

셋째, 해방 이후 35년간의 인구 변화(1945~1980)

조선시대의 인구에 대한 해석은 다양하지만, 대한제국(1897~1910) 시기에 이미 인구가 크게 증가했다는 명확한 자료가 존재한다. 이는 1894년 갑오개혁을 통해 노비제도가 폐지되면서 인구 조사에 적극적인 참여가 이루어진 데 있다. 또한, 1896년 호구조사규칙의 제정으로 근대적 인구 조사가 시작되었기 때문이기도 하다.

사실상 인구 증가 그래프만 보더라도 일제강점기보다 대한제국 시기

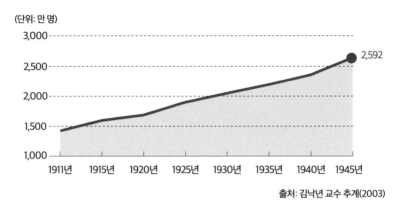

일제강점기 인구 증가

(단위: 만 명)

2,592

출처: 김낙년 교수 추계(2003)

의 인구 증가가 더 가파르다는 것을 확인할 수 있다.

일제강점기 직전 대한제국의 인구가 1,750만 명까지 증가했다는 주장도 있지만, 백번 양보해서 뉴라이트 김낙년의 주장대로 대한제국의 인구를 1,500만 명으로 가정하고 계산해 보겠다.

35년간의 일제강점기가 끝나고 해방을 맞이했던 1945년, 한반도의 인구는 남한 1,600만 명, 북한 900만 명으로 총 2,500만 명에 달했다. 즉 대한제국의 인구 1,500만 명이 일제강점기 35년을 거쳐 2,500만 명으로 증가한 것이다. 일제강점기 동안 인구가 1,000만 명이 증가했으니 인구 증가는 2배가 되지 않았다.

1945년 2,500만 명이었던 한반도의 인구는 1980년 남한 3,743만 명, 북한 1,737만 명으로 남북한 5,500만 명에 달했다. 해방 이후 35년간 무려 3,000만 명이 증가하면서 인구 증가가 2배가 넘었다. 일제강점기

해방 이후 인구 증가

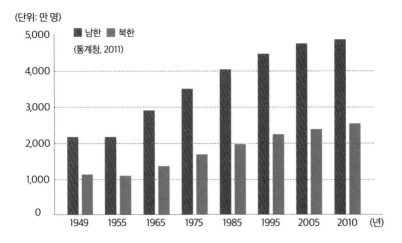

(단위: 만 명)

■ 남한 ■ 북한
(통계청, 2011)

35년 동안 한반도의 인구가 1,000만 명이 증가한 것과 비교했을 때, 엄청난 인구 급증이다.

정리하자면 한반도의 인구는
1910년 1,500만 명,
1945년 2,500만 명,
1980년 5,500만 명이었다.

바보가 아닌 이상 위의 수치만 봐도 어느 시기에 인구가 급격하게 증가했는지 알 수 있다. 뉴라이트의 주장대로 일제강점기에 의학이 발달하고 식생활이 좋아져 인구가 증가했다면, 해방 이후 전쟁을 거친 1950~1960년대와 1970년대 남한과 북한은 선진국이고 엘도라도여서 인구가 증가했는가. 그런 논리라면 산업과 의학이 가장 발달한 21세기

대한민국에서 왜 인구가 감소하고 있는지에 대해서도 설명할 수 있어야 한다. 인구의 증감은 단순히 의학과 산업의 발달로 설명되지 않는다. 오히려 출산과 육아에 대한 사회적 인식과 가치관이 큰 영향을 미친다.

더이상 일제강점기에 조선인의 생활 수준이 향상되어 한반도의 인구가 기하급수적으로 증가했다는 거짓말을 하지도 말고, 그 거짓말에 속지도 말자.

참고문헌

· 박경숙, 〈식민지 시기(1910년~1945년) 조선의 인구 동태와 구조〉, 한국인구학회, 한국인구학 제32권 제2호, 2009.
· 김철, 《韓国の人口と経済(한국의 인구와 경제)》, 岩波書店, 1965.

04 우리의 주요 철도를 일본이 만들어 주었다고?

　　어떤 나라를 식민지배하고 싶으면, 그 나라에 철도를 깔으라는 말이 있다.

　서세동점西勢東漸(서양 제국주의의 동양 식민지화) 시기 철도는 양면성이 있었다. 철도는 근대화의 상징이기도 하지만 동시에 침략과 식민지배의 상징이기도 했다. 강대국이 약소국으로부터 철도 부설권을 얻으면 강대국은 철도 공사를 하기 위해 약소국의 지형을 파악하는 것은 물론, 내륙 깊숙한 곳까지의 정확한 지도를 손에 넣게 된다. 이후 철도 공사에 투입되는 인력과 자재를 보호하기 위한 군대가 파견되는데, 이 군대는 결국 약소국을 침략한다. 이처럼 철도는 제국주의 국가에게 약소국을 식민지로 지배하기 위한 중요한 도구였던 것이다.

　많은 사람들은 우리나라의 주요 철도가 일제강점기에 만들어졌다고 잘못 알고 있다.

　우리 역사상 최초의 철도 경인선(경성~인천)은 미국인 제임스 모스가 한국개발공사를 설립하고 경인선 공사계약권에 해당하는 부설권을 얻은 후 착공에 들어갔다. 그러나 한국개발공사가 재정난에 빠지자 일본이 이를 사들여 1899년에 완공했다. 한국개발공사의 자금난이 없었다면, 오늘날 우리는 경인선을 미국이 만들어 주었다고 기억하고 있을 것이다.

경부선(경성~부산)도 처음에는 미국이 부설권을 가졌으나, 영국으로부터 자본을 빌린 일본이 이를 사들여 공사를 시작하여 1905년에 완공했다.

경의선(경성~의주)은 부설권을 갖고 있던 프랑스의 피브릴르회사가 자금 부족으로 이를 포기하자, 대한제국 정부가 직접 경의선을 공사할 목적으로 서북철도국을 개설하고 측량을 시작했다. 그러던 중 러일전쟁이 발발(1904)하자, 일본이 강제로 경의선 부설권을 빼앗아 1906년에 완공했다.

주요 철도의 완공 시기는 일제강점기가 아닌 모두 대한제국 시기였다.

즉, 철도를 만들기 위한 토지 확보, 공사 비용, 인력 동원은 모두 대한제국이 부담했고, 일본은 공사계약권을 따내어 공사를 시행한 것에 불과했다. 일본이 시행한 철도 공사 과정 중에 조선 농민들의 농경지가 강제로 헐렸고, 자기 의사와 상관없이 농경지를 빼앗긴 농민들은 분하고 억울함에 피눈물을 흘리며 고향을 떠나야 했다. 게다가 일본은 역부들에게 지급하기로 한 노임, 식비, 운임도 제때 주지 않았다. 그래서 조선의 의병들이 철도 공사를 방해하기도 했다. 일본군은 그 의병들을 잡아 총살했다.

당시 《대한매일신보》의 경부선 철도 공사와 관련된 기사 내용이다.

철도가 통과하는 지역은 온전한 땅이 없고 기력이 남아 있는 사람이 없으며, 열 집에 아홉 집은 텅 비었고, 천 리 길에 닭과 돼지가 멸종하였다.

철도 공사에 대한 원망으로 백성들 사이에서는 이런 노래가 불렸다.

힘깨나 쓰는 장정 철도 역부로 끌려가고
얼굴 반반한 계집 갈보로 끌려간다.

영국은 인도를 식민지배하기 위해 인도에만 4만km 이상의 철도를 깔았다. 그러나 인도 사람들은 영국에 고마워하지 않는다. 프랑스가 베트남에 철도를 깔아 주었다고 하여 베트남 사람들이 프랑스에 고마움을 느끼지 않는 것처럼 말이다. 간도협약(1909)을 체결하여 간도를 청나라에 넘겨주는 대가로 일본이 부설권을 얻어 만든 남만주 철도에 대해 만주의 중국인들이 일본에게 고마워하는가.

그런데 왜 한국인은 일본에게 고마운 마음을 가지려 하는가.

우리나라의 철도는 대한제국의 돈과 토지, 철도 공사를 위해 동원된 수많은 조선인의 피와 땀과 눈물로 건설된 것이다.

참고문헌 ─────
· 정태헌, 《한반도 철도의 정치경제학: 일제의 침략통로에서 동북아공동체의 평화철도로》, 선인, 2017.
· 이항준, 〈대한제국기 내장원경 이용익의 활동 - 철도건설과 치관도입을 중심으로〉, 수선사학회, 사림 제75호, 2012.

05   일제강점기에 공장과 발전소가 많이 만들어졌다고?

소설가 황석영이 일제강점기 경제개발에 대해 말했다.

"도둑놈의 사다리"

도둑이 어떤 집에 물건을 훔치러 들어올 때 사다리를 필요로 했지만, 도둑질이 끝나고 돌아갈 때는 그 사다리를 치우고 간다는 뜻이다.

영화 〈독립전쟁〉에 삽입된 내레이션의 일부이다.

어떤 강도가 우리 집에 무단으로 침입하여 집을 점령한 채
엄마와 딸을 볼모로 삼고,
아빠는 강제로 밖에서 돈 벌어 오라고 앵벌이를 시키고,
엄마는 청소 빨래 등 집안일을 시키고,
심심하면 딸을 성추행하고,
저항하는 아들을 때려죽이고.
그래서 그 망할 놈의 강도를

아빠와 옆집 아저씨가 합세해서 어렵게 쫓아냈더니,

나중에 그 강도가 합의금 조금 물어 주면서 이렇게 말해요.

"내가 너희 집 흑백 TV를 컬러 TV로 바꿔 주었으니 고맙지 않냐."

이처럼 말도 안 되는 주장이 바로 식민지근대화론이에요.

이렇게 말하는 사람들이 있다.

"식민지시대에 중화학공업이 발달했고, 여러 발전소가 많이 건설되지 않았는가?"

그렇다면 이렇게 되묻고 싶다.

"그 공장은 대체 누구의 것이었는가?"

"그 공장과 발전소는 대체 어디에 세웠는가?"

일제는 만주사변(1931) 이후 한반도 북쪽을 대륙 침략의 전초 기지로 삼기 위한 병참기지화정책을 전개했다. 그러다 보니 대륙과 가까운 한반도 북쪽에는 중화학공업이 발달하고, 댐과 화력발전소 등이 많이 건설되었다. 반면, 한반도 남쪽에는 경공업 중심의 산업이 집중되면서 사실상 38도선이 만들어지기 전부터 남북한 간 경제적 차이가 크게 벌어지기 시작했다.

이러한 경제적 격차는 훗날 김일성이 남침을 단행하는 자신감을 불러일으킨 요인으로 작용했다. 또한, 6·25전쟁이 끝난 뒤 1960년대까지 북한이 남한보다 경제적으로 윤택했던 이유도 일제강점기의 공업불균형정책 때문이었다.

그렇다면 일본에 고마워해야 할 대상은 북한이지 않은가? 그럼에도

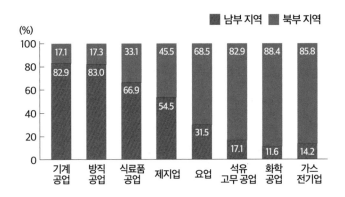

일제강점기 한반도 공업생산액 비율

■ 남부 지역 ■ 북부 지역

(%)

	기계공업	방직공업	식료품공업	제지업	요업	석유고무공업	화학공업	가스전기업
남부 지역	17.1	17.3	33.1	45.5	68.5	82.9	88.4	85.8
북부 지역	82.9	83.0	66.9	54.5	31.5	17.1	11.6	14.2

조선총독부, 〈조선총독부 통계 연보〉

북한은 일본에 고마움을 느끼기는커녕 일본과 수교도 맺지 않고 있다. 북한은 가끔 일본 열도 위로 대포동 미사일을 날리며 자신들의 미사일 사거리에 만족감을 느끼곤 한다.

배은망덕한(?) 북한이다.

조선이 해방을 맞이하자 한반도에 있던 일본인들은 재산을 챙겨 일본으로 도망가거나 한반도 어딘가로 잠적했다. 해방과 동시에 한반도의 자본가들이 사라진 것이었다. 주요 산업 시설은 대부분 북한에 집중되어 있었고, 해방 직후 북한은 남한으로의 전력 송출을 끊어 버렸다. 그로 인해 남한은 전력 무방비 상태에 놓여 공장 가동력이 현저히 떨어질 수밖에 없었다. 이 상황에서 해외 동포와 독립운동가들이 귀국하면서 남한의 인구는 급속히 증가했다.

쌀도 부족했고 생필품도 부족했다.

인플레이션은 당연했다.

굶어 죽는 사람이 발생했다.

해방 직후 남한은 세계에서 가난한 나라 중 하나였다.

일제강점기에 우리가 근대화되었더라면, 해방 직후 남한의 가난은 어떻게 설명해야 하나?

참고문헌

· 신용하, 《일제 식민지정책과 식민지근대화론 비판(사회사연구총서8)》, 문학과지성사, 2006.
· 이준영, 〈일제강점기 하야시 시게조(林繁藏)의 조선경제 운영구상과 실행전략〉, 동의대학교 대학원, 2018.
· 홍성찬 외, 《해방 후 사회경제의 변동과 일상생활》, 혜안, 2009.

06 조선의 신분제도를 일본이 폐지시켜 주었다고?

"이조 500년 동안 해방되지 못했던 조선의 노비를 일본이 해방시켜 주었다."

"애당초 일본이 갑오개혁을 주도하여 조선의 신분제가 철폐되었으니, 일본에 고마워해야지."

많은 사람들이 일본의 신분제도는 일찍이 폐지되었을 것이라고 생각한다. 일본은 메이지유신(1868) 직후인 1871년 신분제를 폐지했다. 이는 조선이 갑오개혁을 통해 신분제를 폐지한 시점보다 불과 20여 년 빠를 뿐이다. 그런데 문제는 갑오개혁이 일본에 의해 주도된 타율적 개혁이었으며 결과적으로 조선의 신분제 폐지 역시 일본 덕분이었다고 주장하는 친일 세력이 있다는 것이다.

동학농민운동을 진압한다는 이유로 일본군이 조선에 상륙한 뒤 경복궁을 무력으로 점령했다(1894.6.). 일본은 조선을 개혁하겠다며 갑오개혁을 단행하게 했다(1894.7). 그러나 일본은 갑오개혁을 시작시켜 놓고 청일전쟁을 치르느라 조선의 내정 개혁에 신경을 쓸 겨를이 없었다. 그러다 보니 갑오개혁은 오로지 조선인 관료들의 주도로 이루어졌다. 갑오개혁의 시작은 타율적이었지만 주요 개혁은 자율적인 의지로 진행되었기에 최근 학계에서는 갑오개혁을 자율적 개혁으로 해석한다.

갑오개혁은 사회 면에서 반봉건적이고 파격적인 개혁이 이루어졌다. 노비를 비롯한 신분제 폐지, 고문과 형벌 금지, 연좌제 금지, 과부의 재가 허용 등이 그러했다. 이처럼 엄청난 개혁이 조선 관료들에 의해 자발적으로 이루어졌을 때 일본이 마음속으로 반겼을 리 없다. 일본은 자신들이 만든 군국기무처(갑오개혁 주무처로 조선 관료들이 이곳에서 개혁안을 만들었다)조차 강제로 해산하고 갑오개혁을 중단시켰다. 그리고 갑신정변(1884) 직후 일본으로 망명해 있던 1세대 친일파 박영효를 불러들여 제2차 갑오개혁을 이끌도록 했다.

갑오개혁 이전부터 신분제 철폐는 조선 내부에서 차근차근 준비되고 있었다.

순조는 1801년 공노비를 해방시켰다.

고종은 1882년 서얼과 중인에 대한 차별을 중단시켰다.

고종은 1886년 노비세습제를 이미 폐지시켰다.

1884년 갑신정변 때 "문벌을 폐지하고 인민평등권을 확립하라"

1894년 동학농민운동 때 "노비문서를 소각하라" 등의 구호가 있었다.

갑오개혁의 신분제 철폐는 갑신정변을 주도한 급진개화파와 동학농민군의 주장이 반영된 것이다.

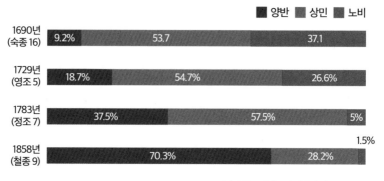

조선 후기 신분 분포

■ 양반 ■ 상민 ■ 노비

1690년 (숙종 16)	9.2%	53.7	37.1
1729년 (영조 5)	18.7%	54.7%	26.6%
1783년 (정조 7)	37.5%	57.5%	5%
1858년 (철종 9)	70.3%	28.2%	1.5%

시카타 히로시, 《조선 경제의 연구3》, 1938.

여기서 우리가 주목해야 하는 것이 있다.

갑오개혁으로 신분제가 폐지될 당시 조선 백성들의 놀라움이나 동요가 거의 없었다는 것이다. 신분제 폐지를 반대하는 양반 유생들의 분노도 보이지 않았고, 노비제 폐지에 기뻐하며 춤추는 노비도 많지 않았다. 신분제와 노비제도가 폐지되었다고 하여 노비가 주인에게 함부로 대했다는 기록도 거의 없다.

이는 무엇을 의미하는가?

조선의 백성들은 양반부터 노비까지 너 나 할 것 없이 신분제 철폐에 거부감이 없었고, 이는 신분제 폐지에 대한 사회적 공감대가 이미 형성되어 있었다는 것을 의미한다. 그런데 숭일 세력은 조선왕조는 신분제 폐지조차 못하는 무능함을 보였다면서 일본 덕분에 평등세상이 열렸다고 호도한다. 거짓말이다. 조선은 자발적으로 평등사회로 이행하고 있었고, 노비 역시 거의 사라지고 있었다.

아직도 많은 사람들은 조선의 신분제도가 일제강점기에 폐지되었다고 잘못 알고 있다. 이는 지금까지도 나라 내부의 신분 차별 문제를 해결하지 못해 시끄러운 일본을 과대평가하고, 우리 역사를 과소평가하는 사람들의 열등의식에서 비롯된 것이다.

현재 일본에 무슨 신분 차별이 존재하냐고 물을 것이다.

이러한 질문은 일본의 최하층 천민 부라쿠민의 존재를 모르기 때문에 나오는 것이다. 저들이 그렇게 비하하는 조선의 노비가 일본의 부라쿠민과는 비교할 수 없을 정도로 자유로운 삶을 살았다는 사실을 아는 사람이 얼마나 될까?

일본의 부라쿠민에 대한 차별은 21세기인 지금까지도 사회적 문제로 남아 있다. 2017년 일본 내각의 조사에 의하면 일본 인구의 75%가 부라쿠민에 대한 차별이 존재한다고 답했다. 부라쿠민에 대한 결혼 차별(40.1%), 편견을 담은 차별적인 언행(27.9%), 신원 조사(27.6%), 취업이나 직장에서의 불이익(23.5%) 등이 대표적이다.

150년 전에 사라졌다고 하는 신분제의 잔재가 건재한 일본이다.

신분 차별만 놓고 보면 인도나 일본이나….

참고문헌 ─
· 왕현종, 《한국 근대국가의 형성과 갑오개혁》, 역사비평사, 2003.
· 이이화, 《평등과 자주를 외친 동학농민운동》, E PUBLIC, 2017.
· 유바다, 〈동학농민전쟁과 갑오개혁에 대한 시민혁명적 관점의 분석〉, 동학학보 제58호, 2021.
· 김견화, 〈日신분제는 150년 전 사라졌다고? '부라쿠'는 여선하다〉, 한국일보, 2022.3.19.

07 조선인들이
가난하고 더럽고 미개했다고?

　　인터넷과 유튜브를 비롯한 여러 매체를 통해 조선의 가난
함과 더러움이 강조된 영상과 글들이 판을 친다. 그런 글과 영상을 볼
때마다 마음이 답답하다. 지금의 시각으로 조선을 보자면 가난하고 더
러운 것은 사실이지만, 그 가난함과 더러움을 조선 전체 역사에 덧씌우
려는 나쁜 의도가 숨어 있다는 것을 알기에 불쾌하다. 친일매국 세력은
어떻게 해서든지 조선을 깎아내리고 비하한다. 그래야 식민지근대화론
이 정당화될 수 있기 때문이다.

　　조선을 배경으로 하는 영화나 드라마를 보면 탐관오리의 착취로 백
성들이 굶주리고 고달픈 삶을 사는 장면을 많이 볼 수 있다. 그러나 이
는 조선시대 전체가 아닌 19세기만의 상황이라는 단서를 달아야 한다.
19세기 전반의 세도정치기와 소위 구한말이라고도 하는 19세기 후반부
터 대한제국까지가 조선의 가장 어려운 시기였다. 그러나 19세기 이전,
400년 동안의 조선은 큰 전쟁도 있었고 자연 재해와 전염병도 있었지만

백성들은 살 만한 나라였다. '조선은 백성들이 살 만한 나라였다'고 하면 '조선까'에 미쳐 있는 자들이 거품을 물 것이다.

최근 뉴라이트를 필두로 한 신친일파는 식민지근대화론을 뿌리내리기 위해 조선을 가난하고 더럽고 미개한 나라로 만드는 데 열을 올린다. 그들이 주장하는 것은 대부분 거짓말에 가깝다.

전근대 시대에는 먹고사는 문제가 삶의 가장 중요한 척도였다. 과연 조선인만큼 잘 먹고살았던 사람들이 또 있었을까?

조선인이 음식을 많이 먹는 대식가였다는 점은 여러 기록으로 증명된다. 일단 조선인의 밥그릇(690g의 쌀밥이 들어가는 크기) 자체가 현재 우리가 사용하는 밥그릇보다 컸고, 심지어 못 먹고 굶주렸던 일본인의 밥그릇보다도 훨씬 컸다.

조선의 일반적인 남성은 한 끼에 7홉이 넘는 양의 쌀을 먹었다.

《쇄미록》

7홉이면 평균적으로 지금의 밥 두 그릇을 한 끼에 먹었다는 것이다.

조선인들이 분명 대식가였다고 치더라도 과거 일본인들은 너무 적게 먹었다. 임진왜란 때 조선 조정은 한양을 점령한 일본군의 군량미를 헤아리고 일본군이 한 달 뒤에 한양에서 철수할 것이라 판단했다. 그러나 일본군의 식사량이 조선군의 1/3 정도인 것을 알게 되어 조선 조정이 당황했다고 한다. 사실 일본인은 임진왜란 이전까지만 하더라도 하루에 두 끼를 먹고 살았다. 그러나 조선인이 삼시 세 끼를 먹는 것을 보고 일본에도 세 끼 먹는 문화가 정착되었다. 전근대 시대 백성들이 잘 먹고 살았다는데, 조선이 가난했다고 말하는 것은 모순이다. 설령 조선이라는 국가가 가난했을지언정 조선의 백성들은 최소한 일본보다 가난한 삶을 살지 않았다.

구한말 서양인들이 조선인의 먹는 모습을 보고 기록한 것이 가장 객관적인 자료일 것이다.

조선인들은 빈부와 귀천에 관계없이 대식했다.

프랑스의 신부 샤를르 달레

조선 사람들은 보통 한 끼에 3, 4인분을 먹어 치우고 3, 4명이 앉으면 한 번에 20개에서 25개의 복숭아와 참외를 먹었다.

영국의 여행가 이사벨라 버드 비숍

일본인들은 조선인들이 자신들보다 3배나 더 많이 먹는다고 말하곤 했는데, 실제로 와서 보니 정말로 그랬다.

오스트리아의 여행가 에른스트 폰 헤세 바르텍

붉은 고추를 넣은 생선과 고깃국, 달걀, 고기만두, 말린 쇠고기, 설익은 밤과 꿀, 꽃 모양으로 예쁘게 자른 문어 등 14가지의 요리상을 두 개나 받았다. 오히려 조선인 관리들은 대접이 변변치 못하다고 사과했다.

러시아의 외교관 다데슈칼리안

| 배불리 먹는 조선인의 모습 | 훤칠했던 대한제국 농상공부대신 김가진 |

2012년 서울대 의대 해부학실에서 발표하기를, 조선시대 116명의 유골을 연구한 결과 조선 남성의 평균 키는 161cm였다. 일본 측 분석 자료에 따르면, 에도시대 일본 남성의 평균 키는 154cm였다. 조선인이 에도시대 일본인보다 무려 7cm가 컸다. 우리 조상들이 섬나라 일본 사람들을 비하하는 표현으로 키가 작다는 뜻인 '왜(倭)'라고 부른 것이 이해된다.

조선인이 일본인에 비해 키가 더 컸던 것은 곡물 섭취량이 많았기 때문이다. 혹자는 일본인의 키가 작은 이유를 나라에 고기를 금하는 명령이 내려져 수 세기 동안 고기를 섭취하지 못했기 때문이라 설명한다. 그런데 일본의 백성은 고기만 못 먹은 것이 아니라 삶 자체가 고단하고 가난했다. 더 자세한 내용은 〈일본의 수탈 DNA를 아는가?〉 편에서 덧붙여 설명하겠다.

조선인은 분명 일본인보다 많이 먹었고, 이 때문에 월등히 키가 컸다. 서양인은 조선인의 큰 키에 대한 기록을 많이 남겼다.

조선 사람들은 키가 크고 균형이 잡힌 체형을 가지고 있다.

헨드릭 하멜, 《하멜표류기》

조선인은 크기와 강한 점에서 일본인보다 우월하다. 국민의 좋은 특징과 질적 우월성을 비교하면 조선이 중국에 비해 단연 우위이다.

오페르트, 《금단의 나라 조선》

한국인들은 확실히 잘생긴 종족이다. 체격도 좋은 편이다. 남자들은 힘이 매우 세다. 가족 생활은 대가족제이며 도덕적으로 지극히 건강하다.

이사벨라 버드 비숍, 《한국과 그 이웃 나라들》

한 무리의 한국인들을 눈여겨보면 백인과 같은 사람들이 있음에 놀랄 것이다. 유럽 여인의 아름다움은 한국 여인에 비견할 바가 못 된다.

새비지 랜도어, 《고요한 아침의 나라 조선》

이처럼 키가 크고 체격이 좋았던 조선인이 잘 먹고 잘살기까지 했는데, 과연 조선인이 미개했다고 볼 수 있을까?

미개의 기준을 19세기로 한정하여 서양인의 시각으로 보자면 그렇게 보일 수 있겠지만, 기본적으로 조선인은 영민했다.

조선과 일본의 지배층이 책상머리에 앉아 공부했던 시간을 놓고 비교

같은 시기 조선과 일본의 유네스코 세계기록유산 비교

조선	일본
11건	3건
· 1997년 훈민정음 해례본 · 1997년 조선왕조실록 · 2001년 승정원일기 · 2007년 조선왕조의궤 · 2009년 동의보감 · 2011년 일성록 · 2013년 난중일기 · 2015년 한국의 유교책판 · 2017년 조선통신사 기록물 · 2017년 조선왕실 어보와 어책 · 2023년 동학농민혁명 기록물	· 2013년 '게이초켄오시세쓰'의 유럽 방문 관련 자료 · 2015년 도지햐쿠고몬조의 문서 컬렉션 · 2017년 조선통신사에 관한 기록

하자면 조선의 사대부가 일본의 사무라이를 당연히 압도할 것이다. 조선의 선비들이 철 지난 성리학적 가치관에 매몰되어 성리학 이외의 사상을 경시하는 위정척사衛正斥邪(성리학 이외의 다른 학문을 배척함) 마인드로 인해 조선의 과학기술 문화가 침체되었다는 것은 인정한다. 그러나 조선의 선비들은 책상머리에서 꾸준히 무언가를 쓰고, 또 기록으로 남겼다. 그 결과, 15세기에서 19세기까지 조선은 유럽을 제외한 세계에서 가장 많은 유네스코 세계기록유산을 남긴 나라가 되었다.

> 한국인들은 대단히 명민하고 똑똑하다. 한국인은 스코틀랜드식으로 말해도 말귀를 알아듣는 총명함을 상당히 타고났다.
>
> 이사벨라 버드 비숍, 《한국과 그 이웃 나라들》

조선인들은 일본인들보다 훨씬 똑똑하다. 이렇게 아름답고 총명하며, 우수해 보이는 민족이 조그마한 일본인에게 복종하고 있다는 것이 생물학적으로는 걸맞지 않은 듯한 느낌이 든다.

님 웨일즈, 《아리랑》

최근 각종 온라인 커뮤니티와 SNS에 '서양인이 바라본 조선의 모습'이라는 사진과 글이 자주 올라온다.

"조선의 길거리는 곳곳에 오물이 가득하고, 조선인은 씻지 않아 불결하다."

조선을 방문한 서양의 성직자와 여행객들이 조선의 불결함과 열등함을 논한 글을 볼 때마다 냉소를 짓지 않을 수 없다.

전근대 시대의 불결함은 어느 나라나 도긴개긴이었다. 일본의 임진왜란 관련 기록물 어디에도 조선인이 더럽다는 표현은 없다. 조선에서 13년 동안 억류를 당했던 하멜 역시 《하멜표류기》에서 조선인이 더럽다는 표현을 하지 않았다. 전근대 사회에서는 유럽이나 중국이나 일본이나 조선이나 더럽기는 매한가지였다. 단지 서양에서 근대화의 산물로 위생 관념이 먼저 생겨났고, 마침 조선을 방문한 서양인들이 조선을 더럽다고 느낀 것이다.

목욕 문화가 발달하지 않은 것은 중세 유럽도 마찬가지였다. 유럽인은 일 년 동안 목욕하는 날을 손에 꼽았고, 유명한 루이 14세의 몸에서 나는 악취는 역사적으로도 유명하다. 근대 유럽의 남녀 귀족들은 장발

19세기 일본(왼쪽)과 중국(오른쪽) 서민들의 더러운 삶의 모습이다. 위생 관념이 없었던 전근대 사회에는 서로 도긴개긴이었다.

의 가발을 착용했다. 감지 않은 머리의 불결함과 냄새를 감추기 위해 가발 문화가 생겨난 것이다.

화려함을 자랑하는 프랑스 베르사유 궁전에 화장실이 없었다는 사실을 알고 있는가? 참고로 조선의 경복궁에는 10명이 동시에 이용할 수 있는 화장실이 최소 15개가 있었다고 한다. 화장실 문화가 존재하지 않았던 프랑스의 여인들은 치마폭이 넓게 벌어지는 속치마(파딩게일)를 착용했다. 어느 곳에서건 쉽게 용변을 보기 위함이었다. 또한, 기저귀를 차고 다녔고 몸에는 향수를 뿌려 악취를 숨겼다. 프랑스의 향수 문화가 발달한 것도 이 때문이다.

유럽의 일반 서민들은 나무로 만든 통을 집에 두고 그곳에 대소변을 보았다. 중세 유럽인들의 집 안에서는 똥 냄새가 진동했을 것이다. 대소변을 본 오물통이 가득 차면, 창문을 열고 바깥에 뿌렸다. 유럽의 양복 입은 신사들은 하늘에서 언제 쏟아질지 모르는 똥벼락을 피하기 위해 맑은 날씨에도 우산을 들어야 했고, 여인들은 거리에 방치된 각종 오물이 치마 끝단에 묻을까 봐 굽이 높은 하이힐을 신어야 했다.

우리 조상들이 추운 겨울에 집안에서 사용했던 요강을 당시 유럽인이 보았다면 아마 세상 귀한 도자기였을 것이다.

이처럼 위생 관념을 찾아볼 수 없던 유럽의 지저분한 거리에는 페스트균에 감염된 쥐가 들끓었고, 쥐에 서식하는 벼룩에 의해 유럽인 수천만 명이 목숨을 잃은 어마어마한 흑사병 같은 전염병이 돌기도 했다.

18세기 이후 유럽은 산업혁명을 거치면서 비약적인 발전을 이룬다.

그와 동시에 도시의 인구도 빠르게 증가했다. 특히, 교역 활동이 활발했던 런던의 템스강에는 많은 사람과 물건을 싣는 배가 몰렸다. 이 때문에 템스강은 오염되기 시작했다. 결국 콜레라가 창궐하면서 열흘 만에 수백 명이 죽기도 했다. 이후 몇 차례의 전염병을 겪은 유럽 전역에 위생 관념이 생겨나면서 비로소 상하수도 시설이 갖춰지고, 목욕 문화가 나타나기 시작했다.

서양이 우리보다 100년 혹은 200년 먼저 청결의 중요성을 알았다는 것은 인정하지만, 수천 년에 달하는 그들의 불결함도 엄연한 사실이다.

지금 대한민국의 목욕 문화는 세계적이다.

쓰레기를 찾아보기 힘든 깨끗한 대한민국의 거리와 쓰레기와 쥐가 들끓는 유럽의 거리를 비교해 보라. 미국의 거대 도시 LA와 샌프란시스코는 수천 명의 노숙자와 마약중독자들로 인해 거리에 인분과 쓰레기가 넘쳐난다. 깨끗한 서울의 지하철과 무시무시할 정도로 더럽고 오염된 뉴욕 지하철의 위생 상태를 비교하며 미국을 더럽고 미개한 나라라고 조롱할 자신이 있는가?

선대 국가에 대한 건전한 비판의식은 역사의 반복을 막을 수 있다는 점에서 필요하다. 어떤 나라의 역사를 비판적인 시각으로 바라볼 수는 있지만 그 나라의 모든 것을 무조건 비하하는 것은 역사에 대한 무지이다. 더욱이 자국의 역사와 조상을 비하하는 것은 자학사관에 지나지 않는다.

옆집 아저씨가 사회적 지위가 높고 부자라고 하여 내 아버지보다 사랑할 수 있는가. 내 아버지를 더 사랑하고 존경하듯 다소 아쉬운 역사라 할지라도 소중하게 받아들여야 한다. 내 아버지처럼 살지 않겠다는 마음이 든다면, 앞으로의 역사를 바꿔 나아가면 된다.

참고문헌

· 김상보, 《조선의 밥상: 우리의 밥상은 어떻게 만들어져 왔을까》, 가람기획, 2023.
· 조영준, 〈사할린 화태청 소장 경찰 기록과 일제하 조선인 신장(身長) 추세〉, 사할린 한인기록물을 통해 본 일제하 재외한인사회 발표문, 2016.
· 김문기, 《한국의 세계기록유산》, 글누림, 2015.
· 가와하라 아쓰시·호리코시 고이치, 《중세 유럽의 생활》, 남지연(역), 에이케이커뮤니케이션즈, 2017.
· 규장각한국학연구원, 《세상 사람의 조선여행》, 글항아리, 2012.
· 이사벨라 버드 비숍, 《한국과 그 이웃나라들》, 이인화(역), 살림, 1994.

08 놀라운 변화는 일제강점기 때가 아니었다고?

        드라마나 영화에서 묘사되는 일제강점기 거리의 모습이나 사람들의 의식주 생활, 전차나 서양식 병원 등의 근대적 문물을 보자면, 우리가 알고 있는 호랑이 담배 피던 시절의 조선과는 확연하게 차이가 나 보인다. 그러다 보니 외세와 단절하며 성리학이라는 틀에 갇혀 있던 조선은 결국 무너지고, 일제강점기에 들어서야 비로소 많은 것이 바뀌었다고 생각하는 것이다. 조선과 현재 대한민국의 과도기적 시기에 일제강점기가 있었다 보니, 일제강점기에 큰 변화가 있었다고 생각하는 사람들이 많다.

   그러나 이는 일종의 착각이고 선입견이다.

   동양에서 세상이 뒤집어질 정도로 변화가 일어나려면 당연히 서구 문물이 들어와야 했고, 그러한 서구 문물의 도입과 의식주의 변화는 일제강점기와는 별개로 조선 후기, 흔히 우리가 말하는 구한말에 이미 큰 변화를 보이고 있었다.

1894년 한양을 처음 방문했던 영국의 여행가 이사벨라 버드 비숍이 1897년 3년 만에 서울을 다시 방문하고 남긴 기록이 놀랍다.

세계에서 가장 지저분한 도시였던 서울이, 이제는 극동의 제일 깨끗한 도시로 변모해 가는 중이었다.

독일의 기자 겐테가 1901년, 7년 만에 서울을 다시 보고 이렇게 기록을 남겼다.

서울은 본모습이 점점 부서져 내리는 북경이나 희석되어 특징이 없어진 동경보다 훨씬 더 매력적이다. 서울 거리에서 보는 삶의 색깔들은 북경보다 훨씬 다채롭고, 그 형상은 동경보다 훨씬 순수하다.

과연 어느 시기에 세상이 천지개벽할 만큼의 변화가 있었을까?
세 시기로 나누어 살펴보자.
① 강화도조약(1876)~국권피탈(1910)
② 일제강점기(1910~1945)
③ 해방(1945)~5·18광주민주화운동(1980)

우리 역사는 숫자적으로도 드라마틱하다.
강화도조약부터 국권 피탈까지 35년이 걸렸고, 일제강점기는 35년이었으며, 해방 후 5·18광주민주화운동까지 35년이 걸렸다.
여담이지만, 8·15해방을 거꾸로 하면 5·18이나.

위의 세 시기 중 가장 큰 변화가 있었던 시기는 언제였을까?

나는 일단 ③ 시기라고 생각한다. 남북한 분단과 전쟁 등 역사적으로 드라마틱한 요소도 있지만, 산업과 문물이 발달한 측면에서 보자면 대한민국은 1960~1970년대 박정희정권을 거치면서 상당한 변화를 일으켰다. 나의 생각에 동의한다면 그다음으로 변화가 컸던 시기는 언제였는지 고민해 봐야 한다.

① 시기인가? ② 시기인가?

나는 압도적으로 ① 시기였다고 생각한다. 사실 당시 사람들이 천지개벽이라 느낄 만한 수준의 변화는 ③ 시기보다 ① 시기가 될 수도 있다. 그렇다면 나는 ① 시기에 있었던 놀라운 변화를 설명하여 독자들의 동의를 구해 보겠다. 10년이면 강산도 변한다는 말도 있듯이, 세상의 드라마틱한 변화는 ① 시기에 거의 이루어졌다.

먼저 근대식 서구 문물은 모두 ① 시기에 도입되었다.

서양식 의식주 문화, 학교, 은행, 공장, 병원, 건축물, 전차, 철도, 무기, 전기와 전등, 전화, 백화점, 스포츠, 레저, 유흥 문화… 신식 거리와 모던 보이… ① 시기에 시작되지 않은 것이 없다.

그럼 반대로 ② 시기에 이전에는 찾아볼 수 없었던 천지개벽할 만한 변화가 무엇이 있었는지 생각해 보면, 역사를 30년 공부했음에도 쉽게 떠오르지 않는다. 오죽 없어서 찾으려 했더니 우리 조교선생님이 말하기를 창경원(동물원)이라고 해서 화가 났다. 일본이 했다는 짓이 우리 궁궐을 빼앗아서 동물원으로 만든 것이다. 우리도 에도성이나 오사카성에 호랑이와 사자를 처넣어야 한다.

중요한 근대식 학교들은 모두 ① 시기에 만들어졌다.

1883년 최초의 근대적 사립학교 원산학사,

1886년 최초의 근대적 관립학교 육영공원,

고종의 교육입국조서(1895)로 만들어진 한성사범학교,

이후 전국에 만들어지기 시작한 소학교와 중학교,

홍화학교(1898), 점진학교(1899), 보성전문학교(1905), 중동학교(1906), 숙명여학교(1906)를 비롯하여 오산학교(1907), 대성학교(1908) 등의 애국계몽 학교들과 배재학당(1885), 이화학당(1886), 경신학교(1886), 정신학교(1887), 숭실학교(1897) 등의 개신교 계열의 학교들.

이 모든 근대적 교육기관들이 일본과 관련이 있는가?

오히려 일본은 사립학교령(1908)을 발표하면서 우리 근대 사학의 설립을 검열하고 방해했을 뿐이다.

물론 일제강점기 일본이 세운 아주 유명한 학교가 있다. 서울대학교의 전신인 경성제국대학(1924)이다. 우리나라 최고 대학인 서울대학교가 일본의 제국대학령에 근거하여 6번째로 설립된 제국대학이라는 것을 알면 씁쓸해진다.

근대적 신문 역시 모두 ① 시기에 만들어졌다.

최초의 근대적 신문 한성순보(1883), 서재필의 독립신문(1896), 황성신문(1898), 제국신문(1898), 대한매일신보(1904), 만세보(1906) 등 많은 신문들이 창간되었다.

이러한 근대적 신문이 일본과 어떤 관련이 있는가?

일본은 신문지법(1907)을 발표하여 우리나라의 신문을 탄압하고 성

장을 방해했을 뿐이다. 오죽하면 가장 항일적이고 독자가 많았던 영국인 베델이 만든 대한매일신보를 빼앗아 매일신보(1910)로 만들어 총독부의 기관지로 썼을까. 일제강점기에 유명한 신문이 창간되기는 했다. 바로 조선일보(1920)와 동아일보(1920)다.

서양식 병원 역시 ① 시기에 대부분 만들어졌다.

미국인 알렌이 설립한 최초의 근대식 병원 광혜원(1885),

영국 성공회가 들어와 내동성당 안에 설립한 성누가병원(1891),

미국의 선교사 언더우드가 설립한 세브란스병원(1904),

대한제국 스스로 설립한 국립병원 대한의원(1907),

최초의 지방 관립병원 자혜의원(1909).

이와 같은 병원들의 설립에 일본이 관여했는가?

개화 기구를 비롯한 기타 근대적 기구 모두 ① 시기에 만들어졌다.

근대적 화폐제조 기구 전환국(1883),

근대적 무기제조 기구 기기창(1883),

근대적 우편사무 기구 우정국(1884).

1887년 경복궁 내 건청궁에 전등이 켜질 수 있었던 것은 동양에서 가장 뛰어난 16촉 백열등 750개를 점등할 수 있는 역량의 발전 설비가 갖춰졌기 때문이었다. 고종은 에디슨과 한양에 전기가 들어왔다는 사실에 기뻐하는 서신을 주고받았다. 에디슨이 일본 사람이 아니라는 것 정도는 알 것이다.

▲ 1900년 착공하여 1910년 완공된 덕수궁 석조전

◀ 1898년 고딕 양식으로 지어진 명동성당

계급사회에서 평등사회로 전환된 것 역시 ① 시기였다.
1894년 갑오개혁으로 신분제가 폐지되어 노비들이 해방되었다.
또한, 고문과 형벌이 금지되고 연좌제가 폐지되었다.

일상생활에 서양의 의식주, 레저, 스포츠가 들어온 것도 ① 시기였다.
근대식 복장, 김옥균을 비롯한 급진개화파는 양복을 입었다.
스테이크, 커피, 디저트 등을 먹는 경양식당도 만들어졌다. 서양 외교
관들과 고위 관료들의 사교단체인 정동구락부에서는 조선의 부인들이
서양식 양장을 입고 서양 외교관의 부인들과 함께 커피를 마시며 영어
로 수다를 떨었다.

서양식 건축물인 명동성당(1898)이 만들어졌고,
덕수궁 내 석조전은 10년의 공사 끝에 1910년 완공었으며,

2층 양옥 벽돌집 역시 이 시기에 대량으로 만들어졌다.

1896년에는 축구팀 대한축구구락부가 창설되었고,
1904년에는 야구팀 황성YMCA야구단이 창설되었다.
1908년에는 최초의 극장 원각사도 만들어졌다.
이러한 변화는 모두 일제강점기 이전이었다.

근대적 변화를 국가가 나서서 주도한 것도 대한제국(1897~1910) 시기인 ① 시기였다. 대한제국은 양전사업을 통해 근대적 토지 소유권을 증명하는 지계를 발급하고, 근대적 회사, 공장, 은행 등의 설립을 장려했다. 대한제국 이전인 1894년 한성에서 4개에 불과했던 기업의 수는 10년 후인 1904년 222개로 증가했다. 대한제국의 조세 수입은 1897년 기준 17만 냥에서 7년 후인 1904년에는 3천만 냥으로 200배 이상 증대되었다.

대한제국은 미국인 콜브란과 합작하여 한성전기회사를 만들고, 본격적으로 전기를 보급함과 더불어 전차를 개통(1899)했다. 한양의 전차 개통이 일본 도쿄의 전차 개통보다 3년이나 앞섰다는 것을 아무도 말하지 않는다.

성리학이 쇠퇴하고 새로운 종교가 창시된 것 역시 ① 시기였다.
조선왕조 500년을 지탱했던 유교적 관습은 쇠퇴하고 있었고, 서학은 천주교와 개신교로 구분되어 보급되고 있었다.
동학의 제3대 교주 손병희는 천도교를 개창(1905)하여 보급시켰고,
단군을 숭상하는 대종교(1909) 역시 나철과 오기호에 의해 창설되었다.

불교는 여전히 민간 종교로서 역할을 다하고 있었다.

① 시기에 조선은 스스로 성리학 국가에서 탈피하여 다종교 국가로 변하고 있었다. 이러한 변화들이 정착되고 안착된 시기가 일제강점기였을 뿐이다. 사실상 일제강점기에 있었을 것으로 보이는 모든 변화는 국권이 피탈되기 이전의 조선 후기와 대한제국에서 있었던 변화였다.

우리가 자발적으로 서양의 근대 문물을 받아들인 결과, 조선과 대한제국은 스스로 변하고 있었다. 하필 그 시기에 국권을 강탈당했을 뿐이다.

한마디 덧붙이자면, 대한제국이건 일제강점기건 근대화의 산물은 모두 서구에서 일본과 조선을 향해 밀고 들어온 것이다. 사실 근대화를 이루어 주었다고 감사하려면 서양에 해야 한다. 나에게 서양근대화론에 대해 반박하라고 하면, 나는 자신없다.

참고문헌

· 이태진, 《고종시대의 재조명》, 태학사, 2015.
· 한영우 외, 《대한제국은 근대국가인가》, 푸른역사, 2006.
· F. A. 매켄지, 《대한제국의 비극》, 신복룡(역), 집문당, 1999.

식민지 수탈과 학살의
진실을 말하라

해방된 지 80년이 지났기에
과거 일본의 식민지배에 대한 기억을 떨치고 싶은 마음도 있다.
그러나 그럴 수 없는 이유는
가해자인 일본이 피해자인 우리에게 사죄하는 마음이 없기 때문이다.
그럴 수 없는 더 큰 이유는
가해자 편을 들었던 매국노들이 버젓이 살아남아
이렇게 말하는 현실 때문이다.
"가해자가 옳았고, 피해자가 바보였다."

역사를 바로 세워야 한다.
기억하는 자들이 사라지면 역사는 왜곡되기 때문이다.

09 일본은
우리에게 얼마나 나빴나?

일제강점기 이전부터 일본은 우리를 너무 힘들게 했다.

운요호사건(1875)을 일으켜 강제로 강화도조약(1876)을 체결한 죄

해안측량권(1876)을 가져간 죄

치외법권(1876)으로 조선 땅에서 범죄를 마음껏 저지른 죄

양곡의 무제한 유출로 쌀 가격을 올려 조선인을 굶주리게 한 죄

조선의 전통 수공업을 망하게 한 죄

임오군란(1882)과 갑신정변(1884)으로 배상금을 빼앗아 간 죄

청일전쟁(1894)을 일으켜 조선인을 전쟁의 공포에 떨게 한 죄

경복궁을 강제로 점령(1894)한 죄

우금치전투(1894)에서 수많은 동학농민군을 학살한 죄

국모 명성황후를 시해(1895)한 죄

직산금광채굴권(1900) 등 수많은 경제적 이권을 강탈한 죄

러일전쟁(1904)을 일으켜 조선인을 전쟁의 공포에 떨게 한 죄

철도 부지(1904)를 빼앗아 가고 강제로 농민을 부역시킨 죄

한일의정서(1904)를 통해 토지를 군사 기지로 강탈한 죄

제1차 한일협약(1904)으로 재정과 외교를 간섭한 죄

독도를 강제로 빼앗아(1905) 간 죄

을사늑약을 체결하여 외교권을 강제로 빼앗아(1905) 간 죄

통감부를 설치하여 강제적으로 보호국 통치(1905)를 한 죄

고종을 강제로 퇴위시킨(1907) 죄

조선의 의병을 함부로 총살한 죄

대한제국의 행정권을 강제로 빼앗은(1907) 죄

대한제국의 군대를 강제로 해산(1907)한 죄

대한제국의 사법권을 빼앗은(1909) 죄

대한제국의 경찰권을 빼앗은(1910) 죄

화폐정리사업(1905)으로 조선의 은행과 자본가를 망하게 한 죄

국채보상운동(1907)을 왜곡하고 탄압한 죄

신문지법(1907)을 발표하여 조선의 신문을 폐간시킨 죄

보안법(1907)을 발표하여 독립운동가를 색출한 죄

사립학교령(1908)을 발표하여 학교를 문닫게 한 죄

불법으로 국가 주권을 강탈한(1910) 죄

그렇다면 국권 피탈 이후 일본은 얼마나 나빴을까?

헌병경찰이 태형으로 조선인을 때린 죄

독립운동가를 즉결처분권으로 함부로 죽인 죄

토지를 조사하여(1912) 전 국토의 40%에 가까운 토지를 빼앗은 죄

회사령(1910)을 실시하여 조선인의 회사 설립을 방해한 죄

산림령(1911)을 실시하여 조선의 산림을 빼앗은 죄

어업령(1911)을 실시하여 조선의 어업권을 빼앗은 죄

은행령(1912)을 발표하여 조선의 은행 설립을 막은 죄

광업령(1915)을 실시하여 조선의 광산을 빼앗은 죄

임야조사령(1918)을 실시하여 조선의 황무지를 강탈한 죄

3·1운동(1919)이 일어나자 조선인 7,000명을 죽인 죄

산미증식계획(1920)으로 조선의 쌀을 수탈한 죄

간도참변(1920)을 일으켜 조선인 3천여 명을 죽인 죄

물산장려운동(1923)을 방해해 조선인 회사의 성장을 막은 죄

민립대학설립운동(1922)을 방해하려 경성제국대학을 설립(1924)한 죄

관동대학살(1923)을 일으켜 조선인 6,661명을 죽인 죄

미쓰야협정(1925)을 체결하여 만주 군벌이 우리 독립군을 공격하게 한 죄

치안유지법(1925)을 발표하여 수많은 독립운동가를 탄압한 죄

6·10만세운동(1926)을 전개한 학생들을 투옥하고 고문한 죄

광주학생독립운동(1929)을 전개한 학생들을 투옥하고 고문한 죄

만주사변(1931)을 일으키며 한반도를 병참기지로 삼은 죄

사상범보호관찰령(1936)을 발표하여 조선인을 감시한 죄

황국신민서사를 발표(1937)하고 신사참배를 강제 의무화한 죄

중일전쟁(1937)을 일으켜 인적·물적 자원을 수탈한 죄

국가총동원령(1938)을 발표하여 미곡과 가축 등을 빼앗은 죄

창씨개명(1939)으로 조선인의 뿌리를 빼앗은 죄

조선인 100만 명을 징용(1939)으로 끌고 간 죄

태평양전쟁(1941)을 일으킨 죄

조선어학회사건(1942)을 일으켜 우리 국문학자를 고문하고 죽인 죄

학도병(1943)으로 학생 5천 명을 전쟁터로 끌고 간 죄

정신대(1944)로 20만 명의 여인을 끌고 간 죄

일본군 성노예 위안부(1944)로 여인을 끌고 간 죄

징병(1944)으로 조선 청년 20만 명을 전쟁터로 끌고 간 죄

수많은 조선인을 상대로 생체 실험을 한 죄

우키시마호를 폭파(1945)시켜 7천여 명의 조선인을 수장시킨 죄

일제강점기는 끝났지만 일본은 더 큰 범죄를 저지르는 중이다.

이 모든 것에 대해 반성하지 않는 죄

참고문헌
· 국사편찬위원회, 《신편한국사》, 2002.
· 박도, 《일제 강점기: 식민 통치기의 한민족 수난과 저항의 기억》, 눈빛, 2010.
· KBS 역사스페셜 제작팀, 《일본에 고함: KBS 국권 침탈 100년 특별기획》, 시루, 2011.

10 일본의 수탈 DNA를 아는가?

뉴라이트를 비롯한 매국 세력이 식민지근대화론을 뿌리 내리기 위해 조선을 비하하다 보니, 일반 대중 역시 조선시대보다 일본의 전국시대나 에도시대가 살기 좋았을 거라고 잘못 생각한다. 더구나 탐관오리에 시달리는 백성들과 착취를 당하는 노비 등을 소재로 한 영화나 드라마가 많이 만들어지고, 피지배층 입장의 민중사학적 측면에서 수탈당하는 농민을 중심으로 역사를 이해하려다 보니 조선은 이미 대중에게 '헬조선'으로 각인되었다.

조선은 억울하다. 조선이 그 어떤 나라보다 백성들이 살기 좋은 나라였다는 것을 아는 이가 얼마나 될까? 특히 옆나라 일본과는 비교하는 게 미안할 정도로 조선은 백성을 위한 나라였다.

조선 전기에 해당하는 15~16세기, 임진왜란이 발발하기 전까지는 조선 백성들의 평안한 삶은 같은 시기 유럽이나 중국보다도 압도적이었다. 이는 조선의 건국 이념인 '민본'을 이해하고, 중국 피지배층의 삶과

조선 후기 김홍도의 풍속화 〈새참〉

에도시대 대기근을 묘사한 일본 풍속화

중세 유럽의 농노나 근대 유럽의 최하층민의 삶을 들여다보면 부정하기 어렵다. 사실 일본 백성들의 삶은 조선 백성들과 비교 자체가 곤란한 수준이다. 인류 역사에서 일본의 전국시대만큼 잦은 전쟁과 인간의 생명이 경시된 시기가 있었을까 싶다.

임진왜란을 기준으로 조선 후기는 일본의 에도시대(1603~1868)에 해당한다. 이 시기 조선은 일본의 국가 성장 속도를 따라잡을 수 없었다. 토지 결수와 쌀 생산량, 은 채굴량, 인구 차이로 인한 내수시장의 크기, 도시의 규모 차이 등 조선과 일본의 격차는 점점 벌어졌다. 그러나 이러한 차이만으로 피지배층의 삶을 재단할 수 없다. 에도시대의 일본은 부국강병을 이루었을지언정 백성들의 삶은 매우 처참했기 때문이다. 에도시대 농촌 백성들은 잘 먹지 못하다 보니 일본 역사상 평균 신장이 가장 작았다. 오죽하면 먹을 것이 부족하여 인구 조절을 한답시고 갓 태어난 아이를 죽이는 풍습(마비키)이 성행했을까.

도시민들도 굶주리기는 마찬가지였다. 에도(동경) 근처 간토 평야에서 생산되는 엄청난 양의 쌀은 그냥 쌀일 뿐이었다. 그 쌀에 소금을 뿌려 먹는 것이 음식의 전부였고, 그러다 보니 에도의 도시민들은 제대로 걷지 못하는 각기병(에도병)에 걸리기 일쑤였다. 어쩌다 밥에 생선 쪼가리를 올려 먹으면 운수대통한 날이었다. 일본 초밥의 기원이 바로 이렇다. 대도시 에도와 교토의 위생 상태는 최악이었다. 일본의 학자들은 이러한 지옥 같은 도시의 삶을 놓고 '개미 지옥'이라고 표현했다.

조선과 에도시대의 피지배층을 신분적으로 통합하여 나열해 보자.
조선 농민 〉 일본 농민 〉 조선 노비 〉 일본 부라쿠민 순이 될 것이다. 농노나 다름없었던 일본 농민은 조선의 농민과 노비의 중간 신분에 해당한다고 봐야 한다. 하지만 이것도 좋게 봐준 것이다. 사실 개인적으로는 조선 노비의 삶이 일본 농민의 삶보다 못했다고 생각하지 않는다.
세상에 없는 유일한 표를 만들어 보았다.

조선 농민과 일본 에도시대 농민의 비교

	조선 농민	일본 농민
신분 상승	상당히 가능	거의 불가능
세금	그래도 낼 만함	세금 내다 죽음
거주 이전의 자유	자유로움	불가능
신체의 보호	국가가 보호	다이묘가 생사여탈권을 지님
재산권의 보호	국가가 보호	다이묘의 보호보다 착취
먹는 양	엄청 많이 먹음	없어서 못 먹음
민란	500년 중 1,400여 건	250년 중 3,000여 건

일단 조선과 일본은 세금 걷는 수준이 달랐다.

가장 쉽게 이해될 수 있는 토지세를 예로 들자면, 조선은 자영농일 경우 토지 생산량의 1/10을 내는 것이 원칙이었다. 그러나 일본의 농민은 지방의 영주인 다이묘에게 철저하게 착취당했다. 그들은 자영농이었음에도 생산량의 절반을 차지하는 40~50%의 연공을 바쳐야 했다. 심한 경우 생산량의 80.93%를 세금으로 거둔 지방도 있었다.

조선과 일본의 토지세는 전쟁의 명운을 가르기도 했다.

임진왜란 초기 일본은 조선의 8도 중 전라도를 제외한 전 지역을 점령했다. 당시 일본군에게 협력한 친일 조선인들이 있었으니, 순왜자順倭者라고 한다. 그러나 조선시대의 친일매국은 오늘날의 친일매국처럼 오래가지 않았다. 순왜자들은 점령군이었던 일본군의 세금 수탈에 경악했고, 오히려 조선의 의병이 되어 일본군에게 창을 겨눴다. 생산량의 1/10을 세금으로 내고 살았는데, 일본군은 생산량의 1/3 정도를 세금으로 뜯어가니 얼마나 경악스러웠겠는가.

이러다 보니 한양을 점령한 일본군은 조선인의 민심을 얻지 못했고, 한양을 포기하고 부산으로 후퇴하는 원인이 되기도 했다.

일본 역사가 호쿠가와 마사모토는 이런 기록을 남겼다.

"도쿠가와 이에야스님께서는 향촌의 백성들이 죽지도 않고 살지도 않도록 주의해서 쌀을 바치도록 만들어야 한다고 하셨다."

에도막부의 창시자가 저딴 발언을 했음에도 도쿠가와 이에야스를 존경하는 일본인이 많다. 만약 우리의 창업 군주였던 왕건이나 이성계가 저런 발언을 했다면 아마 한국인들에게 죽어라 까였을 것이다.

일본 역사에는 민본民本이라는 개념이 없었다. 일본의 집권자였던 쇼군은 다이묘에게 예속되어 있는 농민을 위한 정책을 펼 수도 없었고, 관심도 없었다. 쇼군의 관심은 오로지 다이묘의 막부를 향한 충성을 확인받는 것이었다. 에도시대 일본의 농민들은 다이묘들의 착취 경쟁 속에서 극단적인 삶을 살아야 했다. 일본의 농민은 다이묘에게 예속되어 거주 이전의 자유조차 없이 세금을 위해 의무적으로 농사를 지어야 했다. 어떤 농사를 지을지에 대한 자유로운 영농 자체가 불가능했다. 이들은 마치 유럽의 중세 농장인 장원에서 일하며 귀족과 기사들의 보호를 받던 농노와 비슷한 개념이었다.

일본을 방문한 선교사 코스메 드 토레스는 이렇게 말했다.
"일본의 영주들은 농민들의 생사, 강탈의 권력을 행사했다. 따라서 일본 소작인의 지위를 보자면, 농노제가 아니라 노예제였다."

1719년 일본에 건너갔던 통신사 신유한이 쓴 《해유록》의 내용이다.

일본 시골의 농민들은 1년 내내 경작하여도 다 관아로 들어가고 풍년이 들어도 콩 반쪽도 잇기 어려워 스스로 처자를 팔아먹기까지 한다. 빈부가 균등치 않음은 다 국법의 폐단에서 말미암은 것이다.

통신사 원중거는 1763년 일본을 다녀와 《승사록》에 기록을 남겼다.

일본 백성들이 고생스럽고 인색한 것은 아마 천하에서 최고일 것으로 비록 우리 배를 끄는 격졸로 말한다 하더라도 매일매일 익힌 고구마 뿌리를 두 번 먹고 그 뒤에 밥을 먹는 사람은 오분에 일에 불구하다.

반면에 조선은 민본을 건국 이념으로 삼았다.

조선의 군주 중에는 성군이 많았고, 무능했다고 하더라도 백성을 건사하려는 왕들의 노력은 눈물겨울 지경이었다. 탐관오리를 없애려 했던 조선의 지방제도 시스템을 들여다보아야 한다. 철저한 중앙집권체제를 완성하여 8도에 관찰사를 내려보내면, 관찰사(종2품)가 부윤(종2품), 목사(정3품), 군수(종4품), 현령(종5품), 현감(종6품) 등의 지방 수령을 철저히 감시하여 1년에 두 번 왕에게 성적을 올렸으니, 이를 포폄(고과제)이라고 한다. 관찰사는 임금과 중앙의 관리들이 철저히 감시했으며 임기는 겨우 1년 뿐이었다. 지방의 수령들은 1,800일의 임기 동안 5~6명의 관찰사를 만나야 했다. 관찰사와 수령들은 자신들의 고향에 발령받지 않았고, 가능하면 관찰사와 수령 사이에도 상피제를 적용하여 같은 고향 출신끼리 만나지 못하도록 했다. 그래도 불안했던 왕은 암행어사를 파견하여 혹여나 있을 탐관오리를 살폈다. 탐관오리가 잡히면 왕은 솥에 탐관오리를 넣고 끓여 죽이는 팽형 시늉을 통해 사회적 사형선고를 내렸다. 이처럼 조선에서 탐관오리는 사실상 버티기 힘들었고, 왕의 애민愛民 의지와 여러 시스템하에서 조선 백성들의 삶은 철저히 보호되고 있었다.

조선에 탐관오리가 적었을 것이라고 했을 때 고개가 갸우뚱해지며 의심스럽다면, 오늘날 대한민국의 지방자치제를 들여다보라. 조선의 선비 출신 지방관과 대한민국의 지방자치단체장 중 누가 더 청렴할 것인가?

단, 19세기 세도정치기와 구한말의 조선만큼은 엉망이었음을 인정한다. 그러나 19세기 이전 400년 동안의 조선을 향해 민중 핍박과 가난이라는 굴레를 덮씌우는 것에 동의할 수 없다.

백성 사랑이라는 개념 없이 칼의 문화만을 전개해 온 일본이 메이지 유신 직후 급격한 근대화와 부국강병을 무기로 조선을 침략했고, 조선은 끝내 일본의 불법적이고 강압적인 식민지배를 당해야 했다. 자국민 조차 수탈의 대상일 뿐이었던 일본의 침략자들이 수천 년간 타국민이었던 식민지 조선인에게 얼마나 잔혹한 수탈을 가했을지 충분히 짐작이 가고도 남는다.

참고문헌

· 김태영, 〈조선시대 농민의 사회적 지위〉, 한국사 시민강좌 제6집, 1990.
· 강재언, 《조선통신사의 일본견문록》, 한길사, 2008.
· 島正元編, 《体系日本史叢書7 土地制度史Ⅱ(체계 일본사 총서 7 토지 제도사 Ⅱ)》, 山川出版社, 1979.
· 田中宏明, 《江戸時代農民の生活と社会的地位(에도시대 농민의 생활과 사회적 지위)》, 日本歴史, 2005.

11 토지조사사업으로 토지를 빼앗지 않았다고?

이영훈은 《반일종족주의》에서 이렇게 주장했다.

학계와 교과서에서 설명하는 '토지조사사업으로 일본이 조선의 토지 40%를 빼앗아 갔다'는 내용에 근거가 없다. 토지조사사업은 대한제국의 토지가 모두 487만 헥타르였는데 그중 12만 헥타르에 불과한 국유지를 둘러싼 분쟁이었다.

이영훈의 주장대로 일본이 토지조사사업을 실시하여 빼앗은 토지가 12만 헥타르(정보)가 맞다면 대한제국 토지의 2.5%만을 빼앗았다는 말인데, '12만 헥타르'가 어디서 나온 말인가 봤더니 1930년 동양척식회사가 소유한 토지 면적이 12만 헥타르였다는 것이다.

총독부는 토지조사사업(1912~1918)을 시행하여 대한제국의 국유지와 미신고 사유지를 빼앗아 동양척식주식회사(동척)에 넘겼고, 동척은

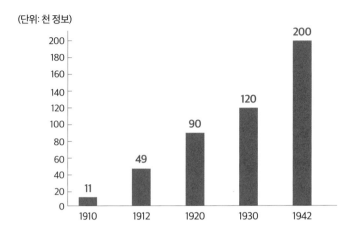

동양척식회사의 소유지 변화

(단위: 천 정보)

연도	소유지
1910	11
1912	49
1920	90
1930	120
1942	200

이를 일본인에게 불하拂下(싸게 넘김)했다. 일본인 지주를 양성하기 위해 대한제국의 토지가 이용된 것이다.

이영훈은 토지조사사업이 시작된 1912년부터 1930년까지 무려 18년 동안 동척이 일본인에게 불하한 토지는 없었던 것처럼 감춘 채, 1930년 당시 동척이 소유한 토지만을 제시하며, 토지조사사업으로 빼앗은 토지가 12만 헥타르라는 거짓말을 한 것이다.

어리숙한 속임수였다. 일반 대중들은 그런가 보다 하고 믿을 수 있겠으나, 역사를 공부한 이들에게는 금세 들통날 일이다.

이를 이영훈이라고 몰랐을까?

학자들의 비웃음을 사더라도, 오로지 대중들의 눈만 가리면 된다고 생각했을 것이다.

신용하 교수의《조선토지조사사업연구》의 내용은 이렇다.

조선총독부는 토지조사사업으로 임야까지 포함해서 1,120만 6,873정보를 빼앗아 갔다. 농경지 27만 2,076정보, 임야 955만 7,856정보, 기타 국유지 137만 7,211정보, 모두 합쳐 1,120만 6,873정보로 딱 맞아떨어진다.

얼마나 디테일한 연구인가. 신용하 교수는 일제가 대한제국 국토 총면적의 50.4%를 빼앗아 총독부의 재산으로 만들었다고 했다.
누구의 말을 믿어야 하겠는가?

토지조사사업의 가장 큰 비극은 따로 있었다. 토지를 신고할 때 토지의 소유권에 대해서만 신고할 수 있도록 했고, 소작권에 대한 신고 권한을 주지 않은 것이다.

소작권은 소작농의 엄연한 재산이었다. 조선시대 소작농이 지주에게 땅을 빌려 농사짓는 대가로 지불하는 소작료는 병작반수並作半收라고 하여 생산량의 절반이었다. 그러나 조선 후기에 접어들어 소작농의 지위가 높아지면서 지대를 일정한 금액으로 계약하여 지불하게 하는 도조법이 시행되었고, 생산량의 대략 1/3 정도의 액수가 미리 계약으로 정해져 있었다. 조선 후기에는 지주와 소작농 사이의 주고받아야 할 소작료가 이미 결정되어 있었기 때문에 소작농은 자유로운 농업 활동이 가능하였고, 지주의 인신지배로부터 벗어날 수 있었다. 그로 인해 지주와 소작농의 관계는 금전적 계약 관계가 되었다.

소작권의 매매와 양도, 상속이 가능했기에 소작권은 소작농의 분명한 재산이었다. 지주가 다른 사람에게 소작을 주고 싶으면, 소작농의 소작권을 직접 사고 난 뒤에야 가능했다.

그런데 일제가 시행한 토지조사사업은 이러한 소작권을 재산으로 인정하지 않았다. 오로지 소유권만 인정한 것이다. 소유권을 인정받은 조선의 지주들은 자신의 토지에서 기존의 소작농을 쫓아낼 수 있었고, 이후 새로운 소작농에 대한 인신지배가 가능했을 테니, 지주들은 토지조사사업이 반가웠을 것이다. 그래서 토지조사사업의 결과, 조선인 지주는 친일의 경향을 보이게 되었다. 일제가 조선인 지주를 통해 지역사회를 장악하려는 식민지 지주제의 실현이 가능해진 것이다.

어렵다면 예시를 들겠다.

대한민국이 또다시 일본의 식민지배를 당했다 치자.

일본은 주택조사사업을 시행했다.

소유권만 신고하란다.

전세권과 월세권에 대해서는 신고 권한이 없단다.

전세와 월세 세입자는 보증금도 못 받고 쫓겨날 수밖에 없다.

주택소유자들은 보증금을 돌려주지 않아도 되니 너무 좋다.

주택소유자들은 친일파가 된다.

토지조사사업으로 소작농들이 중요 재산을 강탈당했음을 말하지 않고, 일본이 빼앗아 간 토지가 많았냐 적었냐로 시선을 돌리게 한 후, 빼앗아 간 토지조차 많지 않았다고 거짓말을 하는 자들을 용서하기 힘들다.

토지조사사업은 1918년에 끝났다.

1년 후 3·1운동이 일어났다. 서울에서 종교인들과 학생들에 의해 시작된 3·1운동이 왜 전국적으로 확산되었는지, 왜 우리 농민들이 3·1운동 당시 일제에 폭력적 저항을 할 수밖에 없었는지를 이해하려면 일제의 토지 수탈을 들여다보아야 한다.

참고문헌

· 신용하, 《일제 조선토지조사사업 수탈성의 진실》, 나남, 2023.
· 전영길·이성익, 〈토지조사사업을 통한 일제의 토지수탈 사례 연구〉, 한국지적정보학회지 제19권 제3호, 2017.
· 최원규, 《한말 일제초기 국유지 조사와 토지조사사업》, 혜안, 2019.

12 산미증식계획으로 일본에 건너간 쌀이 수출이라고?

> "산미증식계획으로 일본으로 반출된 쌀은 시장가격에 의해 일본인들이 매입했으니 수탈이 아닌 수출이다."

한국학중앙연구원 권희영 교수의 주장이다.

제1차 세계대전 이후 일본은 공업화가 급격하게 진행되었고, 인구가 증가하며 쌀값이 폭등했다. 이에 분노한 도쿄의 노동자들은 쌀값 폭동을 일으켰다. 일본은 자국의 쌀 부족 문제를 해결하기 위해 조선의 쌀을 가져가고자 했다. 그래서 시작된 것이 15년 계획으로 출발한 산미증식계획(1920~1934)이었다. 산미증식계획은 조선의 쌀 생산량을 늘리고, 늘어난 만큼 일본으로의 반출량도 늘리겠다는 것이었다.

당시 한반도에서 생산된 쌀이 일본으로 반출되는 것을 막을 법적 주체는 없었다. 하다못해 구한말 조선조차 방곡령(1889)을 시행하여 쌀값

산미증식계획과 농민 경제

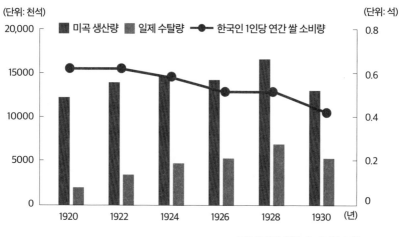

조선총독부농림국,《조선미곡요람》1937.

의 안정을 도모하려 노력했지만, 식민지시대의 쌀 유출은 속수무책이었다. 이러한 쌀의 대량 유출로 큰 이득을 본 이들이 있었다. 지주들이었다. 일본으로의 쌀 대량 유출은 지주들에게 큰 거래처가 있는 셈이었다. 이래저래 지주들은 일제강점기가 싫지 않았을 것이다.

산미증식계획으로 조선에서 쌀 생산량이 증가한 것은 사실이지만, 계획한 만큼의 생산량이 증가하지는 않았다. 그러나 일본으로 가져가기로 한 쌀은 계획만큼 가져갔다는 것이 문제였다. 그러다 보니 조선 내 쌀이 부족해지면서 쌀 가격이 올라갔고, 당연히 조선인 1인당 쌀 소비량은 줄어들었다. 그러자 일본은 가축에게나 먹였던 만주의 잡곡을 수입해 조선인들의 굶주림을 해결하려 했다.

자국의 백성을 굶주리게 하는 수출도 있는가?

일본인보다 키가 컸던 조선인들이, 일본인보다 작아졌던 유일한 시기가 바로 이때였다.

수출은 상호 공정해야 한다. 이는 일본의 협박에 의해서 이루어진 불공정 계약이기에, 수출이 아니라 수탈이 맞다.

일제강점기 조선인의 국적이 일본이었다는 김문수 고용노동부 장관에게 묻고 싶다.

"당시 조선인의 국적이 일본이었다면, 일본인이 일본으로 보낸 쌀을 수출이라 할 수 있는가?"

참고문헌 ────

· 김석원, 《일본의 한국경제침략사》, 한길사, 2022.
· 이영학, 〈1920년대 조선총독부의 농업정책〉, 부산대학교 한국민족문화연구소, 한국민족문화 제69호, 2018.
· 김재훈, 〈1925-31년 쌀값하락과 부채불황의 구조〉, 한국경제연구학회, 한국경제연구 vol.15, 2005.

13 일본의 인간사냥과 여성 성노예 DNA를 아는가?

전쟁포로와 노비매매는 존재했겠지만 납치와 인신매매는 아무리 헤아려 보아도 우리 역사에서 낯선 개념이다. 그러나 일본은 인간사냥 문화가 있었다. 일본 전국시대의 인간사냥을 '란도리'라 한다.

수많은 전쟁에 참여한 '아시가루'라 불리는 군인들은 침략지의 마을을 공격하여 여성과 아이들을 납치해 자신들의 노예로 삼았다. 이 노예들은 포르투갈 조총을 얻기 위한 대가로 유럽 상인들에게 팔리기도 했다. 일본의 봉건 영주들인 다이묘는 이러한 폭력을 눈감아 주거나, 심지어 장려하기까지 했다. 일부 다이묘는 직접 인간사냥에 참여하여 자신이 잡은 사람들을 유럽 상인들에 팔아넘기기도 했다.

전국시대의 유명한 다이묘 중 한 명인 우에스기 겐신이 이러한 방식으로 사람을 팔았고, 얼마 전 영화 〈노량〉으로 유명해진 시마즈 요시히로 또한 정복지에서 주민들을 잡아 200~300페니의 가격을 받고 유럽에 팔았다. 그 결과, 많은 일본인 노예들은 유럽 상인들에 의해 전 세계로 팔렸다.

《근세 일본 국민의 역사》에 기록된 내용이다.

다이묘들이 화약이 필요해서 여인들을 남만(유럽)선으로 운반하고, 짐
승처럼 족쇄를 달아서 선내에 밀어 넣어서, 여자들이 울고 고함쳐 아비
규환의 지옥이었다.

유럽에 건너갔던 덴쇼 소년 사절단(1582)이 작성한 보고서의 내용
이다.

행선지 어디에도 일본 여성들이 많이 보인다. 유럽 각지에서만 일본 여
성들이 50만 명 정도라고 들었다. 일본 여성들은 이곳에서 가축이나 말
처럼 방치되고 있다.

일본인이 일본인을 인간사냥하여 외국에 판 것이다.
그것도 남성도 아닌 여성들을,
그것도 아시아도 아닌 유럽에 판 것이다.
오죽하면 도요토미 히데요시가 인신매매금지령(1587)을 내려 포르투
갈로의 인신매매를 금지했을까.

"대방, 남방, 고려에 일본인을 팔아 보내는 것은 범죄이니, 일본에 있는
사람을 매매하는 일을 정지시킨다."

도요토미 히데요시는 인신매매금지령을 내린 지 5년 후 조선을 침략

했다. 중세 시절부터 전쟁을 통한 인신매매(인취)를 해 왔던 일본에서는 조선 출정을 단행하면서도 당연히 인취를 생각했고, 일본군들은 조선인 사냥을 하기 위해 출정했다. 해석하기에 따라 임진왜란을 노예전쟁이라고 부르는 학자도 있다.

일본에 전쟁 노예로 끌려간 조선인의 숫자에 대해 일본의 학자 소에타 히토시는 2~3만 명, 이탈리아의 학자 마크 카트라이트는 6~7만 명, 한국의 학자들은 10~40만 명까지 추정한다. 역사학자 스티븐 턴불은 전쟁 노예로 끌려간 조선인 포로들이 일본에 많은 문화적, 기술적 이익을 가져다주었다고 말했다.

임진왜란에 참전했던 일본 승려 케이넨의 종군 일기《조선일일기》에서는 당시 일본군에게 전쟁 노예로 잡혀가는 조선인의 비참함을 엿볼 수 있다.

들도 산도 섬도 죄다 불태우고 사람을 쳐 죽인다. 산 사람은 철사줄과 대나무 통으로 목을 묶어서 끌고 간다. 조선 아이들은 잡아 묶고 그 부모는 쳐 죽여 갈라놓는다. 마치 지옥의 귀신이 공격해 온 것과 같다.

일본 예찬론자들은 도요토미 히데요시의 인신매매금지령이 발표된 후 일본에서 노예 매매가 없어졌다고 말한다. 미치고 팔짝 뛸 노릇이다. 일본은 에도시대는 말할 나위도 없고 메이지유신(1868) 이후에도 '가라유키상'이라는 수십만 명의 기녀를 해외로 인신매매했다. 오죽하면 '일본은 기녀 수출을 통해 근대화 자금을 마련했다'는 말까지 나도는 것을 모른단 말인가.

　　어떻게 같은 민족을 노비로 부리느냐고 따질 것이 아니라
　　어떻게 같은 민족을 인간사냥하는지,
　　어떻게 같은 민족을 외국에 팔아넘겼는지,
　　이에 대한 대답을 좀 하기 바란다.
　　나는 신라가 백제를 점령했다고 하여 백제 사람을 당나라에 팔았다는
이야기를 들어 본 적이 없다.

　　자국민을 인간사냥하고 자국의 여성을 해외로 내다파는 데 아무 거리
낌이 없었던 일본인들이 조선을 식민지배했다. 자국민도 아닌 타국민
이었던 조선인을 얼마나 많이 강제 징용과 위안부로 끌고 갔을까? 그들
이 조선인을 인취하면서 미안한 마음과 죄의식을 과연 느꼈을까?
　　그들은 강제 징용과 징병으로 끌려간 수많은 조선인과 일본군 성노예
위안부 할머님께 진심 어리게 사과하려는 마음을 가질 수 없다.
　　역사에서 그들의 국민성을 유추해 볼 때 그렇다.

참고문헌

· 조지 힉스, 《위안부: 일본 군대의 성노예로 끌려간 여성들》, 전경자(역), 창비, 1995.
· 안세홍, 《나는 위안부가 아니다: 아시아의 일본군 성노예 피해 여성 21인의 목소리》, 글항아리, 2020.
· 반일행동, 《비가 오나 눈이 오나 3000일: 수녀상을 지킨 우리들의 시간》, 코리아 미디어, 2024.
· 요시미 요시아키, 《일본군 군대위안부》, 이규태(역), 소화, 2006.

14 징용·징병·정신대로 끌려간 조선인의 숫자가 무려?

일본은 중국 국민당의 수도였던 난징을 점령하고 대학살을 벌이는 등 중일전쟁(1937)에서 압도적인 승리를 거두는 듯했다. 그러나 일본군 100만 병력이 투입되었음에도 전쟁은 장기화되었고, 일본의 인적, 물적 자원은 점차 고갈되기 시작했다.

일본은 조선에서 수탈을 본격화하기 위해 국가총동원령(1938)을 선포했다.

먼저 물적 자원에 대한 수탈을 보자.

일본은 이미 산미증식계획으로 조선의 쌀을 일본으로 대량 반출해 갔지만, 전쟁이 본격화되면서 군량미 확보를 위해 한반도에서의 쌀 수탈을 가중시킬 수밖에 없었다.

일본은 공출제를 시행했다. 공출은 국가가 필요하다는 명분하에 강제로 모든 것을 빼앗아 가는 것이었다. 그중 핵심은 쌀이었다. 한반도에서 생산되는 모든 쌀을 일제가 강제로 압류하여 가져갔다. 대신 일제는

일제강점기 전시체제하 금속 공출 ⓒ 민족문제연구소

식량배급제(1940)를 실시하여 조선인들이 아사하는 것을 막아 줄 뿐이었다. 조선의 여인들은 개량된 몸뻬 바지를 입고 식량을 받기 위해 줄을 서야 했다.

전쟁이 계속되면서 탄약이 부족해지자, 일본은 금속 공출을 시작했다. 집안에서 사용하던 숟가락, 밥그릇, 제사 그릇은 물론, 교회나 절 또는 학교의 종까지 강제로 빼앗은 뒤 이를 녹여 총알 등의 무기로 만들었다.

가축 공출 역시 극심했다. 1940년대 우리 시골 마을에서는 음메 소리와 꿀꿀 소리가 들리지 않았다. 광복을 맞이할 때까지 최소 100만 마리 이상의 한국 토종개가 도살당했다고 한다. 우리나라의 천연기념물 삽살개는 털을 방한복의 재료로 사용하기 위해 과하게 동원된 나머지 멸종 직전까지 갔다. 삽살개는 가축 공출의 상징물로, 삽살개보존협회는 일본으로부터 독도를 지키라는 의미에서 삽살개를 독도에 기증했다.

인적 자원 수탈은 우리를 더욱 분노케 한다.

1940년대 한반도의 인구 약 2,500만 명 중 450만여 명이 강제 동원되어 전쟁터로, 탄광으로, 군수공장으로, 위안부로 끌려갔다(국가총동원령 이후 조선에서 강제로 동원할 수 있는 총동원연맹 수: 4,579,152명, 1941년 조선총독부 추산).

1938년 일본은 지원병제를 실시했다. 스스로 일본군이 되고 싶은 자는 일본군 모집에 지원하라는 것이었다. 친일파들은 일제에 대한 충성심을 표하기 위해 자기 자식을 일본군에 입대시킨 후 전장에 내보냈다. 물론 돈을 벌기 위해 자발적으로 입대한 경우도 있었다. 정확한 숫자는 확인되지 않지만, 그 인원이 몇천 명에 이르는 것으로 알고 있다.

1939년부터 강제 징용이 시작되었다.

1945년까지 강제 징용으로 끌려간 조선인은 103만 2,684명이었다. 강제 징용된 조선인 중 40%는 탄광으로 끌려갔다. 이들 중에 몇 명이나 살아서 돌아왔고, 또 급료는 제대로 지급되었는지 확인된 바 없다(조선 징용 사망자: 7만 7,603명, 일본 후생노동성 자료).

문제는 단순히 국가 차원의 강제 징용만이 아니었고 일본의 민간 기업도 조선인을 강제 징용했다는 것이다. 대표적인 기업이 미쓰비시다. 미쓰비시의 직원은 조선총독부의 지원을 받아 면장과 서기관, 경찰 등의 공권력을 등에 업고 조선인을 강제로 징용했다. 이를 거부하거나 저항한 조선인에게는 폭행과 더불어 식량배급 제외라는 가중처벌이 행해졌다. 공출제 실시 이후 조선인들은 끼니를 해결하기 위해 식량을 배급받아야 했던 것을 고려하면 이는 굶어 죽으라는 것이었고, 또 부당한 연좌제였다.

이렇게 일본의 민간 기업에 끌려간 조선인이 제대로 된 급여를 받지 못했기 때문에 미쓰비시와 같은 전범 기업에 대해 배상을 요구하는 것은 당연하다. 일본은 1965년 한일수교 당시 독립축하금 3억 달러를 주었다는 이유와 박정희정권에서 추후 배상권 포기 각서에 도장찍었다는 이유로 기업 배상에 대한 요구를 받아들일 수 없다고 주장한다. 그러나 이는 국가 차원의 조약일 뿐, 개인 청구권은 남아 있지 않은가.

독일은 정부와 기업 차원에서 강제 징용 피해자에게 배상을 했다. 폴란드에 9억 6,180만 유로, 우크라이나에 7억 8,370만 유로, 러시아에 2억 9,020만 유로를 배상했다(기억·책임·미래재단). 그런데 일본은 3억 달러의 독립축하금으로 대한민국의 기업들이 성장했으니, 해당 한국 기업들이 징용으로 끌려간 사람들의 배상금을 대신 좀 책임져 주면 안 되겠냐는 주장을 했다.

윤석열정권은 일본의 눈치를 보느라 확실한 대처를 하지 못하다가 2023년 '강제징용 해법안'을 발표했다. 대한민국 정부의 해법은 제3자 변제 방식이었다. 우리 기업이 출자한 돈으로 재원을 마련하여 행정안전부 산하의 재단을 만든 후, 강제 징용 피해자와 유족들에게 보상한다는 것이다. 일본 기업 때문에 생겨난 국민의 피해를 우리 기업이 보상한다니, 미쳤다고 본다.

1943년 학도지원병제가 실시되었다.

일본은 조선의 10대 학생들을 체육관에 가둬 놓고 '일본군으로 참전하겠다'는 지원서를 쓰지 않으면 새벽까지 풀어주지 않았다(4,385명, 일본 육군 조선 지원병 통계).

1944년 전쟁 막바지 조선인들은 강제 징병으로 전장에 끌려갔다.

일본 육군과 해군 측 기록에 따르면, 징병으로 끌려간 조선인은 약 20만 명이었다. 군속, 즉 군대 내 잡일을 도맡는 인원들까지 포함하면 약 40만 명이었다(일본 후생노동성 자료). 평시에도 징병은 고통스럽다. 그런데 전시 상황의 징병은 사실상 죽으라는 것이었다.

1944년 여성들을 징용으로 끌고 가는 정신대근로령이 시행되었다. 이렇게 끌려간 조선의 여성이 20만 명 정도이다(이 인원이 기존의 징용 100만 명에 포함된다는 주장도 있다). 정신대근로령으로 끌려간 여성들은 공장 등에서 근무했다.

일본군은 난징을 점령하는 중에 대학살과 더불어 수많은 여성을 강간하고 겁탈했다. 이 과정에서 성병이 확산되니, 이를 관리하기 위해 위안소가 설치됐다. 1939년부터는 조선의 여성들도 위안소에 끌려가기 시작했다. 1944년부터 1945년까지 2년 동안 조선의 10~20대 여성 중 일본군 성노예 위안부로 끌려간 숫자는 5~7만 명으로 추정하고 있다.

징용과 징병, 근로정신대와 위안부 등 한반도 바깥으로 끌려간 조선인이 170만 명이라고 한다. 그러나 한반도 내 공장과 댐, 공항 건설 현장 등에 동원된 인구까지 합치면 약 450만 명이었다. 카이로선언에서 괜히 조선인을 '일본의 노예'라고 표현한 것이 아니었다.

국가총동원령 이후 전국 각지로 혹은 일본과 태평양, 동남아시아로 끌려간 수많은 조선 청춘 남녀들의 고통을 기억해야 한다. 강제로 헤어진 아들과 딸을, 혹은 남편과 아버지를 그리워하며 기다리는 조선인들의 고통까지 함께 기억해야 한다.

　한국인이 일본에 당한 인적 수탈의 상처와 그 무게는 배상 몇 푼과 사과로는 지워질 수 없는 상상 이상으로 깊은 고통이다. 그런데 일본은 제대로 된 사과는커녕 배상조차 하지 않는다. 그럼에도 한국인은 일본에 너무 너그럽다.

참고문헌

· 정혜경, 《징용 공출 강제연행 강제동원》, 선인, 2013.
· 이상업, 《사지를 넘어 귀향까지 일제 강제 징용 수기》, 수명출판, 2016.
· 정혜경, 《조선민중이 체험한 징용》, 동북아역사재단, 2021.

15 일본의 학살 DNA를 아는가?

　　일본 설화에 따르면, 에도시대에는 농민들이 극심한 세금 부담과 식량 부족에 시달리자 늙은 부모를 산에 버리는 '우바스테야마'라는 풍습이 있었다고 전해진다. 칸 영화제에서 황금종려상을 받은 영화 〈나라야마 부시코〉에서 이를 잘 표현했다. 영화에서는 이 외에도 영아 살해와 이웃 살해 후 생매장 등 에도시대 농민들이 얼마나 미개하게 살았는지를 적나라하게 보여 준다.

　　일본은 자신들의 비인간적 풍습이 부끄럽기는 했나 보다. 일본은 창피한 역사를 면피하려 자신들의 악습을 한반도에 덧칠하는 시도를 했다. 고려시대 백성들이 늙은 부모를 산에 버렸다는 것이다. 우리가 들어 본 적 있는 고려장高麗葬이다. 이는 일본의 날조다.

　　그런데 왜 조선장이 아닌 고려장이었을까?

　　효를 중시하는 조선에서 부모를 버리는 일은 상상지도 못할 일이며, 만약 이런 불효가 행해졌을 경우 이는 왕에게 보고될 만큼 중대한 사건이었다. 조선의 왕은 불효가 행해진 고을의 사또를 파면하고 고을을 강등시키기까지 했을 것이다. 이를 잘 알고 있는 일본은 차마 조선장이라는 거짓을 만들어 낼 수 없었다. 물론 고려라고 일본처럼 늙은 부모를 산에 갖다 버리는 반인륜적 불효를 저질렀을 리 없지만, 일본은 조선보다 더 먼 과거의 고려를 끌어들인 것이다.

고려장 조작은 일본의 열등감에서 비롯된 역사 왜곡이다.

일본에서는 너무 가난해서 갓난아이를 죽이는 풍습인 '마비키(솎아냄)'도 존재했다.

일본 야마가타현과 아키타현만 해도 해마다 아이를 솎아 내는 수가 7~8만 명에 달했다. 주로 여자아이가 많이 죽었다. 엄마의 뱃속에 있는 아이도 하나의 생명으로 여겨 한 살로 계산하는 우리나라와 비교하면, 참으로 잔인한 일이다.

서양의 일본사학자가 저술한
마비키 풍습에 관한 책《Mabiki》

치바현에는 약 10만의 농가가 있었지만 거기서 살해당하는 아이의 수는 해마다 3~4만 명이었다.

사토 노부히로,《경제요록》

당시에는 '솎아냄(마비키)'을 별로 잘못된 행동이나 영아 살해 같은 흉악한 범죄가 아니라 그저 아이를 신에게 다시 돌려주는 일에 불과하다 생각했다.

이마노 노부오,《에도의 육아사정》

일본에서는 건물 아래에 산 사람을 생매장하는 '히토바시라'라는 풍습도 있었다. 이렇게 건물 아래 생매장을 당하는 사람들을 '인간기둥'이라 불렀다. 인간기둥 위에 살면 복을 받는다는 생각에서 유래된 잔인한 풍습이다. 일본의 오사카성을 비롯한 주요 관광지의 성들은 대부분 히토바시라가 행해졌다고 보면 된다. 삼풍백화점사건이 일어난 자리에 지어진 아파트에 윤석열과 김건희가 살았던 것도 이런 이유 때문인가 싶다.

조선통신사는 일본의 단오절에 열리는 칼싸움 축제를 보고 상당한 충격을 받아 이러한 기록을 남겼다.

> 대개 일본이라는 나라의 풍속은 사람을 잘 죽이는 것을 담용으로 삼는다. 그러므로 살인을 많이 하는 자는 비록 저잣거리의 천한 사람일지라도 그 명성이 드높다.
>
> 강재언, 《조선통신사의 일본견문록》

조선에서는 생명 중시가 엄중했다.

조선의 지배층인 양반이라 할지라도 함부로 사람을 죽일 수 없었던 반면, 일본에서는 사람을 죽일 수 있는 특권을 가진 이들이 있었으니, 바로 사무라이였다.

전국시대를 통일한 도요토미 히데요시는 각 지역의 농민 반란을 우려하며 칼사냥 명령을 내렸다(도수령, 1588). 농민들은 농기구 외에 무기를 소지할 수 없다는 뜻으로, 무기는 오로지 무사인 사무라이만 소지할 수 있었다. 사무라이가 사람을 죽여도 '기리스테고멘'이라 하여 살인에 면죄부를 주기까지 했다. 이로 인해 사무라이들은 칼의 날카로움을 시험하기 위해 사람을 죽이는 '츠지기리'를 행하기도 했다.

조닌(상공인), 햐쿠쇼(농민) 등이 무사에게 무례를 범할 경우, 무사는 이들을 살해해도 처벌받지 아니한다.

1742년 제정된 에도막부 율법 《공사방어정서》

일본은 고대부터 에도막부시대까지 검이 완성되었을 때, 칼날이 얼마나 날카로운지 그 품질을 가리기 위해 사무라이나 대장장이들이 밤중에 지나가는 행인을 베었다. 베고 지나간다는 의미에서 토오리마通り魔라고도 한다. '토오리마'라는 표현은 나중에 묻지마 살인을 행하는 존재를 나타내는 말이 되었다.

이나가키 후미오

이처럼 일본은 살인의 풍습이 존재했다고 해도 할 말 없을 정도로 살인을 일삼았다. 이러한 살인 DNA가 있었던 일본의 침략자에게 식민지배를 당했던 한국인의 두려움은 상당했을 것이다. 그 두려움에 맞서며 독립운동을 하셨던 독립지사에게 존경의 마음을 표한다.

참고문헌

· 강재언, 《조선통신사의 일본견문록》, 한길사, 2008.
· Fabian Drixler, 《Mabiki: Infanticide and Population Growth in Eastern Japan, 1660~1950》, Stanford University Press, 1995.
· 中村 幸, 《まびき: 日本の伝統的慣習(마비키: 일본의 전통적 관습)》, 二菱出版, 2010.

16 3·1운동이 아니라 3·1학살이라고?

　　3·1운동은 1919년 3월 1일부터 4월 30일까지 두 달 동안 200만 명이 참여했던, 대규모의 거족적인 만세운동이었다. 누가 시켜서 일어난 것도 아니고, 점조직이 있었던 것도 아니었다. 하다못해 2016년 박근혜 탄핵 촛불시위만 하더라도 이를 준비하는 단체가 있었지만, 3·1운동은 어떤 단체 차원에서의 지원보다 한국인 개개인의 독립에 대한 의지만으로 전국으로 확산된 운동이었다. 그만큼 당시 한국인들의 독립을 향한 염원은 상당히 강했다.

　　종교대표 33인(개인적으로 이들을 민족대표로 부르고 싶지 않다)이 스스로 일본 경찰에 체포당하지 않고 만세운동을 이끌며 전국 각지 만세운동의 역량을 결집할 구심점이 되어 주었다면 하는 아쉬움이 있다.

　　오죽하면 단재 신채호가 이렇게 말했을까.

　　"3·1운동이 실패한 이유는 구심점이 없었기 때문이다."

　　종교인들의 무책임하고 소심한 태도는 거족적인 만세운동을 이끌어

가는 중심 역할을 하지 못했고, 결국 3·1운동은 결집에 한계를 보이며 독립을 쟁취하지 못했다. 따라서 3·1운동 이후 임시정부가 수립되는 것은 종교인들의 한심한 작태를 재현하지 말자는, 독립운동 세력의 의지였다.

3·1운동 당시 일제는 얼마나 많은 사람을 죽였을까.
조선총독부가 작성한 〈조선소요사건일람표〉의 공식 기록이다.

조선인 시위 참여자는 58만 7,641명(50명 이하 참여자의 경우는 제외), 검거자 26,713명, 시위 참가자의 사망 553명, 부상 1,409명이다.

박은식이 저술한 《한국독립운동지혈사》의 내용이다.

3·1운동에 참여한 시위 인원은 약 200만 명이며 7,509명이 사망, 15,850명이 부상, 45,306명이 체포되었으며 헐리고 불탄 민가가 715호, 교회가 47개소였다.

조선총독부의 기록은 4월 말까지를 조사한 데 반해, 박은식의 《한국독립운동지혈사》의 통계는 3월에서 5월까지의 상황을 정리한 것이기에 차이가 있을 수 있다. 자신들의 강압적 통치에 저항하는 조선인의 숫자를 부풀리기 싫은 일본의 의도와 거족적 투쟁을 강조하고 그 과정에서 가혹한 탄압이 있었음을 기억하려는 독립운동 진영의 의도가 반영된 수치 차이임을 알 수 있다.

그러나 어느 쪽 통계를 보더라도 3·1운동은 유례없는 거족적 만세운동이었으며, 당시 일본에 의한 대량 학살이 있었던 것 또한 명백한 사실이다.

다음은 캐나다 장로교 조선 선교단이 3·1운동 당시 일본의 잔혹 행위에 대해 하세가와 조선 총독에게 제출한 항의 서한이다.

1. 무방비 상태의 남성과 여성, 아이들에게 총을 쏘고 총검으로 찌름
2. 일본 민간인들이 조선인들을 곤봉으로 때림
3. 소방 갈고리로 무장한 일본인 소방관들이 평화롭게 움직이는 시위대를 야만적으로 공격함
4. 부상당하고 죽어가는 시위 참가자들에 대한 용서할 수 없는 방치
5. 체포한 조선인들을 가장 비위생적인 상태에서 무기한 구금함
6. 경찰 조사를 받는 동안 고문함
7. 구금 중인 여성에 대한 부당한 대우
8. 야만적으로 때리는 경찰에게 반항한 자들에 대한 처벌
9. 마을 방화와 악의적인 재산 파괴
10. 제암리학살사건
11. 지역사회 전체를 공포에 떨게 만드는 흉포함, 기독교인들에 대한 부당한 차별

제암리학살사건(1919.4.15.)은 화성군 제암리에서 3·1운동을 전개했다는 이유로 일본 헌병들이 무자비한 학살을 자행한 사건이다.

일본 헌병을 이끌던 아리타 중위는 이렇게 말했다.

"교회당으로 모이라. 만세시위의 진압 과정 중 심한 매질을 한 점에 대해 사과하겠다."

일본 헌병들은 마을의 15세 이상의 남성들을 교회당 안으로 모이게 했다. 이후 일본군은 교회당에 짚 더미를 던지고 그곳에 석유를 뿌려 불을 질렀다. 마을 사람들이 탈출하려 하자 일본군은 집단 사격을 가했다. 교회는 슬레이트 지붕과 허술한 벽으로 지어졌고, 총알은 쉽게 벽을 뚫었다.

교회당 안으로 들어간 22명 중 19명이 죽었다. 3명은 교회당을 간신히 탈출했지만, 이 중에 2명은 결국 일본군에 잡혀 죽었다. 일본군은 가족을 구하기 위해 교회당 안으로 들어가려는 여성 2명을 더 죽였다.

일본군은 제암리에서만 23명을 죽인 후 옆 마을 고주리로 옮겨가 천도교 지도자 김흥렬의 일가족 6명을 죽였다.

제암리학살사건은 한국을 조국처럼 사랑했던 선교사 스코필드가 제암리로 달려가 유골을 수습하면서 학살의 증거들을 모아 세상에 알려지게 되었다.

3·1운동 당시 알려지지 않았던, 일제의 만행과 학살사건은 분명히 더 존재한다.

참고문헌
· 박은식, 《한국독립운동지혈사》, 서문당, 2019.
· 서울역사편찬원, 《1919년 3월 1일 그날을 걷다》, 서울책방, 2019.
· 한국역사연구회 3.1운동 100주년기획위원회, 《3.1운동 100년》, 휴머니스트, 2019.

17 간도참변은 청산리대첩에 대한 복수였다고?

청나라는 만주를 조상의 근원지인 신령스러운 땅이라며 함부로 들어가 살지 못하도록 봉금령을 선포했다. 그래서 조선 후기 만주는 사람이 거의 살지 않는 넓고 빈 땅이었다.

농사짓고 살았던 조선인들은 빈 땅이 보이면 씨를 뿌리고 싶은 본능이 있다. 그래서 조선 후기부터 많은 조선인들이 두만강을 넘어 간도로 건너가 살았다. 대한제국은 이범윤을 간도관리사로 파견할 만큼 간도는 우리 땅이라는 인식이 강했다. 그러나 을사늑약을 체결하여 대한제국의 외교권을 빼앗은 일제는 남만주 철도 부설권을 얻기 위해 청나라와 간도협약(1909)을 체결하며 간도를 청나라의 땅으로 인정했다. 간도협약이 체결되자 간도의 한인들은 중국인의 눈치를 보며 살아야 했다.

1920년 무렵 간도 내 한인 인구는 대폭 증가하여 30만 명을 넘어서고 있었다. 일제의 식민통치와 1910년대 토지조사사업으로 인해 토지와 소작권을 빼앗긴 조선인들 상당수가 간도로 이주하여 살고 있었다. 이래저래 일본의 시각으로 간도의 한인들은 불령선인不逞鮮人이었다. 간도의 한인 마을은 당연히 독립군에게 호의적이었다. 간도의 한인 마을은 독립군의 자금줄이자, 은신처이자, 독립군에게 언제 어느 때라도 밥을 먹여 줄 수 있는, 엄마 집 같은 곳이었다.

봉오동전투(1920.6.)와 청산리대첩(1920.10.) 당시 일본군은 40kg의 완전 군장을 하고 독립군을 추격하며 사열식 행군을 했다. 점조직으로 움직이던 독립군은 게릴라전을 전개하여 일본군을 공격한 후 지름길로 빠져나가기 일쑤였다. 일본군은 독립군을 쫓다가 자신들끼리 총을 쏘는 일이 허다했다. 한편, 일본군에 포위된 독립군은 들고 있던 총을 땅에 묻고 대신 곡괭이를 들었다. 땅을 일구면 농부요, 한인 민간에 숨어들어 밥을 먹으면 그 집의 아들이 되었다. 청산리에서 비참한 패배를 경험한 일본군은 결국 한인 마을 초토화 계획을 세웠다. 그들이 생각한 복수는 한인 마을에 대한 방화와 학살이었다.
"한인 마을의 남자 10명을 죽이면 그중 한두 명은 독립군일 것이다."

일본군의 간도 한인 마을에 대한 학살과 방화는 1920년 10월부터 1921년 4월까지 6개월 동안 계속되었다. 일본군이 휩쓸고 지나간 한인 마을에 남겨진 것은 불에 타 버린 집과 학교, 교회, 곡식, 가축, 그리고 뒹구는 시체들과 살아 있는 여인들이었다. 여인들은 눈앞에서 아버지와 오라비가, 남편과 아들이 죽는 것을 보아야 했다. 그렇게 살아남은 조선의 여인들은 모든 것이 잿더미가 되어 버린 지옥 같은 곳에서 어떤 인생을 헤쳐 나갔을까?
상해 임시정부가 발표한 간도참변 당시 피살된 한인은 3,664명이다.

문제는 피살된 한인의 거의 대다수가 노인네와 어린아이였다는 것이다. 젊은 남성들은 독립군에 가담하거나 몸을 피했기 때문이기도 했다.

박은식의《한국독립운동지혈사》중 간도참변에 대한 서술이다.

산 채로 땅에 묻기도 하고 불로 태우고 가마솥에 넣어 삶기도 했다. 코를 뚫어 갈빗대를 꿰며 목을 자르고 눈을 도려내고, 껍질을 벗기고 허리를 자르며 사지에 못을 박고 손발을 끊었다. (중략)
일본군들은 사람들을 구덩이 안으로 들어가 앉게 하고 칼로 마구 찔렀다. 목격자의 말에 의하면, 너무나 힘껏 찔러 칼이 두 동강 났다고 한다.

일본군은 간도의 민간인을 학살하는 과정에서 총알조차 아꼈다.
죽창으로 죽였고, 작두로 사람의 목을 잘랐다.
사람을 일렬로 세워 놓고, 총알이 몇 명을 관통할지 시험했다.
살아 있는 갓난아이를 하늘에 올려 대검으로 받는 놀이를 했다.
민간인을 잔인하게 학살하는 것은 일본군의 전통이다.

참고문헌

· 조원기, 〈일제의 만주침략과 간도참변〉, 독립기념관 한국독립운동사연구소, 한국독립운동사연구 제41집, 2012.
· 조동걸, 〈1920년 간도참변의 실상〉, 역사비평사, 역사비평 1998년 겨울호(통권 제45호), 1998.
· 신효승, 〈1차 세계대전 이후 일본의 군사 전략 변화와 간도침략〉, 만주학회, 만주연구 제26호, 2018.

18 일본 민간인들이 조선 민간인들을 대량 학살했다고?

1923년 도쿄, 요코하마를 아우르는 관동 지방에 대지진이 발생했다. 이 지진으로 사망자만 10만 명, 실종까지 합치면 14만 명, 부상자를 합치면 수십만 명이 되었다. 2011년 동일본 대지진과 그로 인한 쓰나미가 약 2만 5천 명의 사상자를 발생시킨 것을 고려해 보면, 관동대지진이 얼마나 큰 재해였는지 알 수 있다. 무너진 사회 질서를 유지하기 위해 일본은 계엄령을 선포해야만 했다. 관동대지진 당시 일본의 내무성은 관동 지방의 각 경찰서에 다음과 같은 내용을 하달한다.

재난을 틈타 이득을 취하려는 무리들이 있다.
조선인들이 사회주의자들과 결탁하여 방화와 폭탄에 의한 테러, 강도를 획책하고 있으니 주의하라.

일본 내의 혼란과 위기를 극복하고 일본인을 결집시키기 위해, 조선인을 악인으로 몰아 공공의 적으로 만들려 하는 의도가 다분했다. 이 계획을 획책한 당시 일본의 내무대신 미즈노 렌타로는 젊은 시절 민비 시해에 가담한 을미사변의 원흉이었다. 또한, 그는 조선총독부 정무총감이었을 때 서울역에서 강우규의 의거(1919)로 사이토 총독과 함께 부상을 입었던 인물이었다.

내무대신 미즈노 렌타로의 지시가 하달되자 일본 경찰은 이를 적극적으로 수행하기 시작한다. 당시 경시청에는 식량을 쌓아 두고 있었는데, 경시청으로 몰려든 기자들이 "지진으로 일반인들이 먹을 게 없어 굶고 있는데, 왜 이 식량을 일반인들에게 나눠 주지 않는 것인가?"라고 질문하자 쇼리키 마쓰타로 당시 경시청 관방주사가 이렇게 보도지침을 내렸다.

"조선인이 일본인을 죽이고 약탈한다.
조선인이 우물에 독을 풀었다.
조선인이 독이 든 만두를 일본인에게 먹인다.
조선인들의 저주로 지진이 일어났다."

일본 기자들에게 유언비어를 퍼뜨린 경찰 쇼리키 마쓰타로가 바로 일본 프로야구의 창시자이다. 우리에겐 조성민, 이승엽 선수가 활약한 것으로 친숙한 인기 구단 요미우리 자이언츠를 창단한 인물이다. 일본 프로야구의 아버지로 불리는 자가 수많은 조선인을 죽이도록 사회 분위기를 조장한 인물이었던 것이다.

기자들은 쇼리키 마쓰타로의 거짓말을 기사로 작성하여 보도했고 기사를 본 일본인들은 스스로를 지키기 위해 자경단을 조직했다. 자경단 숫자가 많게는 3천 개 가까이 되었다고 한다. 자경단에 대략 10여 명이 소속된 것으로 계산하면 3만 명, 100명을 기준으로 잡으면 30만 명의 일본인이 무장한 셈이다. 대부분의 자경단원은 민간인이었으며 이들은 무기를 들고 조선인을 학살하기 시작했다. 따라서 관동대학살은 재난 상황 당시 일본 정부가 일본인의 결집을 위해 조선인을 불령선인不逞鮮人이라며 사회악으로 규정하자 이에 찬동한 일본인들이 조선인을 학살한 사건이었다.

자경단은 조선인에게 '주고엔 고짓센(15엔 50전)'이라는 문장을 말하도록 시켰다. 이 문장은 일본인이 아니면 정확하게 발음하기 힘든 문장으로, 외모만으로는 일본인과 구분이 어려운 조선인을 가려내 죽이기 위함이었다. 이 과정에서 홋카이도 등 지방 출신이라 사투리를 사용하는 일본인도 많이 죽었다.

일본인은 조선인을 잔인하게 학살했다.

일본도로, 죽창으로, 몽둥이로 조선인을 구타 및 살해했고, 조선인을 밧줄로 묶어 강에 던졌다. 밧줄을 풀고 강에서 기어 나온 조선인을 확인 사살까지 했다. 임산부를 포함한 여성들도 똑같이 죽었다. 임시정부 산하 기관지 〈독립신문〉에 따르면 이렇게 죽은 조선인은 6천여 명이 넘었고(6,661명), 독일 외무성 자료에 따르면 2만여 명이 넘었다(23,059명).

관동대학살 당시 촬영된 사진을 보면 더욱 참혹하다. 죽창으로 시신을 내리찍고 있는 모습이나 수백 명의 조선인 시신이 널브러져 있는 모습이 여과 없이 촬영되어 있다. 도쿄를 흐르는 강인 스미다강을 배경으로 한 학살의 참상이 담긴 사진들이 종종 발견된다.

일본 내 기록 역시 다수 발견된다.

> 젊은 나이의 여자가 배를 찢기고 (중략)
>
> 태아가 배 내장 속에서 뒹굴고 (중략)
>
> 여자의 음부에는 죽창이 찔러져 있었다.
>
> 야마도 쇼지, 《관동대지진 조선인 학살에 대한 일본 국가와 민중의 책임》

관동대학살 당시 목격자 증언 1,100개를 모아 발간한 겐다이 쇼칸의 《관동대지진 조선인 학살의 기록》에는 이런 증언들이 실려 있다.

> 남자 4~5명이 (반죽음이 된) 조선인의 손과 발이 장작불 위에서
>
> 큰 대★자가 돼 움직이지 못하도록 잡고서 아래쪽부터 태우고 있었다.
>
> 대지진 당시 11살이던 시노하라 쿄코의 증언

> 조선인으로 추정되는 남성이 두 다리를 붙들린 채 끌려가다가
>
> 다리 가운데 도착하자 여러 명이 그를 강에 던졌다.
>
> (남자는) 일단 가라앉다가 흔들흔들 수면에 떠오르자 강기슭을 향해 헤
>
> 엄쳤다. 그러자 다리 위에서 보고 있던 무리가 남자가 헤엄쳐 도착하는
>
> 방향으로 달려가 (중략) 남자의 머리를 쇠갈고리가 달린 긴 막대로
>
> 마구 때렸기 때문에 그대로 가라앉고 말았다.
>
> 사이토 시즈히로의 1923년 9월 3일 목격담

일본은 중일전쟁 당시 난징대학살(1937)을 벌여 중국인 30만 명

을 학살했으며, 청산리대첩(1920) 패배에 대한 보복으로 간도참변 (1920~1921)을 일으켜 수천 명의 조선인을 학살했다. 그런데 위 사례들은 모두 군인들에 의한 민간인 학살이었다. 그러나 관동대학살은 민간인이 가해자가 되어 민간인을 학살한 사건이다.

이러한 대학살을 조장한 일본 정부는 현재까지도 관동대학살과 관련하여 사과하지 않고 있다.

물론 일본인 중에서도 관동대학살에 미안함을 표했던 인물도 있다. 변호사 후세 다쓰지(1880~1953)는 이렇게 사죄했다.

"일본인으로서 모든 조선 형제에게 사죄합니다."

"생각하면 생각할수록 너무나도 무서운 인생의 비극입니다. 어떠한 말로 추도하더라도 조선 동포 6,000명의 유령은 만족하지 않을 것입니다."

우리가 일본과 사이좋게 지내는 것은 좋은 일이다. 후세 다쓰지 변호사처럼 자신들의 잘못을 우리에게 사죄하고 용서를 구할 때, 우리 역시 그들을 용서하고 통합의 길로 나아갈 수 있는 것이다.

참고문헌
· 유영승, 《한일이 함께 풀어야 할 역사, 관동대학살》, 무라야마 도시오(역), 시민모임 독립 기획, 푸른역사, 2023.
· 강덕상·야마다 쇼지, 《관동대지진과 조선인 학살》, 동북아역사재단, 2022.
· 서송신·서삭수, 《관동내지진 조신인 학살 관련 번역 자료집1》, 일제침달사 자료총서29, 동북아역사재단, 2023.

19 일본이
조선인 수천 명이 탄 배를
폭파시켰다고?

충남 아산에 사는 이철우라는 청년은 주재소 순사에 의해
강제 연행되어 일본 아오모리현으로 끌려갔다. 그는 항만에 있는 일본
통운이라는 회사에 배속되어 군수물자 하역 작업을 했다. 추위와 배고
픔, 노동의 고통이 힘들었지만 고향의 부모 형제들을 생각하면서 이를
악물고 참아 내겠다는 심정으로 하루하루를 보냈다. 이윽고 일본의 패
전 소식이 전해지자 고향으로 갈 수 있다는 희망을 안고 우키시마호에
올랐다.

1945년 8월 22일, 일본 해군은 오미나토항 인근의 조선인 노동자들
을 우키시마호에 태워 출항시켰다. 일본 패망 이후 강제 징용 조선인 노
동자들이 폭동을 일으킬지 모른다는 우려 때문이었다.

우키시마호에 타고 있었던 수천 명의 조선인들은 대부분 강제 징용으
로 끌려와 홋카이도 등에서 노역을 징발당하고 제대로 된 보수도 받지
못한 조선인들이었다. 그래도 고향에 돌아간다는 기쁨에 우키시마호에

서는 활력이 넘쳤다. 일본 군함 우키시마호는 오미나토 항구를 출발하여 부산에 도착할 예정이었다. 그런데 우키시마호는 갑자기 방향을 틀어 교토부 마이즈루항을 향했고 곧이어 폭발과 함께 침몰했다.

일본 측은 미국이 깔아 놓은 기뢰에 의해 침몰한 우발적 사고라고 했다. 그러나 아무리 봐도 고의 폭침의 의혹을 피할 수 없다. 조선인을 강제 노역 시킨 것과 이에 대한 증인을 제거할 목적으로 벌인 고의 침몰로 보인다. 우발적 사고였다면 대한민국 정부의 우키시마호 침몰 관련 자료 요구에 일본은 성실히 임했어야 한다. 일본 정부는 우키시마호 자료 또한 침몰과 함께 소실되었다고 주장했다. 2004년 일본 최고 법원에서도 우키시마호 피해자 유가족들의 청구는 기각됐다.

우키시마호 침몰로 몇 명의 희생자가 발생했을까?

일본 정부의 발표로는 최소 500여 명이 사망했다고 발표했다.

그러나 2014년, 우키시마호 탑승자가 8천 명이 넘었다는 일본 외무성 보존 기록이 공개 폭로되었다.

이철우 옹은 이렇게 말했다.

"우키시마호에 8,500명 정도가 탔는데 1,500명 정도 살고 나머지는 다 죽었다."

"죽어서도 돌아오지 못한 동료들을 생각하면 가슴이 답답하고 미안하기만 하다."

우키시마호 폭파사건 말고도 우리가 기억해야 할 일본의 조선인 학살 사건들이 있다. 사할린 강제 징용으로 끌려간 조선인 노동자들에 대한 학살, 중국 하이난 성 천인갱 조선인 대학살, 오키나와의 조선인 학살, 그리고 이름 모를 남태평양의 여러 섬들에서 수많은 조선인들이 일본에 의해 학살당했다.

참고문헌 ————

· 이규희, 《돌아오지 않은 우키시마호》, 바우솔, 2021.

· 시나다 시게루, 《1945, 마지막 항해》, 김영식(역), 어문학사, 2023.

· 김인성, 〈구술조사를 통해 본 우키시마호 소송 참가자들의 사건에 대한 기억과 인식〉, 한국민족연구원, 민족연구 제65호, 2016.

3장

독립운동을
상처 내지 말라

일제강점기 조선인은 세 부류였다.

저항하는 자,

방관하는 자,

협력하는 자.

독립운동을 비난하는 자들은 잠재적 매국노들이다.

20 안중근이 이토 히로부미를 죽인 것은 실수라고?

"이토 히로부미는 조선을 사랑했다."

"이토 히로부미는 일본의 한국병합에 반대한 인물이었다."

"안중근이 이토 히로부미를 죽임으로써 일본 군부 내 극우 강경파에게 한국이 병합당했다."

1909년 10월 26일 하얼빈에서 이토 히로부미가 안중근의 총에 맞은 시간은 9시 30분이다. 얼마 지나지 않은 10시 정각 이토는 숨을 거뒀다. 혹자는 이토가 죽기 전 30분 동안 그의 유언이 있었다고 한다.

"조선인이 나를 쏘았다고? 바보 같은 녀석이군!"

거짓말이다. 이토는 이런 유언을 남기지 않았다. 임종을 지켰던 이토의 손자는 그가 유언도 남기지 못하고 죽었음을 분명히 밝혔다.

일본 총리를 4번이나 역임한 이토 히로부미는 일왕의 명을 받고 대한제국의 외교권을 박탈하려는 목적으로 한반도로 건너왔다. 그리고 조선의 대신들을 압박하여 을사늑약을 체결하고, 끝내 조선의 외교권을 빼앗았다. 이 모든 것은 주지의 사실이다.

대한제국의 외교권을 빼앗고 초대 통감이 된 이토 히로부미가 조선을 사랑했다는 것은 이순신이 일본을 사랑했다는 것처럼 어색하게 들린다. 그가 조선을 사랑하고 위하는 마음이 있었다면, 대한제국의 외교권을 끝까지 지켰어야 하지 않은가.

그가 한국병합을 반대했다는 주장 역시 근거를 찾아볼 수 없다. 일본 군부 내 강경파와 이토 히로부미가 대립한 것은 사실이지만, 그는 단 한 번도 한국병합에 반대한 적이 없었다.

"대한제국은 독립에 필요한 실력을 갖추지 못했다. 실로 허울뿐인 독립에 지나지 않는다."

안중근은 황인종이 힘을 합쳐 백인 세력의 침략에 맞서자는 이토 히로부미의 《동양평화론》에 속아 러일전쟁 당시 일본의 승리를 바랐던 자신을 탓했다. 그리고 결자해지하는 심정으로 단지를 한 후 그 피로 태극기에 '대한독립'이라고 써 내려가면서 3년 안에 이토 히로부미를 죽이겠다고 다짐했다. 그리고 그 다짐을 6개월 만에 하얼빈에서 실천함으로써 대한의 젊은이들에게 애국심과 독립 의지를 몸소 보였다. 조선의 아름다운 청년 안중근은 한국인이라면 꼭 죽여야 할 침략자 이토 히로부미를 우릴 대신하여 잘 죽인 것이다.

안중근이 이토 히로부미를 죽인 것은 자신의 목소리를 세계에 알리기 위한 수단이었다. 이토를 죽임으로써 세계의 이목을 자신에게 집중시킨 다음, 일본의 한국병합이 얼마나 반역사적인지 역설하려 한 안중근의 깊은 목적의식을 알아야 한다.

하얼빈에서 체포된 안중근은 일본 검사 미조부치 다카오로부터 심문
을 받으면서 이토 히로부미를 죽인 이유를 이렇게 말했다.

첫째, 한국 명성황후를 시해한 죄

둘째, 한국 황제를 폐위시킨 죄

셋째 을사늑약과 정미조약을 강제로 체결한 죄

넷째, 무고한 한국인을 학살한 죄

다섯째, 정권을 강제로 빼앗은 죄

여섯째, 철도, 광산, 산림을 강제로 빼앗은 죄

일곱째, 제일은행권 지폐를 강제로 사용케 한 죄

여덟째, 대한제국의 군대를 해산시킨 죄

아홉째, 한국인의 교육을 방해한 죄

열째, 한국인의 외국 유학을 금지시킨 죄

열한째, 교과서를 압수하여 불태워 버린 죄

열두째, 한국인이 일본인의 보호를 받고자 한다고 세계에 거짓말을 퍼
뜨린 죄

열셋째, 현재 한국과 일본 간에 분쟁이 끊이지 않고 있는데도, 마치 한
국이 태평무사한 것처럼 천황을 기만한 죄

열넷째, 동양평화를 파괴한 죄

열다섯째, 일본 천황의 아버지 태황제를 죽인 죄

이만 하면 이토 히로부미는 조선인에게 죽어 마땅한 사람이었다. 사형을 구형받은 안중근은 어머니 조마리아 여사가 보낸 편지의 내용을 따라 항소를 포기하였고, 뤼순 감옥에서 형장의 이슬로 사라졌다.

"내 시신을 하얼빈 공원 곁에 묻었다가 조국으로 이장해 달라."

진정한 동양평화를 역설하며 한반도의 자주독립을 지키려 했던 안중근의 30년 인생이, 일본제국의 권력자였으며 자신의 권력 확장을 위해 타국을 침략한 이토 히로부미의 70년 평생보다 훨씬 아름답다.

다시 한번 말하지만, 안중근의 이토 히로부미 사살은 두말할 것 없이 옳은 결정이었다. 한국인으로서 꼭 죽여야 할 인물을 잘 죽였고, 그의 의거는 한국을 넘어 세계에 커다란 울림을 주었다.

일본에서조차 안중근 의거의 깊이를 알고 그를 사모하는 이들이 꽤 있다는 것을 알아야 한다. 반면 이토 히로부미를 존경하는 사람들은 얼마나 되는가? 얼마 전 사망한 아베 신조 전 총리 말고는 거의 없다.

이토 히로부미를 떠받드는 이들이 대한민국에 존재한다는 것이 안타까울 뿐이다.

참고문헌

· 안중근, 《안응칠 역사: 안중근 자서전》, 토지, 2022.
· 김삼웅, 《안중근 평전》, 시대의 창, 2023.
· 이영찬, 〈안중근의 가치관과 군인정신에 대한 연구〉, 국방정신전력원, 정신전력연구 제77호, 2024.

21 봉오동전투와 청산리대첩이 부풀려졌다고?

"봉오동전투에서 일본군 겨우 1명을 죽여 놓고 이런 것도 승리라고 떠드느냐?"

"청산리에서 일본군 11명 죽었는데, 무슨 대첩이냐?"

홍범도는 봉오동전투 이전부터 정미의병장으로 대단한 활약을 펼친 인물이다. 함경도 북청의 후치령과 삼수, 갑산 등에서 각각 일본군 70명과 300명을 격파하여 홍범도의 별명은 '날으는 홍범도'라 불릴 정도였다. 홍범도의 대한독립군와 최진동의 군무도독부군, 안무의 국민회군은 서로 연대하여 대한북로독군부라는 연합부대를 결성하는데, 이때 부대의 인원은 900여 명이었다.

일본은 남양수비대를 보내 대한북로독군부를 공격했으나, 오히려 일본군 120명이 전사하고 만다. 이를 삼둔자전투(1920.6.)라고 한다. 이에 일본은 월강추격대를 편성하여 추격했다. 월강추격대의 병력은 800여 명에 달하는 대대급이었다. 그러나 월강추격대는 홍범도를 비롯한 독립군의 매복작전에 격퇴당했다. 이 전투가 바로 봉오동전투다(1920.6.).

봉오동전투에서 일본군 전사자 157명이라는 숫자는 임시정부의 독립신문과 박은식의 기록에서 모두 일치한다. 홍범도는 자신의 일지에 일본군 500~600명이 전사했다고 기록했지만, 우리는 부풀리지 않고 교차 검증이 가능한 157명을 정설로 보고 있다. 그러나 일본 측 기록에 따르면 봉오동전투에서 일본군 사상자는 단 1명이었다. 월강추격대라는 이름으로 800여 명의 대대급 병력이 출전하여 단 한 명의 전사자가 나왔을 뿐인데 일본군은 봉오동에서 후퇴했단 말인가.

우리 독립군보다 군비 상태가 더 나은 일본군을 어떻게 이겼냐는 의구심을 갖는다. 그러나 우리 독립군은 상당 수준의 무장을 하고 있었다. 최진동과 최운산, 최치홍 형제가 사재를 털어 체코군으로부터 사들인 1,200정의 모신나강 소총은 사정거리가 700m로 일본군 소총의 사정거리인 500m보다 길었다. 폭탄은 100개나 보유하고 있었고 기관총 역시 2문을 갖추었다.

전투에서 지리를 꿰뚫고 있는 이점은 다른 무엇보다 중요하다. 더군다나 일본군은 최소 중대 이상의 병력이 완전군장을 한 채 독립군을 추격해 왔고, 독립군은 소수의 병력으로 기동력을 발휘하여 일본군의 추격을 손쉽게 따돌릴 수 있었다. 또한, 근처의 한인 마을은 우리 독립군의 기지 역할을 해 주었다.

청산리전투에서 전사한 일본군이 11명이라는 일본 측 기록도 어이가 없다. 일본은 봉오동전투의 패배를 복수하기 위해 무려 2만 명의 병력을 북간도로 파견했다. 홍범도는 이들을 유인하여 미리 준비하고 있었던 김좌진의 북로군정서군과 힘을 합쳐 어랑촌, 고동하, 천수평 등지에서 1주일 동안 10여 차례 연승을 거두었다. 그 결과, 일본군 1,200명이 사살되었으니, 우리는 이를 청산리대첩(1920.10.)이라고 한다.

　'일본군 1,200명 사살'이라는 기록은 여러 곳에서 중복 확인이 된다.

　첫째, 임시정부 안정근의 파견원 보고서

　둘째, 임시정부 독립신문 제91호

　셋째, 북로군정서 보고서

　넷째, 박은식의 《한국독립운동지혈사》

　다섯째, 중국 관청의 기록

　여섯째, 중국 요동 일일신보

　청산리에서 1주일 동안 이어진 10여 차례 전투에서 일본군 2만 명의 병력 중 겨우 11명만 죽었다는 일본 측의 주장을 믿기 어렵다. 겨우 11명의 일본군이 죽었다는 이유로 일본은 비겁하게 간도참변을 일으켜 민간인을 학살하는 보복을 가했다는 말인가?

참고문헌

· 장세윤, 《봉오동 청산리 전투의 영웅: 홍범도의 독립전쟁》, 역사공간, 2007.

· 이상훈, 〈《우츠노미야 타로 일기》를 통해 본 봉오동전투〉, 백산상회, 백산학보 제123호, 2022.

· 김용달, 〈청산리대첩에 대한 임시정부의 대응〉, 한국근현대사학회, 한국근현대사연구 제15집, 2000.

· 신효승, 〈청산리 전역과 절반의 작전〉, 역사실학회, 역사와 실학 제73집, 2020.

· 장세윤, 〈1920년 봉오동전투와 청산리독립전쟁의 주요 쟁점 검토〉, 새외한인학회, 새외한인연구 세54호, 2021.

22 — 홍범도가 자유시참변을 일으켜 독립군을 죽였다고?

> "홍범도가 자유시참변에 앞장서 독립군 1,400여 명을 괴멸시켰다."

이는 개인이 쓴 글도 아닌 보수 신문의 기사 제목이었다.

자유시참변(1921)을 빌미로 홍범도 비난에 열을 올리는 사람들에게 이렇게 묻고 싶다.

"자유시참변이 뭔 줄은 아는가?"

러시아는 볼셰비키혁명(1917)에 성공한 후 혁명 주도 세력이었던 사회주의계 적군과, 과거 로마노프왕조 복귀를 목표로 하는 백군이 내전을 벌였다. 일본은 백군을 지원했다. 홍범도가 소속되어 있었던 대한독립군단에게 손을 내민 것은 적군이었다. 적군과 손을 잡는 것은 한편으로 일본과의 싸움을 의미했으니, 일종의 독립운동이었다.

적군과 함께하기로 한 홍범도 등의 대한독립군단은 러시아의 자유시까지 이동했다. 그러나 대한독립군단은 먼저 러시아에 들어와 있었던 고려혁명군(이르쿠츠크파 공산당)과 대한의용군(상하이파 공산당) 사이에서 목소리를 내기 어려운 형국이었다.

러시아 적군은 고려혁명군을 중심으로 한국 독립군들에 대한 통합을 명령했지만, 대한의용군은 러시아 적군의 명령을 받아들이지 않았다. 그러자 러시아 적군은 대한의용군에 무장 해제를 지시했는데, 대한의용군이 이를 이행하지 않자 대한의용군을 공격했다. 이때 러시아 적군 편에 섰던 고려혁명군 역시 대한의용군을 향해 총을 겨누었다. 총을 쏘려다가 같은 독립군이어서 차마 똑바로 겨냥하지 못하고 총구를 하늘로 향한 채 쏘았다는 말도 전해져 내려온다.

어찌 되었든지 독립운동을 위해 함께 매진했던 독립군끼리 총을 겨누게 되었으니, 이를 자유시참변이라 한다.

친일매국 세력은 자유시참변을 두고 이렇게 말한다.

첫째, 자유시참변은 사회주의자들이 우익 독립군을 죽였던 사건이다.

둘째, 홍범도가 자유시참변에 앞장서 독립군을 죽였다.

셋째, 자유시참변으로 무장투쟁이 중단되었다.

모두 거짓말이다.

첫째, 자유시참변은 엄밀히 말하면 대한의용군과 고려혁명군 사이의 내분이었다. 양쪽 모두 사회주의 계열이었으니, 당연히 사회주의계 독립운동가들 사이에서 발생한 충돌이었다. 따라서 '사회주의자들이 우익 독립군을 죽였다'는 주장은 거짓말이다.

둘째, 자유시참변의 현장은 자유시(스보보드니)에서 4km 떨어진 자유시 항구(수라제프카)였다. 자유시참변이 발생했을 때 홍범도는 자신과 뜻을 같이했던 안무, 지청천, 최진동과 함께 자유시로 돌아와 있었다. 홍범도는 수라제프카에서 일어난 자유시참변의 현장에 없었기 때문에 독립군에게 총을 겨누지 않았고, 겨눌 수도 없었다. 자유시참변의 슬픈 상황을 알게 된 홍범도가 땅을 치며 울었다는 소리만 전해 내려온다.

셋째, '자유시참변으로 무장투쟁이 중단되었다'는 말은 대꾸하기도 우습다. 자유시참변은 1921년에 일어났다. 우리의 무장투쟁은 해방되는 1945년까지 단 한 번의 쉼표도 없었다.

사실 자유시참변에는 우리의 수많은 항일무장단체들이 연관되어 있다. 우리 독립운동사는 광활하다. 오늘날 러시아 영토인 연해주와 사할린의 독립운동사는 일부 연구자들만 알고 있을 뿐, 일반인은 그곳에도 위대한 독립운동가들이 있었음을 알지 못한다.

연해주와 사할린의 독립운동가들은 자유시참변이라는 아픈 역사를 겪었다. 자유시참변만으로도 가슴이 아플진대 위대한 독립운동가 홍범도를 자유시참변과 연관시켜 홍범도와 독립운동에 상처를 내려는 친일 매국 세력의 추태는 흉악스러움 그 자체이다.

참고문헌

· 김삼웅, 《대한독립군 총사령관 홍범도 평전》, 레드우드, 2019.
· 신주백, 〈[자유시 참변 후 100년] 독립전쟁과 1921년 6월의 자유시 참변〉, 지식의 지평, 지식의 지평 제31호, 2021.
· 주미희, 〈자유시참변 1주년 논쟁에 대한 고찰〉, 역사학연구소, 역사연구 제43호, 2022.

23　독립운동가는 사회주의자가 많았다고?

　　우리는 3·1운동으로 독립을 쟁취하지 못했다. 만세운동에 참여한 많은 학생과 청년들이 죽고 감옥에 갇혔지만 독립은 실현되지 못했다. 허무감에 사로잡혀 있을 때 한 줄기 희망의 빛처럼 다가온 것이 사회주의 사상이었다. 사회주의 사상은 식민통치에 신음하는 조선의 지식인들에게 일본 제국주의 타도를 위한 안성맞춤인 사상이었다. 당시 조선의 엘리트 젊은이 상당수가 소위 부르주아 계급이었음에도 사회주의 사상을 받아들였다.

　　그러나 사회주의자 중에는 독립운동보다 오로지 계급투쟁만 고집하는 소아병적인 사회주의자도 있었다. 개인적으로 이들을 독립운동가로 평가하지 않는다. 그럼에도 사회주의자 대부분이 독립운동의 일환으로 사회주의 사상을 받아들인 것은 사실이다. 따라서 일제강점기 사회주의자를 모두 빨갱이로 매도하는 것은 자신이 친일파임을 증명하는 것일 뿐이다.

우리가 기억하는 소위 유명한 독립운동가 중에서 사회주의계보다 민족주의계 인물이 훨씬 많은 이유는 무엇일까?

사회주의 사상이 수용될 당시, 사회적 지위가 높고 나이가 많은 독립운동가는 사회주의 사상에 일종의 거부감을 느꼈다. 그러다 보니 사회주의 사상은 학생과 청년 계층에서 주로 수용되었다.

젊은 사회주의 독립운동가는 세상에 이름을 남기지 못한 채 독립운동 중에 많이 죽었다. 또, 해방 이후 미군정이 시작되면서 정치적으로 성장할 기회를 잃거나 일부는 북한으로 건너갔다. 그래서 우리는 대다수의 사회주의계 독립운동가의 이름을 알지 못한다.

"사회주의자들이 모두 독립운동가는 아니었지만 독립운동가의 대부분은 사회주의자들이었고, 민족주의자들이 모두 친일파는 아니었지만 친일파의 대다수는 민족주의자였다."

내가 만든 문장이지만 반박이 불가능하다는 것이 슬프다.

참고문헌
· 강만길·성대경, 《한국 사회주의운동 인명사전》, 창비, 1996.
· 이정용, 〈인간의 고통에 눈을 맞춘 사회주의 독립운동사(임경석, 《독립운동 열전1~2》, 푸른역사, 2022)〉, 독립기념관 한국독립운동사연구소, 한국독립운동사연구 제82집, 2023.

24   이봉창·윤봉길이 테러리스트라고?

"빈 라덴은 테러리스트인데 윤봉길은 아니라고?"

"범죄자나 다름없는 테러리스트를 왜 독립운동가라며 추앙하는지 알 수 없다."

독립운동의 의열투쟁을 테러와 구분하는 기준점은 민간인의 희생을 담보로 삼았냐는 것이다. 이러한 기준으로 9·11테러를 일으켜 수많은 민간인을 죽음으로 내몬 오사마 빈 라덴은 테러리스트가 맞다. 그러나 오사마 빈 라덴을 무력으로 처단한 미국 대통령을 테러리스트라고 부르지는 않는다.

오사마 빈 라덴이 테러리스트인 것처럼 조선의 민간인을 셀 수 없을 정도로 학살한 일본은 테러국이 맞다. 반면, 이봉창과 윤봉길의 의거는 빼앗긴 나라를 되찾기 위한 애국심의 발로이자, 테러국의 수뇌부를 죽임으로써 조선인의 더 큰 희생을 막고자 한 행동이었다.

친일매국 세력에게 묻고 싶다.

"일본이 테러국인가, 윤봉길이 테러리스트인가."

이승만이 탄핵된 이후 김구가 국무령에 취임했지만 임시정부의 위기는 계속되었다. 국내 동포와 해외 독립운동가들은 주요 인물이 떠난 임시정부는 망했다고 생각했다. 김구의 지명도만으로 임시정부를 다시 반석 위에 세우는 것도 쉽지 않았다. 결국 김구는 결단을 내렸다. 김구가 국무령직을 스스로 내려놓고 여러 명의 국무위원 중 한 명이 되면서, 임시정부는 국무위원들이 함께 이끌어 가는 집단지도체제로 전환(1927)되었다.

김구로서는 임시정부가 아직 살아 있음을 대내외에 알려야 했다. 군대를 조직할 능력이 안 된다면 의열 활동을 통해서라도 임시정부의 역할을 해내야 했다. 그래서 김구는 임시정부의 특무대로 한인애국단을 창설(1931)했다. 김구가 직접 단장을 맡았다.

한인애국단의 기치는 이러했다.

'한 사람을 죽여서 만 사람을 살리는 방법이 독립의 수단의 근본이다.'

한인애국단의 첫 번째 타깃은 일왕이었다.

만주사변(1931)에서 승리한 일본은 곧 만주국 총통으로 임명될 옛 청나라의 마지막 황제 푸이와 에도성에서 사열식을 거행했다. 일왕과 푸이가 탄 마차가 에도성의 후문인 사쿠라다몬을 나설 때, 한인애국단의 이봉창은 마차를 향해 수류탄을 투척했다. 그러나 마차가 지나간 후 뒤늦게 수류탄이 터지는 바람에 아깝게 일왕 암살에 실패했다(1932.1.).

일본 경찰 입장에서는 자신들의 살아 있는 신이나 다름없는 일왕을 향해 조선인이, 그것도 일본의 경시청(경찰청) 정문 앞에서 수류탄을 투척했다는 사실에 치욕도 이런 치욕이 없었다.

이때 중국 국민당의 기관지였던 민국일보는 이러한 기사를 실었다.

이봉창의 의거가 불행히도 실패했다.

일본은 이봉창의거에 대한 화풀이로 상하이사변(1932.1.)을 일으켰다. 일본은 끝내 상하이를 점령했고, 전쟁 승리 기념식 및 일왕 생일 기념식을 상하이 훙커우공원에서 열기로 했다.

이봉창의거에 감명받은 윤봉길은 임시정부 한인애국단을 찾았다. 김구는 윤봉길에게 도시락폭탄과 물통폭탄을 만들어 주었다. 윤봉길은 훙커우공원 기념식 단상에 물통폭탄을 던졌고, 기념식을 거행하는 일본 측 주요 인사 7명이 죽거나 부상을 당했다.

일본의 육군대장 시라카와 요시노리가 죽었고, 육군중장 우에다 겐키치는 다리를 잃었다. 해군중장 노무라는 실명했다. 주중공사 시게미쓰 마모루 역시 한쪽 다리를 잃었다. 훗날 시게미쓰 마모루가 1945년 미주리호에서 항복 문서에 사인할 때 다리를 저는 모습을 본 적이 있다면, 그 다리를 절게 만든 인물이 윤봉길이었다.

윤봉길의거에 국민당 주석 장제스는 이렇게 말했다.

"100만 중국인이 해내지 못한 일을 한 사람의 조선 청년이 해냈으니 자랑스럽다."

장제스는 윤봉길이 한인애국단 소속임을 알고, 김구에게 중국 국민당과 함께할 것을 제안했다.

"우리 국민당과 임시정부가 손을 잡고 일본에 저항합시다. 언젠가 국민당이 자리를 잡으면 임시정부 산하의 무장단체를 내가 지원하겠습니다."

그렇지 않아도 상하이를 점령한 일본군이 프랑스 조계지를 빌려 쓰고 있던 임시정부를 내보내기 위해 프랑스에 압력을 넣고 있었다. 상하이를 떠나 어디론가 이동해야 할 처지에 놓인 임시정부와 김구에게 장제스가 먼저 손을 내민 것이었다.

1932년 임시정부는 상하이를 떠나 장제스의 국민당 정부와 함께 움직이며 8년의 대장정 끝에 충칭에 도착했다. 임시정부의 군대 창설에 관한 장제스의 약속은 충칭에서 지켜졌다. 한국광복군(1940)이 창설된 것이다. 한국광복군의 창설은 윤봉길의 의거 덕택이었다.

윤봉길 의사는 상하이에서의 의거 8개월 후인 1932년 12월 19일, 일본에서 순국했다. 일제는 윤봉길 의사의 사형 집행 시간을 오전 6시 25분으로 잡았는데, 이는 윤봉길의 의거로 일본 육군대장 시라카와가 죽은 시간인 7시 27분을 계산한 것이었다. 이는 일본보다 1시간이 빠른 상하이의 시차를 고려한 결정이었다.

윤봉길 의사가 의거를 며칠 앞두고 두 아들에게 남긴 유언이다.

"너희도 만일 피가 있고 뼈가 있다면, 반드시 조선을 위해 용감한 투사가 되어라."

테러는 불특정 다수를 대상으로 폭력을 행사하는 행위를 의미한다.

윤봉길의 사형 집행 사진 ⓒ 매헌윤봉길의사기념관

그러나 독립운동의 일환으로 전개된 의열 활동은 무고한 시민을 대상으로 하는 테러와 본질적으로 달랐다. 백범 김구가 주도하고 이봉창과 윤봉길이 실행한 의거는 불법으로 식민지배한 일제에 맞서 독립을 쟁취하려는 정당한 항쟁 행위였다.

참고문헌

· 손성욱, 〈'암살'에서 '의거'로 - 20세기 전반 중국의 안중근, 이봉창, 윤봉길 보도를 중심으로〉, 동국역사문화연구소, 동국사학 제78집, 2023.
· 김창수, 〈한인애국단의 성립과 활동〉, 독립기념관 한국독립운동사연구소, 한국독립운동사연구 제2집, 1988.

25 김원봉을 존경하면 빨갱이라고?

"김원봉은 빨갱이다."

"김원봉이 아무리 독립운동을 했다고 한들 6·25전쟁을 일으킨 장본인에게 서훈을 줄 수 없다."

독립운동의 상징적 인물을 논할 때 민족주의계에서는 김구, 사회주의계에서는 김원봉을 꼽는다.

그런데 내 공부가 부족한 걸까?

도대체 김원봉을 왜 사회주의자라고 하는지 이해할 수 없다.

김원봉을 사회주의자로 보기 힘든 이유를 들어 보겠다.

첫째, 김원봉이 만든 의열단의 단원들 역시 사회주의자가 아니었다. 김원봉과 의열단원들은 무정부주의자, 즉 아나키스트였다.

둘째, 김원봉은 단재 신채호의 〈조선혁명선언〉을 의열단의 행동지침으로 삼았다. 신채호 역시 사회주의자가 아니었다.

셋째, 김원봉은 중국의 황포군관학교에서 유학했다. 황포군관학교는 중국 혁명의 아버지 쑨원이 개설했으며, 김원봉이 유학할 당시 교장은 장제스였다. 동서 간이었던 쑨원과 장제스가 사회주의자인가?

넷째, 김원봉은 1932년 난징에 조선혁명간부학교를 설립하고 교장에 취임했다. 당시 난징은 장제스의 국민당 정부가 수도로 삼고 있던 곳이다. 즉 반공주의자 장제스가 김원봉의 학교 설립을 허락한 것이다.

다섯째, 1938년 한커우에서 중국 관내 최초의 무장단체인 조선의용대가 창립될 때, 역시 중국 국민당 장제스의 지원이 있었다. 윤봉길의거(1932) 이후 김구에게 임시정부의 무장단체 설립을 약속해 놓고도 이를 이행하지 않고 있었던 장제스가 김원봉에게 먼저 중국 내 조선 군대 창설을 후원한 것이다. 장제스가 중국 공산당 마오쩌둥과 대립하고 있던 상황을 고려해 본다면, 조선인 사회주의자에게 베풀 수 있는 호의치고는 너무 컸다. 그래서 김원봉을 사회주의자로 보기 어렵다.

여섯째, 중일전쟁에서 장제스의 국민당 정부가 졸전을 거듭하자, 이에 실망한 조선의용대 대원 일부는 중국 공산당의 마오쩌둥이 있는 화북으로 건너갔다. 김두봉, 김무정, 최창익 등은 화북으로 이동하여 조선의용대 화북지대를 만들었지만, 김원봉은 끝까지 마오쩌둥에게 합류하지 않고, 조선의용대 본대를 이끌고 화북이 아닌 충칭 임시정부 산하 한국광복군에 합류했다(1942). 김원봉은 사회주의 진영을 거부하고, 민족주의 진영을 택한 것이다.

일곱째, 해방 이후 김원봉은 북한으로 가지 않고, 남한으로 당당히 귀국했다. 물론 고향이 경남 밀양이기도 했지만, 그는 소련군정이 아닌 미군정을 선택했다.

여덟째, 김원봉은 살아 생전에 단 한 번도 공산당원이 된 적 없었다. 조선공산당은 물론 중국 공산당에도 가입하지 않았고, 소련과도 어떤 연계가 없다. 당시 전 세계 공산당 조직은 모두 코민테른에 종속되어 소련의 지시를 받아 움직이는 것이 원칙이었다. 그러나 김원봉은 공산 세력 어느 나라의 지시도 받지 않았고, 우리 독립운동가들과 좌우합작을 통해 우리의 독립을 최우선으로 하는 신념을 가진 사람이었다.

과연 김원봉이 진정 사회주의자였는지 고민해 봐야 한다.

학계에서는 김원봉이 민족의 독립을 위해 얼마든지 민족주의계와 연대할 수 있는 유연성을 가진 인물이었다고 칭찬한다. 그러나 레드콤플렉스에 빠진 대한민국에서 김원봉은 사회주의자로 깊게 각인되어 있다.

독립운동의 방략을 놓고 각 세력이 대립할 때, 김원봉은 확고했다.

"외교독립을 하자고? 우리는 일본보다 외교력을 발휘하기 어렵다."

"실력양성을 하자고? 우리는 일본보다 더 좋은 교육도, 더 좋은 회사도 갖기 어렵다."

"무장투쟁 하자고? 우리는 일본보다 더 강한 군대를 갖기 어렵다."

"그렇다면 독립운동을 어떻게 하자는 말이냐"라는 질문에 김원봉은 이렇게 말했다.

"감히 우리를 식민지배하려는 것들은 죽이고, 식민지배 기관을 폭파하여 그들에게 공포감을 심어 주면 되지."

이를 실천하기 위해 김원봉은 윤세주와 의열단을 만들었다.

1920년 박재혁이 부산경찰서에 폭탄을 투척했고

1920년 최수봉이 밀양경찰서에 폭탄을 투척했다.

1921년 김익상이 조선총독부에 폭탄을 투척했고

1923년 김상옥이 종로경찰서에 폭탄을 투척한 후 400 vs 1의 시가전을 전개했다.

1924년 김지섭이 일본 왕궁에 폭탄을 투척했고

1926년 나석주가 동양척식주식회사에 폭탄을 투척했다.

이들은 모두 의열단원이었고, 이들의 의거는 김원봉의 명령을 받은 의거였다. 대한민국이 건국된 후 의열단원들은 모두 건국훈장을 수훈받았다. 김원봉의 부인 박차정 또한 건국훈장을 받았지만, 김원봉은 건국훈장을 받지 못했다.

김원봉은 해방 후 고향인 밀양을 떠날 수 없다며 남한으로 귀국했다. 그러나 귀국 후 김원봉은 셀 수 없는 테러의 위협과 경찰의 혹독한 고문에 시달려야 했다. 특히 친일 고문기술자 노덕술에게 고문을 당한 후 분한 마음에 3일을 울었다고 한다. 해방된 내 나라에서 매국노에게 고문을 당해야 했던 김원봉의 심정을 헤아리기 어렵다.

김원봉을 두려워했던 자들은 일본 제국주의자와 민족반역자들이었다. 해방 이후 지독한 반공투사로 변신한 민족반역자들은 남한에 들어온 김원봉을 못 잡아먹어 안달이었다.

그들은 김원봉을 빨갱이로 만들어야 했는데, 소지는 충분했다.

첫째, 김원봉은 여운형을 따랐다. 여운형이 사회주의자였는지 또 고민해야 하지만 이승만 패거리들 입장에서 자신보다 왼쪽에 있으면 무조건 빨갱이였다.

둘째, 김원봉 역시 분단에 반대하며 통일정부 수립에 목소리를 높였다. 통일정부 수립을 위해 노력했던 지독한 반공주의자 김구도 빨갱이라며 공격하는 자들에게 김원봉은 당연히 빨갱이었다.

셋째, 북한으로 월북했으니 더이상 용서할 수 없는 빨갱이가 되었다. 김원봉이 빨갱이라는 누명을 쓰지 않기 위해서는 극우 세력에게 암살당하더라도 남한에서 죽었어야 했다.

1947년 여운형이 암살당했을 때, 김원봉은 여운형 국민장의 장례위원장이 되었다. 다음은 자신 차례라는 것을 느꼈는지 김원봉은 남북협상운동(1948)에 참여하기 위해 김구와 함께 북한으로 건너간 뒤 남한으로 내려오지 않고 북한에 남았다.

김원봉은 북한에서 검찰총장에 해당하는 검열상이 되었고, 6·25전쟁이 발발했을 당시 평안북도 정권 대표로 군량미 생산을 담당했다. 사실 김원봉은 김일성의 남침을 가장 반대한 인물이었다. 그러다 보니 전쟁 중에 한직으로 밀려나 후방에 있었던 것이다. 조선의용대 총사령관이자 한국광복군 부사령관을 역임했던 김원봉이 6·25전쟁 중 후방에서 군량미 생산이나 담당했다는 게 선뜻 이해되지 않는다. 그러다 김원봉은 '미국의 간첩'이라는 누명과 '남한으로의 도주 시도'라는 죄목으로 1958년 숙청당했다. 이때 김원봉의 세 번째 부인 최동선과 두 아들 김중근, 김철근도 함께 처형된 것으로 알려졌다. 분한 마음에 감옥에서 청산가리를 먹고 자살했다는 소리도 있다. 김원봉의 묘 또한 어디에 있는지 알 수 없다.

그런데 말이다. 김원봉이 6·25전쟁을 일으켰다는 소리는 뭔 말인가?

김원봉이 인민군복을 입고 참전했다는 것은 근거가 있는 말인가?

모든 가족이 경남 밀양에 있다는 이유로 북한에서 가장 강력한 전쟁 반대론자였던 김원봉에게 너무 억울한 누명을 씌우는 것 아닌가?

전쟁통에 김원봉의 가족들은 이승만정권에 의해 멸문에 가까운 참화를 당했다.

참고문헌

· 정경주, 〈김원봉 독립운동의 정체성 연구 - 중국 국민당과 연계한 군사 활동을 중심으로〉, 전남대학교 대학원, 2019.
· 한상도, 〈해방정국기 김원봉의 정치활동 - 독립운동가에서 정치가의 길로〉, 독립기념관 한국독립운동사연구소, 한국독립운동사연구 제64집, 2018.
· 김삼웅, 《약산 김원봉 평선》, 시대의 창, 2015.

26 김일성이 독립운동가였다고?

"김일성은 소련이 만들어 낸 가짜 독립운동가다."
"북한의 김일성은 가짜고 진짜 김일성 장군은 따로 있다."

1945년 해방 후, 소련을 앞세운 김일성이 평양에 입성했다. 김일성 장군 환영 대회에는 무려 10만 명에 달하는 군중이 모였다고 하니, 당시 김일성의 위명을 짐작할 수 있다. 그런데 막상 김일성을 본 평양 시민들은 웅성거리기 시작했다. 10여 년 전부터 쩌렁쩌렁했던 김일성의 유명도를 생각할 때 머리가 희끗한 중년일 것이라고 예상하던 평양의 군중들은 이제 갓 34살 먹은 뚱뚱한 젊은이가 스스로를 김일성이라고 하니 당황스러웠다.

김일성은 독립운동가가 맞다. 1945년 평양에 나타난 34살의 김일성이 보천보전투(1937)를 이끈 김일성과 동일 인물인 것도 맞다. 그렇다면 고작 26살이었던 김일성이 어떻게 보천보전투의 주인공이 될 수 있었는지를 확인해 보자.

일제는 만주사변(1931)을 일으켜 만주를 점령하고, 심양을 수도로 삼아 만주국을 수립했다. 그리고 영화 〈마지막 황제〉의 주인공으로도 잘 알려진 청나라 황제 아이신기오로 푸이를 만주국의 총통으로 앉혔다.

만주를 빼앗긴 중국인들은 동북인민혁명군(1933)을 조직해 일제에 저항했다. 동북인민혁명군에는 조선인 사회주의자도 포함되어 있었다. 일본은 조선인 간첩을 동북인민혁명군에 침투시켰는데, 곧 발각되어 수천 명이 숙청을 당했다. 이를 민생단사건(1936)이라 한다. 동북인민혁명군이었던 김일성 역시 민생단사건으로 죽을 뻔했지만 간신히 살아남았다. 이때 죽었어야 했는데…. 민생단사건으로 많은 조선인이 숙청된 것이 살아남은 젊은 김일성에게는 오히려 기회였다.

동북인민혁명군은 조선인을 많이 죽인 것에 대한 자기반성을 통해 일본을 적으로 두고 있다면 국적과 민족, 사상을 뛰어넘어 연대하자는 취지로 동북항일연군으로 명칭을 바꾸었다(1936). 김일성은 동북항일연군의 2군 3사, 2군 6사에서 두 번의 중대장을 역임했다.

1937년 6월 4일 밤, 동북항일연군 2군 6사 소속 90명의 부대원이 김일성의 지휘 아래 압록강을 건너 함경북도 갑산군 보천보에 침투했다. 그들은 경찰서와 면사무소 등 일제의 관공서를 습격했다. 사상자는 형편없었다. 북한 측 주장에 따르면 일본 경찰 7명이 사망했다. 일본의 기록을 따르면 사망자는 단 2명이었는데, 그것도 요리사와 갓난아이였다고 한다. 김일성 본인도 자서전 《세기와 더불어》에서 보천보전투를 '자그미한 씨움'으로 묘사했다. 실제로 김일성이 일본군과 싸웠던 간삼봉

전투(1937), 홍기하전투(1940)가 더 큰 규모의 전투였다.

그렇다면 왜 보천보전투만 널리 알려졌을까?

동아일보의 호외 때문이었다. 만주사변 이후 일본이 만주까지 점령하자, 무장투쟁에 대해 마음속 단념을 준비하던 동포들에게 한국인 유격대가 압록강을 넘어 국내로 진격했다는 소식은 일종의 새로운 환희였다. 김일성의 보천보전투에 대중의 관심이 쏠리자, 동아일보는 6월 6일 보천보 습격에 대한 속보 3편을 추가 보도했고 6월 7일에는 추가로 2편을 더 보도했다. 덕분에 김일성은 단번에 대중들에게 자신의 이름을 각인시킬 수 있었던 것이다.

김일성이 독립운동가였음은 엄연한 사실이다. 그러나 김일성은 분단과 전쟁의 주역이었고 독재자이자 인권말살자였다. 김일성에 대한 평가는 이것으로 끝내면 된다. 독재자를 독립운동가라고 받들 필요도 없고 추앙할 필요도 없다. 아프리카 짐바브웨의 무가베나 에리트레아의 아페웨르키는 위대한 독립운동가였지만, 해방된 나라에서 독재자가 되었다. 아프리카 사람들은 이들을 독재자로 기억한다. 우리에게도 독립운동가였다가 독재자로 변한 두 명의 인물이 있다. 이승만과 김일성이다. 이들은 남한과 북한에서 각각 추앙받는다. 남북한의 독재추종자들은 아프리카 사람들에게 배워야 한다.

'김일성 가짜설'은 진짜 김일성 장군이 따로 있지 않을까 하는 의문에서 출발했다. 백마 탄 장군으로 유명한 일본 육사 출신 독립운동가 김경천이 진짜 김일성이라는 말도 나돌았다. 김일성의 진짜 이름은 김성주라는 주장도 제기되었다. 맞다. 북한 김일성의 본명은 김성주다. 북한의 교과서에서도 확인되는 내용이다. 대부분의 독립운동가들은 가명을 사용했다. 김구의 본명이 김창수인 것처럼 말이다.

김일성 가짜설은 학계에서는 이미 폐기된 지 오래된 학설이다.

젊은 김일성은 대중에게 부풀려진 자신에 대한 기대와 소문을 잘 활용했다. 다음은 김일성을 신격화하는 북한 교과서 내용이다.

김일성 대원수님이 항일 빨치산 시절 일제와 싸우다 탄약이 떨어지자 솔방울을 주워 던지니 수류탄이 되어 날아가 일제를 쓸어버리고 조국을 해방시켰다.

참고문헌
· 이종석, 〈김일성의 소위 '항일유격투쟁'의 허와 실〉, 한국사 시민강좌 제21집, 1997.
· 신주백, 〈논문 김일성의 만주항일유격운동에 대한 연구〉, 한국역사연구회, 역사와현실 제12권, 1994.

27 대한민국 화폐에 독립운동가가 한 명도 없다고?

대한민국 화폐의 주인공은 모두 조선시대의 인물들이다.

5만원권의 신사임당.

1만원권의 조선의 4대 군주 세종대왕 이도.

5천원권의 신사임당의 아들 율곡 이이.

1천원권의 대학자 퇴계 이황.

1백원의 임진왜란 때 나라와 백성을 지켜 낸 이순신.

일단 최고액권 화폐인 5만원권의 주인공이 신사임당이라는 사실이 어처구니없다. 신사임당이 나라를 구했는가, 백성을 지켰는가, 역사를 바꿨는가. 아, 자식을 잘 키운 훌륭한 어머니라고? 그럼 우리 엄마는?

사실 신사임당이라는 인물은 과장된 측면이 많다. 궁금하다면 나의 유튜브 영상 중 150만 조회수를 기록한 '신사임당, 그녀가 현모양처?'를 참고하길 바란다.

5만원권 지폐가 만들어질 때 여성단체에서 여성 인물을 화폐의 주인공으로 선정할 것을 요청했고, 그 결과 신사임당이 선정되었다는 이야기가 있다. 일부에서는 당시 여당의 대표였던 박근혜의 예쁜 버전으로 신사임당 얼굴이 그려졌다는 소문도 돌았다. 이러나저러나 한 국가의 최고액권 화폐에는 역사상 최고의 인물이거나 전 국민적 추앙을 받는 인물이 선정되는 경우가 많다. 그런 면에서 신사임당의 얼굴이 5만원권에 등장한 것은 아쉬움이 남는다. 또한, 몇 안 되는 화폐의 주인공을 한 집안의 어머니(신사임당)와 아들(이이)이 차지한 것도 이해되기 쉽지 않다. 조선의 주류였던 17세기의 서인과 18세기의 노론이 이이의 학통을 계승했다고 하더라도, 대한민국이 조선의 서인과 노론을 계승하는 것도 아닌데 왜 이이와 그의 어머니 신사임당만을 유독 부각시키려는지 이해할 수 없다.

　　성리학이 조선의 주류 학문이었던 것은 인정하지만, 성리학적 신분질서와 존화주의尊華主義질서에 물들은 사대주의, 성리학만을 정도로 삼고 나머지는 모두 이단 취급을 했던 위정척사衛正斥邪, 그로 인한 기술문화의 침체는 부국강병에 치명적인 방해 요소였다. 지금의 성리학은 대한민국의 5대 종교에도 포함되지 않는다.
　　그런데 왜 대한민국 화폐에는 성리학자가 두 명이나 포진하고 있을까?
　　이황과 이이가 위대한 성리학자이자 유교적 성인에 가깝다는 것은 인정한다. 그러나 그들은 결코 조선을 긍정적으로 바꾸지 못했다. 백성들의 삶과 행복에 직접적으로 기여한 바도 없다. 그럼에도 이들이 화폐의 주인공이 되어야 한다면, 이왕이면 나이가 더 많은 이황이 5천원권의 주인공이 되고, 이황보다 35살이나 어린 이이가 1천원권의 주인공이었어야 하지 않은가. 하기야 민족의 성웅 이순신을 겨우 백원짜리 동전에 새겨 놓은 판국에, 이황과 이이의 5천원권 싸움은 아무 의미가 없다. 이순신(1백원)이 동물 학(5백원)의 5분의 1밖에 안 되는 더러운 현실이다.

대한민국 화폐의 주인공에 대해 또 다른 재밌는 이야기가 있다. 모두 '이씨' 집안과 관련이 있다는 것이다. 세종대왕(이도), 이이, 이황, 이순신. 신사임당도 이씨 집안 사람이었다. 오죽하면 50원의 주인공인 이삭도 이씨라는 말이 있을까?

우리나라의 화폐에 독립운동가가 한 분도 포함되지 않았다는 것은 지독한 불만이다. 다른 나라의 경우는 어떨까?
과거 식민지배를 받고 독립한 나라의 지폐에는 독립운동가의 얼굴이 새겨져 있다. 간디(인도), 호치민(베트남), 아드함 칼리드(인도네시아) 등이 그러하다. 그런데 우리나라 화폐 80여 년의 역사에서 독립운동가는 단 한 번도 화폐의 주인공으로 선정된 적이 없다. 설마 일본의 눈치를 보는 것일까? 자기 나라 화폐의 주인공을 선정하는데 왜 다른 나라의 눈치를 본다는 말인가.

일본은 우리나라의 눈치를 보기는커녕 도발하는 수준으로 화폐의 주인공을 선정했다. 일본 화폐의 주인공을 보고 있자면 '욱'하는 감정이 든다. 1천엔권의 주인공은 을사늑약을 강제로 체결하여 우리의 외교권을 빼앗은 이토 히로부미였다. 이토 히로부미가 화폐의 주인공

(1957~1969)이었던 그 시기에 대한민국은 일본과 굴욕적인 한일수교(1965)를 맺었다.

최근 일본 화폐의 주인공을 보자면 더 기가 막힌다. 조선을 멸시하고 일본군 성노예 위안부의 필요성을 주장했던 후쿠자와 유키치는 무려 40여 년간 1만엔권의 주인공이었다. 이러한 후쿠자와 유키치가 만든 게이오대학은 사쓰마번과 조슈번의 극우 정치인을 배출하는 양성소였다. 이 게이오대학을 대한민국 대통령 윤석열이 방문(2023.3.)하여 오카쿠라 덴신의 말을 인용하여 이렇게 연설했다.

"용기는 생명의 열쇠다. 한일 양 국민에게 필요한 것은 더 나은 미래를 위한 용기이다."

문제는 오카쿠라 덴신이 한국멸시론자로서 다음과 같이 말한 인물이라는 것이다.

"조선은 원래 500년 동안 일본 지배하에 있던 일본의 영토이다."

2024년 후쿠자와 유키치의 1만엔 시대가 끝나고 일본 경제의 아버지라 불리는 시부사와 에이이치가 1만엔권의 주인공이 되었다. 시부사와 에이이치는 한반도 철도를 부설하는 등 조선과 대한제국의 경제 침탈에 앞장선 인물이다. 대한제국 시기 화폐정리사업(1905)이 시행됨에 따라 일본 제일은행이 발행한 일본 화폐의 주인공이었던 시부사와 에이이치가 120년 만에 다시 일본 1만엔권의 주인공이 된 것이다.

우리나라 화폐도 독립운동가가 주인공이 되어야 한다. 누가 좋을까? 2007년 한국은행이 고액권 발행 계획을 발표하면서 고액권의 중심은

5만원권이 아닌 10만원권이 되었다. 10만원권의 주인공은 김구가 될 예정이었다. 5만원권에 새겨진 신사임당의 경우에는 어느 정도 반발이 있었지만, 김구에 대해서는 전혀 이견이 없었다. 그러나 당시 이명박정권에서는 신용카드의 사용이 활성화되면서 굳이 고액권이 필요하지 않다는 주장과 급격한 인플레이션의 우려 등을 이유로 10만원권 화폐의 발행을 무기한 보류시켰다.

그러나 미국은 이미 1914년에 100달러(14만 원)를 발행했고, 일본은 1958년에 1만엔권(10만 원)을 발행했음을 보면, 이명박정권의 논리는 합리적이지 않다. 2008년 이명박정권이 출범한 이후 뉴라이트가 정치 세력화되며, 이들이 이명박정권의 요직에 포진하고 있던 것을 생각하면 그제서야 이해가 간다. 친일매국 세력 입장에서 김구가 우리나라 최고 화폐에 새겨지는 것을 반겼을 리 없다.

개인적으로 김구 선생님이 10만원권 지폐에 새겨졌으면 좋겠다. 동의하는 진보 국민들이 많다면, 불가능한 일은 아니라고 생각한다.

참고문헌

· 김성규, 〈대한민국 화폐에는 왜 독립운동가가 없을까?〉, 전민일보, 2023.01.17.
· 양형모, 〈1만엔 지폐에 한국 경제침탈 주역?…반크 "우리는 독립운동가 새겨 넣는다"〉, 스포츠 동아, 2024.7.18.
· 경남매일 사설, 〈독립운동가 얼굴 담은 지역화폐 발행 확산돼야〉, 경남매일, 2021.2.24.

28 대한민국 군대의 뿌리는 한국광복군이다

국군조직법 개정안 국회 입법발의 기자회견 중 나의 발언 내용이다(2024년 10월 2일).

고려와 조선 모두 군대가 있었다. 1897년 고종황제가 수립한 대한제국에도 시위대와 진위대라는 군대가 있었다. 그러나 1905년 을사늑약으로 우리는 외교권을 강제로 일본에 빼앗기게 되었고, 그로부터 2년 후인 1907년, 정미7조약이라고도 불리는 한일신협약이 체결되며 대한제국의 군대가 일제에 의해 강제로 해산당한다.

우리 군대는 저항했다. 시위대 대대장 박승환이 자결하는 한편, 당시 해산 명령을 거부한 시위대는 일제 군인들과 치열하게 한양에서 전투를 벌였는데, 이를 남대문전투(1907)라 한다. 그러나 저항은 실패했다. 1907년 군대는 결국 해산당하게 되었으며 그로부터 3년 뒤, 우리는 국권을 피탈당한다.

1919년, 3·1운동이 일어나며 임시정부가 세워졌다. 현재의 대한민국 헌법 전문에서도 임시정부의 법통을 계승한다는 것을 명시할 만큼 3·1운동의 파급력은 상당했다. 우리 독립군들의 무장투쟁 역시 3·1운동으로부터 큰 영향을 받는다. 3·1운동이 일어나고 1년 후인 1920년 6월, 봉오동에서 홍범도의 대한독립군이 승리했고, 같은 해 10월 청산리에서 홍범도의 대한독립군과 김좌진의 북로군정서, 안무의 국민회군 등이 승리를 거뒀다. 일제는 이에 대한 보복으로 간도에 있는 한인들을 학살하는 간도참변(1920~1921)을 일으켰다. 이러한 일제의 횡포를 피해 서일과 홍범도와 김좌진 등은 북만주까지 건너가서 대한독립군단을 조직한다(1920).

자유시참변(1921)이라는 시련이 있었지만, 다시 만주에 돌아온 독립군은 참의부, 정의부, 신민부 3부의 군사 조직을 갖췄고, 3부통합운동을 통해 만주사변(1931) 직후 지청천의 한국독립군이 쌍성보·사도하자·대전자령 등에서 승리를 거둔다. 양세봉의 조선혁명군 또한 영릉가·흥경성에서 승리한다.

1938년 일제가 중국 본토를 침략하려 하자, 조선민족혁명당 산하의 조선의용대가 김원봉에 의해 한커우에서 창설되었다. 이후 1940년 충칭 임시정부에서 그렇게 고대하던 임시정부 산하 부대 한국광복군이 창설된다. 2년 후인 1942년, 김원봉의 조선의용대는 한국광복군에 합류하게 된다. 독립군의 주요 역사다.

헌법 전문에는 "대한민국은 임시정부의 법통을 계승한다"라고 명시되어 있다. 그렇다면 대한민국 군대는 임시정부의 산하 부대인 한국광복군과 수많은 독립군에 뿌리를 두고 있는 것이다. 하지만 이러한 사실이 널리 알려지지 못했기 때문에, 육사 교정에서 홍범도 장군의 흉상이 철거되는 반시대적이고 반역사적인 아픔을 겪게 되었다. 지금까지 수없이 많은 장성 출신의 국회의원들이 있었음에도, 이러한 활동이나 입법이나 발의가 이뤄지지 않았다.

이번 국군조직법 개정으로 우리 청년들이 군대에 가서 "내가 군복을 입고 있을 때 그 뿌리가 독립군이고, 한국광복군이다"라는 자긍심과 함께 군 복무를 한다면, 이 땅에서 올바른 역사관을 가지고 살 수 있을 것이라는 생각에, 국군조직법 개정안이 통과되기를 진심으로 바란다.

참고문헌

· 장삼열, 〈[기획연재] 한국광복군의 대일 항쟁과 연합작전(5)〉, 《월간군사》 저널 2017년 10월호, 2017.
· 한국독립운동사연구소, 《한국광복군 관련 자료집》, 휴먼컬처아리랑, 2015.
· 김민호, 〈한국광복고 출신의 대한민국 국군 참여와 역할〉, 국방부 군사편찬연구소, 군사 제125호, 2022.

29 독립운동에 대한 나의 생각

일제강점기에 살았다면 독립운동을 했을까?

독립운동을 했을 것이라는 확고한 신념이 있었다. 어느 겨울이었다. 아침 강의를 위해 날이 밝기도 전에 집을 나서려다 아직 침대에서 잠을 자고 있던 나의 아이들에게 입을 맞추었다. 아이들 볼에서 전해지는 따스함에 추운 집 밖으로 나서기 싫은 마음과 아이들을 껴안고 다시 침대로 들어가고 싶은 마음이 심하게 요동쳤다. 순간, 추운 겨울 만주 벌판에서 총을 들고 싸웠던 이름 모를 항일 독립군들이 떠올랐다.

그때 나는 이런 생각을 했다.

'나라면, 이 아이들을 남겨 놓고 독립운동을 위해 생사를 장담할 수 없는 만주 벌판으로 떠날 수 있었을까.'

임진왜란 때 의병장 김면이 죽으면서 이렇게 말했다.

"다만 나라가 있는 줄만 알았지 내 몸이 있는 줄은 몰랐다."

국가를 위해 떨쳐 일어나는 대부분의 사람들은 국가를 위해 자신의 것을 포기한다. 자신의 안위와 부귀영화를 포기하고 가족까지 포기한다. 이처럼 모든 걸 포기한 채 국가를 위해 목숨을 바치는 원동력은 무엇일까. 바로 애국심이다.

당신은 대한민국을 사랑하는가. 대한민국을 위한 애국심이 있다면 독립운동가들이 조국의 독립을 위해 목숨을 바친 것이 충분히 이해될 것이다. 그러나 대한민국에 대한 애국심이 희박한 자들은 독립운동가들의 애국심을 이해하지 못한 채 독립운동가들을 향해 '계란으로 바위치기였다' '과격했다' '테러였다'며 비하한다. 따라서 독립운동가들을 비하하는 자들은 훗날 우리 대한민국이 위기에 닥쳤을 때 자신의 부귀영화를 위해 대한민국을 팔아먹을 수 있는 잠재적 매국노들이다.

서훈을 받은 독립유공자가 1만 8천 명을 넘었다. 그러나 실제 독립운동을 하신 분들은 그 열 배 백 배가 넘을 것이다. 수많은 독립운동가가 계셨다는 것을 막연하게 알고만 있었을 뿐, 일일이 기억해 드리지 못하는 것이 송구스럽다.

이름 모를 수많은 독립운동가에게 존경의 마음을 전한다.

참고문헌 ─

· 이계형, 《한국독립운동, 아직 끝나지 않았다》, 청아출판사, 2024.
· 이규헌, 《사진으로 보는 독립운동 상·하》, 서문당, 1987.
· 김구, 《백범일지》, 도진순(역), 돌베개, 2002.

4장

김구를
모욕하지 말라

우리는 대한민국 임시정부의 법통을 계승한 대한민국의 국민이다.
우리의 뿌리가 되는 대한민국 임시정부를
단 한 번의 떠남도 없이
26년 동안 지킨 김구를 부정하는 것은
임시정부를 부정하는 것이요,
곧 대한민국을 부정하는 것이다.

30 친일매국 세력이 김구를 죽여야 하는 이유

     신친일파와 뉴라이트는 식민지근대화론을 정당화하기 위해 조선을 비하하고, 그 과정에서 조선의 기둥과도 같은 세종대왕을 허물어뜨려야 했다. 마찬가지로 이들은 독립운동을 부정하기 위해 독립운동의 상징적 인물인 김구를 죽여야 했다.

    신친일파와 이승만 추종자들은 김구에 대한 열등의식이 있다.

    이승만은 임시정부의 초대 대통령이었지만, 결국 탄핵을 당한 인물이었다. 반면, 김구는 임시정부의 고난을 끝까지 함께하며, 훗날 충칭 임시정부에서 주석의 자리에 올라 임시정부의 상징적 인물이 되었다. 이승만 건국론을 내세우는 신친일파 입장에서는 민족의 분단을 막고 통일정부를 수립하기 위해 노력했던 김구를 어떻게 해서든지 깎아내리려야 했다. 또한, 안두희의 총탄에 서거한 김구의 죽음에 이승만의 그림자가 드리워져 있음도 부정해야 했다.

뉴라이트의 이승만 띄우기에 대해 성공회대 한홍구 교수는 이렇게 말했다.

"뉴라이트가 김구를 깎아내리는 이유는 이승만을 띄우기 위해서다. 이승만 추종자들이 아무리 이승만을 띄우려 해도, 김구에게 눌려 이승만이 높이 떠오르지 않기 때문이다. 이승만 추종자들이 이승만에게 형광등 300개를 켜 대도 이승만의 얼굴에는 김구의 그림자가 짙게 드리울 수밖에 없다."

참고문헌

· 박태균, 〈서거 60주년에 다시 보는 백범 김구〉, 역사비평 2009년 여름호(통권 제87호), 2009.

31 김구가 치하포에서 죽인 일본인이 민간인이었다고?

"김구는 식당에서 일본인보다 밥을 늦게 주었다고 일본 민간인을 죽인 킬구다."

"김구가 일본인 쓰치다를 죽이고 재물을 빼앗은 후 시체를 유기하고 도망갔다."

이러한 거짓말에는 어떻게 응대해야 할까? 일단 질문을 던져 보겠다.

"만약 전쟁 중인 우크라이나의 어느 식당에 러시아인이 총을 들고 들어왔다. 우크라이나 청년이 총을 든 러시아인을 맨주먹으로 죽였다면, 우크라이나인은 영웅인가? 살인자인가?"

일본 낭인들이 경복궁의 담을 넘어 국모 명성황후를 시해하는 을미사변(1895)이 일어났다. 조선인들은 분노했고 춘천과 제천에서는 의병이 일어났다. 을미의병이었다. 엄밀히 말하면 이 시기 일본과 조선은 전쟁 중이나 다름없었다. 이 시기에 황해도 치하포에서 칼을 찬 일본인 쓰지

다가 조선인 식당에서 밥을 먹고 있었다.

김구는 그 일본인을 맨주먹으로 죽였다(1896. 3, 치하포사건).

김구 죽이기에 열을 올리는 자들은 김구가 죽인 일본인 쓰치다가 무고한 민간 상인이었다고 주장한다. 그렇다면 쓰치다가 상인이 아니었음을 증명하면 되는 것 아닌가?

쓰치다를 상인으로 보기 어려운 이유를 들어 보겠다.

첫째, 을미사변과 단발령의 시행으로 반일 감정이 최고조에 달하면서 을미의병이 봉기하자, 일본은 조선에서 활동하는 자국의 상인들에게 철수 명령을 내렸다. 상인철수령이 내려진 지 한 달 후, 쓰치다는 황해도에 홀로 나타났다. 쓰치다가 정말 상인이었다면, 왜 자국의 상인철수령을 따르지 않았을까? 조선에서 일본 상인이 모두 철수한 것으로 알고 있는 상태에, 어느 누가 쓰치다를 상인으로 생각했겠는가.

둘째, 조선에서 활동하는 일본 상인들은 대부분 일본 옷 아니면 서양식 의복을 입고 다녔다. 그런데 쓰치다는 조선 옷을 입고 있었다. 조선 옷을 입고 있는 일본인들은 거의 밀정이었다.

셋째, 일본 메이지정권은 민간인의 칼 휴대를 금지하는 폐도령(1876)을 내렸다. 일본에서는 사무라이도 칼을 찰 수 없었고 오로지 군인과 경찰만이 일본도를 소지할 수 있었다. 그럼에도 쓰치다는 일본도를 차고 있었다. 민간 상인이 어떻게 칼을 차고 돌아다닌단 말인가?

넷째, 상인들은 만약의 상황에 대비하여 혼자 돌아다니지 않았다. 조선의 장돌뱅이 보부상들도 단독으로는 움직이지 않았고 보부상단을 조직하여 단체로 움직였다. 당연히 조선에서 활동하는 일본 상인들은 조합 단위로 여러 명이 함께 다녔다. 그런데 쓰치다는 혼자였다. 원래 밀정이 혼자 움직이는 법이다.

다섯째, 주한 일본공사관 기록에 의하면, 을미사변 직후 조선인의 공격으로 사망한 일본인은 무려 43명이었다. 그런데 김구에 의해 쓰치다가 사망하자, 일본공사 고무라는 조선의 외부대신 이완용을 압박했고, 이완용은 김구를 신속히 체포하라고 지시했다. 조선인에게 맞아 죽은 43명 중 1명인 민간인 쓰치다의 죽음에 왜 일본 외무성과 일본공사, 외부대신 이완용은 난리법석을 떨었을까.

여섯째, 실제로 김구의 재판과 조사 기록 어디에도 쓰치다가 일본 상인이었다는 언급은 없다.

일곱째, 치하포사건(1896.3.)이 일어난 지 6개월이 지나서야 '쓰치다는 계림장업단 소속 상인'이었다고 일본 외교 문서에 기록되었다. 그러나 계림장업단은 1896년 5월에 창설되었으며, 치하포사건은 그보다 두 달이나 앞서 일어난 일이었다. 즉, 쓰치다가 계림장업단의 상인일 수가 없는 것이다.

여덟째, 일본은 쓰치다가 대마도의 매약상(약장수)이었다고 주장했다. 그러나 매약상인은 대개 일본의 밀정이었다. 일본의 밀정들이 짐이 가벼운 매약상으로 변장해서 전국을 누볐다는 사실은 이미 많은 연구를 통해 드러나 있다.

아홉째, 1920년 상해 주재 일본 총영사 야마자키가 상해 임시정부의 경무국장 김구에 대해 본국에 보고한 문서의 내용이다.

"임시정부 경무국장 김구는 황해도 출신으로, 민비 사건에 분개하여 소위 국모보수의 소요가 발생했을 때 일본 장교(소위)를 살해한 관계자로 형벌을 받은 일이 있고…"

일본 측에서도 쓰치다를 일본군 장교라고 기록했다.

열째, 김구는《백범일지》에서 이렇게 말했다.

"왜놈의 소지품을 조사한 결과, 그 왜놈은 쓰치다였고, 직위는 육군중위요, 소지금이 엽전 팔백여 냥이었다."

나는 다른 어떤 기록보다도 김구의 주장을 믿는다.

최근 신친일파는 이러한 거짓말을 지어낸다.

"김구가 쓰치다를 죽이고 재물을 훔치고 도망갔다."

《백범일지》의 내용이다.

필기구를 갖고 오게 해서 '국모의 원수를 갚기 위해 이 왜인을 죽였노라'는 내용의 포고문을 쓰고, 마지막 줄에 '해주 백운방 텃골 김창수'라 써서 길가 벽에 붙였다. 그리고 다시 이화보에게 명령하였다.

"네가 안악 군수에게 사건의 전말을 보고하라. 나는 내 집으로 돌아가
서 연락을 기다리겠다. 기념으로 왜놈의 칼은 내가 가지고 가겠다."

실제로 김구는 쓰치다를 살해한 후 자신이 쓰치다를 죽였다는 내용의
글을 벽보로 붙였고, 이를 보고 자신을 찾아온 일본군에게 체포되었다.
김구가 자신의 행위를 밝히지 않고 도망쳤다면 체포되지 않았을지도 모
르는 일이다.

그래도 김구를 향해 도망자라고 할 것인가?

나는 일본인들이 우리 궁궐에 들어가 우리 국모를 그렇게 비참하게
죽였어도 제대로 복수조차 하지 못하는 나약한 조선인보다, 국모의 죽
음에 분노하여 칼을 찬 일본인을 죽이고 국모의 원수를 갚았다며 자신
있게 '국모보수國母報讐'라는 글을 남긴 김구의 기개가 훨씬 멋있다.

참고문헌 ─

· 김구, 《백범일지》, 돌베개, 2005.
· 이봉재, 《백범 김구와 치하포사건》, 선인출판사, 2022.
· 양윤모, 〈백범 김구의 '치하포사건' 관련기록 검토〉, 한국고문서학회, 고문서연구22, 2003.
· 노신순, 〈1895~96년 김구의 련중(聯+) 의병활동과 치하포사건〉, 서울대학교, 《한국사론》30, 1997.

32 김구가 테러리스트라고?

"김구의 거짓 신화와 환상을 부숴야 한다."
"나는 테러리스트 김구를 고발한다."

요즘 유튜브에서 김구를 '킬구'라고 부르면서 키득거리는 젊은이들이 많다. 김구에 대한 건전한 비판을 넘어 인격 살인 수준에 접어들었다. 어떤 책에서는 김구가 항일테러, 밀정테러, 정적테러를 자행했다고 말한다. 친일매국 세력은 김구가 조직한 한인애국단이 테러단체고, 한인애국단의 단원인 이봉창과 윤봉길 또한 테러리스트로 규정한다. 일제 강점기 독립운동을 위해 총을 들었던 모든 무장 세력과 의열 활동을 테러로 규정하려는 것이다. 일제강점기 악질 친일파와 밀정들조차 김구를 두려워했을지언정 김구를 이토록 모욕하지 못했다.

김구를 비난하는 이들은 김구가 밀정을 많이 죽였다고 한다. 어처구니없는 말이다. 김구의 직업이 무엇인지 알고나 하는 소리인가?

김구는 임시정부의 초대 경무국장이었다. 대한민국은 임시정부의 법통을 계승했기에 임시정부의 경무국장 김구는 대한민국의 첫 번째 경찰이자 경찰청장인 셈이다.

임시정부의 경찰청장 김구가 해야 할 일은 무엇인가? 임시정부의 치안을 담당하며 임시정부를 위태롭게 만드는 자들로부터 주요 인사들을 보호하고, 비밀 업무를 수행하는 것이 김구가 할 일이었다. 임시정부를 위태롭게 하는 자들은 일본인이건 한국인 밀정이건 모두 직업적으로 김구의 적이었다.

경무국장 시절 김구가 제거했던 대표적인 인물은 김립이었다. 김립은 임시정부 총리였던 이동휘와 함께 레닌의 식민지 해방 자금을 착복했다. 상하이 주재 일본 총영사관 경찰부가 작성한 정보 보고서에 따르면, 김립은 레닌의 식민지 해방 자금 40만 루블을 사사로이 횡령한 혐의로 임시정부에 의해 피살되었다고 기록되어 있다. 김립은 횡령도 횡령이었지만, 임시정부를 전복하고 사회주의 중심의 새로운 정부를 세우려는 대표 주자였다.

임시정부의 신규식, 이동녕, 노백린, 이시영 등은 김립을 성토하는 포고문을 발표했다.

"(김립은) 이동휘와 서로 결탁하여 마침내 국금國金을 횡령하여 사양을 살찌우고 같은 무리들을 숙취하여 공산주의운동의 미명하에 숨어서 간모奸謀를 하고 있어 그 죄는 극형에 처할 만하다."

그래서 임시정부 경무국장 김구가 김립 제거 명령을 내린 것이다. 그
것이 임시정부를 지켜야 하는 김구의 직책이자 책임이었다. 김립 같은
공산주의자들에 의해 좌경화될 뻔한 임시정부를 지켜 낸 인물이 김구이
다. 김구를 공격하는 자들은 공산주의자 김립의 편인가?

　참고로 김립은 임시정부 자금을 횡령했다는 혐의로 우리 보훈처에서
독립운동가 서훈을 받지 못했다.

　김구는 경무국장을 거쳐 임시정부의 총리 격인 국무령(1926)이 되었
다. 이후 김구는 임시정부가 집단지도체제로 전환한 이후(1927~1940),
13년 동안 아무 직함 없이 선생님 소리를 들으며 임시정부를 이끌었고,
충칭에 도착한 후 주석(1940~1945)이 되었다. 임시정부는 우리 독립운
동의 중심이자 상징이었고, 임시정부를 지켜 내는 것이 곧 최고의 독립
운동이었다. 임시정부를 지키기 위한 김구의 투쟁 과정 중에서 설령 김
구의 명령으로 임시정부에게 위해를 가하려는 자를 죽였다고 하더라도,
이는 엄연한 통치 행위였다.

　오히려 이렇게 반문하고 싶다. 한국인을 비롯한 전 세계인을 수백만
명씩 죽였던 일왕에 대해서는 비난조차 하지 못하면서, 독립운동을 위
해 임시정부를 지켜 나간 김구의 의로운 투쟁은 왜 테러라 비난하는가.

　김구의 이러한 발언에 뜨끔해서 그러한가?

　"나에게 마지막 한 발의 총알이 남았다면, 일본인이 아니라 조선인 밀
정을 향해 쏘겠다."

　어떤 이들은 또 말한다. 송진우와 여운형을 김구가 죽였다는 것이다.

우리 역사학계를 우습게 보는 것 같다. 여운형의 암살은 사실 이승만에 혐의를 두는 것이 더 합리적이지 않은가?

해방정국에서 좌우합작을 주도하며, 통일정부 수립을 위해 동분서주하던 여운형은 대중과 청년들의 절대적 지지를 받고 있었다. 여운형이 연설을 위해 지프차를 타고 가던 중, 경찰 트럭이 그의 차를 가로막았다. 한지근이라는 청년은 여운형이 탄 지프차에 권총을 들이대고 방아쇠를 당겼다. 여운형의 경호원들이 한지근을 쫓았으나 어딘가에서 매복하고 있던 경찰들이 나와 여운형의 경호원들을 압송하는 한편, 한지근은 오히려 경찰들의 보호를 받았다.

여운형에 대한 테러를 미리 알고 있었던 것만 같은 경찰의 움직임이 이상하지 않은가? 당시 친일 경찰을 움직일 수 있는 세력은 미군정과 이승만이었음을 부정할 수 없을 것이다. 통일정부 수립을 외쳤던 여운형의 부재는 단독정부 수립을 주장하며 분단을 획책하던 이승만에게 분명 반가운 일이었다. 알 만한 사람이라면 여운형의 죽음을 놓고 이승만을 의심하는 것에 고개를 끄덕인다.

그런데 여운형의 죽음에 왜 김구가 언급되는 것일까?

이는 여운형을 죽인 한지근과 관련이 있다. 한지근은 해방 이후 염동진이 조직한 백의사의 단원이었다. 백의사는 백색테러단체로서 임시정부의 인사들이 중심이었다. 백의사가 임시정부와 연관이 있다 보니, 자연스레 여운형의 죽음에 김구가 의심을 받게 된 것이다.

그러나 훗날 일제강점기 조선 최고의 주먹 김두한이 여운형의 죽음에 관해 육성회고록을 남기면서 여운형 죽음의 배후에는 이승만이 있었음이 드러났다. 이는 여운형 편에서 자세히 후술하겠다.

또한, 송진우의 죽음에 대해서도 김구를 끌어들인다. 우익 송진우가 찬탁으로 돌아서자, 김구가 그를 죽였다는 것이다. 김구와 송진우는 저녁에 만나 싸우게 되었는데, 다음 날 송진우가 집에서 피살된 채 발견되었으니, 김구가 의심스럽다는 것이다.

이에 대해서는 송진우의 오른팔 격 인물인 김용완이 《재계회고》에서 언급한 내용이 있다.

송진우는 그날 저녁 김구를 만나러 경교장으로 갔다. 송진우는 자신이 찬탁도 반탁도 아니라는 이야기를 했고, 송진우가 평소 김구를 따랐으므로 김구도 송진우를 무척 아꼈다.

"여보게 오늘 저녁은 나하고 같이 자세. 세상은 하도 소란하니, 이 밤은 같이 지내세."

"아닙니다. 괜찮습니다."

그날 밤 송진우는 자신의 집에서 잠을 자다가 변을 당했다.

송진우의 마지막을 본 김용완은 김구가 송진우를 죽였다는 주장에 어이없어하며 이를 부정했다. 김용완이 김구 편을 들었다고 해서 그를 빨갱이로 몰아가려는 속셈이라면 포기해야 한다. 김용완은 정부 수립 이후 전경련 회장을 10년이나 맡았던 매우 보수적인 인물이었다.

역사학계에는 가끔 괴짜 성향의 학자들이 존재한다. 이들은 다수 학설을 부정하고, 자신의 새로운 주장이 대단한 발견인 양 자신의 학문적 업적을 과시하려 한다. 다수 학설을 따르는 기존의 연구자들은 이 놀음에 장단을 맞추지 않거나 무시하는 경우가 많다. 애써 반론을 제기하지 않는다.

문제는 바로 이 점이다. 왜곡하는 자 한 명 때문에 진실이 바뀔 수 있는 세상이 되었다. 특히 언론 매체, 인터넷과 유튜브를 통해 수없이 많은 왜곡이 빠르게 전달되고 확산된다. 왜곡된 역사를 더 많이 다루고, 그것이 사실인 양 받아들여지는 세상이다.

지금은 20세기처럼 학자들끼리 논문 싸움할 때가 아니다.

왜곡을 바로잡을 힘을 갖는 것이 더 중요하다. 그럴 의지도 없는 학문은 죽은 학문이다.

참고문헌

· 한홍구, 《《테러리스트 김구》가 정말 하고 싶은 말은 '김구는 테러리스트 아닌 연쇄살인마'〉, 프레시안, 2024.10.05.
· 한홍구, 《《테러리스트 김구》, '중꺾미' 백범 모해히려 증거조작뿐, 무엇을 걸었나?〉, 프레시안, 2024.10.07.

33 김구가 대통령이 되었다면
대한민국이 공산화됐을 거라고?

최근 재수학원에서 강의하는 선생님이 학생들에게 이런 질문을 던졌단다.

"여러분 김구는 자본주의자인가요? 공산주의자인가요?"

"공산주의자요."

미친 현상이다. 강의하는 선생님도 미치겠다고 한다.

사실 김구는 민족주의계를 대표하는 독립운동가이다. 단 한 번도 공산주의자였던 적이 없으며, 임시정부의 경무국장으로서 좌익과 대립각을 세우며 임시정부를 건사했기 때문에, 오히려 상당한 반공주의자였다.

우리 한국인은 태어나 보니 조국이 반공의 나라 대한민국이며, 자본주의적 번영을 누리고 살아가면서 북한의 독재와 북한 인민들의 실상을 듣고 보며 자랐다. 이를 통해 공산주의에 대한 거부감은 자연스럽게 형성되었다. 더구나 독일의 통일(1990)과 소련의 붕괴(1991)로 사실상 공산주의는 몰락하였고 그로 인해 냉전도 끝났다. 다시 말해 우리는 눈으로 보고, 귀로 듣는 등의 경험을 통해 공산주의를 배척하는 마음이 생긴 것이다. 그러나 김구가 살던 시대는 결코 그렇지 않았다.

이런 생각을 해 본 적이 있다.

만약 내가 일제강점기에 태어났어도 사회주의 사상을 거부할 수 있었을까?

당시 사회주의 사상은 자본주의의 한계를 대체할 대세였고 유행이었다. 젊은이 상당수는 그리고 대부분의 엘리트들은 자본론을 읽었고, 맑시즘에 대해 고민했다. 더구나 제국주의 타도를 외치는 사회주의 사상은 독립운동가에게 중요한 사상적 무기가 될 수 있었다. 그래서 독립운동가 대부분은 사회주의자였다. 또한, 사회주의는 세계적 대세로 떠오르는 정치 사상이었다.

정치인이자 독립운동가 리더였던 김구가 사회주의 사상을 거부하면서 정치 활동과 독립운동을 하기 쉽지만은 않았을 것이다. 그럼에도 김구는 끝내 사회주의 사상을 받아들이지 않았다.

이래도 김구의 반공이 당신의 반공보다 투철했을 것이라고 인정하지 못하겠는가?

김구는 독립운동 과정 중에 김원봉이나 김한처럼 생각이 트인 사회주의자들과 연대하기도 했다. 물론, 앞서 김원봉이 사회주의자였는지 생각해 봐야 한다고 말했지만….

또한, 김구는 중국 국민당의 장제스와 십수 년의 세월을 함께했다. 그러나 공산 세력 마오쩌둥과는 손을 잡지 않았다. 김구는 미국의 도움을 받아 한국광복군을 훈련시키며 국내진공계획을 준비했지만, 결코 소련 과는 가까이하지 않았다.

이런 김구를 친일매국 세력은 왜 공산주의자로 만들려 할까?

민족의 분단을 막고자 통일정부 수립을 주장하면 공산주의자인가?

남한의 단독정부 수립에 반대하면 공산주의자인가?

분단을 획책하는 이승만을 공격하면 공산주의자인가?

친일파 처벌에 강한 의지를 보이면 공산주의자인가?

만약 초대 대통령이 김구가 되었다면 어땠을까?

우선 전제조건부터 쉽지 않다. 김구는 자신이 한반도 절반의 대통령 이 되는 것보다 한반도에 통일된 하나의 국가가 들어서기를 바랐기 때 문이다.

남한은 미군정이 시작되고 2년 정도가 지나자 미국이 심어 놓은 자본 주의의 달콤함과 북한에서 들리는 공산주의의 서늘함을 느끼고 공산주 의에 거부감을 갖게 되었다. 남한 주민이 공산주의를 싫어하고 미국이 남한의 공산화를 막고 있는데, 김구가 대통령이 되었다고 해서 공산화 되었을 것이라는 뇌피셜은 무엇인가?

최근에는 김구가 북한에 올라가 김일성을 만난 남북협상운동(1948) 을 비판하며, 김구가 김일성의 적화통일을 도우려 했다는 어처구니없는 주장들이 쏟아져 나온다. 유엔 소총회에서 남한의 단독선거인 5·10총 선이 결정되자, 분단의 우려를 고민했던 김구가 지푸라기라도 잡겠다는 심정으로 통일정부 수립을 위해 김일성을 만났음을 어찌 의심할 여지가 있단 말인가?

　만약 김구가 분단의 현실을 받아들여서 남한만의 대통령이 되었다면 어떠했을까? 분명히 친일청산만큼은 프랑스 못지 않게 해냈을 것이다. 그로 인해 민족의 정기가 바로 세워짐과 동시에, 매국 vs 독립과 같은 대립이 이 땅에서 수십 년째 전개되는 끔찍함은 없었을 것이다. 또한, 좌우 간 이념 대립 역시 지금보다 심하지는 않았을 것이다.

　반공주의자 김구는 자본주의체제를 굳건히 지켰을 것이기에 일제강점기 매국과 협력의 대가로 매국노에게 쏠렸던 부가 정당하게 분배되었을 것이다. 또한, 농지개혁의 아쉬움, 귀속재산(일본이 패망 후 남기고 간 재산) 처리 과정에서 정경유착 등으로 인해 한국의 부자는 출발부터 존경의 대상이 되기 어려웠음을 생각할 때, 김구가 대통령이 되었다면 합리적인 자본주의 국가가 탄생하지 않았을까 생각해 본다.

　물론 김구가 대통령이 되었다고 해서 6·25전쟁이 일어나지 않았을 것이라는 장담은 할 수 없다. 그러나 이승만처럼 전시에 무능함을 보이지 않았을 것이고, 가장 중요한 것은 이승만처럼 무고한 민간인 수십만 명을 죽이지는 않았을 것이다.

　그래서 나는 분단된 대한민국이라도 김구 대통령이 없었음이 심히 아쉽다.

참고문헌
· 유기홍, 〈김구의 남북협상과 민족자주 통일론 연구〉, 북한대학원, 2017.
· 두진순, 〈김구 - 임시정부를 이끈 민족주의 독립운동가〉, 일주각, 한국사 시민강좌 제47집, 2010.

34 김구를 죽인 것은
이승만인가? 미국인가?

1949년 6월 26일, 김구가 서거했다. 당시 육군소위였던 안두희는 김구를 향해 권총 4발을 발사했고, 총탄은 김구의 얼굴과 목과 가슴을 관통했다. 일제강점기 동안 임시정부를 이끌며 독립운동에 헌신했고, 그 누구보다 민족의 통일을 염원했던 김구가 자국민의 손에 의해 죽은 것이다.

김구의 장례식은 무려 120여만 명의 조문객이 찾아왔다.

안두희는 김구를 암살한 후 이렇게 말했다.

"개인 차원의 우발적인 범행이었다."

그러나 1992년 김구암살진상규명회에 출두한 안두희는 자신의 단독 범행이었다는 기존 주장을 뒤엎고 이렇게 말했다.

"백범 암살에는 이승만 대통령과 미국이라는 든든한 배경이 있어 가능했다."

"김구 제거에 관해 특무대 대장 김창룡이 지시에 가까운 암시를 했다.

김창룡은 내가 영창에 수감된 후에도 술과 고기를 비롯한 특식을 제공했다."

김창룡은 일제강점기 일본 헌병으로 활동하며 항일 조직을 적발했고, 정부 수립 이후 이승만의 권력 유지를 위해 간첩 조작, 민간인 학살 등 수없이 많은 악행을 저지른 인물이다. 이승만은 자신을 위해 손을 더럽힌 김창룡에게 전적인 신뢰를 보냈고, 김창룡은 이승만의 비호 아래 수많은 사람을 빨갱이로 몰아 죽였다. 김창룡은 김구가 암살된 직후 특무대에 연행된 안두희를 직접 찾아가 이렇게 말했다.

"수고했소, 안 의사."

이처럼 김창룡이 김구의 죽음에 개입되었다면, 그 배후에 있는 이승만을 의심하는 것은 당연한 일 아닌가.

1995년 12월 국회에서 통과된 〈백범김구선생 암살진상국회조사보고서〉에서도 '김구의 암살은 이승만의 묵인 없이는 불가능했다'고 서술하고 있으며, '이승만이 도덕적, 정치적 책임을 져야 하는 위치에 있었다'고 규정하고 있다.

김구가 암살된 이후 안두희의 행적 역시 이승만의 개입을 의심하게 한다. 사건 직후 안두희는 무기징역을 선고받았으나 3개월 뒤 징역 15년으로 감형되었고, 6·25전쟁이 발발하자 남은 형에 대해 집행정지를 받고 같은 해 7월 육군으로 복직했다. 안두희는 군대를 전역한 이후 신의기업사라는 군납업체를 경영해 큰돈을 벌었다.

민족지도자 김구를 살해한 인물이 평생을 교도소에서 썩기는커녕 다시 대한민국의 군인이 되어 당당히 전역을 하고 근돈까지 빌며 호의호

안두희에 의해 서거한 김구 ⓒ 백범김구선생기념사업회

식한 정황은 이승만이 김구 암살사건의 배후였다고 의심하게 만드는 합리적인 근거이다.

　21세기에 접어들어 안두희가 미국 방첩기관의 공작원이었다는 자료가 등장했다. 미국의 정보장교 조지 E. 실리 소령이 작성한 기밀문서의 비밀이 해제되었는데, 문서의 제목은 〈김구: 암살에 관한 배후 정보(Kim Koo : Background Information concerning assassination)〉이었다. 이 기밀문서는 안두희가 김구를 암살한 지 3일 뒤인 1949년 6월 29일에 작성된 것이었다. 이 문서에는 안두희가 미군 방첩대 CIC의 정보원이자 요원이었다고 기록되었다. 또, 김구에 대해서는 '백의사의 수장 염동진과 군부 내 반이승만파와 함께 군사 쿠데타를 일으키려 한 혐의가 있다'고 서술했다.

　이러한 내용으로 보아 당시 미국은 김구를 제거해야 할 인물로 생각했던 것 같다. 물론, 실리 소령의 보고서에서 안두희에게 직접 암살을 사주한 내용은 없지만, 전반적인 맥락을 고려할 때 미국의 개입이 없었다고 보기는 어려운 것이 사실이다.

이승만이 김구 암살을 직접 사주했다는 물증은 확인되지 않았다. 미국이 김구 암살에 대해 직접 지시한 사실 또한 확인되지 않았다. 하지만 김구 암살이 안두희 개인의 우발적 범행이 아닌, 이승만정권과 미국의 이익이 얽혀 있는 시대 상황에서 조직적으로 벌어진 정권 차원의 범죄 행위였다는 것은 분명하다. 누구보다도 민족을 우선시하며 암울했던 시대를 희망의 시대로 바꾸고자 했던 민족의 등불이 같은 민족에게 암살되었다는 사실이 비극일 뿐이다.

김구 시해범 안두희는 버스 기사 박기서가 내리친 정의봉에 맞아 죽었다(1996). 안두희의 나이 79세였다. 욕 나오는 호상이었다.

참고문헌

· 서중석, 《한국현대민족운동연구》, 역사비평사, 1996.
· 국회 백범암살진상조사소위원회, 《백범김구선생 암살진상조사보고서》, 1995.
· 권중휘, 《역사의 심판에는 시효가 없다: 발로 밝힌 백범암살사건의 진상》, 돌베개, 1993.
· 정병준, 〈[현대사 발굴] 공작원 안두희와 그의 시대〉, 역사비평 2004년 겨울호(통권 제69호), 2004.
· 정병준, 〈미국 자료를 통해 본 백범 김구 암살의 배경과 미국의 평가〉, 한국역사연구회 61권, 2006.
· 해방20년사 편찬위원회, 《해방20년사》, 희망출판사, 1965.

35 진보가
김구를 존경하는 이유

나는 이렇게 세 권의 책을 쓰고 싶었다.

《세종의 나라》《이순신의 바다》《김구의 꿈》

내가 김구를 존경하는 여러 이유 중 하나는 그가 임시정부의 국무령의 직함을 스스로 내려놓고도 끝까지 임시정부를 지켰다는 것이다.

임시정부 초대 대통령 이승만이 탄핵당하고 박은식은 임시정부를 일종의 내각책임제에 해당하는 국무령제로 전환하고 대통령직에서 물러났다. 초대 국무령으로는 이상룡이 취임했고, 김구는 제3대 국무령이 되었다. 그러나 김구가 국무령이었을 때 임시정부는 이미 쇠락기였고, 아직 젊었던 김구의 지명도로는 임시정부를 되살리기 어려운 상황이었다. 이에 김구는 결단을 내려 1927년 국무령직을 포기하고, 임시정부를 여러 국무위원이 함께 이끌어 가는 집단지도체제로 전환시켰다. 독립운동가라면 어느 누구라도 함께 임시정부를 이끌어 갈 수 있음을 알린 것이다.

집단지도체제로 전환된 이후 김구는 임시정부에서 직함이 따로 없었다. 후배 독립운동가들은 이때부터 김구를 선생님이라고 불렀다.

김구 선생은 한인애국단을 만들었고 이봉창, 윤봉길 의거를 끌어내 임시정부가 아직 살아 있음을 대내외에 알렸다. 윤봉길의거를 보고 감동한 장제스가 한국광복군 창설을 약속하자 김구는 그 약속을 믿고 1932년 상해를 떠나 1940년 충칭에 도착할 때까지 장제스와 함께했다. 이 8년의 대장정 기간에도 김구에게는 아무런 직함이 없었다. 국무령직을 포기한 시점부터 무려 13년이나 직함 없이 임시정부를 이끈 것이다.

임시정부의 대통령직을 내려놓으라는 요구에 임시정부를 팽개치고 떠난 이승만의 자리 욕심과 비교되지 아니한가?

김구가 충칭에 도착한 후 주석 자리에 오를 때 그를 막아서는 사람은 없었다. 김구는 충칭에서 창설된 한국광복군과 함께 국내진공계획(독수리작전)을 세웠으나, 갑작스러운 일제의 항복으로 작전을 실행에 옮기지 못했다. 모든 사람이 해방의 기쁨을 만끽하고 있을 때 김구는 그렇지 못했다.

자신의 모든 소원은 조국의 독립이라던 김구가,

해방된 조국의 청사 문지기라도 좋다던 김구가,

8월 15일 슬피 울었다.

일제의 갑작스런 항복으로 국내진공계획을 실행에 옮기지 못한 분함을 김구는 이렇게 표현했다.

"우리가 국내진공작전을 실천에 옮기지 못함에 하늘이 무너진다. 우리가 연합국의 일원으로 일제의 패망에 나름의 역할을 했어야, 프랑스가 승전국의 위치에서 독일을 단죄한 것처럼 우리가 일본을 단죄할 수 있었을 텐데 그러지 못하고 독립되었으니, 강대국에 한반도가 휘둘릴까 걱정이다."

그의 기우는 안타깝게도 맞아떨어졌다. 정치인으로서 김구의 현실 감각이 드러나는 부분이었다.

해방정국에서 김구가 분단을 막기 위해 남북협상운동을 성사시키며 북한의 김일성을 만나러 나서자, 우익 청년들은 그를 비판했다.

그러자 김구는 〈삼천만 동포에게 읍고함〉이라는 글을 썼다.

"나는 통일된 조국을 건설하려다 삼팔선을 베고 쓰러질지언정 일신의 구차한 안일을 취하여 단독정부를 수립하는 데는 협력하지 아니하겠다."

일신의 구차한 안일을 취하려 단독정부 수립을 주장한 이는 이승만이었다. 한반도 절반만의 대통령이라도 되기 위해 미쳐 날뛰는 이승만을 저격함과 동시에 민족의 분단을 막겠다는 김구의 결연한 의지가 드러난 글이었다.

김구의 간절한 바람에도 불구하고 우리 민족은 분단된 채 각각의 정부를 수립했다. 완전한 독립을 꿈꿨던 김구에게 분단은 결코 진정한 독립이 아니었다. 허리가 잘려 두동강이 나고, 홀로 설 수 없는데 어찌 독립이란 말인가.

김구가 두려워했던 분단은 필연적으로 전쟁을 불렀다. 민족상잔의 비극 이후 남북한은 서로의 원수국이 되었고, 남북한의 대립을 이용한 독재 권력은 강화되었다. 김구가 그토록 미워했던 매국노와 밀정들이 떵떵거리며 살아났고, 그들의 후예인 신친일파가 친일을 당연시하며 큰 소리치는 세상이 되었다. 자주독립국을 만들기 위해 평생을 헌신했던 김구는 독립된 나라에서 밀정의 후예들에게 이토록 모욕을 당할 것이라 꿈에라도 생각했을까.

그래도 김구의 꿈 중에 하나는 이루어졌다. 바로 대한민국이 문화강국이 된 것이다.

"나는 우리나라가 세계에서 가장 아름다운 나라가 되기를 원한다.
가장 부강한 나라가 되기를 원하는 것은 아니다.
내가 남의 침략에 가슴이 아팠으니,
내 나라가 남을 침략하는 것을 원치 아니한다.
우리의 부력富力은 우리의 생활을 풍족히 할 만하고,
우리의 강력强力은 남의 침략을 막을 만하면 족하다.
오직 한없이 가지고 싶은 것은 높은 문화의 힘이다.
문화의 힘은 우리 자신을 행복되게 하고,
나아가서 남에게 행복을 주기 때문이다."

《백범일지》 내가 원하는 우리나라 편

참고문헌

· 김구, 《백범일지》, 돌베개, 2005.

5장

해방정국을
감추지 말라

20세기 우리는
일제의 강압적 식민지배를 당했고
분단이 되었고
전쟁을 겪었고
독재자들에 의해 분단이 고착화되었다.

누군가 말했다.
"20세기 한반도는 신이 버린 땅이었다."

36 우리의 독립은 미국 때문이고 독립운동은 헛발질이었다고?

"독립운동가가 한 게 뭐가 있냐. 미국이 독립시켰지."

"진정한 대한독립운동가는 리틀보이와 팻맨이다."

"아직도 독립을 자국의 힘으로 거머쥐었다고 믿는 인간이 절반 이상인 나라."

히로시마와 나가사키에 원폭이 투하되고 미국이 일본에 승리하면서 우리가 해방을 맞이할 수 있었다?

OK, 주지의 사실이다.

그렇다면 우리 독립운동가들의 치열했던 독립운동은 계란으로 바위치기였는가? 우리의 광복에 독립운동이 전혀 영향을 미치지 않았는가?

그렇지 않다.

분명히 말하지만, 우리 독립운동가들의 노력이 없었다면 제2차 세계대전에서 미국이 승리하고 일제가 패망했더라도 1945년 8월 15일 우리의 즉각적인 해방은 불가능했을 것이다.

연합국의 목적은 일본이 1914년 제1차 세계전쟁 이후 탈취 또는 점령한 태평양의 도서 일체를 박탈할 것과…

<카이로선언> 전문 중

카이로선언문(1943)에는 일본이 패망하더라도 '제1차 세계대전 발발 이후에 식민지가 된 나라만 독립시키겠다'는 표현이 있다. 우리는 제1차 세계대전 발발(1914) 이전인 1910년 일본에 나라를 빼앗겼기 때문에 카이로선언 전문대로라면 일본이 패망하더라도 직접적인 독립을 맞이하기 어려운 상황이었다.

그런데 카이로선언문에 부록처럼 한국에 대한 조항이 별개로 추가되었다.

한국민韓國民의 노예 상태에 유의하여, 한국을 적절한 시기in due course에 자유롭게 독립시킬 것을 결의한다.

<카이로선언> 전문 중

일제의 패망 이후 전후 처리 문제를 논의하기 위해 미국의 루스벨트, 영국의 처칠, 중국의 장제스가 카이로에서 만난다는 소식이 들렸다. 충칭 임시정부의 주석 김구, 외무부장 조소앙, 선전부장 김규식, 군무부장 김원봉, 광복군 총사령관 지청천은 중국 국민당의 주석 장제스를 만났다.

임시정부의 리더들은 장제스에게 이렇게 말했다.

"카이로에 가서 루스벨트 미국 대통령을 만나는 것으로 알고 있습니다. 총통께서 일본 패망 후 한국의 독립에 대한 확약을 받아 주시면 고맙겠습니다."

이후 장제스는 카이로회담에서 루스벨트를 설득하여 한국만큼은 제
1차 세계대전 이전에 식민지 상태였더라도 독립을 시키기로 약속을 받
았다.

이는 장제스 일기 자료에 자세히 기록되어 있다.

"조선독립 문제에 대해 나는 특별히 루스벨트의 중시를 끄는 데 힘을 넣
었다. 나는 루씨한테 조선 문제에 관한 나의 주장에 찬동하고 도와줄 것
을 요구했다."

장제스가 한국인들의 독립 의지를 진심으로 받아들이고, 임시정부 요
인들의 요구를 들어준 것에 고마움을 느낀다. 물론 장제스는 자신이 한
국의 독립을 도왔을 때, 이후 새롭게 건국된 한국에서 영향력을 행사할
수 있을 것이라는 정치적 계산에 따라 행동했을 것이다. 장제스가 자신
이 마오쩌둥에게 밀려 섬나라 대만으로 쫓겨날 것이라고 예상이라도 했
겠는가.

참고로, 카이로회담에서 영국의 처칠은 한반도의 즉각적 독립에 대해
부정적이었다.

우리 독립운동가들의 노력이 없었다면, 우리의 독립은 국제사회로부
터 약속을 받아 내지 못했을 것이다. 그랬다면 일본이 패망했더라도 우
리의 즉각적 독립은 어려웠을 수 있다.

오히려 일본의 패망 후에, 일본과 한 덩어리로 묶여 패전국과 전범국

취급을 받았을지도 모를 일이다. 한반도 독립에 대한 논의는 몇 년이 지나 샌프란시스코회의(1951)에서 다뤄졌을 수도 있다.

독도가 그랬던 것처럼 말이다.

만약 당신의 어린 자녀들이 "아빠 엄마, 우리는 어떻게 일본으로부터 독립할 수 있었어요?" 하고 묻는다면 이렇게 당당히 답하라.

"미국이 일본에 승리하면서 우리가 독립된 것도 사실이지만, 독립지사들의 가열한 독립운동이 우리의 완전한 독립에 지대한 영향을 미쳤단다. 그래서 우리는 독립운동가를 존경하는 마음을 가져야 한단다."

참고문헌

· 정병준, 〈카이로회담의 한국 문제 논의와 카이로선언 한국조항의 작성 과정〉, 역사비평사, 역사비평 2014년 여름호(통권 제107호), 2014.
· 김형태, 〈카이로선언에 명문화된 한국조항의 등장 배경에 관한 연구〉, 동국대학교 일반대학원, 2023.
· 배경한, 〈카이로회담에서의 한국문제와 장개석〉, 역사학회, 역사학보 제224집, 2014.

37 38도선이
이렇게 만들어졌다고?

1945년 2월, 독일과 일본의 패망을 앞두고 미국의 루스벨트와 소련의 스탈린이 흑해 연안의 작은 도시 얄타에서 만났다.

상당수 역사학자들은 얄타회담에서 루스벨트와 스탈린 사이에 일본 패망 시 38도선을 기준으로 한반도를 분단하자는 약속이 있었을 것이라고 말한다. 이를 얄타밀약이라고 하는데 아직 얄타밀약에 관한 공식 문서는 발견되지 않았다. 또 일부 학자들은 얄타밀약은 없었지만, 얄타회담에서 논의된 소련의 대일전 참여에 대한 약속이 결과적으로 한반도의 38도선을 만들었다고 보고 있다. 이러나저러나 현재의 38도선은 얄타회담 때문에 만들어졌으니, 우리 입장에서 얄타회담은 참 얄궂은 회담이다.

얄타회담에서 소련은 독일이 패망한 후 100일 내로 일본에 선전 포고를 할 것을 약속했다. 그리고 소련은 만주에 주둔 중인 일본 관동군을 공격하는 대가로 일본 항복 시 사할린을 차지하기로 약속받았다.

얄타회담 3개월 후인 1945년 5월, 독일이 패망하면서 이제 100일 이내에 일본에 선전 포고를 해야 하는 소련에게 주사위가 넘어갔지만, 소련은 망설였다. 독일과의 전쟁으로 지친 소련은 일본과 새로운 전쟁을 시작하기가 부담스러웠다. 소련이 일본에 대한 선전 포고를 망설이고 있을 때, 1945년 8월 6일 히로시마에 원자폭탄이 투하되었다. 이로써 태평양전쟁에서 미국의 승리가 확실시되었다. 미국이 밥상을 다 차려놓았으니, 소련 입장에서는 숟가락만 올리면 되는 분위기였다.

결국 1945년 8월 8일, 소련은 일본에 선전 포고를 했다.

소련을 대일전에 끌어들여 일본의 조기 항복을 받아 전쟁을 끝내고자 했던 미국의 의도는 이해할 수 있으나, 이후 한반도의 상황을 고려하면 이는 분명 미국의 오판이었다.

미국은 소련군이 만주의 수십만 관동군을 무력화하는 데 최소한 몇 달은 걸릴 것이라고 예상했다. 그러나 히로시마와 나가사키에 떨어진 원자폭탄으로 인해 일본군의 사기가 바닥까지 떨어진 탓인지, 아니면 소련 전차부대의 위력이 대단했던 것인지, 소련군은 일본 관동군을 단 며칠 만에 박살을 냈다. 배우 장동건이 일본 배우 오다기리 조와 열연한 영화 〈마이웨이〉를 보면, 소련 전차부대의 위력을 실감할 수 있다. 소련은 일본에 선전 포고를 한 지 고작 3일 만에 한반도의 청진과 함흥까지 유유히 진격해 들어갔다.

당시 맥아더가 이끄는 미국의 주력 부대는 오키나와에 주둔 중이었다. 소련이 한반도 전체를 점령할 기세로 남하하자, 아직 한반도로 진주하지 못한 미국은 당황했다. 지금까지 태평양 전역에서 일본과 치열하게 전쟁을 치렀던 미국으로서는, 갑자기 끼어든 소련이 한반도 전체를 집어삼키려 하니 초조해진 것이다. 그렇다고 소련에 한반도에서의 철수를 요구하는 것도 쉽지 않았다. 이런 부탁을 소련이 들어줄 리도 없거니와 애초에 소련에게 대일전 참여를 간절히 부탁했던 것도 미국이었기 때문이다. 이러한 상황에서 미국은 한반도 전체를 자국의 영향력 아래에 두려는 욕심을 버릴 수밖에 없었다.

처음에 미국은 대전 정도에 해당하는 위도 37도선을 기준으로 한반도를 나누는 방안을 염두에 두고 있었으나, 일단 소련에게 다음과 같이 잽을 던졌다.

"소련군은 38도선까지만 남진했으면 합니다."

사실 소련 역시 한반도로 남진하면서도 미국이 한반도에서 철수를 요구하면 어떻게 할지 고민하고 있었다. 소련은 미국이 한반도에서 철수를 요구할 경우, 평양을 포함한 39도선 이북까지 차지하고, 나머지 남쪽은 미국에 양보할 생각을 하고 있었다. 소련 입장에서 미국이 제안하는 38도선은 그야말로 땡큐였다.

우리의 38도선은 이처럼 미국과 소련에 의해 생겨났다.

어느 위치에서 한반도의 허리를 자를지에 대한 문제를 놓고, 미국 측 작전장교 2명이 지적도를 펼치고 고심하다가 38도선을 그었다는 이야기도 있다. 당시 미국의 한 장교가 《운명의 1도》라는 책을 낼 정도로 미국은 이를 중요하게 여겼나.

에드워드 L. 로우니,《운명의 1도》

　　강대국에 의해 우리의 의지와 상관없이 분단된 근본적인 이유는 우리 국력이 약했기 때문이다. 그래서 미국과 소련만을 탓할 것이 아니라 우리 스스로를 자책해야 함도 인정해야 한다. 그런데 한반도의 분단을 들여다보면 그 분단을 결정한 미국이나 소련보다, 그리고 강하지 못했던 우리 자신보다 더욱 얄미운 대상이 있으니, 바로 일본이다.

　　당연히 한반도가 아니라 일본이 분단되었어야 했다. 동경 135도를 기준으로 일본을 관서와 관동으로 나눈 다음, 미국이 관서를 점령하고 소련이 관동을 점령했어야 했다. 소련이 동독을 장악하려고 했던 것처럼 패망한 일본의 절반 땅을 요구했을 것은 당연한 일이다. 그러나 루스벨트의 뒤를 이어 미국의 대통령이 된 트루먼은 소련에게 일본의 절반을 주느니 차라리 한반도의 절반을 주는 게 더 낫다고 판단했다.

　　더구나 일본은 천황제를 유지하고 자국의 분할 점령을 막기 위해 필사적이었다. 일본은 미국에 자국의 분단 대신 한반도의 분단을 제시했다. 이런 제안을 한 일본과 그것을 받아들인 미국이 원망스럽지 않다면, 그 또한 이상한 일이다.

참고문헌

· 에드워드 L. 로우니,《운명의 1도》, 정수영(역), 후아이엠, 2014.
· 이규태,〈[왜?] 38선은 왜 그어졌는가〉, 재단법인 역사와 책임, 내일을 여는 역사 제1호(창간호), 2000.
· 이내주,〈얄타회담(1945.2.4.) 전후 냉전(冷戰)의 씨앗을 뿌리다!〉, 한국방위산업진흥회, 국방과 기술 제540호, 2024.

38 미군은 점령군,
소련군은 해방군이었다고?

한때 수능 교과에 한국근현대사 과목이 있었다.

근대(대원군~대한제국) 단원에서 7문제, 일제강점기 단원에서 8문제, 현대사(해방~) 단원에서 5문제가 출제되었기 때문에 정치 상황과 맞물려 민감해질 수 있는 교과였다. 그래서 한국근현대사 교과서는 국정교과서를 포기하고 검인정교과서 체제로 출간되었다. 그중 금성교과서는 전국 역사 교사 60%가 채택한 교과서였다. 이명박정권은 '근현대사 교과서 좌편향 논란'으로 시비를 걸었다.

대표적으로 금성교과서의 이 표현을 문제삼았다.

"미국은 점령군, 소련은 해방군"

우리는 해방을 맞이했지만 제2차 세계대전의 승전국이었던 미국과 소련에 의해 38도선이 만들어졌고 남한에는 미군이, 북한에는 소련군이 진주했다. 이어서 남북한이 각각 1948년에 정권을 수립할 때까지 3년간의 군정 통치를 받아야 했다. 그런데 남한에 들어온 미군은 점령군으로 들어왔고 북한의 소련군은 해방군으로 들어왔다는 것이다.

이러한 주장은 당시 미국과 소련의 최고 사령관들의 포고문 때문에 나온 것이었다.

맥아더 포고문의 내용은 이러했다.

나는 북위 38도 이남의 조선과 그곳의 조선 주민에 대하여 다음과 같은 점령 조항을 발표한다.

제1조 북위 38도 이남의 조선 영토와 조선 인민에 대한 정부의 모든 권한은 당분간 나의 관할을 받는다.

제2조 모든 사람은 추후 명령이 있을 때까지 종래의 기능 및 의무 수행을 계속하고, 모든 기록과 재산을 보존 보호해야 한다.

제3조 모든 사람은 나의 권한하에 발한 명령에 복종하여야 한다.

제4조 제군은 내가 명령할 때까지 제군의 정상적인 직업에 종사하라.

제5조 모든 목적을 위하여서 영어가 공식언어이다.

치스차코프 포고문의 내용은 이러했다.

왜놈들이 고대광실에서 호의호식하며
조선 사람들을 멸시하며 모욕한 것을 당신들이 잘 안다.
이런 노예적 과거는 다시 돌아오지 않을 것이다. (중략)
조선 사람들이여!
기억하라! 행복은 당신들의 수중에 있다.

당신들은 자유와 독립을 찾았다.

이제는 모든 것이 죄다 당신들에게 달렸다.

붉은군대는 조선 인민이 자유롭게 창조적 노력에 착수할 만한 모든 조건을 지어 주었다.

조선 인민 자체가 자기의 행복을 창조하는 자로 되어야 할 것이다.

해방된 조선 인민 만세!

여러분의 생각은 어떠한가?

미군은 점령군이고 소련은 해방군 같은가?

맥아더와 치스차코프가 왜 저런 포고문을 썼는지 이해해야 한다. 일제가 패망하고 해방이 되었으니 이제 당연히 한국인이 정치를 주도해야 했다. 한국인 중 누가 정치를 주도해야 하는가? 남북한 모든 동포들은 독립운동가들이 한국을 이끌어 가야 한다고 생각했다. 그런데 당시 독립운동가 중에는 사회주의자가 많았고, 또 대중적 지지를 받고 있었다.

미국과 소련의 입장은 여기서 갈렸다. 소련은 남북한의 즉각적인 통일정부 수립에 반대할 이유가 없었다. 한국인의 지지를 받는 사회주의자에 의해 통일정부가 들어선 뒤 공산정권이 수립된다면, 소련의 위성국가가 들어서는 셈이었다.

반면 미국의 입장은 달랐다. 한반도가 소련의 위성국가가 되는 것을 막아야 했고 그렇기 위해서는 사회주의에 대한 민중의 호감을 꺾을 필요가 있었다. 미국은 한국인들이 자본주의의 달콤함을 느낄 수 있는 시간을 벌어야 했고, 이를 위해 보다 확실한 통제권을 가져야 했다. 이러한 맥락에서 미군정은 강압적인 내용의 맥아더 포고문을 발표하게 된 것이다.

소련군이 해방군이라고 하여 점령군이었다는 미군보다 조선인에게 덜 강압적이었다고 말할 순 없다. 소련군이 인민위원회의 지방 자치를 인정하면서 친일파 처벌을 비롯해 토지개혁 등 조선인들이 주도적으로 사회 활동을 할 수 있도록 한 것은 사실이다 그러나 소련군은 조선인에 대한 약탈을 부끄러워하지 않았다. 주로 조선인 지주를 학대하면서 재산을 갈취했다. 조선인이 손목에 찬 값비싼 시계는 압수대상 1호였다. 소련군의 팔에는 조선인으로부터 약탈한 시계가 가득 채워져 있을 정도였다. 반면 남한 사람들이 미군으로부터 약탈당했다는 기록은 찾아보기 힘들다.

사실 소련군정에 비해 미군정이 비판받아야 하는 것은 친일파 처벌을 막은 부분이다. 그리고 친일파를 부활시킨 것도 미군정이라는 측면에서 미군정을 옹호하고 싶은 마음은 눈곱만큼도 없다. 그러나 해방정국에서 미군정은 악惡이고 소련군정은 선善이었다는 시각에는 동의할 수 없다. 다만 친일매국노에게만큼은 미군정이 분명 하느님이었을 것이다.

참고문헌
· 서중석, 《한국현대민족운동연구: 해방후 민족국가 건설운동과 통일전선》, 역사비평사, 1997.
· 박도, 《미군정 3년사》, 눈빛, 2024.

39 맥아더 포고문이
친일파를 부활시켰다고?

       일제의 속박에서 벗어나는 그 순간, 대다수의 한국인들이 나라를 되찾은 것에 기뻐하고 있을 때 같은 한국인이면서도 기뻐하지 못하는 사람들이 있었다. 바로 친일파들이었다.

    《친일인명사전》에 기록된 매국노 4,776명 중 절반에 가까운 친일파들이 살아서 해방을 맞이했다. 이들은 일본의 패망이 두려웠다. 해방 후 새롭게 들어설 나라에서 과거 자신들의 매국 행위 때문에 반역자 취급을 받을 것에 대한 두려움에 몸서리쳤을 것이다. 그들 중 일부는 몸을 숨기거나 거처를 떠났고, 공직에 있던 친일파들은 출근을 거부하거나 전근을 가는 경우도 많았다. 그러나 대부분의 친일파는 자신의 집에 틀어박힌 채 두문불출했다.

  해방 직후 친일매국노의 선택지는 두 가지였다.

  모든 것을 체념하고 반역자로서의 최후를 맞이하거나,

  아니면 이제부터라도 태극기를 들거나.

8월 15일부터 태극기를 든 자들이 있었다. 그것은 매국노들의 살아남기 위한 절실함이었다. 그러나 그들이 좌절한 시간은 오래가지 않았다. 매국노들에게 살 수 있겠다는 희망이 생겼다. 그 희망은 조선인들의 친일파를 용서하는 마음이었다.

북한은 인민재판을 통해 친일파를 청산했고, 프랑스는 나치협력자에 대해 속전속결로 대숙청을 진행했다. 특히, 프랑스의 경우는 광기 어린 복수극이라고 표현할 만큼 나치협력자를 잔인하게 청산했다. 이 정도는 바라지도 않지만, 그래도 남한 사람들은 착해도 너무 착했다. 해방을 맞이한 후 식민지배의 상징이었던 조선총독부 건물에서는 미군이 일장기를 내리고 성조기를 올릴 때까지 무려 22일 동안 일장기가 여전히 펄럭였다. 이는 당시 남한 사람들이 얼마나 질서를 잘 유지했는지 보여 주는 반증이기도 하다. 그러나 남한 사람들의 질서 유지는 친일파에게 시간을 벌어 주고 있었던 셈이었다.

해방 후 20여 일이 지난 1945년 9월 6일, 미군이 한반도로 진주했다. 그리고 하루 뒤인 9월 7일, 맥아더 포고령이 발표되었다.

정부의 전 공공 및 명예 직원과 공공위생을 포함한 전 공공사업 기관의 유급 혹은 무급 직원 및 사용인과 중요한 사업에 종사하는 기타의 모든 사람은 추후 명령이 있을 때까지 종래의 기능 및 의무 수행을 계속하고, 모든 기록과 재산을 보존 보호해야 한다.

맥아더 포고령 2조

일제 식민통치하 공공기관의 하급 권력직에 종사하던 매국노들은 맥아더 포고령으로 다시 권력을 부여받았다.

문제는 일제강점기 일본인들이 차지하고 있었던 고위직의 빈자리를 그들의 하수인인 매국노들이 차지했다는 것이다. 미군정은 조선인 매국노를 다시 고용한 것도 모자라, 오히려 그들을 승진시키기까지 했다. 일제강점기 독립운동가를 고문했던 말단 고문 기술자가 고위 경찰로 승진했으며, 검찰 직원들은 시험을 거치지도 않고 일본인 검사가 떠난 자리를 차지하여 검사가 되었다. 또한 일본군 하급 장교들은 미군정 아래 국군의 전신인 국방경비대의 장군이 되었다. 즉, 매국노들은 일제강점기보다 미군정기에서 더 큰 권력을 쥐게 된 것이다.

친일파들은 친미파가 되었다.

참고문헌

· 서중석·김덕련, 《서중석의 현대사 이야기1: 해방과 분단 친일파, 현대사의 환희와 분노의 교차로》, 오월의 봄, 2015.
· 송건호, 《해방전후사의 인식1》, 한길사, 2004.
· 송광성, 《미군 점령 4년사: 친일파는 어떻게 기득권이 되었나》, 나무이야기, 2024.

40 찬탁이 옳았을까?
반탁이 옳았을까?

　　　　　적절한 시기에 한반도를 독립시키겠다는 카이로회담
(1943)의 약속을 실천하고자 미국, 영국, 소련의 외무장관이 모스크바에
서 만났다. 이를 모스크바 3국외상회의(1945. 12.)라고 한다.

　모스크바 3국외상회의에서 논의된 한반도에 대한 주요 의제는 남북
한이 각각 미군정과 소련군정하에 놓여 있어, 자칫하면 한반도가 분단
될 위기에 처했으니, 한반도에 통일정부를 수립하자는 것이었다. 이에
따라 통일정부 수립을 위해 남북한 총선을 주관할 임시정부의 수립과
그 임시정부의 구성을 논의하기 위한 미소공동위원회가 약속되었다.
그리고 통일정부가 수립될 때까지 최대 5년의 미국, 영국, 중국, 소련
4대 강국의 신탁통치가 약속되었다.

　그러나 모스크바 3국외상회의 전문이 공개되기 전인 12월 27일, 동
아일보를 비롯한 우익 계열 신문들은 1면의 톱기사로 "소련은 신탁통치
주장, 미국은 즉시독립 주장"을 실었다. 일제로부터 해방된 지 얼마 되
지도 않았는데 신탁통치가 웬 말인가 싶었던 많은 사람들은 신탁통치를

"소련은 신탁통치 주장, 미국은 즉시독립 주장"이라는 오보는
세계 언론 역사상 10대 거짓말 중 하나였다.

반대하는 반탁운동을 전개했고, 신탁통치를 주장했다는 소련은 대중의
미움을 받게 되었다. 이 기회를 틈타 우익은 반탁운동을 반소 및 반공운
동과 병행했다. 그런데 미국 통신사의 기사를 받아쓴 동아일보를 비롯
한 우익 계열 신문들의 기사는 있어서는 안 될 오보였다. 사실 한반도의
즉각 독립을 주장한 나라는 소련이었고, 신탁통치를 주장한 나라는 미
국이었다. 미국과 소련 사이에는 분명한 입장 차이가 있었다. 그 당시
한국인들은 독립운동을 치열하게 전개했던 사회주의 계열에 지지를 보
냈고, 소련도 이를 알고 있었다. 이런 상황에서 한반도에 새로운 나라가
건국된다면, 자신들의 위성국가인 공산주의 국가가 들어설 것이라고 확
신했기 때문에 한반도의 즉각 독립을 주장한 것이었다. 반면, 미국은 한
반도에 공산정권이 들어서는 것을 막기 위해 시간이 필요하다고 판단하
여 신탁통치를 제안한 것이었다.

동아일보를 비롯한 몇몇 신문의 오보로 소련은 신탁통치의 주범으로 몰리게 되었고, 억울했던 소련은 이를 해명하기 위해 모스크바 3국외상회의 전문을 공개했다.

1조, 한반도에 임시 민주 정부를 수립할 것
2조, 임시정부 수립을 위한 미·소공동위원회를 설치할 것
3조, 미국, 소련, 영국, 중국은 임시정부 수립을 돕기 위해 최대 5년까지 신탁통치를 실시할 것

모스크바 3국외상회의 전문의 주제는 무엇인가? 주제어는 신탁통치가 아니라 임시정부 수립이었다. 당시 조선의 문맹률이 90%에 달했기에 회의 전문을 읽고 올바른 판단을 할 수 있는 이들은 학생과 청년 먹물 계층인 사회주의자들이었다.

"신탁통치는 억울하지만, 분단을 막기 위해 어쩔 수 없다. 어떻게든 임시정부를 구성해서 한반도에 통일정부를 빨리 수립하자."

사회주의 계열 좌익과 일부 깨어 있는 우익들은 모스크바 3국외상 지지선언을 했다. 즉, 임시정부 수립에 찬성하며 모스크바 3국외상회의를 주도하는 미국, 소련, 영국의 결정을 받아들이겠다는 것이었다.

그러자 반탁운동을 전개하던 우익은 이렇게 해석했다.

"임시정부를 수립하자는 주장은 결과적으로 신탁통치를 받아들이자는 뜻 아니냐. 신탁통치를 받아들이자는 주장인 찬탁은 매국이다. 신탁통치를 반대하는 우리가 애국자다."

바로 이 시점에서 남한의 도덕성은 뒤틀렸다. 불과 몇 년 전까지 독립

운동을 했던 사회주의계는 찬탁론자로 매도되며 매국노 취급을 받게 되었고, 민족주의계 우익으로 변신한 친일매국노들이 반탁운동을 전개하는 애국자로 둔갑한 것이다.

찬탁이 옳았는가? 반탁이 옳았는가?

역사학도로서 목에 칼이 들어와도 찬탁이 옳았다고 말할 것이다. 찬탁론자들은 신탁통치 자체는 불쾌하지만 신탁통치 기간은 얼마든지 줄일 수 있다고 보았다. 이들은 임시정부를 수립해서 민족의 분단을 막는 것이 급선무라고 본 것이다. 반면, 반탁론자들은 임시정부의 수립 여부와 관계없이 설령 분단이 되더라도 신탁통치를 받아들일 수 없다고 주장했다. 결과적으로 모든 것이 반탁론자들의 주장대로 된 셈이다. 신탁통치를 거부하게 되면서 임시정부는 수립되지 않았고, 그래서 우리 민족은 분단되었다. 그리고 분단은 필연적으로 전쟁을 초래했다.

사실 반탁운동의 핵심은 신탁통치 자체를 반대하는 것이었다. 그러나 1948년 남북한에 각각의 정부가 수립될 때까지 남한은 미군정으로부터, 북한은 소련군정으로부터 3년간 신탁통치를 받은 셈이니 반탁론자들은 할 말이 없을 것이다. 그렇다면 차라리 신탁통치를 받아들여 분단을 피하는 것이 더 옳은 선택 아니었을까? 이와 같은 이유로 나는 찬탁이 옳았다고 생각한다.

이에 대해 잘 모르는 사람들은 찬탁이 옳았다고 하면 그건 빨갱이들의 선택이 아니었냐고 한다. 답답하다. 찬탁이 옳다고 했던 우익 김규식과 송진우가 빨갱이였는가. 신탁통치는 소련만의 주장이 아닌 미국과 영국의 주장이었음에도, 친미주의자들은 정작 왜 미국 말을 들어야 할 때는 안 들었을까. 당시 반탁을 주장했던 우익 상당수는 친일매국 세력이었다. 그들은 한반도에 통일정부가 들어서면, 과거에 반민족행위로 호의호식을 누렸던 자신들의 매국 행위가 곧 반역 취급을 받을 테니, 살아남기 위해 분단이 필요했던 것이다.

  사람들은 또 이렇게 묻는다.

"김구가 반탁했으니, 반탁이 옳은 것 아닌가."

1945년 12월 모스크바 3국외상회의가 직후 찬탁과 반탁의 대립 속에서 김구는 이승만과 손을 잡고 반탁을 선택했다. 이때 김구의 반탁 선택은 그의 정치 경력에서 가장 큰 실책이었다. 역사를 공부한 이들과 이 땅의 진보주의자들이 김구를 생각할 때 가장 안타까운 장면이다.

  훗날 자신의 잘못을 인정한 김구는 1948년 남북협상운동을 전개하며 김규식과 함께 북한의 김일성 등을 만나 총선을 주관할 임시정부 수립을 약속했다. 김구가 분단의 공포를 맛본 후에야 뒤늦게 정신을 차린 것이다.

참고문헌

· 심지연, 〈신탁통치문제와 해방정국〉, 한국정치학회, 한국정치학회보 제19집, 1985.
· 박태균, 〈[특집 - 역사용어 바로 쓰기] 반탁은 있었지만 찬탁은 없었다〉, 역사비평사, 역사비평 2005년 겨울호(통권 제73호), 2005.
· 윤해동, 〈우리역사 바로알자 반탁운동은 분단·단정노선이다〉, 역사비평, 역사비평 1989년 겨울호(통권 제9호), 1989.

41 해방정국 최고의 인물이 여운형이었다고?

독립운동가 여운형을 잘 모르는 사람들이 많다.

여운형은 신한청년단의 대표를 맡으며 김규식을 파리강화회의(1918)에 파견했고, 3·1운동에 참여했으며, 임시정부 활동까지 했다.

손기정의 일장기말소사건을 계획한 것도 당시 조선중앙일보 사장이었던 여운형이었다. 참고로 조선중앙일보는 지금의 조선일보도, 중앙일보도 아니다.

해방 직전 여운형은 조선건국동맹(1944)을 조직하여 일제의 패망 이후를 대비하고 있었다. 총독부 정무총감 엔도를 통해 일본의 항복 소식을 미리 듣게 된 여운형은, 조선에 있는 일본인의 안전을 보장하는 대신 총독에게 5가지 사항을 요구하기도 했다.

첫째, 전국적으로 정치범과 경제범을 즉각 석방할 것

둘째, 서울의 3개월분 식량을 확보할 것

셋째, 치안 유지와 건국을 위한 정치 운동에 내하여 간섭하지 말 것

넷째, 학생과 청년을 조직 훈련하는 데 대하여 간섭하지 말 것

다섯째, 노동자와 농민을 건국 사업에 동원하는 데 대하여 간섭하지 말 것

이처럼 해방을 미리 알았던 여운형은 8월 15일 해방에 맞추어 조선건국준비위원회(건준)를 만들고 전국의 행정 및 치안의 공백 상태를 우려하여 전국 140여 개의 군에 치안대를 설치했다. 이후 건준은 조선인민공화국(인공)으로 개편되고 전국에 설치된 치안대 또한 인민위원회로 바뀌었다.

모스크바 3국외상회의 직후 찬탁과 반탁의 대립이 거세지자, 여운형은 김규식과 손잡고 좌우합작운동을 전개했고, 통일정부 수립의 당위성에 대한 연설을 계속하던 중 암살당했다(1947. 7. 19.).

여운형은 암살당하기 전까지 사실상 해방정국의 대통령이었다. 당시 남북한 통합 대통령 선거를 치렀다면, 여운형이 당선되었을 것이다.

〈조선을 이끌어 갈 양심적인 지도자〉 여론조사 제1호의 결과가 이를 증명한다.

조선을 이끌어 갈 양심적인 지도자 여론조사 1호

후보	여운형	이승만	김구	박헌영	이관술	김일성
지지율	33%	21%	18%	16%	12%	9%

당시 소련의 정보 보고서에도 통일 임시정부의 수상으로 여운형을 점찍고 있었음이 확인되었다. 이러니 북한의 김일성이 통일정부 수립에

해방 후 여운형이 군중의 환영을 받고 있다.

적극적일 수 있었겠는가.

미군정의 리처드 로빈슨 대령은 이렇게 말했다.

"여운형은 가장 인기 있고 유능한 조선의 지도자였다. 그는 권력을 추구하지 않고 국민을 최우선으로 생각했다. 그는 결코 공산주의자가 아니었다. 그는 소련 편이지 않았고 언제나 한국 편이었다."

남북한 국민으로부터 절대적인 지지를 받고, 미국과 소련 역시 최고의 지도자로 평가했던 여운형이 남북한 어디에서도 지도자가 되지 못했던 이유는 무엇일까?

이기심 없는 순수한 민족애과 애국심은, 민족을 외면한 이기적인 권력욕을 이길 수 없었기 때문이다.

그렇다면 여운형을 죽인 사람은 누구였을까?

암살범은 백의사 소속의 한지근이었다. 백의사는 염동진이 칭설한 단

인민장으로 치러진 여운형 장례식에 인파가 몰린 모습

체로, 북한에서 남한으로 내려온 반공 청년들로 구성되었다. 백의사 이름에서 유추할 수 있듯이 완전한 백색테러를 지향하는 파시즘적 성향의 단체였다. 즉 사회주의자나 공산주의자는 무조건 저격하여 죽이는 단체였다.

여운형을 직접 저격한 인물은 백의사 단원 한지근이지만, 그 배후에 대해서는 여러 가지 설이 있다.

첫째, 여운형을 비판한 바 있는 극좌 성향의 박헌영이 사주했다는 설

둘째, 분단을 획책하는 김일성이 암살을 사주했다는 설

셋째, 극우 반공 테러단체인 백의사의 성향을 고려할 때 이승만이 사주했다는 설

넷째, 백의사 창립자 염동진이 임시정부의 김구 주석을 존경했던 점을 근거로 김구가 배후에 있었던 것 아니냐는 설

1969년 12월 5일 동아방송의 라디오 프로그램 〈노변야화〉에 기록된 김두한의 육성이다.

이 박사와 뜻을 맞춘 백의사 단장 염동진 씨가 나를 들어오라고 해요.
그래서 갔더니 암만해도 여운형 씨를 패야된다고 해요.
"누가 할 겁니까?" 그랬더니 염동진 씨가 "저기 재다." 이래요.
그럼 이름은 뭐냐고 하니까 한지근이라고 그래요.
한지근에게 내가 총을 갖다 주었어요.

김두한의 육성대로라면, 염동진의 명령을 받은 한지근이 여운형을 죽였다는 것이 교차 증명됨과 동시에, 그 배후에 이승만이 있었음이 드러난다.

여운형은 독립운동가로, 정치인으로, 사상가로서 그리고 인간으로서 완벽에 가까운 사람이었다. 어떤 사람의 위인성을 하나 둘 세는 것이 우습지만 그렇게 따져 보겠다.

첫째, 양반집 자제로 태어났지만, 아버지가 돌아가시고 유산을 상속받자 집안의 노비문서를 모두 소각하여 노비를 풀어 주었다. 자신의 기득권을 스스로 포기할 줄 아는 인간임과 더불어 기본적으로 인간애가 있었다.

둘째, 잘생겼다. 얼마나 잘생겼는지 여인들에게 인기가 많았음은 물론이요, 조선 총독의 사위였던 야노는 이렇게 말할 정도였다.
"내가 만일 여자로 태어났다면 여운형 선생과 꼭 결혼했을 것이다. 그런데 불행히게 남자로 태어났다."

단순히 잘생겼다는 이유만으로 총독의 사위가 이렇게 말했을까? 그만큼 여운형의 행동에 품위가 있었기 때문일 것이다.

강원용 목사는 이렇게 말했다.

"여운형은 신언서판身言書判에서 모두 뛰어났다. 나는 그의 외모에 감탄을 금할 수 없었다. 그가 죽었을 때 그렇게 잘생겼던 사람도 썩을까 하는 생각이 들었다."

셋째, 천부적인 운동 능력을 지녔다. 180cm의 키에 못하는 운동이 없었다. 중년의 나이에도 투포환을 던지는 경기에서 청년들을 제치고 1등을 했다. 또, 수영을 잘해 물에 빠져 죽을 뻔한 사람도 여럿 구할 정도였다. 서양식 체조를 조선에 보급한 인물도 여운형이었고, 철봉을 그렇게 잘했다고 한다. 경성축구단을 만든 사람도 여운형이었고, 이 땅에 야구를 보급한 사람도, YMCA야구단을 창설한 사람도 여운형이다.

그는 조선 체육의 아버지로 불렸다. 싸움까지 잘해서 일본 고등경찰이 여운형을 연행할 때면 긴장했다고 한다.

넷째, 연설력이 대단했다. 여운형은 언제나 대중을 이끌었다. 연설력이나 청중 동원력에서 김구와 이승만은 여운형의 상대가 되지 못했다. 학생과 청년 지식인들은 여운형을 가장 지지했다.

다섯째, 이데올로기에 대해 포용성이 있었다. 좌우익 극단 세력을 좋아하지 않았다. 우리 민족의 독립과 통일정부 수립을 위해 사회주의 세력과 민족주의 세력, 좌파와 우파 가리지 않고 끊임없이 연대하려고 했

일왕과 독대 후 고마 신사의 방명록에 남긴 '혈농어수血濃於水'라는 여운형의 친필이 가슴을 울린다. 일제 식민지 시절 일본 땅에서 '피는 물보다 진하다'는 글을 쓴 것이다.

기 때문이다. 해방 이후에도 좌우합작운동을 전개하며, 사상에 매몰되지 않고 통일정부 수립에 헌신했던 여운형이었다.

여운형은 사회주의 사상을 배척하지 않았지만, 자유주의자이자 충실한 기독교인이었다. 목사들이 가장 좋아하는 정치인이 여운형이었다.

그러나 그는 자신을 혁명가로 자처하며 이렇게 말했다.

"혁명가는 침상에서 죽는 법이 없다. 나도 서울 한복판에서 죽을 것이다."

여섯째, 애국심이 투철했다. 사실 여운형은 일본에 가서 일왕과 독대한 유일한 인물이었다. 일왕에게도 한국의 독립에 대해 당당히 이야기했다고 한다. 이후 미군정에 한국인의 이익을 가장 어필했던 인물도 여운형이었다.

요즘 여운형은 뜨거운 감자다. 친일매국과 독재추종 세력들은 여운형에 거부감이 있다. 그의 죽음에 이승만이라는 그림자가 있었기 때문일 수도 있고, 아니면 여운형이 통일정부 수립에 가장 앞장섰던 인물이었기 때문일 수도 있다.

그들은 여운형을 이렇게 공격한다.

"여운형은 사회주의자다."

여운형이 사회주의자가 아니었다는 미국인들과 한국인 목사들의 수없이 많은 증언이 있다. 설령 그가 사회주의자였다고 하더라도 그는 사회주의 국가의 건설보다 오로지 국민 중심의 공화국을 건설하고픈 사람이었다. 극우와 극좌가 아니라면 민족주의계 인사들과 종교인들과도 얼마든지 친분을 유지할 수 있는 사람이었다.

최근에는 어처구니없게도 여운형을 친일파라고 공격하기도 한다.

친일을 옹호하는 자들이 여운형이 친일했다고 공격하려 드니 일단 모순이다. 여운형은 대한민국 건국훈장을 받은 인물이다. 대한민국 보훈처에서 다른 것은 다 떠나도 친일 경력은 용납하지 않는다. 백선엽 빼고.

1947년 3월 미군정 보고서의 내용이다.

"일본에서 시행한 여운형의 친일 관계에 대한 조사 결과는 '아니오'였습니다. 여운형은 한국의 애국자 중 가장 뛰어난 사람 중 한 명으로 여기고 있습니다."

최근 동아일보 2022년 2월 4일자에 이런 기사가 있었다.

"자유시참변이 독립투쟁을 망쳤다. 여운형은 독립투사를 인민재판하는 배심원을 맡은 망나니였다."

자유시참변으로 홍범도에게 누명을 씌우는 과정과 유사하다.

소련 재판관이 자유시참변에 대해 우리 독립운동가를 피의자로 대하는 상황에서 조선인 여운형이 배심원이 되어 조선인을 변호하려 한 것이 그렇게 잘못한 것인가?

여운형의 독립운동에 열등의식을 느끼는 친일매국 세력들,
여운형의 통일노선에 열등의식을 느끼는 분단주의자들,
여운형의 탈이데올로기에 열등의식을 느끼는 반공주의자들,
여운형의 인간애에 열등의식을 느끼는 독재와 학살 추종자들.
이들에게 여운형은 두려움 그 자체다.

참고문헌

· 김삼웅, 《몽양 여운형 평전: 진보적 민족주의자》, 채륜, 2015.
· 여운형, 《여운형 작품집 조선독립의 당위성(외)》, 범우, 2022.
· 정병준, 《몽양 여운형 평전》, 한울, 1995.
· 이정식, 《여운형: 시대와 사상을 초월한 융화주의자》, 서울대학교출판부, 2008.
· 정병준, 〈조선건국동맹의 조직과 활동〉, 한국사 연구 80호, 1993.

42 남북한 분단시대 정통은 어디인가?

삼국시대 고구려, 백제, 신라 가운데 어느 나라가 정통이 었는가?

18세기 역사학자 안정복은 《동사강목》에서 '삼국시대는 무통無統의 시대', 즉 정통이 없는 시대라고 보았다. 만약 신라가 정통이라면, 고구려와 백제는 우리 정통에 맞서는 적국이 되기에 삼국시대를 무통의 시대로 본 것이다. 미래의 통일 한국을 살아가는 후손들이 지금의 분단시대를 '남북한 무통의 시대'라고 이야기할지도 모르는 일이다.

대한민국 정부 수립일인 1948년 8월 15일로부터 불과 며칠 뒤인 9월 9일, 북한에서 조선민주주의인민공화국이 수립되었다. 우리는 고려부터 조선까지 1민족 1국가 체제로 일천 년을 살아오다 식민지시대를 거쳐 분단시대를 살아가게 되었다. 그렇다면 미래의 후손들은 대한민국과 조선민주주의인민공화국 두 나라 중 어느 나라를 정통으로 볼까?

현 시대에서 정통성을 판단하는 것은 우리의 몫이지만, 후대에는 우리가 어찌할 수 없는 후손들의 몫이다.

　정통은 대한민국이다. 후손들이 볼 때도 정통은 대한민국이어야 한다. 그렇기 위해서 가장 중요한 것은 대한민국 헌법 전문이다.

　유구한 역사와 전통에 빛나는 우리 대한국민은
3·1운동으로 건립된 대한민국 임시정부의 법통을 계승한다.

　이 한 문장이 의미하는 바는 대단히 크다.

　1945년 8월 15일, 해방을 맞이했지만 조선총독부 건물에는 여전히 일장기가 펄럭이고 있었다. 이후 한반도로 진주한 미군이 1945년 9월 9일 조선총독부 건물의 일장기를 내리는 대신 성조기를 올렸다.

　조선총독부에서 일장기가 사라진 날부터 정확히 3년 후 1948년 9월 9일, 북한 정권이 수립되었다. 북한에서는 미국이 조선총독부에서 일장기를 내린 9월 9일을 김일성 일가, 즉 백두혈통의 가열했던 독립운동으로 인해 일제가 패망한 날이라고 본다. 3·1운동의 정신과 임시정부의 법통을 남한에 빼앗긴 북한은 새로운 정통과 명분이 필요했고, 조선총독부에서 일장기가 내려간 9월 9일을 새롭게 정통화한 것이다.

　1948년 8월 15일을 건국절이라고 주장하며 임시정부와 단절을 꾀하는 것은 대한민국 헌법을 훼손하는 행위임과 동시에 남북한 정통성 논쟁에서 우리에게 유리한 역사 정통성을 스스로 포기하는 행위다. 대한민국 정부는 임시정부의 법통을 계승하여 정통성을 확립했고, 임시정부의 법통을 계승하지 못한 북한은 정통성의 근거가 취약함을 알아야 한다.

그러나 후손들이 북한에게 더 정통성을 부여할까 두렵다.

군사적 위협이 있음에도 군사주권을 외세에 내주지 않는 북한.

친일파에 대한 대대적 숙청을 한 북한.

굶어 죽어도 일본과 수교하지 않은 북한.

그러나 북한의 독재는 3대에 걸쳐 세습되고 있는 반면, 남한은 4·19혁명, 5·18광주민주화운동, 6월민주항쟁을 통해 국민주권 국가로 나아갔다. 북한의 주인은 백두혈통이었지만, 남한의 주인은 민주 시민이었다. 또한, 남한은 경제 발전을 이뤘지만, 북한은 가난에 찌들었고 북한 인민들은 인권의 사각지대에 놓여 살았다.

부강한 대한민국이 민족공동체 확립을 위한 동포애를 발휘하여 북한을 지원하고, 그로 인해 북한 동포들이 남한에 고마운 마음을 가지게 되면서 남한 주도의 통일을 하게 된다면, 후손들에게도 분명히 정통성은 남한이 될 것이다.

그런데 우리의 정통성을 스스로 걷어차려는 사람들이 있다.

그들은 누구인가?

참고문헌

· 양상훈·조준호, 《순암 안정복, 동사강목》, 이해영(역), 실학박물관, 2012.
· 신영현, 〈대한민국 헌법의 정통성〉, 한국입법학회, 입법학연구 제15권 제1호, 2018.

6장

제주4·3사건의
왜곡을 멈추라

제주4·3평화공원에서 그 많은 무덤들을 보고 있노라면…

43 제주에서
4·3사건이 일어난 진짜 이유

이 사건의 정식 명칭을 어떻게 불러야 할까?

반공 세력은 제주도민의 무장봉기에만 초점을 맞추어 '제주4·3폭동', 혹은 '제주4·3반란사건'이라 부르는 것이 맞다고 한다.

군대와 경찰은 350여 명의 무장봉기대만 진압하지 않았다. 그 과정에서 고의든 실수든 간에 제주도의 무고한 민간인의 희생이 너무 많았다. 제주도에서 죽음을 당한 민간인들은 사회주의자도 아니고, 대한민국 정부 수립에 반대하는 자도 아닌, 그냥 평범한 우리네 이웃이었다. 그들의 죽음과 남겨진 자들의 아픔에 공감하면 4·3은 분명 학살사건이 맞다.

그럼에도 4·3이 전개되었던 1948년부터 1954년까지, 토벌대였던 군인과 경찰, 그리고 토벌대의 가족들 역시 피해를 입었기에, 현재 우리 역사에서는 '제주4·3사건'이라는 용어를 사용하고 있다.

일제강점기에 돈을 벌기 위해 일본으로 건너가거나, 강제로 태평양전쟁에 끌려갔던 제주 청년들이 해방 이후 고향으로 돌아오면서 제주 인구가 급증했다. 타지에서 온갖 차별과 멸시를 당하고 돌아온 제주도의 청년들은 조국의 진정한 독립과 통일된 한반도를 원하고 있었다.

해방과 더불어 건국준비위원회(건준)를 만들었던 여운형은 행정과 치안의 공백 상태를 우려하여 건준 산하 치안대를 전국 140곳에 설치했다. 이후 건준이 조선인민공화국(인공)으로 개편되면서 치안대는 인민위원회로 명칭이 바뀌었다. 그러나 미군정은 인민위원회의 자치를 인정하지 않았다. 그러다 보니 육지의 인민위원회는 미군정에 의해 하나씩 해체되고 있었다. 반면, 제주도의 인민위원회는 제주도민의 절대적 지지를 바탕으로 상당한 자치권을 행사하고 있었다.

미군정기 제주에서는 일제강점기 친일 경찰이 다시 등용되었다. 육지의 친일 경찰은 동네 사람들 보기가 부끄러워 이사를 하거나 전근을 통해 다른 지역에서 근무했다. 그러나 고립된 제주라는 섬은 그 동네가 그 동네였기에 친일 경찰 재등용은 제주도민의 상당한 불만이었다. 사실상 친일 경찰과 제주도민의 충돌은 예상된 일이었다. 또한, 미군정은 일제강점기에 시행되었던 공출제를 제주에서 유독 가혹하게 다시 실시하며 양곡을 강제로 수탈했다. 그로 인해 제주에서는 무려 2년 만에 쌀 가격이 10배나 올랐다. 1946년 콜레라가 발생하자, 전염병 확산을 막겠다며 제주도민의 마을 간 이동과 상거래를 막았다. 이는 이웃 마을에 있는 자신의 농경지를 묶이게 만들어 제주 전체의 흉년을 초래했다. 제주에 대한 미군정의 이해가 너무 없었던 탓이다.

1947년 3월 1일 제주 북국민학교에서 3·1절 기념행사가 열렸다. 3만여 명의 시민이 참여한 대규모 행사였다. 그런데 행사를 끝낸 시민들이 가두행진을 하며 관덕정을 지나던 중 불미스러운 사건이 터졌다. 말을 탄 경찰이 아이를 밟고 지나가면서 아이가 다치게 되었는데, 경찰은 말에 치인 아이를 보살피지 않았다. 이에 제주도민들이 항의하자 경찰은 말을 탄 채 제주경찰서를 향해 도망가기 시작했고, 제주도민들은 도망가는 기마경찰을 향해 돌멩이를 던졌다. 경찰들은 성난 민중들이 제주경찰서를 공격하는 것으로 간주하며 도민들을 향해 총을 쏘았고, 이로 인해 6명이 사망하고 8명이 부상을 입었다. 문제는 사망자 6명 중 5명이 등에서 가슴으로 총알이 관통당해 죽었고, 그중 한 명은 갓난아이를 업은 여인이었다는 것에 제주도민들이 폭발했다는 것이다.

이 정도 되면 사과를 할 법도 한데, 미군정과 경찰은 사과는커녕 오히려 3·1절 기념행사에 참여한 제주도민을 체포하기 시작했다. 그리고 응원경찰이라고 불렸던 제주 출신이 아닌 육지 출신의 경찰들이 이북 출신의 서북청년단과 함께 제주도로 들어왔다. 특히 서북청년단은 죽창을 들고 해안가를 돌며 제주도민을 폭행했고, 여인을 윤간했으며, 수천 명의 사람들을 잡아가 함부로 때리고 고문했다. 이러한 서북청년단의 횡포에 제주도지사는 항의 차원의 사직서를 제출했고, 교사와 공무원과 도민들은 총파업에 돌입했다. 총파업에는 제주 출신 경찰 66명도 함께했다.

이러한 상황에 1948년 2월, 유엔 소총회에서 남한만의 단독선거가 결정되었다. 단독선거는 곧 분단이었기에 김구는 3,000만 동포를 향해 눈물로 호소하며 남한의 단독선거를 반대했다. 그럼에도 남한의 단독선거는 1948년 5월 10일로 확정되었다. 남한만의 단독선거 결정이라는 소식은 제주도에도 전해졌고, 제주도의 남로당을 이끌던 김달삼은 350여 명의 무장대를 이끌고 제주경찰서를 습격했다. 1948년 4월 3일이었다.

제주4·3사건은 미군정의 경제정책 실패와 친일 경찰 재등용, 3·1절 기념행사 중 경찰의 발포, 그리고 남한 단독선거 결정에 불만을 가진 제주도민의 봉기였다.

참고문헌

· 제주4·3사건진상조사보고서작성기획단, 〈제주 4·3사건 진상조사보고서〉, 제주4·3사건진상규명및희생자명예회복위원회, 도서출판 선인, 2003.
· 제주4·3평화재단, 〈제주 4·3사건 추가 진상조사보고서〉, 2019.
· 제민일보 4·3취재반 편, 《4·3은 말한다1~5》, 전예원, 1998.
· 양정심, 《제주4·3항쟁: 저항과 아픔의 역사》, 선인, 2008.

44   제주4·3사건이
북한 김일성의
지령을 받아 일어났다고?

"제가 북한 출신이라 잘 압니다. 나는 북한 대학생 시절부터 4·3사건을 일으킨 장본인이 김일성이라고 배웠고, 지금도 그렇게 생각합니다."

위의 발언은 전 국민의힘 의원 태영호가 한 말이다. 북한에서 4·3사건을 태영호의 말대로 가르친다면, 북한은 역사를 왜곡하는 것이다. 북한이 역사를 왜곡했든지 태영호가 거짓말을 했든지 간에 확실한 결론은 제주4·3사건과 북한은 상관관계가 없다는 것이다.

3·1운동 이후 사회주의 사상이 들어오고 이를 조직화한 것이 조선공산당 창설(1925)이었다. 당시 남한에서 사회주의자들의 리더는 박헌영이었다. 그런데 해방 직후 소련을 앞세운 김일성이 북한에 들어오면서 조선공산당은 북한 김일성의 북조선노동당(북로당)과 남한 박헌영의 남조선노동당(남로당)으로 나뉘게 된다. 남로당 제주도당의 총책이었던

김달삼이 중심이 되어 봉기한 것이 4·3의 시작이었다.

당시 김일성은 남한의 남로당에 영향력을 행사할 수 있는 입장이 아니었다. 더구나 제주는 바다 건너 섬이었다. 만약 북한에서 제주 남로당에 명령을 내려 봉기를 지시했다면, 이는 월북한 남로당의 총수 박헌영이어야 가능한 일이었다.

〈제주 4·3사건 진상조사보고서〉에도 남로당 제주도당의 단독 봉기로 기록되어 있다.

제주4·3사건은 1947년 3월 1일 경찰의 발포사건을 기점으로 하여 경찰과 서북청년단의 탄압에 대한 저항과 단독선거 반대를 기치로 1948년 4월 3일 남로당 제주도당 무장대가 무장봉기한 이래 1954년 9월 21일 한라산 금족 지역이 전면 개방될 때까지 제주도에서 발생한 무장대와 토벌대 간의 무력충돌과 토벌대의 진압 과정에서 수많은 주민이 희생당한 사건이다.

남한의 어떤 역사학자도 제주4·3사건을 연구하면서 김일성과의 연계를 확인하지 못했다.

그런데 문제는 4·3봉기의 주역 김달삼이다. 김달삼은 4·3사건 초기인 1948년 제주를 탈출한 후 북한으로 올라가 4·3봉기의 과정을 알렸다. 자기가 봉기를 일으켜 놓고 그로 인해 수많은 인명이 살상되었는데 자기만 섬을 탈출하여 월북했다는 것은 용납할 수 없다. 김달삼의 이러한 행동이 4·3봉기의 정당성을 훼손한다. 다행히 제주도민 역시 김달삼에 대한 평가는 박하다. 그동안 김달삼은 6·25전쟁 전 1950년 3월 강원도 정선군 '김달삼모가지잘린골'에서 사살된 것으로 알려졌으나, 북한에서는 6·25전쟁 중에 인민군 군복을 입은 채 1950년 9월 전사했다고 기록한다.

4·3봉기를 일으킨 김달삼이 훗날 북한과 연계되는 것은 사실이지만 4·3봉기 자체를 북한과 연결시켜서는 안 된다.

제주4·3사건과 광주5·18민주화운동에 북한을 끌어들이는 이유는 뻔하다. 이승만의 제주도민 학살과 전두환의 광주시민 학살에 정당성을 부여하고픈 독재추종 세력의 몸부림이다.

참고문헌

· 제주4·3사건진상조사보고서작성기획단, 〈제주4·3사건 진상조사보고서〉, 제주4·3사건진상규명및희생자명예회복위원회, 도서출판 선인, 2003.
· 제주4·3평화재단, 〈제주4·3사건 추가 진상조사보고서〉, 2019.
· 박명림, 〈제주도 4·3민중항쟁에 관한 연구〉, 고려대 대학원, 1988.
· 고창훈, 〈4·3민중항쟁의 전개와 성격〉, 《해방전후사의 인식4》, 한길사, 1989.

45 제주에서
얼마나 많은 민간인이 죽었나?

"당시 제주 상황은 피아식별이 불가능하고 누구나 공산주의 영향에 들 수 있었기 때문에 민간인의 희생이 불가피했다."

"해충을 잡기 위해 논에 강력한 농약을 침으로써 우리 모두가 맛있는 밥을 먹게 되었다. 동시에 무고한 곤충도 안타깝게 죽었을 뿐이다."

위의 내용은 한 유튜버의 4·3 관련 발언이었다. 사람 새끼인가 싶다.

1948년 4월 3일 제주에서 350여 명의 남로당 무장대가 봉기하자 미군정은 육지의 응원경찰대와 서북청년단뿐만 아니라 군부대까지 투입했다.

당시 제주에 파견된 9연대 연대장은 김익렬 중령이었다. 제주에서 발생할 유혈 사태를 염려했던 김익렬은 무장대의 리더 김달삼과 협상을 시도했다. 김익렬은 자신을 믿지 못하는 김달삼에게 자신의 부인과 아이를 볼모로 보내며 김달삼을 설득했고, 군대와 무장대 사이의 화해가 이루어졌다. 그러나 군대와 무장대 사이에 화해가 이뤄진 지 3일이 채 지나기도 전에 오라리방화사건(1948. 5. 1.)이 발생했다. 당시 미군정의 딘 장관은 방화 사건을 좌익들의 폭동으로 간주하고, 제주 내 좌익 세력의 저항을 묵과하지 않겠다는 토벌 명령을 내렸다.

사실 오라리방화사건은 극우 청년단의 고의적인 방화였다. 그러나 미군정은 이를 제주 무장대의 소행인 것처럼 꾸며 무장대를 토벌하라는 명령을 내렸다. 이러한 명령을 내린 미군정과 그 명령을 받은 경무부장 조병옥은 제주에서 화해보다 살육을 선택했다. 무장대와 화해를 시도하고 평화롭게 사건을 마무리 짓고자 했던 김익렬 중령은 끝내 해임되었다.

제주 중간 산지에 있는 민가가 한라산 무장대에게 식량과 은신처를 제공한다고 생각한 토벌대는 중간 산지에 사는 사람들을 해안가로 불러들였다. 집도 주고, 음식도 주겠다면서 불러들인 다음 그냥 죽였다.

당시 토벌대 본부가 있었던 월정리 해변은 오늘날 서핑의 성지로 유명하지만, 실은 4·3사건 당시 가장 많은 희생자가 발생한 곳이다. 제주 도민들은 살기 위해 숨어야 했다. 한라산에 숨고 용암동굴에 숨었다. 하지만 군인과 경찰들은 험준한 산속과 동굴까지 수색해 이들을 찾아다니며 죽였다.

제주4·3위원회에서 4·3사건 당시 14,442명의 희생자가 있었다고 발표했다(2021년 기준). 그런데 문제는, 제주도의 그 많은 민간인 희생자 중 10세 이하의 유아가 668명이었다는 것이다.

60대 노인이 614명 죽었고 70대 노인의 사망자는 388명이었다.

나이를 불문하고 죽은 여성의 숫자가 3,101명이었다.

이들이 모두 사회주의자였겠는가? 이승만을 변호하자고 제주에서 무고하게 희생당한 노약자와 어린아이를 빨갱이로 몰지 말라.

4·3사건 당시 제주에서는 많은 일가족이 몰살당하는 경우도 많았다. 학살을 피해 육지로 도망쳐 살아남은 이들도 있었지만, 연좌제의 두려움 때문에 신고조차 하지 못한 경우가 허다했다. 그러다 보니 제주 4·3사건 당시 민간인 희생자를 3만에서 8만 명까지 보기도 한다.

제주도는 지금까지도 마을 집집마다 제삿날이 같다. 이는 당시 제주도의 마을 사람들이 집단으로 학살됐음을 짐작할 수 있게 한다.

제주도민의 생생한 증언을 들어 보자.

"총살자 가족에게 총살당하는 사람을 보게 하며 만세를 부르고 박수를 치게 했다. 8살 때 총살장에서 박수를 쳤는데, 너무도 끔찍해 눈을 뜰 수 없었지만 벌벌 떨며 박수를 쳐야 했다."

제주도 표선면 가시리에 사는 안공림의 증언

"제주 아낙들이 많이 죽었어. 학교 운동장에다 강제로 끌어내서 일렬로 세워 놓고 기관총으로 두두두. 끔찍하지."

제주 출신 재일교포의 증언

4·3사건 연령별 희생자 현황 (2014년 기준)

구분	계	사망자	행방불량자	후유장애자	수형자
계	14,231	10.245	3,578	163	245
10세 이하	770	679	73	18	
11~20세	2,464	1,684	601	90	91
21~30세	5,461	3,277	2,027	46	109
31~40세	2,291	1,652	601	9	29
41~50세	1,383	1,190	181	-	12
51~60세	959	886	69	-	4
61~70세	557	541	16	-	
71세 이상	344	334	10	-	
연령미상	2	2	-	-	

제주4·3사건 진상조사 보고서 (단위: 명)

공권력에 의해 죄 없이 희생된 수많은 민간인들에 대해 그 아픔을 공감하지 못한 채, '4·3은 빨갱이들이 봉기해서 그 빨갱이들을 토벌한 사건이다'라고 외치는 자들은 타인의 아픔에 대한 공감능력이 결여된 자들이다.

참고문헌

· 제주4·3평화재단, 〈제주4·3사건 추가 진상조사보고서〉, 2019.

권기숙, 〈대량학살의 사회신리 - 제주4·3사건의 학살 과정〉, 한국사회학회, 한국사회학 제36집 제5호, 2002.

46 제주도민 학살의 주범은 미국인가? 이승만인가?

       4·3봉기 한 달여 후인 5월 10일, 남한만의 단독선거가 실시되었다. 그러나 제주 세 곳의 선거구 중 2곳에서 투표 과반수 미달로 무효 처리되자, 당시 유엔을 통해 남한만의 단독선거를 밀어붙였던 미군정은 자존심이 상했다.

    당시 국제사회의 여론은 미국과 소련이 한반도를 냉전의 장으로 삼을 것이라는 비판으로 가득했다. 중국에서는 장제스가 마오쩌둥에게 패배하기 직전이었기에, 한반도 남쪽만이라도 공산 세력으로부터 지켜 내야 한다고 생각했던 미국에게 제주도 선거 미실시는 불안감으로 다가왔다. 결국 미군정은 브라운 대령을 총사령관으로 하는 제주를 초토화하는 대규모 작전을 지시했다(1948. 5. 20.).

    4·3의 시작은 대한민국 정부 수립 이전이었지만, 학살은 대한민국 정부 수립 이후에 본격적으로 행해졌다.

    제주4·3위원회가 발표한 4·3사건 희생자 14,442명 중에 미군정기의

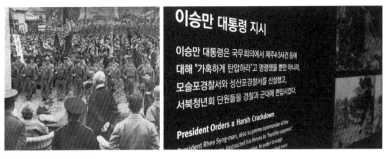

제주4·3평화공원에 있는 이승만 학살 지시 명령 사진과 자료

사망자 수는 1천여 명 미만이었던 반면에 대한민국 정부가 들어선 후 사망자는 1만 3천 명이 넘었다. 겨우 350명의 무장대를 때려잡으려다 이렇게 많은 민간인이 죽었다. 민간인 학살은 군대와 육지경찰, 서북청년단이 자행했다. 군대와 경찰에 대한 명령권자는 초대 대통령 이승만이었다.

이승만은 1949년 1월 21일 국무회의에서 분명히 이렇게 말했다.

"제주도와 여수·순천사건의 여파를 완전히 발본색원하여 지방 토색반도 및 절도 등 악당을 가혹한 방법으로 탄압하여 법의 존엄을 표시할 것이 요청된다."

토벌대와 협상하려다 해임되었으나 훗날 군에 복직하여 중장으로 예편한 김익렬은 이렇게 말했다.

"전시에도 민간인 학살을 명령하거나 묵인한 사령관은 전범으로 처형해야 한다."

그렇다면 가해자의 한 축인 미국의 입장은 무엇인가. 미국은 여전히 침묵만을 지키고 있다. 그러나 2019년 유엔 본부에서 열린 4·3인권심포

지엄에서 미국의 찰스 랭글 연방의원의 인사말은 우리에게 시사하는 바가 크다. 참고로 찰스 랭글은 6·25전쟁 참전용사이다.

"한미동맹은 오랜 세월 속에서 든든해졌다. 그러나 이를 더욱 강화하기 위해서는 제주4·3 같은 과거사 문제도 진솔하게 풀어야 한다."

참고문헌

· 박성호, 〈제주4·3항쟁과 국가 폭력에 대하여〉, 고려대학교, 고려법학 제111호, 2023.
· 오승진, 〈국제법상 제노사이드금지와 국가의 책임〉, 국제법학회논총 제61권 제4호, 2016.

47 6·25전쟁 중에도 예비검속으로 제주도민을 또 죽였다고?

6·25전쟁으로 부산에 피난을 가 있었던 이승만은 낙동강 방어선이 무너질 우려가 커지자 제주로의 수도 이전을 고려했다. 당시 김일성은 남한 군대를 제주로 밀어 넣고 전쟁 중단 선언을 계획하고 있었다. 마오쩌둥이 장제스를 대만으로 밀어 넣고 전쟁을 중단한 것처럼.

4·3사건으로 미군정과 이승만정권에 의해 무참히 학살당한 제주도민의 가족들은 여전히 제주에 거주하고 있었다. 이승만 입장에서는 자신에 대한 반감 정서가 큰 제주로 수도를 이전하는 것이 껄끄러웠을 것이다. 이승만은 군대 일부를 먼저 제주도에 파견했다. 군대는 4·3사건으로 고문을 당했지만 살아 있거나, 혹은 사망한 사람들의 가족들을 다시 끌고 가 죽였다. 이를 예비검속이라 한다.

예비검속의 대표적인 학살지는 오늘날 관광지로 유명한 알뜨르 비행

섯알오름 학살 희생자들을 기리기 위한 추모비 앞에 놓인 고무신

장 옆 섯알오름이다. 그곳은 제2차 세계대전 당시 일본군의 비행기 격납고가 있던 곳으로, 미군의 미사일 폭격을 맞아 큰 구덩이 2개가 있었다. 이승만정권 아래 군인들은 예비검속으로 희생된 252명의 시신을 그 구덩이에 내던지고 매장했다.

당시 섯알오름으로 가던 이들은 자신의 죽음을 직감했다. 가족들에게 자신들의 행방을 알려 시신이라도 찾아 묻어 달라는 의미로 끌려가는 길에 신고 있던 고무신을 흘렸다.

그래서 섯알오름 추모비 앞에는 항상 고무신이 놓여 있다.

참고문헌

· 제주4·3연구소, 〈제주도 섯알오름 양민대학살의 진상〉, 월간말, 월간말 1990년도 4월호.
· 김종민, 〈제주4·3항쟁 - 대규모 민중학살의 진상〉, 역사비평사, 역사비평 1998년도 봄호.

48 제주4·3사건은 이념의 문제가 아니라 인간의 문제다

    준비 중인 영화 〈독립전쟁〉의 공동감독 윤성준이 갑자기 제주도에 일이 있다면서 연구실을 비웠다. 알고 보니 예전에 4·3 다큐를 준비하면서 알게 된 고완순 할머님(86)께 해마다 인사를 드리러 간단다. 역시 〈독립전쟁〉의 감독 자격이 있다.

    4·3사건 당시 9살이었던 고완순 할머님께서는 이모의 시신 밑에 숨어 간신히 살아남았고, 할머님의 5세 남동생은 소리 내어 울다가 토벌대에게 죽었다고 한다.

    "9살짜리 꼬마가 벌써 86살 할머니가 됐어. 내가 북촌초에서 울지 않았다면 동생도 따라 울지 않았겠지… 내가 울어서 동생이 죽었다고 생각해."

    해방 공간 좌우 이념이라는 대립 속에 모두가 피해자라는 인식도 있다. 미군정의 명령을 받고, 그 이후에는 이승만정권의 명령을 받았던 9연대와 육지경찰들, 그리고 서부청년단. 그들도 전우를 잃다 보니 복수가 또 다른 복수를 낳았다고 보는 시각인 것이다.

현대전이라 할지라도 민간인 학살은 전 세계로부터 지탄을 받는다.

하물며 엄격한 전시 상황이라고 보기 어려운 시기에

그것도 같은 나라 사람을

전혀 무장도 하지 않은 민간인을

노인과 여성을 그리고 어린이들을

무참하게 죽인 것은 변명의 여지가 없다.

제주4·3사건을 이념의 문제로 접근하지 않았으면 한다.

인간의 문제로 접근하자.

참고문헌

· 송혜림, 〈감정의 재의미화와 기억의 해방: 4·3 피해자 증언을 중심으로〉, 부산대학교 한국민족문화연구소, 한국민족문화 제70호, 2019.

7장

이승만 국부 만들기를
그만두라

양파 껍질 같은 인물이다.

까면 깔수록 나쁜 인물이다.

그런데 한국인 중 일부가 이 나쁜 인물을 떠받든다.

이러한 현실이 답답하다.

곧《BAD BOY 이승만》을 출간할 계획이라 여기서는 간추리겠다.

49　친일매국 세력이 이승만을 추종하는 이유

신친일파가 이승만을 추종하는 이유는 간단하다.

첫째, 임시정부의 상징적인 인물 김구는 일본인보다도 밀정, 즉 친일 매국노를 더 미워했다. 신친일파는 밀정의 후예로서 김구가 존경받는 사회를 원치 않았다. 이들은 '김구 죽이기' 작업의 일환으로 이승만을 추켜세운다.

둘째, 신친일파와 이승만은 임시정부와 관련하여 불편한 기억을 공유한다. 신친일파의 뿌리가 되는 친일매국노는 임시정부에 반역했고, 이승만 역시 임시정부에서 쫓겨난 과거가 있다.

셋째, 대한민국이 임시정부의 법통을 계승했다고 인정되면, 구친일파가 임시정부의 반역자였듯이 신친일파는 대한민국의 반역자가 된다. 신친일파는 대한민국을 임시정부와 단절시키고, 마치 이승만이 무에서

유를 창조하듯 대한민국을 새롭게 건국한 것으로 왜곡하여 이승만을 국부의 지위에 올리려 한다. 그래야 이승만 옆에서 권력을 누렸던 구친일파가 개국공신이 되었던 것처럼, 신친일파 또한 자신들이 대한민국의 정통이라고 큰소리칠 수 있기 때문이다.

넷째, 신친일파는 이승만이 친일 잔재를 청산하지 않고 구친일파의 목숨을 살린 것과 동시에 더 큰 권력과 부를 거머쥘 수 있도록 해 준 것에 대해 근본적인 고마움을 느낀다.

다섯째, 친일파는 반공투사로 거듭났다. 이승만도 반공주의자였다.

그런데 말이다.
이승만은 철저한 반일주의자였다. 이승만은 대통령으로 집권했던 12년 동안 일본과 수교조차 맺지 않았다. 친일매국 세력이 아무리 이승만과 같은 반공주의자라고 한들 반일주의자 이승만을 존경한다는 것 자체가 난센스다.

이승만의 공과 과를 같이 논해야 한다는 사람들이 많다. 그런 말을 들을 때마다 욕설이 튀어나온다. 민간인 수십만 명을 죽인 학살자에게 공과 과를 논하잔 말인가? 공산세상을 만들겠다고 300만 명을 죽인 캄보디아의 독재자 폴 포트의 공을 고민하는 캄보디아인이 있다면, 그는 캄보디아인에게 맞아 죽을 것이다.
어떤 역사적 인물을 평가할 때는 그 인물의 마지막이 어떠했는지 논해야 한다. 정치인 이승만의 마지막이 독재를 하다 국민으로부터 쫓겨난 것이라면, 그것으로 그의 대한 정치적 평가는 끝난 것이다.

민간인 학살자와 독재자에게 공과를 나누어 구분하라는 것은 이승만을 추종하는 세력 말고는 존재하지 않는다.

그래도 이승만이 굳이 잘한 것이 있다면,

4년제 대학을 설립하여 교육의 대중화에 공헌했고,

이승만라인을 발표(1952)하여 독도가 우리 땅임을 명확하게 밝혔고,

일본에게 수교 자금으로 수십억 달러를 제시하며 자신의 눈에 흙이 들어가기 전에는 일본과 수교할 수 없다는 반일정책을 펼쳤다는 것이다. 이를 비난하지는 않겠다.

누군가는 이승만의 공으로 농지개혁을 꼽는다. 농지개혁이 뭔지도 모르는 사람의 주장이라고 보면 된다. 이승만의 농지개혁 자체에도 공과 과가 있기에 여기서 논하면 길어진다.

참고문헌

· 김찬호, 〈[표지 이야기]뉴라이트의 이승만 활용 '자기모순'이냐 '왜곡'이냐〉, ㈜경향신문사, 주간경향 제1594호, 2024.
· 이준식, 〈뉴라이드 한국사교과서의 **독립운동**사 왜곡과 이승만 미화〉, 재단법인 역사와 책임, 내일을 여는 역사 2013년 가을호(통권 제52호), 2013.

50 우리 역사상 최초의 탄핵은 이승만이었다고?

미국 대통령 윌슨은 제1차 세계대전의 전후 처리 문제를 해결하기 위해 파리강화회의(1918)를 이끌면서 세계 평화를 위한 국제연맹의 창설을 주도했다. 앞서 이승만이 프린스턴대학교에서 박사 학위를 공부하던 시절, 윌슨은 프린스턴대학교의 총장이었다. 윌슨과 친분이 있었던 이승만은 그에게 위임통치청원서를 보냈다.

한국을 일본의 학정으로부터 벗어나게 하여 장래 완전한 독립을 보증하고 당분간은 한국을 국제연맹 통치 밑에 두게 할 것임을 빌며…

이는 일본의 식민지배를 당하고 있는 현실이 싫다고 국제연맹의 식민지, 즉 세계 공공의 식민지가 되겠다고 선언한 것이나 다름없었다.

오죽하면 신채호가 분노하며 이렇게 말했을까.

"이승만은 이완용보다 더 큰 역적이다. 이완용은 있는 나라를 팔아먹었지만 이승만은 없는 나라를 팔아먹었다."

이승만이 없는 나라를 팔아먹으려고 했다는 신채호의 표현은 역사적으로도 맞는 해석일까?

신채호의 해석이 정확하게 맞았다. 이승만이 알고 그랬건, 모르고 그랬건 위임통치청원서를 제출한 것은 나라를 팔아먹는 행위였다. 왜 이승만의 행동이 잘못된 것인지 확인해 보자.

첫째, 우리를 식민통치하고 있던 일본은 미국과 함께 제1차 세계대전의 승전국이었고, 또 국제연맹에 가입해 있었다. 일본과 절친이었던 미국과 국제연맹이 한반도를 일본으로부터 독립시켜 줄 확률은 제로에 가까웠다.

둘째, 말이 좋아 위임통치지, 사실상 국제연맹이 지정하는 수임국(통치를 맡은 나라)의 식민통치를 받게 되는 것이었다. 만약 일본이 한국을 지배하고 있는 현실을 받아들여 국제연맹이 일본을 수임국으로 선정할 경우, 한국은 일본의 식민지배를 전 세계로부터 인정받게 되는 위험한 제안이었다.

셋째, 위임통치를 받았던 국가 중에 수임국이 영국이었던 나라는 이라크, 이스라엘, 탄자니아, 가나 등이다. 이 나라들이 영국의 식민지가 아니었단 말인가? 다시 말해 위임통치를 받는 것은 국제적으로 공인된 식민지의 길로 가는 것이었다. 이는 독립운동가가 조국의 완전한 독립을 위해 목숨을 걸었던 독립운동의 정당성이 사라지는 것이나 다름없었다.

넷째, 우리는 카이로선언을 통해 국제사회로부터 독립을 보장받았고, 1945년 일제의 패망과 동시에 즉각 독립을 맞이했다. 그러나 위임통치를 경험한 나라들은 그렇지 않았다. 이스라엘은 1948년 영국으로부터 독립되었고, 가나는 1957년 영국으로부터, 르완다는 1962년 벨기에로부터, 카메룬은 1961년 영국과 프랑스로부터 독립되었다. 이승만의 위임통치 청원이 받아들여졌다면 우리의 독립은 1945년이 아닐 수도 있었다.

이만하면 이승만의 위임통치 청원이 얼마나 위험한 제안이었고, 외교적으로 무능한 삽질이었는지 설명되었으리라 본다. 이승만의 위임통치 청원조차 탁월한 외교술이었다고 속임수를 부리는 이승만을 추종하는 세력은 이제 그만 입을 다물기를 바란다.

내가 보기에 이승만은 미국이 한국의 수임국이 되어 한국을 위임통치하는 모습을 보고 싶었던 것 같다. 이후 미국의 50개 주에서 하나 추가된 51번째 주에서 주지사의 꿈을 꾸었을지도 모를 일이다.

이승만의 임시정부 대통령 재임(1919~1925) 중에 상하이에 머무른 시간은 6개월에 불과했다. 임시정부의 안살림을 맡고 있었던 내무부장 안창호는 이승만에게 편지를 썼다.

"임시정부의 상황이 좋지 않으니 대통령께서는 미국에만 머무르지 말고 속히 상하이로 돌아오시오."

이승만은 이렇게 답장했다.

"상하이는 내가 머무르기에 너무 위험한 곳이오."

상하이 임시정부에서는 이승만에 대한 불만 기류가 커지고 있었다. 이에 신채호는 임시정부가 나아가야 할 방향을 모색하기 위해 국민대표회의를 소집했다(1923). 국민대표회의에서 독립운동가들은 새로운 정부를 만들자는 창조파와 상하이 임시정부를 고쳐 나아가자는 개조파로 나뉘었다.

신채호와 이회영을 비롯한 창조파는 이승만이 위임통치청원서를 제출한 사실과 임시정부의 외교독립론에는 한계가 있다며 비판했다. 또한, 무장투쟁을 하기 위해 만주와 연해주로 이동하고, 새로운 정부를 수립할 것을 주장했다. 그러나 안창호를 중심으로 한 개조파의 생각은 달랐다. 개조파는 이승만의 위임통치 청원을 비호할 생각은 없지만, 현재의 임시정부를 인정하고 잘못된 것은 고쳐 나아가자고 주장했다.

임시정부를 둘러싸고 창조파와 개조파의 의견 대립은 갈수록 거세졌다. 이에 실망한 일부 인사들은 국민대표회의를 실패로 간주하고 임시정부를 떠나기 시작했다. 신채호와 이회영은 임시정부를 떠나 아나키스트(무정부주의자) 활동을 하게 된다. 안창호와 이동휘 역시 임시정부를 떠났다.

창조파와 개조파가 모두 떠난 후 임시정부를 지킨 이들은 현상유지파였다. 대표적 인물은 김구와 박은식이었다. 그러나 김구를 비롯한 현상유지파 역시 이승만을 신뢰하지 않았다.

결국 1925년, 임시정부는 초대 대통령 이승만을 탄핵했다.

다음은 임시정부의 이승만 탄핵과 관련된 심판서의 내용이다.

이승만은 외교에 의탁한다는 말로 직무지를 떠나 5년 동안 바다 건너 한편에 머물며 난국 수습과 대업 진행에 하등 성의를 다하지 않을 뿐만 아니라 허황된 사실을 꾸며 배포하여 정부의 위신을 손상하고 민심을 분산시킴은 물론이거니와 정부의 행정을 저해하고 국고 수입을 막았고 의정원의 신성을 모독하고 공결을 부인하였으며 심지어 정부까지 부인한 바 사실이라. (중략)
이처럼 국정을 방해하고 국헌을 부인하는 자를 하루라도 국가원수의 직에 두는 것은 대업의 진행을 기대하기 어려우며 국법의 신성함을 보존하기 어려울 뿐만 아니라 순국제현이 편히 눈감지 못할 바이며 살아 있는 충용의 바라는 바가 아니라. 고로 주문과 같이 심판함.

대한민국 헌법 전문에서는 대한민국 임시정부의 법통을 계승한다는 점을 명확히 밝히고 있다. 이승만은 대한민국의 초대 대통령이기 이전에 대한민국 임시정부의 초대 대통령이기도 했다.
따라서 이승만은 우리 역사상 최초의 탄핵 대통령이다.

참고문헌
· 정현탁, 〈대한민국 임시정부의 초대 임시대통령 이승만 탄핵 연구〉, 안동대학교 대학원, 2019.
· 김수자, 〈이승만은 왜 두 번이나 대통령 자리에서 쫓겨났나?〉, 재단법인 역사와 책임, 내일을 여는 역사 2007년 겨울호(제30호), 2007.
· 국사편찬위원회, 《대한민국임시정부자료집(전45권)》, 국사편찬위원회, 2005~2011.

51 이승만을 부정하면
대한민국을 부정하는 거라고?

"우리의 건국대통령 이승만을 왜 부정하냐?"

"건국의 영웅 이승만은 곧 대한민국의 아버지다."

이렇게 말하는 독재추종 세력이 적지 않다. 답답하다.

이승만은 대한민국의 1대, 2대, 3대 대통령이었다. 그뿐이다. 이승만은 독립운동을 전적으로 이끌어 나라를 독립시킨 인물도 아니었고, 무에서 유를 창출한 건국자도 아니다. 이승만을 부정하면 대한민국을 부정하는 것인가? 이승만을 비판하면 반대한민국인가?

이승만을 비판했던 유튜브 영상에는 이런 댓글이 많이 달렸다.

"너 간첩이냐?"

"북한으로 가서 살아라."

그렇다면 15대 대통령 김대중, 16대 대통령 노무현을 비판하는 것 역시 대한민국을 부정하는 것 아닌가?

나도 이렇게 말해도 되지 않겠는가?

"태극기부대야, 북한으로 가서 살아라."

"엄마부대야, 너희들 간첩이지?"

반공보수들은 그렇게 '자유, 자유' 떠벌리면서 무슨 권리로 선출직 대통령을 욕할 자유를 가로막는 것인가.

다음은 대한민국 헌법 전문의 내용 중 일부이다.

유구한 역사와 전통에 빛나는 우리 대한국민은 3·1운동으로 건립된 대한민국임시정부의 법통과 불의에 항거한 4·19민주이념을 계승하고…

헌법 전문에 입각하면 이승만은 '불의'였다. 헌법 전문의 내용을 인정하고 이승만을 불의로 생각해야 자랑스러운 한국인이다. 헌법에서 '불의'라고 규정한 이승만을 추종하는 것이 반헌법적이며 반대한민국이다.

'불의'를 왜곡하여 미화한 영화 〈건국전쟁〉을 보고 극찬한 윤석열은 헌법을 부정함과 동시에 반대한민국 행위를 한 것이다.

참고문헌

· 신영현, 〈대한민국 헌법의 정통성〉, 한국입법학회, 입법학연구 제15권 제1호, 2018.

· 김병문, 〈이승만의 권력 장악 과정 - 우익의 주도권 과정을 중심으로〉, 대한정치학회, 대한정치학회보 제26권 제4호, 2018.

· 윤해동, 〈우리역사 바로알자 여운형 암살과 이승만·미군정〉, 역사비평사, 역사비평 1989년 가을호(통권 제8호), 1989.

52 이승만이 없었다면
우리가 공산화되었다고?

어떤 강사가 욕설을 섞어 가며 이렇게 말했다.

"이승만이 6·25전쟁 때 공산화를 막았잖아!"

그래도 역사를 가르치는 자가 어찌…

그렇다면 이렇게 말해도 되는가?

"조선의 선조가 임진왜란 때 일본의 식민지가 되는 것을 막았잖아!"

지독한 레드콤플렉스다.

이승만이 없었다면 한반도는 공산화되었을 것이고, 우리가 대한민국에서 자본주의 번영을 누리고 사는 것은 이승만 덕이라고 말하는 사람들이 있다. 개인적으로 박정희가 우리 경제를 어찌저찌했다는 것은 어느 정도 이해할 수 있다. 물론, 박정희가 없었다고 해서 대한민국이 지금보다 더 발전했을지 낙후됐을지는 모를 일이다. 그러나 약간은 다른 모습의 대한민국이 되었을 수도 있다는 것은 인정한다.

그런데 말이다. 만약 이승만이라는 인간의 존재 자체가 없었다면 우리나라는 어찌 되었을까?

분단되지 않고 통일된 한반도에서 일본과 중국에 휘둘리지 않는 동북아의 중심 국가가 되었을 수도 있고, 분단되지 않았으니 6·25전쟁이라는 민족상잔의 비극도 없었을 것이다. 또, 학살자라는 존재가 없었기에 억울한 죽음을 당하는 수많은 민간인도 없었을 것이고, 친일청산도 성공하여 지금의 대한민국의 역사가 올바르게 서고, 매국노의 후예들이 기득권이 되어 자기들이 옳다고 목소리를 높이며 독립운동가를 모욕하는 더러운 꼴을 안 봐도 되었을 것이다.

우리는 이승만이라는 인물에 대해 이렇게 회한이 많은데,
이승만을 추종하는 세력은
이승만이 나라를 분단시켜줘서 고마울 것이고,
전쟁으로 반공 태세가 굳건해져서 좋을 것이고,
자신들의 친일 조상을 살려 줘서 고마울 것이고,
친일 재산을 물려받아 떵떵거리며 살게 되었으니 고마울 것이고,
자신들의 가족만 죽이지 않으면 될 테니…
이들이 이승만에 무슨 불만이 있겠는가.

이승만을 추종하는 세력들의 말처럼 이승만이 없었다면 한반도는 정말 공산화되었을까?
그랬을 수도 있다. 확률은 0.1%로 본다.
반대로 99.9%는 이승만의 존재 유무와 상관없이 한반도 절반에 해당

하는 대한민국은 공산화되지 않았을 것이다. 그 이유를 들어 보겠다.

첫째, 한반도 남쪽에 들어온 미군정이 남한의 공산화를 용납하지 않았을 것이다.

둘째, 미군정하에서 남한 내 지도자급 사회주의자들은 힘을 잃었다. 특히 여운형이 죽고, 박헌영이 관짝에 숨어 월북함으로 인해 남한에서 대중적 지지를 얻어 권력을 잡을 만한 사회주의자는 존재하지 않았다.

셋째, 미군정 시기에 미국은 남한 사람들에게 자본주의의 달콤함을 잘 선전했다. 사실 미군정의 경제정책은 엉망이었지만, 북한의 공산체제에서 들려오는 소문은 뭔가 스산했다. 더구나 북한에서 내려온 친일파, 기독교인, 지주, 깡패들의 반공정신은 투철했다. 이러한 사람들 틈바구니에서 남한 사람 대부분은 공산주의에 거부감을 가지고 있었다.

넷째, 김구는 통일주의자였을 뿐 철저한 반공주의자였기에, 김구가 대통령이 되었더라도 대한민국은 절대 공산화될 일이 없었다. 또, 김규식, 신익희, 개인적으로 좋아하지는 않지만 조병옥 같은 우파 인물들이 있었다. 이승만이 없었다면, 미국은 이들 중에서 한 명을 대통령으로 만들었을 것이다.

참고문헌 ──

· 이정 외, 〈이승만 전권이 권력기반 강화유인 분석 - 국민적 인식과 평가를 중심으로〉, 경기대학교 정치
전문대학원, 2023.

53 이승만을 가장 싫어하는 정치인이 박정희였다고?

이승만은 초대 대통령으로 당선되었으나 친일파 처벌에 반대했고, 전쟁 당시 군 통수권자로서 치명적인 무능함을 보이면서 수많은 군인과 민간인을 희생시켰다. 또, 자국민을 대량 학살했고 헌법을 유린하며 장기 독재를 꿈꿨으나, 국민들에 의해 쫓겨나듯 하야했다.

극우 세력은 이승만을 비판하는 사람들을 두고 '반대한민국'이라고 주장한다. 그저 초대 대통령을 비판한 것뿐인데 말이다. 만약 극우 세력의 논리대로 이승만을 비판했다고 반대한민국이 된다면, 박정희 역시 반대한민국인가? 박정희는 임기 내내 이승만을 지독하게 비판했다.

미국에서 교포들을 모아 놓고 연설이나 하고 미국 대통령에게 진정서나 올리고 한 게 독립운동이 되는 건가요? 똑바로 말해 그 사람들 독립운동 때문에 우리가 독립된 거요? 독립운동 했다는 건 말짱 엉터리요, 엉터리…

조선일보 〈박정희 생애〉 제8부 중

지난날 이승만 씨가 꾸며 놓았던 자유당이야 말로 자기파만의 수지타산을 제일로 치는 정당의 본보기였으며, 세계의 선거 역사 가운데서 그 예를 찾아볼 수 없으리만큼 부정과 불법의 흉계를 꾸미고 이를 국민에게 강요했던 사실을 우리는 너무나도 잘 알고 있다. (중략)

해방 16년에 남한에서는 이승만 노인의 어두운 독재와 썩어빠진 자유당과 관의 권리를 중심으로 한 '해방 귀족'들이 날뛰어 겨레의 장래는 어려워만 갔던 것이다.

박정희, 《우리 민족의 나갈 길》

박정희는 이승만의 일제강점기 동안의 행적을 전면적으로 비판하는 한편, 이승만을 독재자로 규정했다. 이승만 정권과 자유당을 '국민의 자유를 짓밟고 헌법을 유린한 집단'으로 규정했다.

이승만이 4·19로 하야한 지 2년 만인 1962년, 그가 하와이에서 사과 성명을 발표한 후 귀국을 시도하자, 당시 국가재건최고회의 의장이었던 박정희는 이를 허락하지 않았다. 그때 박정희 의장은 이렇게 말했다.

"이승만 전 대통령이 귀국을 고집하면 그와 프란체스카 여사의 여권을 취소하라."

박정희는 이승만의 장례식에도 불참했다. 보통 전임 대통령이 사망하면 전현직 대통령은 아무리 정치 성향이 다르거나 개인적으로 사이가 좋지 않아도 장례식에 참석했다. 전두환은 자신의 정적이나 다름없던 김대중의 장례식에 참석해 헌화했고, 노무현이 대통령을 퇴임하고도 그의 개인 일정까지 보고를 받던 이명박 역시 노무현의 장례식에 참석했다. 그러나 박정희는 이승만의 장례식에서 읽을 애도사조차 쓰기 싫다고 하여 이은상이 대필하였고, 대필한 애도사마저 정일권 국무총리가 대신 읽었다.

이승만이 사망하자 이승만을 비판했던 조선일보의 기사를 인용하겠다.

집권 시에 무슨 악독한 짓을 해도 해가 가고 세월이 흐르면 잊혀진다는 나쁜 전통으로 국가와 사회기강을 흐리게 하여 만일의 경우 그에 기대고 싶은 저의라도 없는 한, 국무회의는 문학소년 같은 감상을 단호히 버려야 한다.

〈지금이 자유당 천하인가〉 1965.7.24.

참고문헌

· 조갑제 출판국부국장·이동욱 월간조선 기자, 〈[박정희 생애] 제8부 격랑속으로(15) - 222〉, 조선일보, 1998.6.30.
· 박정희, 《우리 민족의 나갈 길》, 기파랑, 2017.

54 이승만이 죽인 사람 중에 가장 아까운 인물은?

1948년 5·10총선은 우리 역사상 최초의 국회의원을 선출하는 보통선거였다. 이때 선출된 국회의원이 헌법을 제정하고, 그렇게 제정된 헌법에 따라 국회 내에서 대통령을 선출했으니, 5·10총선은 우리 헌정사의 첫 단추나 다름없었다. 초대 대통령 이승만 역시 5·10총선에 출마하여 당선되었기에 대통령이 될 수 있었다.

많은 사람들은 김구가 단독정부 수립을 반대하며 남한만의 대통령이 되는 것을 거부했기 때문에 이승만이 쉽게 대통령에 당선된 것을 안다. 그러나 이승만이 5·10총선에 출마하려 했을 때 이승만과 같은 지역구에 입후보하여 이승만을 낙선시키려 했던 전도유망한 정치인이 있었다는 사실은 알지 못한다. 바로 최능진이다.

최능진은 평안도의 부유한 지주이자 기독교 신자인 최경흠의 막내아들로 태어났다. 중국과 가까웠던 평안도는 서구 문물이 일찍이 들어왔고, 그에 따라 개화 지식인과 기독교인이 다수 거주한 곳이었다.

평안도의 개방적인 분위기와 부유한 가정 환경에 힘입어 최능진은 엘리트 교육을 받을 수 있었다. 최능진은 숭실중학교를 졸업한 뒤 중국 금릉대학(난징대학)에서 공부했고, 이후 미국 듀크대학교에 입학해 체육학을 전공했다. 대학을 졸업한 뒤에는 미국에 머무르며 안창호가 결성한 흥사단에 가입하는 등 독립운동과 계몽운동에 참여했다.

최능진의 큰형 최능찬과 둘째 형 최능현은 3·1운동에 참여한 뒤 사형을 구형받았다. 최능현은 탈옥한 뒤 중국으로 건너가 임시정부와 한인애국단 활동에 참여했다. 최능현은 윤봉길의거에 필요한 폭탄을 실험하는 과정에서 사망했는데, 그만큼 최능진 일가는 우리 독립운동에 깊이 이바지했다.

최능진은 30세에 미국에서 귀국한 뒤 평양숭실전문학교의 교수로 재직했다. 그러던 중 1937년, 수양동우회사건이 발생하며 안창호를 비롯한 다수의 인원이 서대문형무소에 투옥되는데, 최능진도 그중 한 명이었다. 일제강점기 서대문형무소에 투옥되는 것은 독립운동가로서 '별을 달았다(일종의 훈장을 받았다는 은어)'고 할 수 있었다. 이처럼 최능진은 안창호와 함께 교육을 통해 우리 독립운동에 깊이 관여했다.

해방을 맞이하자 최능진은 여운형이 조직한 조선건국준비위원회(건준)에 합류하여 자신의 고향 평안남도의 치안부장으로 활동한다. 최능진의 활동은 순탄치 않았다. 당시 한반도 북쪽 지역에는 소련군이 진주했고, 소련을 등에 업은 김일성을 중심으로 공산주의가 자리를 잡았다. 하지만 최능진은 미국에서 공부한 인물로 공산주의에 대한 강한 반감이 있었다. 결국 최능진은 자신을 따르는 사람들과 함께 월남했다.

남한으로 내려온 최능진은 미군정하에서 경찰이 되었다. 유창한 영어로 직접 미군정을 설득하여 조선경찰관강습소의 한국인 책임자로서 경찰직에 입문했고, 이후 경무부 수사국장에 임명되었다. 당시 경무부 수사국장이면 경찰 서열의 3위에 있다고 할 정도의 위치였다. 사실상 수도 경찰청장 장택상과 경무부장 조병옥을 제외하면 경무부 수사국장은 경찰 내 최고 권력직이었고, 장택상과 조병옥처럼 이승만을 따르면 엄청난 권력과 부를 누릴 수 있는 자리였다. 하지만 최능진은 이승만을 멀리하고, 친일파 출신 경찰들을 청산하는 데 몰두했다.

최능진은 남한 경찰 조직의 구성이 부조리하다고 생각했다. 친일파 출신의 인물들이 숙청되지 않고 버젓이 경찰로 활동하고 있음은 물론, 오히려 고위직에 올랐기 때문이었다. 특히 최능진은 북한의 공산주의를 거부하며 월남했는데, 남한에서는 공산주의자보다 더 싫은 친일파가 설치고 있으니 이는 그의 가장 불만이었다.

"일제주구가 일조일석에 애국자가 되어 민중의 지휘자가 될 수 없다."

"한국 경찰의 8할 이상이 친일파라면 한국 백성의 8할 이상은 좌익이 된다."

최능진은 친일 경찰에게 애국심을 기대할 수 없다는 의견을 표했으며, 친일 경찰의 등용 및 승진이 가져올 사회적 파장까지 걱정했다. 최능진은 친일 경찰들의 사표를 받기 위해 노력했다. 하지만 경무부장 조병옥은 최능진의 활동을 가로막았다. 친일 경찰 문제를 두고 벌어진 최능진과 조병옥의 갈등은 대구10·1사건을 계기로 심화된다. 대구는 한

때 '한반도의 모스크바'라고 불릴 정도로 사회주의 사상이 팽배했다. 미군정의 쌀 공출과 배급 제한 조치로 식량난이 발생하자, 굶주리던 대구의 시민들이 사회주의자들과 손잡고 일으킨 민중봉기가 대구10·1사건이다.

최능진은 대구폭동이 일어나자 이렇게 말했다.

"대구10·1사건은 공산주의자들의 책동에 의한 불행한 사건이다. 그러나 대구폭동의 원인은 우리 경찰 내부에도 있다. 국립 경찰은 친일 경찰과 부패 경찰의 피난처가 되었다."

친일 경찰의 청산을 올곧이 외친 최능진은 대중으로부터 큰 관심을 받았지만 끝내 장택상과 조병옥과의 갈등으로 경찰직에서 파면된다.

경찰직에서 물러난 최능진은 김구와 김규식과 뜻을 함께했다. 당시 김구와 김규식은 남북협상운동(1948)을 전개하면서 북한을 방문해 김일성과 김두봉을 만나는 등 통일정부 수립을 위해 노력했다. 반면에 남한만의 단독정부 수립을 주장한 이승만과는 갈등 관계에 있었다. 결국 남한만의 단독선거인 5·10총선이 확정되자, 김구와 김규식은 단독정부 수립에 항의하는 의미에서 총선에 참여하지 않기로 결정했다.

그러나 최능진은 달랐다. 최능진은 김구와 김규식과 마찬가지로 통일을 원하고 단독정부 수립에는 반대했지만, 정치적으로 이승만을 막기 위해 출마를 결심했다.

미국 듀크대학교 출신 최능진은 10여 년간의 미국 생활을 통해 이승만의 악행을 가까이서 보고 들었기에, 이승만이 어떤 인물인지 알았다.

최능진은 이승만이 단독으로 입후보하려 했던 동대문구 갑 선거구에 입후보하면서 이렇게 말했다.

"민주 선거에서 이승만 박사만 단독 후보가 될 수 없다."

"그는 독재를 좋아하는 인간이며 자기 욕심을 채우는 인간이다. 도저히 민주주의는 불가능할 것이다. 우리라도 저항해야 한다."

당시 5·10총선에 입후보하려면 유권자 200명의 추천서를 받아 선거위원회에 제출해야 했다. 최능진이 후보 등록을 위해 추천서를 제출하러 가자, 극우청년단체인 서북청년단이 최능진의 추천서가 든 가방을 강제로 빼앗아 도망쳤다. 어처구니없는 상황에 억울했던 최능진 측은 미 군정청의 윌리엄 딘 소장에게 항의했다. 딘 소장 역시 자유민주주의 국가에서 입후보 자체를 막는 것은 부당하다 느꼈고, 입후보 기간을 연장하여 최능진이 후보 등록을 마칠 수 있게 했다.

당시 미 군정청은 여론조사를 했는데, 동대문구 유권자들의 최능진에 대한 지지가 상당히 높았다. 일부 조사에서는 최능진에 대한 지지율이 90%까지 집계되는 등 최능진의 인기는 상당했다. 유권자들이 올곧게 친일 경찰 청산을 외치던 경찰 간부 최능진을 높게 산 것이다. 동대문구에서 승리가 불확실해진 이승만 측은 최능진에게 추천서를 쓴 200인 중 20여 명을 회유해 추천서를 포기하게 만들어 기어이 최능진의 입후보를 막았다. 이승만은 기존의 계획대로 동대문구 갑 선거구에 단독 후보로 등록되어 당선된다.

제헌헌법에 입각하면 대통령은 국회 내에서 선출되는 것으로, 그 결과 이승만이 대통령으로 선출되면서 대한민국 정부가 수립됐다. 대한 민국의 최고 권력자가 된 이승만은 최능진에 대한 보복을 시작했다. 최 능진은 반공주의자이고 고향을 떠나 월남할 정도로 공산주의에 대한 반 감이 있던 인물이었음에도, 이승만은 최능진을 공산주의자로 누명을 씌 워 구속한 뒤 서대문형무소에 투옥시켰다.

최능진이 서대문형무소에서 형기를 보내던 중 6·25전쟁이 발발하여 북한 인민군이 서울을 점령했다. 북한군은 이승만정권에 정치적으로 저항하다 투옥된 최능진을 풀어 주었다. 그럼에도 그는 자신의 고향인 평안도로 돌아가지 않고, 북한 정권에도 합류하지 않았다. 오히려 최능 진은 민족의 비극인 전쟁을 중단할 것을 남북 양측에 주장했다.

인천상륙작전으로 서울은 수복한 이승만은 인민군에 의해 풀려난 최 능진을 구속하여 사형을 구형했다. 최능진은 1951년 6·25전쟁 중에 총 살당했다. 최능진에 대한 구속과 구형, 그리고 사형 집행까지는 비정상 적으로 빠르고 부조리하게 진행되었다. 오죽하면 최능진의 가족들조 차 그의 사형 소식을 모르다 사후 2년이 지나서야 소식을 알게 될 정도 였다.

최능진은 유언은 이러했다.

"정치 사상은 혈족인 민족을 초월하여 존재할 수 없다."

그의 억울한 누명이 벗겨진 것은 사후 65년이 지난 2016년이었다. 대 법원은 최능진에게 무죄를 선고하며 이렇게 말했다.

우리 사법 체계가 미처 정착하지 못한 혼란기, 6·25전쟁이라는 시대적 상황 속에서 군사 법원의 그릇된 공권력 행사로 허망하게 생명을 빼앗긴 고인에 대해 재판부는 참으로 안타까운 마음을 가지지 않을 수 없다. 오랜 세월이 흐른 뒤, 고인의 무죄를 공적으로 선언하는 이 재심 판결이 고인의 인격적 불명예를 복원하고 불행한 과거사를 바로잡는 데 도움이 되기를 희망한다.

여담이지만 최능진의 장남은 박정희가 설립하고 박근혜가 운영했던 정수장학회의 회장으로 유명한 최필립이다. 최필립은 박정희정권에서 청와대 의전 비서관을 지냈으며, 이후 박근혜의 의전을 맡았다. 아버지는 독재에 항거했는데 어째서 아들은 또 다른 독재자인 박정희의 총애를 받을 수 있었을까?

대구10·1사건 당시 폭동을 주도한 사람은 박정희가 아버지처럼 믿고 따랐던 친형 박상희였다. 박상희는 폭동을 진압하는 과정에서 경찰에 의해 목숨을 잃었다. 당시 정계와 경찰 대다수가 대구10·1사건을 사회주의 폭동으로 바라보며 비난할 때, 친일 경찰 문제를 거론하며 경찰 측의 잘못을 이야기했던 최능진에 박정희가 고마움을 느꼈던 것은 아닐지, 그래서 최능진의 아들 최필립에게 눈길이 갔던 것은 아니었을까 생각해 본다. 박정희는 최필립을 아꼈고, 자신의 딸 박근혜의 옆을 지키도록 지시했다. 최필립 역시 어린 나이에 부모를 잃었다는 점에서 박근혜를 자신과 비슷한 처지인 동병상련의 시선으로 바라보며 잘 챙겼다고 한다. 2013년 최필립은 세상을 떠났다. 최필립은 아버지 옆에 묻히고 싶다는 유언에 따라 최능진의 묘소 옆에 묻혀 있다.

가장 아이러니한 것은 최필립의 아들, 즉 최능진의 손자가 조선일보의 기자라는 사실이다. 조부 최능진이 우익정권에 의해 공산주의자로 몰려 사망했고, 부친 최필립은 빨갱이 가족이라는 누명 아래 고통을 받았던 점을 생각하면 이해되지 않지만, 최능진의 가족사를 타인이 함부로 재단할 수는 없다.

참고문헌

· 정창현, 《정치사상은 민족을 초월할 수 없다: 일석 최능진 평전》, 역사인, 2020.
· 행정안전부 과거사관련업무지원단, 《최능진의 국방경비법 위반 사건(보고서)》, 2009.
· 임미나 기자, 〈독립운동가 故 최능진 씨 65년 만에 재심서 무죄〉, 연합뉴스, 2015. 8. 27.

55 이승만이
런승만이 아니라고?

1950년 6월 25일 새벽 4시, 북한의 남침으로 6·25전쟁이 시작되었다. 전쟁이 발발한 지 정확히 48시간 후인 6월 27일 새벽 4시에 대통령 이승만이 서울역으로 향했다. 기차로 대구까지 피난을 간 이승만은 '너무 많이 내려왔다'는 건의를 받고 다시 대전으로 올라갔다.

이승만은 6·25전쟁 중 각종 방송과 연설을 통해 전황이 유리한 것처럼 알리고 무책임하게 자신만 피난을 갔다. 전시 상태에 대통령과 정부의 피난은 당연시될 수 있으나 이승만의 개인적 피난은 부끄러운 행위였다. 이것은 2010년대 들어 하나의 밈이 되어 '런run승만'이라는 별명이 붙게 되었다. 그런데 영화 〈건국전쟁〉에서는 런승만을 부정하며 이렇게 말한다.

"전쟁이 났을 때 상식적으로 최고 지도자가 전선의 제일 앞줄에서 싸우다가 죽는 것, 그것과 안전한 후방에서 지휘하는 것, 뭐가 유리할까요?

위급한 상황에서 대통령이 국가의 안위와 정부의 연속성을 위해 긴급하게 피난 가는 것은 상식 중의 상식입니다."

영화에서 주장하는 것처럼 대통령이 국가의 안위와 정부의 연속성을 위해 피난을 가는 것이 상식이라는 점은 인정한다. 그러나 대통령이 피난을 떠나기 전에, 국민에게도 피난을 권고해야 하는 것 역시 상식 중에 상식 아닌가? 국민이 주인인 나라에서, 공화정의 선출직 대통령이 국민에게 피난을 가라는 어떤 메시지도 없이 혼자만 도망을 가는 바람에 많은 국민이 의도치 않게 적국의 포로가 되는 치욕을 겪어야 했다. 이러한 지도자는 전쟁이 끝난 후 대통령 퇴진은 물론 사형감이지 않은가?

1977년 조선일보는 미 국무성 공개 문서를 근거로 이렇게 보도했다.

이승만 전 대통령의 피난은 단독으로 결정됐다.

이승만의 피난은 행정적 절차를 거친 정부의 피난이 아니라, 개인적인 도망일 뿐이었다. 대통령이 관료들이나 군 수뇌부와 함께 움직이지 않고 단독으로 도망친 것이 정말 정부의 연속성에 도움이 되었다고 말할 수 있는가.

많은 사람들이 임진왜란 당시 조선의 국왕이었던 선조의 피난을 문제삼는다. 선조는 한양 백성들에게 피난을 먼저 권고하지 않은 채 조용히 어가를 타고 한양을 빠져나가려다 백성들에게 가로막히자 결국 새벽

에 몰래 도망쳤다. 선조가 비난을 받는 이유이다. 이승만처럼 '런선조'였
다. 또한, 선조는 임진강을 건넌 후 임진강 나루터의 배를 모두 침몰시
켜 백성들의 임진강 도하를 막았다는 이유로 죽어라 까인다. 이승만도
한강 인도교를 폭파시켜 서울 시민들의 피난길을 차단했으므로 두 사
람은 사실 도긴개긴이다. 물론, 이승만이 한강 인도교를 폭파한 것이 더
비인간적이었고 많은 사상자를 초래했다.

최북단 의주까지 피난을 간 선조는 자신의 살길만 생각하면서 명나라
로 망명을 고려했다. 마찬가지로 이승만도 일본에 망명정부를 세우려
했으니 피차일반이다. 선조나 이승만이나 전시 상황에 백성을 버리고
도망간 군주, 국민을 버리고 도망간 대통령으로 욕을 먹어도 싸다.

그럼에도 선조와 이승만의 피난을 동급으로 취급하자면 분명히 선조
가 억울할 만하다. 선조의 피난은 정부의 피난이었지만, 이승만의 피난
은 개인적인 도주였기 때문이다. 이승만의 도망이 얼마나 창피한 수준
인지 선조의 피난과 비교해 보자.

첫째, 전시에 왕이 죽거나 적에게 사로잡히면 왕조 국가는 무너질 수
있다. 이에 선조는 급히 광해를 세자로 책봉하고, 일부 관료들에게 세자
를 보필하게 하여 조정을 둘로 나누는 분조分朝를 시행했다. 6·25전쟁 당
시 대한민국의 선출직 대통령이었던 이승만은 사망하거나 체포를 당하
더라도 법적으로 권한을 대행할 부통령과 국회의장이 존재했다. 그럼
에도 이승만은 이시영 부통령과 신익희 국회의장에게조차 자신의 피난
사실을 알리지 않았다.

둘째, 선조는 자신의 피난을 논의하기 위해 어전회의(국무회의)를 열었다. 반면, 6·25전쟁이 발발하자마자 국무회의가 열렸으나, 이승만은 대통령으로서 피난이나 수도 이전을 논의하기 위한 국무회의에 참석조차 하지 않았다. 어떤 회의도 없이 이승만은 혼자서 피난을 떠났다. 그 모습은 거의 노망난 늙은이 수준이었다.

셋째, 선조는 자신의 피난 행렬에 관료들을 동행시켰다. 그러나 이승만의 피난길에는 어떤 국무위원(장관과 차관)도, 국회의원도, 군 수뇌부도 함께하지 않았다. 어느 누구도 이승만의 피난 사실을 통보받지 못했다. 이승만은 자신의 아내 프란체스카와 비서 한 명, 경호원 두 명만을 대동하고 피난길에 올랐다.

넷째, 선조는 피난을 가면서도 전황을 챙겼다. 전쟁의 승패에 관한 소식은 모두 장계를 통해 선조에게 전해졌다. 선조는 각지의 의병을 독려하는 포고문을 내리기도 했다. 그러나 이승만은 전황을 듣거나 챙길 생각조차 없었다. 군 수뇌부에도 자신의 피난 사실을 전혀 알리지 않았고, 피난 중에 군과의 소통이 전혀 불가능했다. 전쟁이 일어났는데 대한민국의 군 통수권자가 사실상 잠적한 셈이었다.

다섯째, 선조는 피난을 가면서 곧바로 우방국 명나라에 일본의 조선 침략 사실을 알리며 도움을 요청했다. 그러나 이승만은 미국대사 존 무초가 자신의 피난을 반대해서 그랬는지 모르겠지만, 무초 대사에게도 피난 소식을 알리지 않고 도주했다.

이 대통령은 극도로 긴장해 있었다. 얼굴은 경련을 일으켰고 말은 자꾸 중복되었다. 이 대통령이 피난을 가겠다고 하자 나는 서울에서의 후퇴를 반대했지만, 이 대통령을 설득하지 못했다.

"이 대통령은 피난 가시더라도 나는 서울에 남겠다"라고 하니,

이승만 대통령은 "그렇게 하시라"라고 했다.

존 무초 한국대사

이를 보고도 이승만이 '런승만'이 아니라고 할 수 있겠는가.

제2차 여요전쟁 당시 나주까지 갔던 고려 현종의 피난(1010)이나, 제2차 홍건적의 침략 때 안동까지 갔던 공민왕의 피난(1361)은 비판받지 않는다. 한 나라의 지도자는 당연히 전황에 따라 전략적으로 피난을 갈 수 있다. 백번 양보해서, 조조가 침략하자 신야에서 백성들과 함께 후퇴했던 유비만도 못했다고 탓하는 것은 아니다. 하지만 위의 피난들과 달리 이승만의 피난이 비판 받는 이유는 국민을 버린 피난, 즉 오로지 혼자만 살자는 도망이었기 때문이다.

전쟁이 일어났다. 침략국에 의해 국가의 수도가 점령당할 위기에 놓여 있는데, 수도에 사는 시민들에게 피난을 통보하지 않는 국가나 정부가 한국의 이승만정권 말고 존재할까? 피난을 종용하기는커녕 작전상이라는 이유로 피난을 가는 서울 시민들의 피난 길목에 해당하는 한강 인도교를 폭파해 버렸으니, 세계 현대사를 뒤져 보아도 이렇게 무도한 정부는 찾아보기 힘들다.

그래 놓고 이승만은 서울 수복(1950.9.28.) 직후 공산 치하에 있었던 120여만 명의 서울 시민에게 미안함을 표하기는커녕 그중 55만 명을 북한 편을 들었다는 이유로 감옥에 가두어 조사한 이중적인 태도와 뻔뻔함은 눈뜨고 마주하기 힘들다. 이승만을 경멸하는 이유이다.

참고문헌

· 강준만, 《한국현대사산책: 1950년대 편1》, 인물과사상사, 2006.

· 김동춘, 〈서울시민과 한국전쟁 - '잔류'·'도강'·'피난'〉, 《역사비평》 제51호, 2000.

· 김동춘, 《전쟁과 사회: 우리에게 한국전쟁은 무엇이었나?》, 돌베개, 2000.

· 전쟁기념사업회, 《한국전쟁사3권》, 행림출판, 1992.

· 산케이신문, 〈50년 일본 야마구치에 이승만, 망명정부 구상〉, 조선일보 1996.4.14.

· 조선일보, 〈비록 6·25 - 27년만에 공개한 미 국무성 자료, 이대통령 "대전피난" 단독 결정〉, 조선일보 1977.3.1.

56 이승만 때문에
친일파 청산이 실패했다고?

        일본이 패망하고 조선이 해방되면서 조선에 남아 있던 일본인들이 자신의 안전을 우려했듯이 친일파들 역시 독립운동가나 일반 조선인들의 보복을 두려워했다. 일본인은 돌아갈 곳이 있었지만, 친일파는 갈 곳이 없었다. 이들은 살아남기 위해 일본으로 밀항하거나, 야반도주하여 산속으로 숨어들기도 했고, 변장을 하고 다니기도 했다. 또 모든 것을 체념한 채 집에 틀어박혀 조선인 눈에 띄지 않으려 애를 썼다. 개중에는 광복을 반기는 사람들 사이에 끼어든 친일파들이 있었다. 이들을 우스갯소리로 '8월 15일부터 태극기를 든 자들'이라고 한다.

        이렇게 힘을 잃었던 친일파들은 맥아더 포고문 제2조(공공기관에서 일했던 사람들은 그대로 일하라는 조항)에 근거하여 다시 공무직을 맡게 된다. 미군정은 국민적 감정을 고려하지 않고, 국가 행정 경험이 없는 자신들 대신 공무를 수행할 인원이 필요하다며 친일파를 재등용했다. 한때 일본에 충성했던 자들이니 자신들에게도 곧잘 충성할 것으로 판단했을 것이다. 미군정은 친일파를 복직시킨 것도 모자라 빈자리로 남아 있는 일본인의 자리를 대신하게 하고 승진시키기까지 했다. 이때 독립운동가를 혹독하게 고문한 사람으로 유명했던 경찰 노덕술이 서울시(수도경찰청) 수사과장으로 승진했으며, 서울 시내 8개 경찰서장을 포함해 전국에 있는 과거 친일 경찰의 80% 이상이 경찰 고위직으로 임명된다.

죽을 위기에 놓였다가 다시 권력을 잡은 친일파는 자연스럽게 친미파가 되었다. 또한 친일파는 공산주의의 친일파 숙청 기류가 두려워 자신들이 살기 위해 반공을 부르짖을 수밖에 없었다. 반공과 친미의 뿌리는 친일과 반민족에 있다.

대한민국 정부 수립 이후 국민들이 이승만정권에 바랐던 열망 두 가지는 친일파 처벌과 토지개혁이었다. 1948년 9월, 제헌국회에서 반민족행위처벌법이 제정되면서 국민들의 열망은 실현되는 듯했다. 같은 해 11월에는 반민족행위처벌법에 근거해 반민족행위처벌특별위원회(반민특위)가 만들어지며 본격적인 친일파 청산이 시작되었다.

반민특위가 처음으로 체포한 인물은 박흥식이었다. 화신백화점의 사장이자 당시 조선 최고의 부자였던 박흥식은 공군기 두 대를 일제에 헌납하는 등 일제에 물적 지원을 아끼지 않은 친일파였다. 뒤이어 고려대학교의 창립자 김성수의 동생이자 조선방적 이사장 김연수, 타협적 민족주의자 최남선, 이광수, 최린 등이 체포되었다. 이들을 처벌하고자 하는 국민의 열망은 강할 수밖에 없었다. 덕분에 반민특위는 국민으로부터 큰 지지를 받았다.

이승만은 김성수를 비롯한 친일 자본가 출신들이 조직한 한국민주당(한민당)과 손을 잡은 상태였기 때문에 이미 많은 친일파가 이승만을 지탱하는 기반이 되어 있었다.

마침 북한에서 진행된 대대적인 친일파 숙청을 피한 친일파들과 그의 가족들, 북한의 토지개혁으로 토지를 무상몰수당한 지주들, 북한 정권의 탄압을 받은 기독교인, 서북청년단을 비롯한 건달 등이 반공을 외치며 남한으로 내려와 이승만을 중심으로 모여들었다. 이승만은 이들의 지지를 얻어 당선된 대통령이었다.

이승만은 공식 담화에서 이렇게 말했다.

"여기저기 공산주의자가 판치고 있는데, 반공투사를 잡아넣는 반민특위는 대체 누구를 위한 단체인가?"

이승만은 마치 반민특위가 공산주의자를 위한 단체인 것처럼 말했다. 또한, 이승만은 국회에 김일성의 지령을 받은 간첩이 있었다는 명목으로 국회의원 13명을 국가보안법 위반 혐의로 구속하는 국회프락치사건(1949.5.)을 조작했다. 그중에는 국회부의장 김약수도 포함되었다.

이처럼 이승만이 친일파 처벌을 대놓고 반대하자 반민특위는 국민들이 가장 처벌을 원하는 인물로 시선을 돌렸다. 반민특위는 서울시 수사과장이었던 노덕술을 잡아 조사를 시작했다. 노덕술은 김원봉을 비롯한 독립운동가를 체포해 고문한 인물로 유명했다.

그러나 1949년 6월 6일, 경찰이 반민특위를 공격하여 조사를 받고 있던 노덕술을 구출한다. 이는 사실상 경찰이 국민의 대표기관인 국회를 습격한 것이다. 경찰의 배후에는 분명 이승만의 비호가 있었을 것이다.

이때 김구는 이승만의 소극적인 친일파 청산에 대해 비판하는 목소리를 내다 육군소위 안두희의 총에 생을 마감했다(1949.6.26.). 반민특위가 습격을 당하고 김구가 서거하면서 우리의 친일파 처벌은 실패로 막을 내렸다.

참고로 반민특위가 경찰들에게 공격당했던 6월 6일은 우리의 친일 청산이 실패하며 민족의 정기를 바로 세우지 못한 비극의 날이다. 그런데 우리는 이날을 현충일로 기억한다.

독일에 점령당했던 프랑스는 드골이 망명 프랑스정부를 수립한 이후 노르망디상륙작전에 참전하여 파리를 탈환한다. 독일이 패망하자 프랑스는 나치의 통치하에 5년 동안 부역했던 친나치행위자들을 처벌하는데, 그 숫자가 16만 명에 달했다. 그중 1만 명은 재판도 없이 사형 선고를 받았다. 이 외에도 감옥에 갇히거나 약식으로 처리한 인물 등 기타 인원까지 합치면 20만 명에 육박하는 사람들이 친나치행위자로 처벌을 받았다.

친나치행위자를 처벌하며 드골은 이렇게 말했다.

"친나치행위자들의 처벌 과정에서 억울하게 죽음을 당한 사람도 있을 것이고, 누명을 쓴 사람도 있을 것이다. 그러나 나는 프랑스 대통령으로서 반드시 해야 할 일을 했다. 앞으로 프랑스가 외세의 지배를 받을지언정 민족을 배반하는 자는 나오지 않을 것이다."

우리는 어떠한가. 우리는 친일매국노 단 한 명을 제대로 처벌하지 못했다. 독립운동가 후손들은 허름한 집에서 가난하게 살고 있는 반면에 친일매국 세력과 그 후손들은 떵떵거리며 부와 권력을 쥐고 살아간다. 이러한 상황에서 국가나 민족에게 또 다른 시련이 닥쳤을 때, 국가가 국민들을 향해 '애국심을 발휘하라' '국가를 위해 목숨을 바쳐라'고 이야기 할 수 있을까? 우리에게는 프랑스와 같은 교훈이 없다.

단재 신채호는 묘청의 서경천도운동을 '조선 역사상 일천년래 제일대사건'으로 꼽았다. 그러나 신채호가 이 시대에 살아 있다면 '제일대사건'으로 '이승만의 친일파 처벌 실패'를 꼽았을 것이다. 나 역시 그렇다. 이승만이 수많은 민간인을 학살하지 않았다는 전제하에, 이승만이 독재를 했든지 6·25전쟁 때 무능의 극치를 보였든지 간에 이승만이 친일파 처벌만 제대로 했더라면 나는 이승만이 초대 대통령으로서 역할을 다했다고 평가했을 것이다.

지금 대한민국에서 벌어지고 있는 정치적, 경제적, 사회적 모든 대립은 이승만이 친일파를 처벌하지 못한 데에서 기인한 측면이 크다.

이승만의 친일파 청산 실패를 옹호하는 이들이 적잖다.
"이승만이 친일파를 모조리 처단했다면, 당시 대한민국에 인재가 사라져서 나라가 유지되기 힘들었을 것이다."
어처구니없는 논리다. 프랑스는 5년간 나치에 부역했던 친나치행위자 수십만 명을 처벌했음에도 나라는 잘 굴러갔다. 반면, 우리는 무려 35년간 일제의 식민통치하에서 벌어진 친일매국 행위에 대해 반민특위가 겨우 682건만 조사했을 뿐인데, 인재가 어쩌고저쩌고 같은 개소리를 해야 되겠는가.

또한, 이렇게 이야기하는 자들이 있다.

"일제강점기 암흑기를 딛고 일어섰으면 같은 민족끼리 힘을 합치고 사회적 통합이 중요하지 굳이 과거 일에 얽매여야 하는가."

좋다. 만약 친일매국노들이 자신들의 과오에 대해 국가와 민족 앞에서 진심으로 뉘우치고 사죄하는 마음으로 살아간다면, 우리도 그들을 용서하고 통합할 수 있다.

하지만 그들은 오늘날 대한민국의 기득권층이 되어, 정계, 재계, 학계, 언론, 문화, 예술, 군인, 경찰을 장악하고, 그의 자손들까지 잘 먹고 잘살고 있다. 이와 달리 독립운동가의 후손들은 여전히 빈곤하게 살아간다. 더구나 친일매국 세력의 후손들은 대를 이어 일본에 사대하고 독립운동을 폄훼하며 민족의 정기를 바로 세우지 못하도록 방해하고 있다. 이런 시점에서 친일매국 행위에 대한 용서는 불가능하다. 그렇기 때문에 지금이라도 친일매국행위자에 대해 정확히 규명하고 이를 교훈 삼아 다시는 민족과 국가를 배신하는 인물이 나오지 않도록 역사 교육을 통해 바로잡아야 한다.

참고문헌

· 정운현, 《잃어버린 기억의 보고서: 증언 반민특위》, 삼인, 1999.
· 심미숙, 〈반민특위(반민족행위 특별조사위원회)〉, 노동사회과학연구소, 정세와노동 제158호, 2020.
· 이용우, 〈프랑스의 과거사 청산〉, 역사비평사, 2008.
· 오익환·김민웅 외, 《반민특위의 역사적 의미를 다시 묻는다》, 한길사, 2019.
· 김송달, 《바로 보는 한국 근현대 100년2》, 거름, 1998.

57 우리 역사상 이승만이 민간인을 가장 많이 죽였다고?

존경하는 대학자가 이렇게 말했다.

"우리 역사를 통틀어 전장에서 적군이 아닌 민간인을, 그것도 자국의 민간인을 단군 이래 이승만처럼 많이 학살한 사람은 없었다."

이 말에 100% 동의한다.

자국민 학살과 관련하여 이승만과 비교할 만한 역사적 인물도 없다.

김춘추가 백제를 멸망시킨 후에도, 김법민이 고구려를 멸망시킨 후에도, 이승만처럼 백성을 죽이지 않았다. 고려를 통일한 왕건도 후백제와 신라의 민간인을 거의 죽이지 않았다. 이성계는 고려의 왕족 150여 명을 죽였다고 하여 학살자라는 소리를 듣는다.

이승만은 대체 누구를 또 얼마나 죽인 것인가?

이승만이 죽인 수십만 혹은 그 이상의 사람들은 모두 대한민국 국적을 가지고 있는 민간인이었다.

제주4·3사건(1948~1950) : 민간인 3만여 명 학살 추정

여수·순천사건(1948) : 민간인 7천여 명 학살 추정

문경 양민 학살 사건(1949) : 민간인 86명 학살 추정

보도연맹 학살 사건(1950) : 민간인 20여만 명 학살 추정

경산 코발트광산 학살 사건(1950) : 민간인 2,574명 학살

제주 섯알오름 학살 사건(1950) : 민간인 210명 학살

함평 양민 학살 사건(1950) : 민간인 524명 학살

거창 양민 학살 사건(1951) : 민간인 719명 학살

고양 금정굴 학살 사건 (1950) : 민간인 최소 153명 학살

나주 부대 민간인 학살 사건(1950) : 민간인 856명 학살

서울 홍제리 집단 총살 사건(1950) : 민간인 수백 명 학살 추정

대전형무소 학살(1950) : 민간인 4,900여 명 학살

청주형무소 학살(1950) : 민간인 1,200여 명 학살

대구형무소 학살(1950) : 민간인 1,400여 명 학살

부산형무소 학살(1950) : 민간인 1,500여 명 학살

진주형무소 학살(1950) : 민간인 1,200여 명 학살

마산형무소 학살(1950) : 민간인 717명 학살

김천형무소 학살(1950) : 민간인 650여 명 학살

안동형무소 학살(1950) : 민간인 600여 명 학살

공주형무소 학살(1950) : 민간인 최소 400여 명 학살

김천형무소 학살(1950) : 민간인 최소 650여 명 학살

서울 수복 후 부역자 55만 명 검거(1950) : 민간인 867명 학살

▲ 애버트 미군 소령이 찍은 대전 골령골 학살 모습

◀1950년 7월 처형 현장으로 이송되는 공주형무소 재소자들의 모습 ⓒ 픽쳐포스트

이 외에도 민간인 학살 사건이 너무 많아 나열이 불가할 정도다.

민간인 학살 당시 어린이와 여성 그리고 노인이 많이 죽었다.

"빨갱이 자식은 죽여도 좋다."

"빨갱이 여편네는 죽여도 좋다."

"빨갱이 애비는 죽여도 좋다."

이승만의 민간인 학살에 대해 한국은 침묵했지만 당시 서방 세계는 경악했다.

영국 상원에서 스트라볼기 의원은 이렇게 말했다.

"한국 정부는 허용되어서는 안 될 야만적이고 잔인한 행위에 대해 관대하다. 우리에게 책임이 있다. 우리가 그곳에 있기 때문이다. 이를 계속 허용해서는 안 된다. 우리는 과거 전쟁에서 저질러진 전쟁 범죄에 대한 재판도 끝내지 못했다. 우리의 젊은이가 목숨을 바쳐 싸우고 있는 그곳에서 같은 범죄가 또다시 저질러져선 안 된다."

영국의 브로크웨이 의원은 이렇게 말했다.

"학살을 저지른 이승만을 체포해야 한다. 유엔에 있는 영국 대표는 이 승만을 부정하고 그의 정권을 끝내도록 요구해야 한다."

영국의 레이놀즈 뉴스는 이렇게 주장했다.

"이승만이 우리가 지금까지 지키고자 했던 모든 명분을 완전한 조롱 거리로 만들고 있다. 이승만이 한국을 통치하기에 적합하지 않은 만큼 유엔이 한국을 맡아야 한다."

한국의 민간인 학살에 대해 또 다른 책임을 져야 하는 미국은 침묵을 택했지만, 영국은 침묵하지 않았다.

이승만은 희대의 자국민 학살자이다.

참고문헌

· 김기진, 《한국전쟁과 집단학살》, 푸른역사, 2006.
· 서중석·김덕련, 《서중석의 현대사 이야기2 : 한국전쟁과 민간인 집단 학살 도피한 이승만 죽어간 국민들》, 오월의 봄, 2015.
· 서중석, 〈한국전쟁 전후 민간인집단학살의 연구 방향〉, 수선사학회, 사림 제36호.

58 부정선거 때문에
4·19혁명이 시작되었다고?

    1960년 대선이 다가오자 이승만은 또다시 선거에 출마했다. 자유당에서는 1956년 대선과 마찬가지로 대통령 후보에 이승만, 부통령 후보에 이기붕이 출마했으며, 민주당에서는 대통령 후보에 조병옥, 부통령 후보에 장면이 출마했다.

  야당의 대선 후보였던 조병옥은 대선을 치르기 전 수술을 받기 위해 미국으로 출국했다. 이 소식을 들은 이승만은 5월에 치러질 예정이었던 대통령 선거를 대뜸 두 달이나 앞당겨 3월에 치르기로 발표한다. 농민들이 모내기를 하는 5월 중순부터 6월 초까지 농번기를 피해 선거를 치르겠다는 것이 정부의 명분이었으나, 기존 대선이 문제없이 모두 5월에 치러졌음을 감안하면 야당 후보의 건강과 그로 인한 부재를 노린 꼼수에 불과했다.

  조병옥은 미국에서 치료를 받던 도중 갑자기 사망했다. 1956년 대선 직전에 신익희가 사망했던 것처럼 민주당의 후보는 또다시 공백이 됐다. 이승만은 대통령에 당선된 것이나 다름없었다. 이제 모든 사람들의 시선은 부통령 선거로 향했다. 1960년 대선 당시 이승만의 나이는 85세로, 언제 세상을 떠나도 이상할 것이 없는 나이였다. 만약 부통령으로 민주당의 장면이 당선된다면, 대통령 이승만의 유고 시 부통령 장면에게 권력이 승계되면서 정권 교체가 이루어지게 되는 상황이었다. 정권 교체가 이뤄진다면, 이승만의 대통령 임기 중에 있었던 자유당의 부정부패가 모조리 드러날 수 있었다. 이승만과 자유당은 반드시 이기붕을 부통령으로 당선시키려 했다. 이러한 이유로 이승만과 자유당이 총력을 동원해 벌인 부정선거가 바로 3·15부정선거였다.

대선이 2주 정도 남은 2월 28일 일요일, 민주당의 장면 후보가 대구에서 유세에 나설 계획이었다. 그런데 장면의 일요일 유세를 앞두고 뜬금없이 대구의 중고등학생에게 등교 지시가 내려졌다. 장면의 유세 현장에 학생들이 몰려들어 많은 사람들의 관심을 불러일으킬 것을 우려한 자유당이 대구교육청에 압력을 넣은 결과였다. 일부 학교는 급작스럽게 시험을 친다고 했으며, 단체로 영화를 관람하거나 토끼 사냥을 하겠다는 등 어처구니없는 등교 사유를 내세웠다. 일요일에 학생들을 함부로 등교시키면 안 된다. 학생들이 거리로 뛰쳐나왔으니, 이를 2·28대구학생시위, 혹은 2·28의거라 부른다.

3월 15일, 운명의 날이 다가왔다. 자유당과 이승만정부는 선거 결과를 이미 짜 맞춰 놓았다. 자유당은 이승만이 약 80%, 이기붕이 70% 정도의 득표율로 승리하면 좋겠다고 생각하면서 이를 유도하기 위해 선거가 치러지기 전부터 여러 부정을 자행했다.

선거구마다 이승만과 이기붕을 찍은 표를 40%씩 미리 확보했는데, 이를 '4할 사전투표'라고 한다. 또한 마을 이장들이 정치를 잘 모르는 노인들을 투표소로 데리고 와서 이승만과 이기붕에게 투표하도록 강요했다. 유권자들을 3인조, 5인조로 묶어 함께 기표소에 투입해 이승만을 찍도록 서로를 감시하기도 했다. 일부 투표소는 기표소를 위에서 내려다볼 수 있는 구조로 투표장을 조성해, 자유당 인사가 유권자를 모두 감시했다고도 한다. 장면 후보에게 인장을 찍으려 하는 유권자에게는 장대를 이용해 압박을 가하기도 했다.

'올빼미 투표' 역시 자행됐는데, 밤에 투표 용지를 바꾸는 것을 말한다. 새로 바뀐 투표 용지를 '올빼미 표'라고 불렀고, 기존 투표 용지 중 장면을 찍은 투표 용지에 추가적으로 인장을 찍어 무효표를 만들었다. 마치 피아노 연주를 하듯 수많은 인장이 찍혀 있어 이걸 '피아노표'라고도 했다. 개표 과정에서 표 뭉치를 일일이 확인하지 않고, 맨 앞장과 맨 뒷장에 이승만과 이기붕을 투표한 표가 있으면 표 뭉치 전체를 그들의 표로 계산하는 '샌드위치 표' 역시 다수 발견됐다.

이러한 부정을 저지르기 위해 자유당은 야당 인사의 개표 참관을 철저하게 막았는데, 정치 깡패들이 야당 참관인들에게 시비를 걸어 함께 경찰서로 연행되도록 유도하는 등 온갖 방법이 동원됐다. 한 야당 참관인이 투표 용지를 확인하다가 투표가 개시되기도 전에 이승만과 이기붕이 찍힌 투표 용지를 다수 발견하는가 하면, 이러한 사례를 들은 어느 국회의원은 '이 선거를 인정할 수 없다'며 소리를 지르며 항의하는 사건도 있었다.

자유당이 총력을 동원해 부정을 저지른 결과, 선거 결과는 너무도 기이했다. 최초 집계 당시 득표율은 이승만 90%, 이기붕 89%였다. 이것이 너무 과도한 수치라고 생각한 자유당은 이승만 88%, 이기붕 70%로 하향 조정하여 발표했다. 특히 단독 후보였던 이승만의 표는 그렇다치더라도 부통령 선거의 결과가 심각했다. 이기붕이 800만 표 이상을 득표한 반면, 장면은 180만 표에 그쳤기 때문이다. 직전 선거에서 이기붕을 이기고 장면이 당선됐던 점을 생각하면 이해하기 어려운 결과였다. 심지어 2·28의거가 일어나며 장면의 인지도가 하늘을 찔렀던 대구에서 이기붕과 장면의 득표 비율은 5,000:32로 집계됐는데, 이는 아무리 생각해도 상식적이지 않았다.

이러한 투표 결과에 국민들은 분노했다. 이승만의 독재에 대한 불만이 쌓이고 쌓이다 3·15부정선거를 기점으로 폭발하면서 수많은 국민들이 거리로 쏟아져 나왔다. 특히 대학생들의 시위 참여가 본격화되었다. 1950년대에는 수많은 학교가 설립되고 교육열이 올라가면서 국민들의 교육 수준이 향상됐다. 그런데 막상 학교에서 배운 민주주의와 현실 정치 사이의 괴리가 크다 보니 학생들이 거리로 나선 것이었다. 대다수의 언론 또한 이승만정권에 비판적인 논조를 보였기 때문에 시위의 규모는 빠르게 커질 수 있었다.

부통령에 당선된 이기붕은 경찰들에게 "총은 쏘라고 준 것이지 갖고 놀으라고 준 게 아니다"라고 말하며 사실상 과잉진압을 지시했다. 이로 인해 경찰의 발포가 있었고, 마산에서만 8명이 사망했다.

전북 남원 출신 김주열은 마산상고 합격을 확인하기 위해 마산에 방문했다가 마침 시위에 합류했다. 그러나 시위 이후 김주열의 행방이 묘연해졌다. 함께 마산에 왔던 친형에 의해 김주열의 행방불명 사실이 알려졌으며, 나중에는 김주열의 모친까지 김주열을 찾기 위해 마산을 찾았다. 마산 시민들도 김주열을 찾기 위해 팔을 걷어붙였다. 혹시 저수지에서 익사한 것은 아닌지 저수지의 물을 모두 빼내기도 했다. 김주열의 행방불명은 시위가 일어난 직후였기 때문에 김주열의 가족이나 마산 시민들 모두 경찰에 의심의 눈초리를 보냈다.

아무리 찾아도 나타나지 않았던 김주열의 시신은 행방불명이 된 지한 달여 후인 4월 11일, 마산 앞바다에 떠올랐다. 바닷물에 퉁퉁 불은 김주열 얼굴의 한쪽 눈에는 최루탄이 박혀 있었다. 일반적으로 최루탄은 해산 유도를 위해 하늘을 향해 발사하도록 되어 있다. 그런데 경찰 누군가가 김주열을 향해 정면으로 최루탄을 발사했고, 최루탄을 얼굴에 맞은 김주열이 그 자리에서 사망한 것이다. 경찰은 사건을 은폐하기 위해 김주열의 시신을 고기를 잡는 그물에 돌과 함께 묶어 마산 앞바다에 수장시켰다.

마산 시민들은 충격과 분노를 표출하며, 학생과 성인 남녀를 불문하고 모든 사람들이 거리로 뛰쳐나왔다. 부당한 공권력에 분노한 마산 시민들의 항쟁은 상상할 수 없을 정도로 격해져 있었는데, 일부 마산 시민들은 카빈 소총을 소유하고, 수류탄을 탈취해 경찰서를 폭파하는 등 공권력에 대한 공격으로 이어지기까지 했다.

4월 18일, 서울에서도 대규모 시위가 시작되었다. 고려대학교 학생 3천여 명이 중앙청 앞에서 3·15부정선거를 무효화하고 선거를 새실시할 것을 요구하는 대규모 시위를 벌였는데, 고려대학교 총장 유진오가 시위 현장에 나가 학생들을 만류하며 일차적으로 시위를 저지하게 된다. 그런데 자유당이 부리던 정치 깡패 이정재, 유지광, 임화수 등의 동대문사단이 해산하는 고려대학교 학생들에게 집단 린치를 가했다. 100여 명의 고려대 학생들이 길바닥에 나뒹굴었다.

4월 19일, 동대문사단의 집단 폭행이 언론에 보도되면서 분노한 서울 시민들은 이승만의 관저인 경무대 앞까지 시가행진을 벌였다. 시위는 걷잡을 수 없이 커졌다. 마침내 이들이 경무대 앞에 도달하자, 지금의 대통령 경호실장 격인 경무관 곽영주가 경찰들에게 발포 명령을 내렸다. 그로 인해 경무대 앞 발포 현장에서만 21명의 사망자와 172명의 부상자가 발생했다. 경찰의 무력진압으로 인해 경무대를 포함한 서울 전역의 사망자는 더욱 늘어 갔다. 사망자는 당시 계엄사령부에 따르면 94명, 국가기록원에 따르면 100명, 한국학중앙연구원에 따르면 130명 등 사망자에 대한 기록은 과거와 현재의 기록마다 차이가 있지만, 100명 내외의 사람들이 단 하루 동안, 서울 시내에서만 공권력에 의해 목숨을 잃었다는 것은 사실이다. 비단 서울뿐 아니라 대규모 시위와 발포를 동반한 경찰의 진압은 전국적으로 이뤄졌다. 4월 19일 전국에서 180명이 사망하고, 5천 명 이상의 인원이 부상을 당했다. 이러한 가슴 아픈 희생 때문에 1960년 4월 19일은 '피의 화요일'로 불리게 된다.

대규모의 시위와 경찰의 발포에 동요한 이승만은 4월 19일 오후 계엄령을 선포했다. 6·25전쟁의 영웅으로 유명했던 송요찬 육군참모총장을 계엄사령관으로 임명했는데, 송요찬은 시위의 발단이 된 3·15부정선거에 비판적이었다. 계엄사령관 송요찬은 시위를 하는 시민들을 진압하지 않고 오히려 시민들을 수호했다. 심지어 시민들이 탱크에 올라타 계엄군과 함께 시가행진을 할 정도로 계엄군은 시민의 편에 섰다.

미국마저도 이승만에 등을 돌렸다. 당시 주한 미국대사 월터 매카나기는 학생들의 행동을 지지한다는 성명을 발표하며 이승만을 직접 만나하야할 것을 권했는데, 사실상 미국의 이승만에 대한 지지 철회였다. 시민들은 물론이고, 군대와 우방 국가였던 미국마저도 등을 돌리니, 이승만은 더는 의지할 곳이 없었다. 그럼에도 불구하고 이승만은 하야를 거부했다.

어떻게든 대통령직만큼은 지키고자 했던 이승만은 마지막까지 발악했다. 3·15부정선거를 인정하고 부통령 이기붕의 당선을 무효화했으며, 3·15부정선거를 주도한 최인규 내무부 장관을 경질했다. 자유당의 부정부패가 지적을 받으니 자유당 탈당까지 선언할 만큼, 자신의 정치적 기반을 모두 버리겠다고 했다. 그럼에도 대통령직에서 물러나겠다는 말만큼은 끝까지 하지 않았다.

이승만의 하야를 원했던 시민들의 시위는 계속해서 커졌고, 미국은 여전히 이승만에 등을 돌리고 있었다. 그러던 중 4월 25일, 대학 교수들조차 '학생들의 피에 보답하라'라는 구호를 외치며 이승만의 하야를 촉구했다. 당시 목소리를 냈던 교수 대부분은 역사와 철학 전공의 인문학자들이었다. 국내외 각계각층으로부터 지지를 철회당하자 이승만의 부인 프란체스카 여사도 이승만에게 미국으로 돌아갈 것을 권했다.

이승만에게 더는 버틸 힘이 없었다. 그리고 마침내 4월 26일, 이승만은 하야 성명을 발표하게 된다. 본격적인 시위가 발발한 4월 19일 이후 정확히 일주일 만이었고, 4월 26일은 사람들에게 '승리의 화요일'로 기억됐다. 하지만 이승만의 퇴진 절차는 깔끔하지 않았다. 성명을 발표하고 하루 뒤인 4월 27일, 자신의 사임을 선언하는 문서에 서명하는 것을 거부한 것이다. 자신의 비서들과 외무부 장관 허정, 국방부 장관 김정렬 등 다수의 인사가 서명을 요구했으나 이승만은 완강히 버텼고, 결국 허정이 끈질기게 설득하고 난 후에야 하야에 서명했다.

이승만은 하와이로 망명했다. 이승만은 하야 이후 5년을 더 살아 90세의 나이로 세상을 떠났다. 이승만은 하와이로 가는 비행기에서도 '금방 돌아오겠다'고 말했다고 하는데, 실제로 계속해서 입국을 시도했으나 대한민국 정부로부터 거절당했다.

부통령 후보였던 이기붕은 비극적인 최후를 맞이했다. 시위 과정에서 이기붕의 자택은 불에 타버렸고, 이승만에게 양자로 보낸 큰아들 이강석이 쏜 총에 맞아 죽었다. 이기붕의 부인인 악질 친일파 박마리아 역시 함께 죽었다. 이강석은 부모를 죽이고 자결했으니, 이를 이기붕 일가의 비극이라 한다.

4·19혁명은 성공을 거두었다. 독재자 이승만을 몰아냈고 3·15부정선거를 무효화했다. 무엇보다 국가의 주권은 국민으로부터 나온다는 민주주의의 기본 원칙을 대한민국에 바로 세우는 첫 번째 사건이었다.

이승만이 하야하자, 혼란스러운 시국에서 당시 부통령이자 야당 대표였던 장면 역시 자리를 지키는 것이 적절하지 않다고 판단하며 사임했다. 그리고 장관 중 최상위 서열에 있었으며 미국이 가장 지지했던 외무부 장관 허정을 중심으로 과도 정부가 구성된다. 허정 과도 정부는 이승만의 장기 독재에 맞춰 개헌된 헌법을 고치기 시작하는데, 이때 통과된 3차 개헌은 우리 역사상 처음이자 마지막으로 의원내각제(내각책임제)를 채택했다.

3차 개헌 이후 치러진 총선에서 민주당이 압승을 거두었고, 윤보선이 대통령, 장면이 총리로 선출되면서 '장면 내각'이 만들어지게 된다. 10년이 넘는 독재 끝에 대한민국은 새로운 세상을 맞이했고 비로소 민주주의가 실현되었으나 그 바람은 오래 가지 못하고 5·16군사쿠데타(1961)로 꺾이게 됐다.

참고문헌

· 한완상 외, 《사일구혁명론》, 일월서각, 1983.
· 사월혁명동지회, 《사월혁명》, 사월혁명동지회출판부, 1965.
· 강준만, 《한국 현대사 산책 1960년대 편1》, 인물과사상사, 2009.

59 진보가 이승만을
싫어하는 백만서른한 가지 이유

　　일생이 나쁜 짓거리투성이었다. 왜 나쁜 사람을 따르고 추종하는지 이해되지 않는다. 이는 정의롭지 못한 자들이 또 다른 정의롭지 못한 자를 영웅으로 만들어, 자신의 정의로움에 대한 열등감을 해소하려는 수작이다.

　　진보가 이승만을 싫어하는 백만서른한 가지 이유들이다.

　　첫째, 이승만은 독립운동을 할 때나 임시정부의 대통령일 때나 돈에 혈안이 되어 살았다.

　　둘째, 이승만은 가쓰라·태프트밀약에 앞장섰던 미국인 스티븐스를 저격한 장인환과 전명운의 재판 통역을 거부했다.

　　셋째, 이승만은 하와이에서 대조선국민군단을 이끌던 박용만의 일본 군함(이즈모호) 폭파 계획을 하와이주 정부에 고발했다. 이승만의 고발은 하와이 지역의 동포사회와 의연금을 두고 일어난 패권 싸움이었다. 지금도 하와이 한인사회에서 이승만은 지지받지 못한다.

넷째, 이승만은 윌슨 대통령에게 위임통치청원서를 제출했다. 일본으로부터 독립되어 국제연맹의 통치를 받겠다는 것이었다.

다섯째, 대한민국 임시정부 대통령직에서 탄핵되었다.

여섯째, 탄핵을 당한 이후에도 미주 지역의 의연금을 임시정부로 보내지 않고 착복했다.

일곱째, 해방 후 민족지도자 중에서 최초로 분단을 언급했다. 이를 정읍발언이라 한다.

여덟째, 아무리 봐도 여운형 암살 배후에 이승만이 있는 것 같다.

아홉째, 미국 듀크대 출신으로 친일 청산에 앞장섰던 최능진이 자신의 지역구인 동대문구 출마를 시도하자, 비열한 방법을 동원하여 최능진의 출마를 막았다. 이후 6·25전쟁 중 최능진을 빨갱이로 몰아 죽였다.

열째, 이승만의 친일파 청산 실패로 인한 매국노의 부활은 우리 민족사의 최대 비극이다. 오늘날 대한민국의 정치 갈등과 좌우 대립, 지역 갈등은 이승만의 친일파 청산 실패로부터 기인한다. 이승만이 친일파만 제대로 처벌했어도 우리 현대사가 이 정도로 막장이지 않았다.

열한째, 친일파 김창룡과 박마리아 등을 너무 아꼈다.

열두째, 아무리 봐도 김구 암살의 유력 배후자는 이승만인 것 같다. 김구를 죽인 안두희에게 김창룡이 말했다. "안 의사, 수고했소."

열셋째, 6·25전쟁이 발발하자 내각과 국회에 알리지 않고 먼저 도망을 갔다.

열넷째, 자기는 먼저 피난을 가 놓고 한강 인도교를 폭파하여 피난을 가던 많은 민간인이 죽었다. 미처 피난을 가지 못한 서울 시민들은 발이 묶였고, 공산통치를 경험해야 했다.

열다섯째, 국민방위군을 조직하여 수만 명의 청년들을 부산으로 이동시키던 중, 군부대의 횡령과 부정부패로 청년들이 굶어 죽고 얼어죽게 만들었다.

열여섯째, 부산정치파동을 일으켜 발췌개헌(1차 개헌)을 단행하면서 본격적으로 독재의 시작을 알렸다. 헌병들이 부산 임시 국회의사당을 에워싸게 하고, 강압적인 개헌을 단행했다.

열일곱째, 사사오입개헌(2차 개헌)을 하여 초대 대통령인 자신에 한해 죽을 때까지 대통령에 출마할 수 있게 했다.

열여덟째, 진보당사건(1958)을 조작하여 자신의 정적 조봉암을 형장의 이슬로 사라지게 했다.

열아홉째, 3·15부정선거를 대놓고 지시했다.

"정·부통령이 서로 다른 정당이라면, 나는 옹종할 수 없다."

스무째, 1960년 4월 19일 경무대 앞에서 경찰들이 시민과 학생을 향해 발포하여 104명을 죽이고 수백 명의 부상자를 낳게 했다.

스물한째, 제주4·3사건이 일어나자 제주에 육지경찰과 군부대, 서북청년단을 투입하여 민간인을 많이 죽였다. 특히 노인과 어린이, 여성의 피해가 너무 컸다.

스물두째, 여수·순천사건으로 민간인을 너무 많이 죽였다.

스물셋째, 보도연맹사건으로 민간인을 너무 많이 죽였다.

… 백만서른한째. 민간인을 계속 죽였다.

참고문헌

· 염규현, 〈[대한민국임시정부사적지연구회 이봉원 회장] 뉴라이트의 '이승만 띄우기'에 맞서다 - 임정 27년 노정, 지금 우리를 있게 한 자산〉, 민족21, 민족21 2010년 10월호(통권 제115호), 2010.
· 하종문, 〈반일민족주의와 뉴라이트〉, 역사비평사, 역사비평 2007년 봄호(통권 제78호), 2007.

8장

6·25전쟁의 사실을
은폐하지 말라

분단은 곧 전쟁을 낳았다.
민족상잔이었고, 우리의 강토는 죽음의 땅이었다.
6·25전쟁을 들여다볼수록 이가 갈린다.
전쟁을 일으킨 김일성에 이가 갈리고
무능했던 이승만과 국군 지휘부에 이가 갈리고
자국의 이익 추구에만 골몰했던 강대국에 이가 갈리고
수없이 많은 희생자가 발생한 것에 이가 갈린다.

한국전쟁은 우리 현대사의 가장 큰 비극이다.
이 땅을 수호하다 돌아가신 영령들께 감사의 말씀을 드린다.

60 6·25전쟁은
남침인가? 북침인가?

"6·25전쟁은 미국이 일으킨 전쟁이다."

수능 강의 중에 했던 이 표현으로 나는 많은 비판을 받았다. 친일매국세력은 내 강의에서 허점을 찾고 싶었던 것 같다. 그래서 15년 전의 강의까지 뒤져 가며 이를 문제삼은 것이다.

위와 같이 말한 것은 내 실수였다. 너무 함축적이었다. 그 의미를 잘 알아들을 수 있도록 더 명확하게 전달했어야 했다.

"6·25전쟁은 미국이 일으킨 전쟁이나 다름없다."

아니면 이렇게 말했어야 했다.

"6·25전쟁은 미국과 소련이 일으킨 전쟁이다."

나는 문제가 되었던 강의에서 분명히 이렇게 강의했었다.

"1950년 6월 25일 소련의 허락을 받은 김일성이 남침을 감행했다."

6·25전쟁이 북한의 남침으로 시작되었다는 것은 대한민국 사람이면 삼척동자도 아는 사실이다. 그런데 수능 시험에 자주 출제되는 6·25전

쟁의 배경 중에 '애치슨선언'이 있다. 이를 설명하기 위해서는 6·25전쟁에 대한 미국의 책임론을 언급할 수밖에 없다. 수능 근현대사를 가르쳤던 선생님들은 대부분 나와 비슷한 내용으로 강의를 했을 것이다. 그럼에도 불구하고 내 강의에서 특정 부분만 발췌되어 공격을 당했으니, 사실 악마의 편집에 가까운 수준이었다.

또한, 6·25전쟁과 관련하여 내가 하지도 않은 말들로 나를 공격하는 댓글이 넘쳐났다. 내가 북침을 주장했다는 것이다. 나는 카메라 앞에서 진행했던 수십 번, 수백 번의 6·25전쟁 강의 중에서 북침을 이야기해 본적이 단 한 번도 없다. 내가 북침을 주장했다고 거짓말하는 꼴통들을 그냥 내버려 두었던 이유는 그들이 북침과 남침조차 구분하지 못하는 자들임을 알기에 애써 무시했던 것이다. 이와 관련된 댓글에 대해 연구실 관계자들 모두 금융치료를 해야 한다고 분노한다. 그렇게 할까 싶다.

그래도 고마운 것은 이러한 음해에 대해 내가 특별히 억울하다고 말하지 않더라도 6·25전쟁을 공부한 많은 진보 지식인들이 '네가 무슨 말을 하려고 하는지 알고 있다'며 내 의도를 충분히 이해해 주셨다는 것이다. 이러한 진보 지식인들을 믿기 때문에 나는 내가 알고 있는 6·25전쟁의 내용을 조급해하며 강의할 필요성을 느끼지 못했다. 그러나 이제는 칼을 꺼내야 할 때가 된 듯하다.

6·25전쟁은 누가 시작했는가? 세 가지 학설이 있다.

남침설, 북침설, 국지전설.

북한이 남한을 침략했다면 남침이고, 남한이 북한을 침략했다면 북침이다. 혹시나 해서 설명하자면 손으로 다른 사람의 똥꼬를 찔렀을 때 이를 손침이라 하는가, 똥침이라 하는가.

남한이 북한을 침공했다는 북침설은 북한 측의 일방적인 주장이다. 북침설은 학문적 근거가 희박하다. 북침설을 받아들이기 힘든 몇 가지 이유를 들어 보겠다.

첫째, 6월 25일 전쟁이 발발하자 국군은 방어조차 제대로 하지 못하고 후퇴에 급급했다. 아무리 북한군의 기습 공격을 당했다고 하더라도 국군은 창피할 정도로 밀렸다. 만약 남한이 선제공격을 하고도 전쟁 초반부터 이토록 일방적으로 밀렸다면, 이는 배꼽을 잡고 웃을 일이다. 더구나 미국은 남한의 선제공격을 허락하지 않았고, 선제공격에 필요한 무기조차 제공하지 않았다. 또, 미국이 국군의 병력을 10만 명 이하로 제한했기 때문에 사실상 남한은 북침을 할 만큼의 병력도 없었다.

둘째, 6월 11일에 발령되었던 전군 비상경계령이 6월 24일 해제되면서 국군은 외출과 휴가를 나갔다. 전쟁 개시 하루 전날 군인에게 휴가를 허락하는 나라는 없다.

셋째, 북한군의 남침 하루 전인 6월 24일 저녁에는 서울에서 장교구락부 개관 파티가 열렸다. 선제공격을 해야 하는 나라에서 전쟁 개시 전날 육군참모총장을 비롯한 장성들이 한 곳에 모여 거나하게 술판을 벌이고, 다음 날 새벽 전쟁이 개시된 이후까지 고주망태가 되어 있을 수는 없다. 이러한 이유로 육군참모총장 채병덕에 대한 간첩설이 끊이지 않는 것이다.

　국지전설은 38도선 근처에서 발생한 작은 전투들이 우발적으로 확대되어 전쟁으로 번졌다는 주장이다.
　당시 38도선 근처에서 상당히 많은 국지전이 있었던 것은 사실이다. 1949년 1월부터 전쟁이 발발하기 직전인 1950년 6월 24일까지, 약 1년 반 동안 전투의 횟수는 무려 874회에 달했다. 특히 황해도 옹진반도에서의 전투는 매우 치열했다. 북한은 남침을 단행하기 전부터 옹진반도에서 있었던 국지전이 전쟁으로 확장된 것처럼 보이게 하려는 계획을 세웠다. 북한은 자신들의 침략을 감추려는 의도로 국지전설을 이용했다. 요즘에는 이 국지전설을 '내란확전설'이라고도 부른다.

　남침설은 정설로서 더는 논란의 여지가 없다. '설'자도 빼야 한다.
　6·25전쟁은 분명히, 1950년 6월 25일 새벽 4시 북한군의 남침으로 시작되었다. 그렇다면 근거는 무엇일까?

　첫째, 6월 25일을 기점으로 북한군의 남하가 대규모적으로 일어났다. 북한군은 서부전선부터 동부전선까지 일시에 남하했다. 남한의 선제공격이라는 북침설이나 내란확전설은 이러한 북한군의 대규모적이고 동시다발적인 남하를 설명할 수 없다. 기습 공격을 당했던 남한은 별다른 저항도 하지 못하고 서울을 내어 준 채 낙동강까지 밀려야 했다.

　둘째, 유엔 안전보장이사회에서 전쟁 발발의 원인을 북한의 불법 남침으로 규정하고 이를 강력하게 비난했다.

> 북한군의 한국에 대한 무력 공격에 대해 심각한 우려를 표명하고 이 행
> 위가 평화를 위반하는 것으로 판단한다. 북한 당국이 38선 이북으로 군
> 대를 철수할 것을 촉구한다.
>
> 유엔 결의안 82호(1950.6.25.)

셋째, 1994년, 보리스 옐친 러시아 대통령이 한국을 방문하면서 김영
삼 대통령에게 소련의 기밀문서를 건넸다. 소련의 기밀문서를 통해 김
일성의 남침에는 스탈린의 동의가 있었음이 드러났다. 사실, 드러났다
기보다 확인되었다는 표현이 적절할 것이다. 소련의 기밀문서가 공개
되기 이전에도 김일성의 남침에는 스탈린의 허락이나 동조가 있었다는
것을 누구라도 예측하고 있었기 때문이다.

참고문헌

· 국방부 군사편찬연구소, 《6·25전쟁사》, 2004.
· 김옥준, 〈북한의 남침에 대한 소련의 전략과 중국의 동의 배경 - 소련의 남침동의부터 남침개시까지
  를 중심으로〉, 한국동북아학회, 한국동북아논총 제67호, 2013.
· 이완범, 〈한국전쟁 발발 직전의 상황: 내전설과 남침유도설에 대한 비판적 조망 한국전쟁: 38선 충
  돌과 전쟁의 형성(정병준, 돌베개, 2006)〉, 한국역사연구회, 역사와 현실 제62호, 2006.

61 6·25전쟁을 미국이 일으켰다고?

1950년 6월 25일 북한의 남침으로 6·25전쟁이 발발했다는 것이 역사적 사실이라는 전제하에, 미국이 북한의 남침을 유도했다는 '미국의 남침유도설'이라는 학설이 존재한다. 한때 남한의 상당수 지식인들이 이를 신봉했었다. 미국이 북한의 남침을 유도했다는 남침유도설은 전 세계적으로도 거의 정설로 굳어져 반론조차 나오지 못하고 있는 상황임에도 오로지 한국인만 받아들이지 못하고 있다.

미국이 북한의 남침을 유도했는지의 진실 여부는 당사자인 미국만이 알고 있고, 모든 역사적 증빙 자료 역시 미국에 있다. 미국의 연구 성과를 들여다보아야 함은 당연하다. 그렇다고 역사적 개연성을 포기할 수는 없기에, 먼저 역사적 개연성 측면에서 6·25전쟁 발발에 대한 책임을 미국에 어디까지 물을지 고민해 보자.

첫째, 일단 한반도의 분단에는 미국의 책임이 있음을 앞서 설명했다. 특히 전 세계의 공산화를 막겠다는 트루먼독트린(1947.3.)을 발표하여 냉전을 시작한 당사자인 미국이 한반도를 분단시킨 것은, 한반도가 냉전의 장이 되기에 충분한 여건을 마련해 준 셈이었다.

둘째, 냉전은 시작되었고, 이념 대립이라는 화약고가 될 수 있는 분단된 한반도에서 갑자기 주한미군이 철수했다(1949.7.). 한국에 주둔하던 7만 7천 명의 병력 중 500여 명의 군사고문단이 남았지만, 이들은 국군의 훈련을 위한 주둔이었지, 정식 군대는 아니었다. 당시 유럽의 분단 국가인 서독에 30만 명의 병력을 주둔시켰던 미국이 왜 또 다른 분단 국가인 남한에서는 미군을 철수시켜야 했을까?

셋째, 미국이 주한미군을 꼭 철수시켜야 했다면, 그 전제조건으로 남한의 군사력을 적어도 북한만큼은 확보해 주었어야 했다. 그러나 미국은 남북한의 군사력 차이를 알면서도 남한의 군사적 열세를 외면했다. 미국은 소련의 T-34 전차가 북한으로 공수된 사실을 알았음에도 그에 상응하는 대전차 무기를 남한에 제공하지 않았다. 물론, 남한에 무기를 제공하면 이승만이 북침을 할 가능성에 대해 우려가 있었을 것이라는 점도 이해한다.

미국이 무기를 지원해 주지 않자, 이승만은 미의회 의장에게 말했다. "북한에게 남침하여 한국을 접수하라는 공개 초대장과 뭐가 다르냐."

넷째, 1949년 10월 중국이 공산화되었다. 국공내전 당시 마오쩌둥의 편에 서서 중국의 공산화에 기여했던, 전쟁 경험이 풍부한 조선의용군 6민여 명이 북한의 인민군에 합류하여 인민군 6사단, 5사단, 12사단 등에 배치되었다. 이런 상황을 알면서도 미국은 남한의 병력을 10만 명으로 제한하여 묶어 두고 있었다.

다섯째, 1950년 1월 미국의 극동방위선인 '애치슨라인'이 발표되었다. 미국의 국무장관 애치슨은 공산 세력이 침략해 오더라도 미국은 극동방위선 이북에 해당하는 한반도와 대만에 개입하지 않겠다고 발표했다. 이 발표는 중국 대륙이 공산화된 지 불과 3개월 만에 나온 것이었고, 동북 아시아에서 공산 세력의 침략이 가능한 지역은 대만과 한국이었음에도 대만과 한국이 제외된 극동방위선이 발표된 것이다.

일본과 필리핀에 공산 세력의 침략이 가능하기나 했는가. 설령 미국이 극동방위선을 설정했다고 해도 이는 미국 내에서 비밀 전략으로 다뤘어야 했다. 그런데 이를 전 세계에 공표한 이유는 무엇이었을까?

이는 소련, 중국, 북한 등의 공산 국가에게 대만과 한국 침략을 독려하는 공개 초대장을 보내는 것이나 다름없었다. 애치슨선언은 불과 3년 전, 전 세계 어디든 공산 세력의 침략이 있으면 미국이 나서서 자유를 수호하겠다는 트루먼독트린과 대치되는 발표였다.

정리하자면, 미국은 소련과 함께 한반도를 분단시켰다. 냉전시대에 분단국이 된 남북한 사이 38도선 부근에서는 전쟁의 기운이 감돌 정도로 수많은 국지전이 벌어졌다. 전쟁 발발 가능성이 뻔한 상황에서 미국은 남한에 군대를 충당하기는커녕 자국의 군대를 철수했다. 마침 중국 대륙에서는 공산 세력과의 전쟁에서 패한 장제스가 대륙을 포기하고 섬나라 대만으로 쫓겨났다. 미국은 남한 대통령 이승만의 군비 확충

소련

알류샨 열도

대한민국   일본

중국

태평양

필리핀

┈┈┈┈ 애치슨 라인

미국 국무장관 애치슨이 발표한 미국의 극동방위선

을 해 달라는 애원을 무시한 채, 오히려 애치슨선언을 발표하여 한반도에서 전쟁이 일어나도 개입하지 않겠다고 전 세계에 공표했다. 그 결과, 6·25전쟁이 발발했다. 역사적 개연성만으로도 6·25전쟁 발발에 대한 책임을 미국에게 충분히 물을 수 있지 아니한가.

자, 이제 역사적 개연성보다 중요한 것은 과연 미국이 북한의 남침을 유도했다는 증거를 제시할 수 있냐는 것이다.

만약 미국이 북한의 남침 계획을 알고도 남한에 알리지 않았다면, 분명 6·25전쟁에 대한 미국의 책임이 따라야 한다. 더 나아가 6·25전쟁을 통해 미국이 얻어갈 수 있는 것은 무엇이었는지, 이를 통해 6·25전쟁을 미국이 기획했는지에 대한 고민도 해야 한다.

미국은 정말 북한의 남침 준비 상황을 알고 있었을까? 내 대답은 "당연하다"이다. 천하의 강대국이자 세계 최고의 정보망을 가지고 있었던 미국이 북한의 대규모 전쟁 준비를 몰랐다고 생각하는 것 자체만으로도 바보스럽다. 이순신 장군은 바다 건너 일본의 침략도 예상했는데, 500년 후 미국의 정보력이 조선의 이순신보다도 못했단 말인가?

사실 미국은 6·25전쟁이 일어나기 1년 전부터 한반도의 전쟁 시나리오를 계산하고 있었다.

〈한반도 유사시 미국의 대응 방침〉미국 육군본부 1949.6.27.
1. 전쟁 전 한국 거주 미국인의 긴급 철수
2. 북한이 침략하면 유엔 안전보장이사회에 문제 제기
3. 유엔의 승인으로 치안 유지 활동 시작

2000년 미국의 역사학자 스탠리 웨인트라웁은 저서 《맥아더 전쟁》에서 미국 국방부가 6·25전쟁 직전 SL-17이라는 제목의 작전계획을 미리 준비했다는 사실을 밝혔다. 놀랍게도 우리가 알고 있는 6·25전쟁은 미국의 작전계획 시나리오 SL-17의 내용대로 전개되었다.

SL-17 (1949년 9월)
미국은 북한군이 남침하는 경우 유엔군의 형태로 참전하여 낙동강까지 후퇴한 후 인천상륙작전을 통해 상륙할 것.

맥아더의 후임 유엔군 사령관 리지웨이는 저서 《한국전쟁》에서 이렇게 말했다.

2010년 수능 '한국 근현대사' 18번 문제

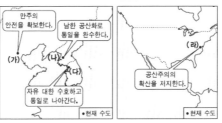

18. 그림은 6·25 전쟁 관련국의 입장을 나타낸 것이다. (가)~(라) 국가와 관련된 설명으로 옳지 않은 것은?

- 만주의 안전을 확보한다.
- 남한 공산화로 통일을 완수한다.
- 자유 대한 수호하고 통일로 나아간다.
- (가)
- (나)
- (다)
- (라)
- 공산주의의 확산을 저지한다.
- ●현재 수도
- ●현재 수도

① (가)의 참전으로 유엔군의 최대 북진선이 무너졌다.
② (가)가 (라)에게 제안하여 휴전 협상이 시작되었다.
③ (다)는 (나)의 체제에 반대하는 포로들을 석방하였다.
④ (다)와 (라)는 전쟁 후 상호 방위 조약을 체결하였다.
⑤ (라)의 애치슨 선언은 (나)의 전쟁 준비에 영향을 끼쳤다.

사진은 2010년도 수능 한국 근현대사 18번 문제이다. (가)는 중공, (나)는 북한, (다)는 대한민국, (라)는 미국이다. 일단 정답은 2번 선지였다. 휴전 협상은 중공이 제안한 것이 아니라, 소련의 제안에 따라 시작되었기 때문이다.

5번 선지는 옳은 문장으로 출제되었다.

대학수학능력시험 문제의 출제는 출제위원들이 문제를 만든 후 검토위원의 검토를 거치는데, 이 과정에서 이의가 있을 경우 문제를 소각시킨다. 이렇게 출제된 문제는 2차 검토 과정을 한 번 더 거친다. 위에 제시된 문제는 출제된 이후 어느 누구도 이의를 제기하지 않은 문제이다. 즉 학문적으로 거리낄 게 없는 문제였다.

자, 그럼 미국의 애치슨선언이 북한의 전쟁 준비에 영향을 끼친 것은 사실이라고 보았을 때, 애치슨선언이 미국의 의도였는지, 아니면 미국의 실수였는지 확인하면 된다. 반공보수 세력들은 애치슨선언이 미국의 실수였기를 학수고대하겠지만, 내 공부에 의하면 이는 미국의 완벽한 의도였다.

"나는 CIA의 1950년 6월 19일자 보고서를 읽었기에 북한군의 남침을 예측하고 있었다."

"6월 19일자 정보 보고서를 읽은 사람 중에 북한군의 남침이 임박한 사실을 부인할 수 있는 사람이 어디 있겠는가."

극동군사령부는 아래 내용의 1950년 3월 10일자 정보 보고서를 워싱턴에 전달했다.

북한군이 1950년 6월에 남침할 것으로 예상된다.

미국 극동군사령부 정보참모부장 윌러비 소장은 잡지 〈코즈모폴리턴〉에 기고한 글에서 이렇게 말했다.

"극동군사령부가 은밀한 방식으로 한반도에 관한 정보를 워싱턴으로 전달했으며, 북한군의 남침이 있기 3개월 전인 1950년 3월에 북한군의 전쟁 준비 상황을 정확히 파악했다."

미국 국무부 유엔담당 차관보 히커슨은 1951년 6월 5일 미국 상원에 결위 청문회에서 이렇게 말했다.

"미국 국무부는 6·25전쟁 발발을 사전에 예견하고 대비했다."

"북한이 남침하면 유엔에 제출할 결의안 초안을 이미 작성해 놓았다."

전쟁이 일어날 때를 대비하는 작전계획은 얼마든지 미리 세울 수 있다. 그러나 북한이 남침할 경우 남한이 일방적으로 밀릴 것을 알면서도, 남한에 북한의 남침 계획을 알리지 않고 주한미군을 철수한 미국의 입장은 무엇이었을까?

2000년 미국에서 출판된 리처드 쏜턴의 《강대국 국제정치와 한반도》는 2020년이 되어서야 한국국방연구원(KIDA)에서 번역하여 발간되었다. 조지워싱턴대학의 쏜턴 교수는 오랫동안 일본과 한국을 오가며 미

《강대국 국제정치와 한반도》

공군의 정보장교로 근무한 경험을 토대로 수많은 암호 해독과 전쟁과 관련된 자료들을 제시하며 6·25전쟁 발발에 대한 미국의 책임을 언급했다. 쏜턴은 미국인과 자유 진영 국가에게 공산주의의 위험을 각인시킴으로써 미국의 국방비 증액을 정당화하고자 했던 트루먼의 전략적 계산이 6·25전쟁을 야기했다고 분석한다.

미국 트루먼의 목표는 한반도에서 가능한 한 장시간 동안 공산 세력과 치열하게 전쟁을 함으로써 미국인과 자유 진영 국가의 국민들이 공산 세력의 위험을 절감하게 만드는 것과 이 같은 방식으로 미국의 국방비를 400% 증액시키고 지구상 도처에 동맹을 결성함으로써 냉전 승리의 초석을 만들기 위함이었다.

《강대국 국제정치와 한반도》 서문 중

북한군이 남침하는 경우 미국이 유엔군 형태로 참전할 것이며, 낙동강까지 후퇴한 후 인천상륙작전을 통해 반격할 것이란 한반도전쟁 계획을 1949년 9월 이미 수립했고, 이는 1980년대 초반 미 육군과 공군이 6·25전쟁에 관해 발간한 공식 역사에서 인정한 부분이다.

《강대국 국제정치와 한반도》서문 중

유엔군이 인천에 상륙한 반면 중공군이 한반도전쟁에 참전하기 이전, 미국은 몇몇 방식으로 6·25전쟁을 종결시킬 수 있었다. 그러나 이 같은 방식으로 6·25전쟁을 종결시킬 경우 미군 재무장에 필요한 재원을 마련해 줄 정도의 위기를 조성할 수 없었을 것이다.

《강대국 국제정치와 한반도》서문 중

미국이 북한군의 남침 준비 현황을 사전에 알고 있었음을 보여 주는 많은 증거가 있다. (중략)
〈1950년 5월 15일 미중앙정보국〉
제대로 훈련된 북한군이 38도선을 겨냥하여 남쪽으로 이동하고 있다.

《강대국 국제정치와 한반도》164쪽

미국의 지도자들은 전쟁이 다가오고 있음을 알았다. 대만과 한반도에서 전쟁 위협이 고조될 당시 미국은 중국의 대만 침공을 사전 차단하고자 적극 노력한 반면 한반도전쟁을 방지하기 위한 어떤 조치도 취하지 않았다.

《강대국 국제정치와 한반도》248쪽

리처드 쏜턴 교수의 《강대국 국제정치와 한반도》를 번역한 권영근 교수가 쏜턴 교수에게 메일을 보냈다.

"미국 내에서 당신의 견해에 대한 반대 의견이 존재하는가?"

쏜턴 교수로부터 답변이 왔다.

"내가 말한 6·25전쟁의 발발 배경과 미국의 책임에 대해 어떠한 반대 의견도 제시되지 못했다."

미국 내 학계에서 6·25전쟁을 바라보는 상황이 이러함에도 6·25전쟁 발발에 대한 한국의 해석은 걸음마 수준이다.

자국에서 벌어진 민족상잔의 6·25전쟁에 대해 '왜?'라는 의구심조차 갖기를 거부하는 일종의 세뇌와 더불어, '우리 미국이 그럴 리가 없어'라는 미국에 대한 절대적인 사대주의가 한 몫을 했다. 반공보수 세력 입장에서는 미국을 지키는 데 사활을 걸어야 했다. 우방국 미국의 희생과 도움으로 공산화의 위기를 극복하고 자유 번영을 이룰 수 있었다는 믿음이 깨지면, 그들은 대한민국에서 설 자리를 잃게 된다.

오로지 반공만을 외치는 친미사대주의자들이 '미국의 남침유도설'을 부정하는 근거가 있다. 바로 소련의 기밀문서 공개였다.

극우반공 세력에게 소련의 기밀문서 해제는 거의 신앙과도 같다. 1994년 보리스 옐친 러시아 대통령이 구소련의 기밀문서를 김영삼 대통령에게 넘기면서 6·25전쟁은 소련 스탈린의 허락하에 김일성의 남침으로 시작되었다는 사실이 만천하에 드러났다. 그러나 이미 많은 사람들은 소련의 기밀문서가 해제되기 이전에도 스탈린과 김일성이 합심하여 남침했음을 충분히 알고 있었다.

6·25전쟁사를 알지 못하는 사람들은 소련의 기밀문서가 공개되면서 미국의 남침유도설이 끝장났다고 생각하겠지만, 6·25전쟁 연구자들은 오히려 소련의 기밀문서를 통해 스탈린이 김일성에게 남침을 허락하는 과정과 애치슨선언과의 상관관계 등을 면밀히 살필 수 있게 되었다.

　소련의 기밀문서를 통해, 김일성의 남침 야욕을 처음에는 스탈린이 막았다는 사실이 확실히 드러났다(1949년 3월 7일 스탈린과 북한 대표단의 대화록). 스탈린에게 남침에 대한 허락을 구하고자 하는 김일성의 전보와 편지가 무려 48차례나 모스크바로 건너간 것 역시 확인되었다. 그러나 미국의 애치슨선언(1950.1.) 이후 스탈린의 생각이 바뀌어 북한의 남침을 동의한 것도 확인되었다(1950년 4월 김일성의 소련 방문 건).

　소련의 기밀문서를 통해 6·25전쟁 발발에 대한 미국과 소련의 의도를 고민하는 것이 정상적인 연구자의 시각이다. 그럼에도 불구하고 '소련의 기밀문서가 공개되면서 미국의 남침유도설은 허구다'라고 외치는 기가 막힌 상황이 현재의 대한민국에서 6·25전쟁을 해석하는 수준이다.

　대한민국의 반공보수 입장에서 6·25전쟁에 대한 미국의 책임론을 씻어낼 수 있는 절호의 마케팅 찬스가 또 하나 있다. 바로 남침유도설의 뿌리나 다름없다고 생각했던 미국의 6·25전쟁 연구 권위자 브루스 커밍스의 커밍아웃이 있었다는 것이다.
　중앙일보가 브루스 커밍스와 인터뷰를 했다(2013.8.31.).
　"미국이 북한의 남침을 유도했다는 '남침유도설'이 한국의 지식사회에 끼친 영향이 큰데, 남침유도설의 근원지가 당신이지 아니한가?"

브루스 커밍스는 이렇게 답변했다.

"난 남침유도설을 말한 적이 없다. 이는 전두환과 관련된 사람들의 중상모략이다. 중요한 것은 누가 전쟁을 먼저 시작했는지가 아니라 대체 6·25전쟁이 왜 일어났는지를 규명해야 한다고 했다. (중략) 미국은 6·25전쟁 전에 남한에서 최소한 14곳의 감청 기지를 운영했다. 미국은 한반도 해안선을 따라 정찰기를 띄워 북한을 정찰하면서 정보를 수집했다. 이런 항공정찰이나 첩보와 관련된 문서들은 아직까지 전혀 나오지 않고 있다. 전쟁 직전 수만 명의 북한 군대가 38도선을 향해 이동 중이었다면, 미국이 그것을 보지 못했겠는가?"

브루스 커밍스의 인터뷰 내용은 이러했지만, 소위 대한민국의 반공주의자들은 다음과 같이 왜곡하여 외쳐 댔다.

"브루스 커밍스가 남침유도설을 부정했다."

이후 브루스 커밍스는 한국 언론과의 인터뷰를 극도로 자제했다.

존경하는 박태균 서울대 교수는 저서 《한국전쟁》에서 이렇게 말했다.

미국이 전쟁을 유도했다는 증거는 전혀 없다. 그러나 방위선에서 제외시킨 한반도에서 전쟁이 일어나자마자 1주일도 안 되어 군대를 파견한 미국의 태도는 어떻게 설명되어야 할까? 또 전쟁이 발발할 거라는 정보를 갖고 있었음에도 적절히 대처하지 않은 미국의 태도는 어떻게 이해해야 할까?

TV에서 6·25전쟁을 강의하는 전문가들은 이러한 역사적 사실을 알고 있다. 그러나 숨겨진 큰 진실을 대중에게 말하는 것은 용기를 필요로 한다.

그래서 보통 이렇게들 말한다.

"6·25전쟁은 미국과 소련이라는 강대국들의 큰 그림이었다."

참고문헌

· 리처드 쓴턴, 《강대국 국제정치와 한반도: 트루먼, 스탈린, 마오쩌둥 그리고 6·25전쟁의 기원》, 권영근·권율(역), 한국국방연구원, 2020.
· 박태균, 《한국전쟁: 끝나지 않은 전쟁, 끝나야 할 전쟁》, 책과 함께, 2005.
· 서정순, 〈6·25전쟁 원인의 복합성 연구〉, 한국국가전략연구원, 한국국가전략 제8권 제3호, 2023.
· 하성우, 〈한국전쟁 발발 전후 미국의 개입정책 연구 - 미국 전략문화를 중심으로〉, 경남대학교 대학원, 2023.

62 6·25전쟁은 미국과 소련의 큰 그림이었다고?

6·25전쟁이 발발한 다음 날인 1950년 6월 26일, 미국의 애치슨 국무장관이 상원세출위원회에 출석해 이렇게 말했다.

"북한군의 남침 관련 정보가 전혀 없었다. 정보 실패를 인정한다."

그러자 상원세출위원장 케네스 맥켈러는 미국의 대외 정보를 책임지는 CIA국장 힐렌쾌터의 출석을 요구했다.

앞서 CIA국장 힐렌쾌터는 북한의 남침 준비 상황을 모두 알고 있었고 이를 트루먼정부에 보고했다. 그럼에도 애치슨이 정보 실패를 말하자, 힐렌쾌터는 화가 났다. 상원에 출석한 힐렌쾌터는 CIA가 북한군의 남침 계획을 알고 있었음을 당당하게 증명하며, 특히 북한군 남침에 관한 구체적인 정보를 담고 있었던 문서를 제출했다.

38선 이북 지역에서 대규모 부대가 이동했다. 38선 부근 모든 북한 주민이 38선 이북 2킬로미터 넘는 지역으로 이주했다. 원산에서 철원으로 가는 모든 민간화물 노선이 전적으로 군용화물 운송 목적으로 사용되고 있다. 무장한 군인들과 방대한 규모의 탄약과 장비가 38선 부근으로 이동하고 있다.

CIA 문서(1950.6.19.)

그러자 맥켈러 상원세출위원장이 힐렌쿼터 국장에게 질문했다.

"이 같은 정보를 정부의 주요 인사들에게 제공해 주지 않은 이유가 무엇인가?"

힐렌쿼터 국장이 답변했다.

"모든 정보 판단서를 장관을 포함한 트루먼정부 주요 인사들에게 제공해 주었다. 그들이 북한군의 남침에 대한 CIA의 정보를 수령했음을 나타내는 확인서를 제시하겠다."

트루먼정부는 CIA 국장 힐렌쿼터를 바로 해임했다. 미국 CIA 국장이 북한의 남침 준비를 알고 있었고, 이를 모른 척했던 트루먼정부를 비판했다는 이유로 해직된 것은 미국 내 명백한 역사적 사실이다.

6·25전쟁을 대하는 소련의 자세는 미국보다 더 얄미운 수준이다. 외교에서 제1의 목표가 국익이라는 관점은 인정하지만 그렇다고 약소국의 전쟁을 이용하여 자국의 이익을 챙기려는 심보는 미국과 피차일반이었다. 미국은 6·25전쟁으로 얻을 수 있는 국익 실현에 대해 계획을 세우고 초지일관했던 반면, 소련은 국익의 크기를 저울질하는 과정에서 계속 입장이 바뀌었다는 것이다.

소련의 스탈린은 냉전이 시작되면서 미국과 맞서야 했다. 공산권 국가의 맹주로서 소련의 지위를 공고히 해야 했지만, 미국을 적으로 두면서까지 전쟁을 하는 것에는 부담을 느꼈다. 그래서 김일성의 전쟁 허락 요구를 승인하지 않았다.

1949년 3월 7일 스탈린은 김일성의 남침을 반대하며 이렇게 말했다.

"38선에 관한 미소협정이 아직도 유효하다. 우리 측이 협정을 파기한다면, 그것은 미국이 개입할 수 있는 이유가 된다."

김일성의 남침을 반대해 오던 스탈린이 갑자기 태도를 180도 바꾸어 김일성의 남침을 허락했다(1950.4.). 소련의 핵 무장이 완성(1949.8.)되었고 중국이 공산화(1949.10.)된 자신감도 있었겠지만, 미국의 애치슨선언(1950.1.)으로 미국이 참전하지 않겠다고 확신한 것이다.

1950년 4월 스탈린은 모스크바를 방문한 김일성에게 이렇게 말했다.

"전쟁은 기습적이고 신속해야 한다. 남조선과 미국이 정신을 차릴 틈을 주어서는 안 된다. 강력한 저항과 국제적 지원이 동원될 시간을 주지 말아야 한다."

그러나 전쟁이 개시되는 시점이 다가오자 소련은 미국의 의도를 알아차렸다. 애치슨선언과 상관없이 미국이 전쟁에 개입할 것을 말이다. 스탈린은 여기서 생각이 또 바뀐다. 미국이 6·25전쟁에 개입했을 때 중공을 미국과 박 터지게 싸우게 한다는 새로운 전략을 세운 것이다. 수억 인구를 자랑하는 중공이 공산 국가 서열에서 언제까지 소련 밑이라는 보장은 없었다. 소련은 중공을 미국과 싸우게 함으로써 중공의 힘을 빠지게 하여, 자신들에게 의지하는 나라로 만들고 싶었던 것이다.

1950년 7월 2일 스탈린은 마오쩌둥으로부터 미군이 38도선을 넘을 경우 중공군의 자동 참전을 약속받았다.

그래서였을까? 소련은 북한에게 불과 3일치의 총알과 기름, 군량미만을 제공했다. 서울을 점령한 북한군은 소련의 무기 지원이 중단되자 발이 묶였고, 서울을 점령하고도 6일 동안 한강을 건너지 못했다. 이는 6·25전쟁에서 유엔군이 참전하고 국군이 재정비할 시간을 벌어 주는 중요한 사건이었다. 이때 소련에 대한 김일성의 분노는 엄청났다.

이는 스탈린이 미국이 참전할 시간을 벌어 준 것이라고 해석할 수밖에 없다. 실제로 전쟁이 발발한 지 3일도 되지 않아 워싱턴에서는 주일 미군의 한국 파병을 결정했다. 스탈린도 이를 알고 있었다. 이렇다 보니 6·25전쟁에서 스탈린이 미국의 개입을 유도했다는 학계의 연구 결과가 나올 만하다.

한반도에 유엔군을 참전시키려면 유엔 안전보장이사회 상임이사국의 100% 찬성이 있어야 했다. 당시 상임이사국은 미국, 소련, 영국과 프랑스, 대만이었다. 만약 소련의 유엔대사가 상임이사회의에 참석하여 반대를 표할 경우 유엔군은 한국을 도울 수 없었다.

전쟁 발발 2일 후인 6월 27일 유엔군의 6·25전쟁 참전 관련 유엔안보리 상임이사회의가 열렸다. 그러나 소련의 유엔대사 말리크는 회의에 불참했다. 스탈린의 지시가 있었음은 당연한 예상이다. 유엔군에 참전에 대해 미국과 영국, 프랑스, 대만이 100% 찬성하여 유엔군이 편성되었다. 이후 1950년 7월 1일, 미국의 스미스 부대가 유엔군으로서 한국

땅을 처음 밟았다. 유엔군의 참전은 역설적이게도 소련군 덕분이었다.

2005년 러시아 국립보관소는 체코 고트발트 대통령에게 보낸 스탈린의 편지를 공개했다.

미국이 극동(한반도)에 묶여 현재 유럽에 신경을 쓸 여유가 없게 되었다. 이 같은 사실은 세계의 균형에 있어 우리에게 득이 되지 않는가? 의심할 바 없이 그렇다.

이에 대해 서울대학교 박태균 교수는 이렇게 말했다.
"스탈린이 아시아에서 미국을 시험해 보기 위한 것이 6·25전쟁이었다는 주장도 있다. 하지만 스탈린은 미국의 관심을 유럽에서 아시아로 돌리고, 이를 통해 자신들의 앞마당인 유럽에서 공산주의를 공고히 하기 위해 미국의 전쟁 참여를 유도했다. 이 주장은 스탈린이 체코의 고트발트 대통령에게 보낸 편지에서 제기되었다."

소련의 얍삽한 행태는 공산권 국가들이 소련을 믿지 못하고, 오히려 경각심을 갖게 되는 결과를 가져왔다. 특히 북한 입장에서는 끝까지 도움을 줄 것이라 믿었던 소련의 이중 플레이에 분노했고, 오히려 수십만의 병력을 지원하며 함께 싸운 중공에 더 큰 친밀감을 갖게 되었다.
이후 북한은 쿠바에서 미사일을 철수(1962, 쿠바사태)하는 소련을 보고, 당시 흐루시초프와 마오쩌둥의 중소 이념 대립 속에서 자신들만의 사회주의를 하겠다며 주체 사상을 내세웠다. 북한의 자주성은 회복됐

지만, 이때부터 북한의 경제가 골로 가기 시작했다.

 미국과 소련의 큰 그림 속에서 우리는 민족상잔의 전쟁을 치러야 했다. 전쟁의 교훈은 국력과 자주국방을 키워야 한다는 것이다. 대한민국의 국력이 올라섰음에도 자주국방은 아직도 먼 현실이다. 다시는 이 땅에서 외세의 이익 실현을 위한 전쟁이 발발해서는 안 될 것이다.

참고문헌

· 매슈 B. 리지웨이, 《리지웨이의 한국전쟁》, 박권영(역), 플래닛미디어, 2023.
· 브루스 커밍스, 《한국전쟁의 기원 해방과 분단 체제의 출현 1945~1947》, 글항아리, 2023.
· 브루스 커밍스, 《브루스 커밍스의 한국전쟁》, 현실문화, 2017.

63   6·25전쟁이
미국과 일본을 구했다고?

     한반도의 공산화를 막기 위해 미국의 주도로 유엔군이 참전했다. 미국이 파병한 30만 명의 장병 가운데 3만 8천 명이 한국에서 전사했다. 대한민국을 위해 싸운 장병들에게 고마운 마음을 갖는 것은 당연하다. 그러나 그들의 죽음으로 미국이 얻은 국익이 무엇일지 고민하는 것이, 민족상잔의 비극을 대하는 올바른 한국인의 자세일 것이다.

  6·25전쟁이 끝나가던 1953년 7월 8일, 프린스턴대학에서 미국 국무장관 애치슨은 이런 연설을 했다.

  "코리아가 나타나 우리를 구했다."

  애치슨이 이와 같이 말한 이유는 무엇일까?

  6·25전쟁 때문에,

  첫째, 국가안전보장회의에서 미국의 대대적 재무장 계획(NSC-68)이 승인되었고,

둘째, 미국의 국방비를 4배 늘리는 승인이 의회를 통과했으며,

셋째, 미국 정부와 방위산업체 간 상호의존체제가 갖춰지며 미국 군산복합체가 이루어졌기 때문이다.

6·25전쟁으로 미국이 세계의 패권국이 되었다는 주장은 다수의 학자들에 의해 제기되었다.

> 미국을 지구적 차원의 패권국으로 부상하게 해 준 전쟁은 제1차 세계대전도 제2차 세계대전도 아니고, 6·25전쟁이었다. 미국의 패권에 기여한 정도란 측면에서 보면 어떠한 사건도 6·25전쟁을 대체할 수 없을 것이다.
>
> 국제정치학자 로버트 저비스, 《한국전쟁이 냉전에 미친 영향》

> 6·25전쟁을 통해 미국의 세기가 시작되었음을, 다시 말해 미국이 지구적 차원의 패권국이 될 수 있었다.
>
> 6·25전쟁 참전용사의 아들이자 대법관 마이클 펨부룩, 《미국의 세계가 시작된 곳》

> 6·25전쟁을 통해 미국이 지구적 차원의 패권국으로 부상하고자 할 당시 필요한 체계를 구축할 수 있었다.
>
> 조지워싱턴대 교수 리처드 쏜턴, 《강대국 국제정치와 한반도》

제2차 세계대전 직후 전쟁에 대한 피로감으로 미국의 국방비 예산과 군대는 대규모 감축되었다. 그러나 소련을 비롯한 공산권 국가와 냉

전의 장에서 미국은 어떻게 해서든지 국방비 예산을 늘려 국방력을 강화해야 했다. 이를 위해서는 미국 국민의 여론과 의회의 승인이 필요했다. 때마침 6·25전쟁은 미국에게 좋은 선전 도구가 되었다. 냉전체제에서 공산권 국가와 벌인 최초의 전쟁이었고, 북한과 중공 뒤에는 소련이 있다는 것도 선전되었다. 또한, 6·25전쟁에서 쉽게 이기지 못함으로써 미국 내 위기의식을 불러일으켜 대대적인 재무장 계획을 통과시킨 것이다.

결과적으로 6·25전쟁으로 인해 미국의 국방비는 3배가 넘게 증가했다. 군수물자 생산은 7배가 늘었다. 미국의 육군 병력은 300만 명으로 증강하여 2배가 늘었다. 이 과정에서 미국 내 방위산업체의 역할이 있었음은 당연한 일이었다.

미국뿐이 아니었다. 공산 세력의 침략으로 시작된 6·25전쟁은 냉전체제에서 이념에 의한 전쟁이 가능하다는 것을 전 세계 자유 진영 국가에게 알림과 동시에 공산주의의 위험을 각인시켰다. 군비 증강은 서유럽 국가도 필수조건이 되었다. 미국 방위산업체는 전 세계의 군비 경쟁을 환영했고, 미국 정부와 방위산업체가 결탁하는 군산복합체가 완성되었다.

미국 대통령이었던 아이젠하워는 두려워했다.

"미국의 민주주의는 새로운 거대하고 음험한 세력의 위협을 받고 있다. 그것은 군산공동체라고도 할 수 있는 위협이다."

냉전시대 이후 군산복합체는 세계 곳곳에서 일어나는 분쟁의 이면에서 주인공이었다.

6·25전쟁에 대한 여러 의구심이 있다.

첫째, 북한이 대규모 남침을 준비할 때, 왜 미국은 모른 척했을까?

둘째, 왜 미국은 전쟁 발발 전 자국민을 모두 일본으로 피난시켰을까?

셋째, 미국은 왜 일본군에게조차 밀린 중공군에 그렇게 쩔쩔맸을까?

넷째, 왜 6·25전쟁은 잊혀진 전쟁(forgotten war)이라고 할까?

다섯째, 전쟁 영화 제작에 광분하는 미국과 헐리우드는 왜 6·25전쟁 영화를 만들지 않는가?

우리에게 비극이었던 6·25전쟁은 일본을 되살렸다. 패망 후 국운이 기울던 일본은 전쟁 특수를 누렸다. 6·25전쟁 당시 후방 기지로서 병참을 담당하며 얻은 경제적 효과가 무려 36억 달러였다. 또한 미쓰비시 등 전범 기업들은 기술력을 바탕으로 미국의 대량 생산 기술까지 습득했다. 또한 미일안전보장조약(1952)을 발효하여 국방 예산으로 쓸 돈을 경제 발전에 투자함으로써 일본이 선진국으로 도약할 수 있는 기틀이 마련되었다.

요시다 시게루 일본 총리는 이렇게 말했다.

"6·25전쟁이야말로 천우신조다. 이를 발판으로 일본 경제를 다시 일으킬 수 있다."

참고문헌

· 박미림, 〈한국전쟁과 미국의 냉전전략 변화〉, 평택대학교 일반대학원, 2015.

· 와다 하루키, 《와다 하루키의 한국전쟁 전사》, 청아출판사, 2023.

· 유지아, 〈한국전쟁 발발 후, 미국과 일본의 안보인식 변화 - 일본의 재군비 현실화를 중심으로〉, 중국근현대사학회, 중국근현대사연구 제87권, 2020.

64 한강 인도교 폭파로 민간인이 죽지 않았다고?

1950년 6월 25일 새벽 4시 북한군의 남침으로 전쟁이 발발했다. 그리고 3일 뒤인 6월 28일 새벽 2시경, 한강 인도교가 폭파되었다. 이는 서울을 포기한 국군이 북한군의 한강 도하를 막기 위한 선택이었다. 그러나 인도교를 너무 일찍 폭파한 나머지 서울에 있던 국군이 한강 이남을 넘지 못한 채 강북에 고립되었고, 군 장비 역시 북한군의 수중으로 고스란히 넘어갔다. 가장 큰 문제는 당시 인도교를 건너던 민간인이 너무 많이 죽었고, 또 피난 계획을 세우던 서울 시민의 발이 묶여 버렸다는 것이다. 한강 인도교가 끊기면서 한강 북쪽 용산에만 수십만 명의 피난민들이 이러지도 저러지도 못하는 상황에 처했다.

국방부는 방송을 통해 "국군이 잘 싸우고 있으니, 안심하고 서울을 지켜라"라고 전했다. 대통령 이승만은 서울 시민들에게 피난을 가라는 말도 없이 먼저 도망쳐 놓고 라디오를 통해 곧 원조가 있을 것이라고 말했다. 당시 시울 시민 145만 명 중 이승만과 국방부의 발표를 믿고 서울에 남았던 120만 명을 '잔류파'라고 한다. 반면에 한강을 건너 피난을 떠났던 서울 시민 25만 명을 '도강파'라고 부른다. 이후 이승만정권은 서울을 수복한 뒤에 한강 인도교 폭파 당시 서울에 남아 북한군 통치하에 살았던 잔류파 120만 명 중 55만 명을 공산주의에 부역한 혐의로 체포했다. 정부의 잘못된 대처로 피난도 가지 못한 채 북한군 통치하에 살았던 것도 서러운데, 서울 시민에게 미안함을 표하기는커녕 오히려 그들을 빨갱이로 의심하고 조사한 것은 이승만정권의 도덕성을 적나라하게 드러낸다.

당시 한강 철교(기차가 건너는 다리)는 지금과 같은 자리에 있었고, 한강 인도교(사람이 건너는 다리)는 지금의 한강대교 위치에 자리하고 있었다. 한강 인도교는 6월 28일 새벽에 폭파되었으며, 한강 철교는 인도교와 함께 폭파될 예정이었으나 제대로 폭파되지 않아 다음 날인 6월 29일 미군의 폭격을 받았다. 참고로 한강 인도교가 폭파된 시간은 이승만이 서울 시민들을 안심시키는 방송을 한 지 불과 3시간 반 뒤였다.

당시 한강을 건널 수 있는 다리가 인도교만 있던 것은 아니었다. 한강 철교와 인도교 바로 옆에는 부교(교각이 아닌 뗏목이나 판자를 연결해서 만든 임시 다리)가 설치되어 있었다. 이승만 추종자들은 부교와 그 위를 걷는 피난민들의 사진을 근거로 '한강 인도교가 폭파되었어도 강을 건너 피난을 갈 수 있었다'고 주장하면서 이승만의 인도교 폭파를 옹호한다. 그러나 그 사진들은 한강 철교와 인도교 폭파 이후에 찍힌 것인지, 그 전에 찍힌 것인지 알 수 없다. 게다가 한강 인도교가 폭파될 때 조악하게 설치된 부교가 온전했을 리 없다. 한강 인도교가 폭파되던 시점에 부교를 건너는 사람이 있었다면 그대로 수장되었을 것이다.

영화 〈건국전쟁〉에서 한강 인도교 폭파와 관련하여 이렇게 말했다.

민간인들이 한강대교 밑에 부표를 따라서 (이동하다가) 막상 폭파하는 순간에는 통행을 막습니다. 그래서 폭파하는 순간에 종로경찰서 소속 인가 하는 사람들 70명인가가 죽은 걸로 제가 아는데 민간인 희생은 없습니다.

하여간 입만 열면 거짓말이다. 한강 인도교 폭파 당시 희생된 민간인을 기리는 위령탑 건립에 관한 국방부 공문에서는, 한강 인도교 폭파에 따른 민간인 사망자를 500~800명으로 추산하고 있다. 한강 인도교가 폭파된 현장의 표지 동판에도 '6·25 발발 직후의 교량 폭파로 군중 500~800명의 인명 피해 추정'이라고 적혀 있다.

이 밖에도 한강 인도교 폭파와 관련된 증언이나 기록에서 많은 희생자가 있었음을 명시하고 있다.

"일반 시민들에게는 통보도 하지 않았다."
"시민들에게 (폭파를) 주지시키고 폭파하자고 최창식에게 진언했으나 불응하여 부득이 폭파하였다."

한강 인도교 폭파 책임자로 사형당한 최창식 관련 법정 기록 중

"4,000명 이상의 피란민과 군인들이 다리 위에 있었나."

"최소한 500명 내지 800명이 공중으로 튀어 오르고, 다리 아래로 쏟아져 내렸다."

"폭파 전 다리를 건너는 사람들에겐 아무런 사전경고도 없었다."

로이 애플먼, 〈낙동강에서 압록강까지〉(한국전쟁 참전 미 군사고문단 장교들의 증언 모음집)

"죽은 자와 죽어가는 시체가 다리 위에 흩어져 있었고, 민간인과 군인도 있었습니다. 부상자들과 죽어가는 이들의 비명 소리를 배경으로 수많은 난민들이 필사적으로 다리를 뛰어내려 밤하늘 속으로 사라지고 있었습니다."

코리아타임스 언론인 프랭크 기브니의 증언

"윤 중위와 같이 걸어서 폭파 현장까지 들어가 보니 북쪽 두 번째 아치가 끊겼는데 그야말로 눈 뜨고 볼 수 없는 아비규환이었다. 피투성이가 된 채 쓰러진 피란민들이 손으로 다리 밑바닥을 박박 긁으며 죽기 전 본능인 듯 저마다 '어머니'를 외치고 있었다."

국방부 정훈국 이창록 소위의 증언

"150m 전방에서 "쾅" 하는 고막이 찢어지는 듯한 대폭음과 함께 섬광이 번쩍하더니 수백 수천의 비명 소리, 그리고 사람과 차량들이 풍비박산이 되어 날아가는 것이 수많은 자동차 전조등에 환히 비쳤다.

수천 명이 전신에 피를 뒤집어쓴 채 뒤로 돌진해 나오는 생지옥의 아비규환, 지구상에 다시 없는 참극이 연출되었다."

전재구 중위의 증언

1958년 한강대교 복구 준공식에서 활짝 웃는 이승만의 모습

　역사는 수많은 사료와 자료를 근거로 역사가들의 교차 검증을 거친후에 사실로 받아들여지고, 대중에게 알려진다. 또, 일련의 사건들에 대해서는 사실을 정확하게 기억하는 자들이 존재한다. 그런데 기억하는 자들이 사라지면서 역사는 왜곡된다. 역사적 진실을 왜곡하려는 자들은 자기 이익 실현을 위해 그렇지만, 거짓 왜곡에 맞서는 사람들은 진실을 지키고자 하는 열망 그뿐이다.

참고문헌

· 국방부 전사편찬위원회, 《한국전쟁사 제1권》, 국방부, 1977.
· 짐 하우스만, 《한국 대통령을 움직인 미군대위》, 한국문원, 1995.
· 육군사관학교 편, 《한국전쟁사》, 일신사, 1976.
· 국방부 군사편찬연구소, 《6·25전쟁사 3: 한강선 방어와 초기 지연작전》, 국방부, 2006.
· KBS 다큐멘터리 극장, 〈한강교 조기폭파, 누구의 책임인가?〉, KBS1, 1993.6.20.
· KBS 역사저널 그날 제264회, 〈6·25개전 3일, 서울이 함락되다〉, KBS1, 2020.5.19.
· 유광종 기지, 〈6·25개전 초기의 진실 - 당시 정보국 북한빈 선임징교 JP회고2〉, 중앙일보, 2011.6.27.

65   미군은 왜 한국인을 존엄하게 생각하지 않았을까?

한강 작가의 2017년 뉴욕타임스 기고문의 제목이다.

미국이 전쟁에 대해서 말할 때, 한국은 몸서리친다.

이 기고문 중 노근리 학살에 대한 내용을 발췌해 본다.

한반도에서 일어난 한국전쟁은 인접한 강대국들에 의해 일어난 대리전이었다. 수백만 명의 사람들이 3년의 잔혹한 기간 동안 잔인하게 살해당했고, 이전의 국가 영화는 완전히 파괴되었다. 단지 상대적으로 최근에 이러한 비극적인 과정에서 미국군이나 동맹군이 남한 주민을 잔혹하게 살해했던 몇 가지 사건들이 재조명될 뿐이었다. 이 중 가장 유명한 것은, 노근리 대학살로 미국군이 수백 명의 시민을 태우고, 주로 여성과 아이들을, 돌다리 밑에서 며칠 동안 양쪽에 세워 놓고 총을 쏴 그들 대부분을 죽였던 사건이다. 왜 이렇게 해야만 했을까? 만약 그들이 남한 난민들을 "인간 이하로" 인식하지 않았다면, 만약 그들이 그들의 고통을 완전하고 진실하게 인지했더라면, 숭고한 인격체로서, 이러한 일이 일어날 수 있었을까?

개인적으로 6·25전쟁을 많이 들여다본 나는 6·25전쟁에 한해서는 고독했고, 작아졌다. 그리고 서글펐다. 세상은 진실보다 믿고 싶은 것을 믿기 때문이었다. 한강 작가 같은 거인이 나와 같은 고독을 느끼고 있었다는 데 동질감을 느끼면서, 감사하다.

미군에 의한 민간인 학살의 대표적 사건이 노근리학살사건이다.

6·25전쟁이 발발한 직후인 1950년 7월, 미군은 충청북도 영동군 일대를 작전 지역으로 사용할 계획이었다. 그래서 충북 영동군 주민 500명에게 소개 명령을 내려 마을을 비우도록 했다. 미군은 도로를 따라 피난을 가고 있던 주민들에게 철로를 걸어 피난을 가도록 명령했다. 500명의 영동군 주민들은 철로 위를 걸어가고 있었는데, 미 공군의 전투기가 철로에 폭격을 가했다. 철로 위에서 수많은 사람이 목숨을 잃었고, 살아남은 사람들은 공격을 피하고자 철로에서 내려와 '쌍굴'로 몸을 숨겼는데, 미군 전투기는 이 쌍굴을 향해 기관총 사격을 가했다.

쌍굴에 숨어 있던 주민들은 비행기가 보이지 않자 쌍굴을 빠져나오려 했다. 그러나 미국 보병들은 쌍굴을 향해 조준 사격을 가했다. 미군의 조준 사격은 무려 3일간 행해졌다.

쌍굴 안에 있던 사람들은 살아남기 위해 굴 입구에 시체를 쌓아 벽을 만들었다. 이들은 쌍굴 안에서 버티다가 새벽에 굴 옆의 도랑을 기어가 살아남았다고 한다. 노근리 주민 500명 중 확인된 생존자는 고작 20명 남짓이었다.

생존자 정구호(현재 83세, 2000년 인터뷰 당시 59세)의 인터뷰이다.

"희생자들이 터널 주변과 개울 바닥에 널려 있어 일부 사람들은 날아오는 총탄을 막기 위해 시신들로 바리케이드를 쌓기도 했으며, 살아남은 사람들은 개울을 흐르는 핏물을 떠먹으며 나흘을 버텼다."

6·25전쟁 당시 미군은 우리의 아군이었다. 미군이 없었으면 공산화될 수도 있었다는 것도 엄연한 사실이다. 그런 부분에 대해 미국에 고마운 마음을 갖는 것에 부정적인 생각은 없다. 그러나 우리는 한국인이다. 외세로부터 어떤 도움을 받았다 하더라도 그 외세가 우리 한국인을 사람 취급하지 않거나 혹은 업신여기고 힘들게 했을 때 화를 내는 것은 당연하다. 임진왜란 때 우리를 도왔음에도 '일본군은 얼레빗, 명나라군은 참빗'이라며 명군의 횡포를 비판했듯이 말이다. 그래서 노근리 사건만 생각하면 미군에게 화가 난다.

충북 영동군에는 노근리 평화공원이 조성되어 있다. 이곳에는 6·25전쟁 당시 피난을 가는 사람들의 모습을 본뜬 동상과 이들의 사진, 그리고 위령탑이 세워져 있다.

6·25전쟁 전후 민간인학살 진상규명 범국민위원회는 미군 폭격에 의한 민간인 학살 120여 건을 밝혀냈다.

1. 영동 노근리 미군폭격과 조준 사격, 480여 명 사망 (1950년 7월 25~29일)

2. 창녕 어초리 미군폭격, 60여 명 사망 (1950년 8월)

3. 서울 용산구 미군폭격, 60여 명 사망 (1950년 7월 3일)

4. 서울 서빙고 미군폭격, 주민 다수 사망 (1950년 9월 4일)

5. 서울 마포구 미군폭격, 100여 명 사상 (1950년 9월 6일)

6. 서울 성북동 학살, 30명 사망 (1950년 9월 30일)

7. 서울 망우리 미군폭격, 수십 명 사망 (1950년 12월 31일)

8. 인천 미군폭격, 다수 사망 (1950년 8월 5일)

9. 인천 금곡동 학살, 2,700명 사망 (1950년 9월 16일)

10. 인천 춘의도 학살, 다수 사망 (1953년 5월 20일)

11. 강화 길상면 선두리 미군 기총사격 학살, 3명 사망 외 (1950년 9월 16일)

12. 김포 미군폭격, 300여 명 사망 (1951년 1·4후퇴 당시)

13. 양주 쇠목마을 미군폭격, 10여 명 사망 (1951년 4월)

14. 연천 미군폭격, 15명 사망 (1950년)

15. 남양주 화도읍 가곡리 학살, 주민 다수 사망 (1950년 2월)

16. 남양주 진접면 미군폭격, 5명 사망 (1951년 2월 10일)

17. 남양주 일패동 미군폭격, 6명 사망 (1951년 2월 20일)

18. 안양 미군폭격, 300여 명 사망 (1951년 1월 9일)

19. 성남 분당 미군폭격, 피난민 다수 발생 (1950년 여름 무렵)

20. 이천 율면 미군폭격, 마을주민 다수 사망 (1953년 무렵)

21. 화성 안효리 미군폭격, 가족 3명 사망·가옥 16동 전소 (1950년 12월 6일)

22. 수원 뒷 고지 미군폭격, 80~100명 사망(국군) (1950년 7월)

23. 수원 병점 미군 기종사격, 2명 사망 (1952년 5월)

24. 용인 풍덕천리 미군 기총사격 학살, 1회 난사 시 20~30여 명 사망 (1951년 1월 12일)

25. 용인 죽전리 미군 기총사격 학살, 사망 17명 (1951년 1월 15일)

26. 용인 지곡리·보라리 미군폭격, 다수 사망 (1951년 1월 26일)

27. 춘천 미군폭격, 주민 다수 사망 (1950년 6월 27일)

28. 춘천형무소 학살, 2명 사망 (1950년)

29. 홍천 미군폭격, 다수 사망 (한국전쟁 기간 중)

30. 고성 미국폭격, 12명 사망 (1951년 1·4후퇴 당시)

31. 주문진~삼척 미국폭격, 다수 희생 (1950년 7월 2일~6일)

32. 강릉 연곡면 미국폭격, 사망 1명·가옥 전소 (1951년 1월)

33. 평창 하4리 미군폭격, 2명 사망 (1951년 1월 16일)

34. 단양 곡계굴 미군폭격, 360명 사망 (1951년 1월 20일)

35. 옥천 노루목재 미군폭격, 36명 사상 (1950년 10월 5일)

36. 옥천 청산시장 미군폭격, 다수 사망 (1950년 10월 5일)

37. 영동 임계리·무득리 미군폭격, 2천 명 사상 (1950년 7월 22일)

38. 영동 양강면 묘동리 학살, 3명 사망 (1950년 7월 23일)

39. 단양군 영춘면 미공군 폭격, 200여 명 사망 (1951년 1월 20일)

40. 영동 양강면 지촌리 학살, 다수 사망 (1950년 7월)

41. 서산 대산리 미군폭격, 다수 사망 (한국전쟁 기간 중)

42. 예산 신주리 미군폭격, 3명 사망 (1950년 9월 5일)

43. 아산 둔포 미국폭격, 300여 명 사망 (1951년 1월 15일경)

44. 아산 온양온천 미군폭격, 온양온천 일대 대규모 피해 (1950년 7월 10일 이후 일정 기간)

45. 천안 소정리 등 미군폭격, 민가 전소·인명피해 미상 (1950년 7월 초순)

46. 공주 월하리 미군의 학살, 7명 사망 (1950년 7월 5일)

47. 서천 대산리 미군폭격, 수십 명 사망 (1950년 8월 20일)

48. 서천 판교면 미군 기총소사 학살, 50여 명 사상 (1950년 9월 10일)

49. 논산 시가지 미군폭격, 1,000여 호 민가 파괴 (1950년 7월 22일)

50. 금산 철산리 미군폭격, 50명 사망 (1950년 7월 5일)

51. 금산읍, 추산면 미군폭격, 다수 사망 (1950년 7월 22일)

52. 금산 중도리 미군폭격, 다수 사망 (1950년 9월 30일)

53. 대전 유성 미군폭격, 주민·피난민 50여 명 사망 (1950년 7월 말)

54. 김천 남면 미군폭격, 16명 사상(농소면, 남면 주민) (1950년 7월 25일)

55. 김천 감천 미군폭격, 4명 사망·마을 전소 (1950년 9월 29일)

56. 상주 모서면 미군폭격, 다수 사망 (1950년 9월 25일)

57. 예천 가동 미군폭격, 일가족 3명 사망 (1950년 7월 1일)

58. 예천 산성리 미군폭격, 48명 사망 (1951년 1월 19일)

59. 예천 진평리 미군폭격, 30명 사망 (1951년 1월 19일)

60. 영주 봉현면 미군폭격, 10명 사망 (1951년 1월 19일)

61. 울진 산포3리 미군폭격, 수십 명 사망(국군 포함) (1950년 7월~8월)

62. 안동 풍산읍 미군폭격, 20여 명 사망 (1950년 여름)

63. 영덕 기암리 미군폭격, 주민·가축 몰살 (1950년 7월 초)

64. 청송 현동면 미군폭격, 수십 명 사망 (1950년 8월 10일·21일·25일)

65. 의성 제오리 미군폭격, 20여 명 사망 (1951년 2월 1일·4일)

66. 구미 미군폭격, 5~6명 사망 (1950년 8월 3일)

67. 구미 사창마을 미군폭격, 130여 명 사망 (1950년 8월 16일)

68. 선산 송림동 미군폭격, 38명 사망 (1950년 8월 31일)

69. 구미 금정동 미군 기총사격 학살, 사망 18명·중상 1명 (1950년 9월 15일)

70. 구미 선산동 학살, 28명 사상 (1950년 9월)

71. 칠곡 왜관교 폭파, 수십~수백 명 사상 (1950년 8월 3일)

72. 칠곡 왜관읍 미군폭격, 13명 이상 사망 (1950년 8월 7일 즈음)

73. 고령 고령교 폭파, 수백 명 사망 (피난민) (1950년 8월 3일)

74. 고령 우곡면 미군폭격, 30여 명 사망 (15명 내외) (1950년 9월 1일)

75. 경주 다산리 미군폭격, 5명 사망 (1950년 8월)

76. 경주 동방동 미군사격 학살, 다수 사망 (1950년 12월 24일)

77. 포항 흥해읍 흥안리 미군폭격, 19명 사망 (1950년 7월)

78. 포항 흥해읍 북송리 미군폭격, 32명 사망 (1950년 8월 16일)

79. 포항 송골계곡 미군 함포사격, 100여 명 이상 사상 (400명 사상 주장 있음) (1950년 9월 1일)

80. 포항 청하면 월포리 미군폭격, 다수 사망 (1950년 9월 5일)

81. 포항 청하면 이가리 미군폭격, 50여 명 사망 (1950년 9월 8일)

82. 포항 송라면 광천리 미군폭격, 40여 명 사망 (1950년 9월 23일)

83. 포항 흥해읍 북송리 2차 폭격, 1명 사망 (1950년 9월 23일)

84. 독도 미군폭격 150~300여 명 사망 (1948년 6월 8일 외)

85. 거창읍 미군 기총사격 학살, 6명 사망 (1950년 7월 25일)

86. 합천 덕곡면 미군폭격, 율지리 95채 중 93채 전소·사망자 미상 (1950년 여름)

87. 하동 학예면 미군폭격, 2천여 명 사망 (1952년 1월 19일)

88. 진주 반성면 미군폭격, 10여 명 사망 (1950년 7월~8월[추정])

89. 진주 명석면 오미리 미군폭격, 1명 사망 (1950년 7월 말)

90. 진주 주약동 약골 미군폭격, 40~50명 사망 (1950년 8월 3일)

91. 진주 수곡면 원당리 미군폭격, 7명 사망 (1950년 8월 6일)

92. 진주 금산면 미군 기총사격 학살, 3~4명 사망 (피난민) (1950년 가을)

93. 사천 곤명면 마곡리 미군폭격, 13명 사망 (1950년 7월 31일)

94. 사천 곤명면 조장리 미군폭격, 54명 사망 (1950년 8월 1일[혹은 2일])

95. 마산 곡안리 미군폭격, 83명 사망 (1950년 8월 11일)

96. 마산 진목리 미군폭격, 5명 사망 (1950년 8월 7일)

97. 마산 진북면 이목리 학살, 13명 사망 (1950년 8월 9일)

98. 마산 신장면 미군폭격, 83명 사망 (1950년 8월 초)

99. 함안 장지리 미군폭격, 170여 명 사망 (1950년 8월 20일)

100. 함안 수곡리·박곡리 미군폭격, 수십 명 사상 (1950년 8월 20일·27일)

101. 함안 유현리 미군폭격, 100여 명 사망 (1950년 8월)

102. 함안 원북터널 미군폭격, 100여 명 사망 (1950년 8월)

103. 함안 토현리 미군폭격, 다수 부상 (1950년 8월 20일)

104. 함안 가야읍 미군폭격, 4명 사망 (1950년)

105. 의령 화정면 보천마을 미군폭격, 6명 사망 (1950년 8월 11일·13일·15일·17일)

106. 의령 만천리 미군폭격, 1명 사망 (1950년 8월 20일)

107. 의령 용덕면 미군폭격, 33명 사망 (1950년 8월 22일)

108. 의령 부림면 단원리 미군폭격, 12~13명 사망 (1950년 8월)

109. 의령 지정면 마산리 미군폭격, 피난민 일가 몰살 (1950년 8월)

110. 창원 북면 피난민 학살, 피난민 60명 사망 (한국전쟁 기간 중)

111. 창원 이목리 학살, 10명 사망 (1950년 8월 9일)

112. 창녕 남지읍 미군폭격, 다수 사망 (한국전쟁 기간 중)

113. 익산역 폭격, 350여 명 사망 (1950년 7월 12일)

114. 김제역 미군폭격, 다수 사망 (한국전쟁 기간 중)

115. 전주 우전면 미군 기총소사 학살, 4~5명 사망 (1950년)

116. 여수 안도리 이아포 학살, 250~300명 사망 (1950년 8월 3일)

117. 여수 두룩여·여자만 미군폭격, 10명 사망(1950년 8월 초), 12명 사망(1950년 8월 7일)

118. 순천 풍덕동 미군폭격, 4명 사망 (1950년 7월 25일)

119. 광산 두산마을 미군폭격, 수십여 명 사망 (1950년 8월 2일)

120. 화순탄광 노동자 학살, 7~8명 사망 (1946년 8월 15일~1951년)

121. 경남 진주시 정촌면 민간인 학살사건, 500명 사망 (1950년 7월 18일)

122. 경남 진주시 명석면 민간인 학살, 300여 명 사망 (1950년 7월 29일)

123. 경남 진주시 반성면 미공군 무차별 폭격, 수십 명 사망 (1950년 7월 18일)

124. 경북 대구시 형곡동 민간인 학살사건, 130여 명 사망 (1950년 8월 16일)

125. 경남 진주시 주약동 민간인 학살사건, 250여 명 사망 (1950년 8월 2일·3일)

126. 경남 사천시 곤명면 미공군 폭격, 150여 명 사망 (1950년 7월 31일~8월 2일)

127. 경남 진주시 반성면 미공군 폭격, 수십 명 사망 (1950년 7월 18일)

128. 경남 진주시 수곡면 미공군 폭격, 수십 명 사망 (1950년 8월 6일)

129. 경남 진주시 집현면 미공군 폭격, 수명 사망 (1950년 추석 무렵)

이상의 연구는 남한에서 행해진 미군 폭격에 의한 민간인 학살 사례이다. 남한이 이러했을진대 북한에는 대체 어느 정도의 미군 폭격이 있었을까?

6·25전쟁 중 미군은 매일 500대에서 1,500대의 폭격기와 전투기를 출격시켜 북한에만 무려 635,000톤의 폭탄을 투하했다. 미국의 북한 초토화작전이었다. 6·25전쟁 당시 북한에 쏟아부은 폭탄의 숫자는 태평양전쟁 때 미국을 비롯한 연합군이 태평양 전역에 투하했던 600,000톤의 폭탄보다 많았고, 일본 본토에 투하된 160,000톤의 4배에 달했다. 인류 역

사상 지구에서 가장 많은 폭탄이 투하된 곳은 비극적이게도 한반도였다.

한국에는 더 이상의 폭격 목표가 없다. 모든 것이 파괴되었다. 한반도는
단지 끔찍한 잿더미일 뿐이다.

미국 공군사령관 에멋 오도넬의 증언

우리는 한국의 북쪽에서도, 남쪽에서도 모든 도시를 불태웠다. 우리는
100만 명 이상의 민간인을 죽이고 수백만 명 이상을 집에서 내쫓았다.
특히, 북한은 석기시대로 돌아갔다.

미국 공군 대장 커티스 르메이의 증언

미국인들이 잘 모르거나 기억하지 못하는 것은 미국이 3년 동안 민간인
희생자를 전혀 고려하지 않고 북한에 융단폭격을 가했다는 사실이다.

브루스 커밍스의 증언

참고문헌 ─

· 이철우 기자, 〈"미군의 계획된 민간인 학살, 노근리뿐 아니다"〉, 에큐메니안, 2006.05.30.
· 이동권, 〈미군의 민간인 학살은 국제법상 미국 책임 - 희생자에 대한 사죄와 배상만이 유일한 해결
책〉, 월간말, 월간말 2008년 8호(통권 제266호), 2008.
· 김기진, 《한국전쟁과 집단학살》, 푸른역사, 2001.
· 신기철, 《국민은 직이 아니다: 한국전쟁과 민간인 학살, 그 잃어버린 고리를 찾아서》, 헤르츠나인,
2014.

66   6·25전쟁 영웅(?)이라서 백선엽을 존경한다고?

"백선엽은 민족의 수호자였다."

"백선엽의 업적에 반발하는 사람이 있다면 그 사람은 최소 빨갱이이 거나 중공군이다."

2020년 사망한 백선엽은 국립대전현충원에 안장됐다. 진보 성향을 가진 사람 중에 백선엽이 국립묘지에 묻히는 것을 바랐던 사람은 없다. 독립투사가 묻혀 있는 국립묘지에 백선엽 같은 반민족행위자가 묻히면 독립운동가에게 큰 죄를 짓는 것 같은 기분이 들기 때문이다.

백선엽은 분명 6·25전쟁에서 공을 세웠다. 그러나 과도 크다. 한국전사를 쓰고 백선엽의 실체를 밝히는 데 노력하신 박경석 장군(92)의 증언이다.

"1사단장으로 개성을 지켜야 함에도 임진강 다리 폭파에 실패하여 북한군의 남침을 지연시키는 데 완전히 실패하고, 1사단은 뿔뿔이 흩어진 채 각개 후퇴하였다."

　백선엽이 다부동전투(1950. 9. 1.)에서 잘 싸운 것은 사실이지만, 당시 250km에 달했던 낙동강 방어선에는 미군 사단 3개, 한국군 사단 5개가 투입되었기 때문에, 백선엽의 1사단만의 힘으로 낙동강을 방어했다고 말하는 것은 문제가 있다. 6·25전쟁 영웅을 찾고자 한다면 백선엽보다 훌륭한 6·25전쟁 영웅들이 많다. 예를 들어, 북한군의 즉각적인 한강 도하를 막아 내어 시간을 벌었던 김홍일 장군이다. 김홍일 장군이 없었다면, 한반도는 정말 적화통일이 되었을 수도 있다. 김홍일 장군은 군인으로서의 성과를 남겼을 뿐 아니라 인간으로서도 훌륭한 삶을 살았다. 더구나 김홍일 장군에게는 백선엽과 달리 친일매국의 흔적이 없다. 그럼 우리는 누구를 더 존경해야 하겠는가.

　최근에는 하다 하다 백선엽이 친일파가 아니라고 하는 의견까지 나온다. 이명박정권에서 백선엽을 최초의 육군 명예원수로 추대하려 하자, 채명신 장군이 이를 반대하며 아래와 같이 증언했다.

　"큰일 낼 사람들이군. 왜 우리나라 사람들은 역사의식이 이렇게 희박한지 모를 일이오. 건국 이후 첫 명예원수 추대는 역사적 의미와 상징성이 매우 중요하오. 만일 일본군과 만주군 출신에다가 독립군 토벌작전의 지휘관이 명예원수로 추대된다면, 우리나라 건국사와 국군사는 하루아침에 북한 역사에 종속될 거요."

　채명신 장군은 6·25전쟁과 베트남전쟁에 참전하여 활약했다. 베트남

전쟁에서 전사한 병사들에 대해 일평생 아픈 마음을 가지고 살았으며, 자신이 사망하면 사병 묘역에 묻어 달라는 유언을 남길 정도로 참된 군인이었다. 극우들은 이러한 채명신 장군까지 종북으로 몰아갈 것인가?

채명신 장군은 백선엽을 "독립군 토벌작전의 지휘관"이라고 말했다. 이는 백선엽의 간도특설대 복무 이력을 두고 말하는 것이다.

간도특설대는 창립 취지는 이러했다.

"조선의 독립군은 조선인으로 잡는다."

일본 입장에서 일종의 이이제이以夷制夷를 시행한 것이다. 간도특설대원의 구성은 일본인 장교를 제외하고, 모두 스스로 자원한 조선인들이었다. 같은 민족에게 총구를 들이밀어야 하니 무작위로 차출할 수는 없었고, 일본에 충성할 준비가 된 조선인을 지원받아 검증을 거친 후 선발했다.

간도특설대의 부대가에는 이런 가사가 있다.

"천황은 특설부대를 사랑한다."

민족문제연구소가 발간한 《친일인명사전》에는 일제강점기 일본군에서 소좌(소령) 이상 계급으로 복무한 인원만 등재하는 것이 원칙이나 간도특설대에 복무한 인원은 계급을 따지지 않고 모두 이름을 등재했다. 즉 간도특설대 출신은 계급의 여하를 따질 필요도 없이 무조건 악질 친일매국노라는 것이다.

백선엽은 자신의 회고록에 간도특설대 복무했음을 분명히 밝혔다.

우리를 추격했던 게릴라 중에는 많은 조선인이 섞여 있었다. 주의 주장이 다르다고 해도 한국인이 독립을 위해 싸운 한국인을 토벌한 것이기 때문에 이이제이를 내세운 일본의 책략이 완전히 빠져든 형국이었다. 그러나 우리가 전력을 다해 토벌했기 때문에 한국의 독립이 늦어졌던 것도 아닐 것이고, 우리가 배반하고 오히려 게릴라가 되어 싸웠다고 해서 독립이 빨라졌다고 할 수도 없을 것이다. 그렇다고 동포에게 총을 겨눈 것은 사실이고, 비판을 받더라도 어쩔 수 없다. (중략) 만주국 군대에서 총검, 검도, 사격 대회가 열리면 간도특설대는 항상 우수한 성적을 거두었다.

백선엽 회고록, 《대게릴라전: 아메리카는 왜 졌는가》, 일본어판

백선엽은 자신의 친일 행적에 대해 사과하지 않았다. 간도특설대를 설명하는 백선엽의 글을 보자면, 반성은커녕 간도특설대 활동을 자랑스러워하는 것이 아닌가 싶을 정도이다. 최근에는 대구에 백선엽의 동상까지 세워졌다. 만주 육사를 나와 간도특설대에서 장교를 했던 백선엽은 제2차 세계대전 당시 일본군 장교였으니, 즉 전범이었다.

참고문헌

· 박경석, 《정의와 불의》, 역바연, 2022.
· 강준만, 《한국현대사산책: 1950년대 편1》, 인물과사상사, 2006.
· 박선주 기자, 〈전쟁영웅 백선엽, 일제시대 행적은'?〉, 노컷뉴스, 2011.7.1.

67 6·25전쟁의 진정한 4대 영웅은?

1983년 제5공화국의 전두환정권은 6·25전쟁의 4대 영웅을 선정해 발표했다.

6·25전쟁의 영웅 최종 4인은 미국 장성 2명과 우리 국군 장성 2명이 선정됐다. 인천상륙작전의 주역 더글러스 맥아더와 낙동강 방어선을 성공적으로 지킨 월튼 워커 장군, 그리고 북한의 한강 도하 시간을 늦추며 전황을 바꾼 김홍일 장군, 6사단장으로서 춘천 등지에서 인민군의 공격을 병력 손실 없이 막아 내고, 6사단 병력을 낙동강 방어선에 투입할 수 있게 했던 김종오 당시 대령이 그 주인공이다.

최근 6·25전쟁의 영웅으로 자주 언급되는 백선엽은 예비 명단조차 이름을 올리지 못했다.

6·25전쟁의 최고 영웅은 누구일까?

국군을 대표하는 영웅으로서 흠이 없고 위대한 군인을 내세워야 하기 때문에, 나는 김홍일 장군을 이야기하고 싶다. 김홍일 장군은 좌우 이념을 떠나서 대한민국 국민이라면 누구나 존경할 만한 인물이다.

청년 김홍일은 1919년 3·1운동을 목도한 것을 계기로 독립운동에 헌신하기 위해 중국으로 망명한다. 중국에서 군관학교를 졸업한 김홍일은 독립군 부대들이 러시아(당시 소련) 자유시로 합류한다는 소식을 듣고 이에 합류하려 했으나, 자유시참변 소식을 듣고 합류를 포기한다. 소련군에 의해 우리 민족이 희생당하는 것을 본 영향 때문인지, 이때부터 김홍일은 사회주의와 척을 지게 된다. 이후 중국 국민당의 장제스가 이끄는 국민혁명군의 장교로 활동하기 시작하는데, 장제스와 단둘이 찍은 사진이 발견되기도 했다.

김홍일은 무기 제조 및 활용에서 탁월한 능력을 보였다. 김구가 이봉창의거(1932.1.)와 윤봉길의 홍커우의거(1932.4.)를 준비할 때 이봉창이 일왕에게 던진 수류탄과 윤봉길이 사용한 물통폭탄과 소지하고 있던 도시락폭탄 모두 김홍일이 직접 제작해 전달한 것이다.

김구, 윤봉길과 함께 상해 홍커우공원에서 시라카와 요시노리를 죽이려 했던 김홍일과 시라카와 요시노리를 가장 존경한다고 했던 백선엽과는 참으로 비교된다. 참고로 백선엽의 창씨개명 이름이 시라카와 요시노리이다.

김홍일은 조선인임에도 중국 국민혁명군 소장으로 진급해 장군이 되었다. 이때 우리 임시정부가 충칭에서 자리를 잡았고 지청천을 사령관으로, 이범석을 참모장으로 하는 한국광복군(1940)이 창설된다. 김홍일역시 한국광복군 합류를 진지하게 고민했고, 시간이 지나 김구가 직접 합류를 요청하자 참모장으로 한국광복군에 합류하게 된다.

한국광복군 참모장으로 활동하던 1945년, 우리는 해방을 맞이하게 되고 임시정부 인사들은 국내로 돌아갈 채비를 했지만 김홍일은 장제스의 함께하자는 요청을 받아들여 국공내전에 참여했다.

김홍일은 대한민국 정부가 수립되고 나서야 국내로 들어왔다. 초대 대통령 이승만은 김홍일을 우리 국군 역사상 최초의 장군으로 임명했다. 김홍일은 육군사관학교 교장으로 복무하고 있다가 6·25전쟁을 맞이했다. 북한군의 기습 남침에 우리 군은 속수무책으로 밀릴 수밖에 없었고, 개전 2일차까지 패전 소식만 들렸다. 이때 김홍일은 육군참모총장 채병덕을 찾아가 이렇게 말했다.

"서울을 지킬 수 없으니, 한강을 경계선으로 지연 작전을 펼쳐 미군이 상륙하고 우리가 재정비할 시간을 벌어야 합니다."

하지만 채병덕은 "패잔병 국민당에서 장군 했다고 큰소리치냐?"라며 오히려 김홍일 장군을 비아냥댔다. 이승만은 6월 27일 서울을 사수하겠다는 대국민 방송을 했다. 그리고 하루 뒤인 28일, 한강 인도교를 폭파해 버린다. 적의 진격을 늦추기 위해 항만, 교각, 도로 폭파는 당연히 취할 수 있는 전략적인 선택이다. 하지만 한강 인도교 폭파 당시에는 아직 북한군이 한강 유역까지 접근하지도 않았으며, 서울 시민들의 피난이 이뤄지지 못한 상태였고, 더군다나 우리 국군 병력과 물자가 아직 강북에 있었음에도 제대로 된 공지도 없었다. 당시 패전한 1사단을 이끌고 후퇴 중이었던 백선엽 장군 역시 "살아서 강남에서 만나자"라고 명령할 정도로 군 내부의 소통은 엉망이었다.

당시 서울에서 패배했던 수도 사단과 1사단, 2사단, 3사단, 7사단은 남쪽으로 후퇴해야 했다. 장교들은 북한군에게 잡힐 경우 사형당할 수 있으니 계급장을 떼고 있어 지휘 체계가 부재했으며, 전시에는 군인이 우선이라는 논리로 민간인이 이용하려 했던 배를 뺏어 한강을 건넜다. 살아남고자 하는 생각만이 우선되다 보니 배를 타는 순간에도 질서는 없었고, 다수의 군인과 민간인이 한강 물에 빠져 죽는 혼란이 발생하기도 했다.

더 최악이었던 것은 당시 서울대병원과 적십자병원에 우리 국군 부상자 2,000명이 입원해 있었는데, 이들은 한강 인도교 폭파로 피난이 불가능했다. 결국 북한이 서울을 장악하면서 이들은 무참히 학살당했다. 아무리 전쟁 초기라 하더라도 국제인도법을 어기고 포로를 학살한 부분에 대해 북한은 비난을 받아도 할 말이 없다.

계속된 전략적 오판으로 서울이 북한군 손에 넘어가게 되자 그제야 채병덕은 김홍일에게 한강을 방어할 것을 요청하며, 김홍일 장군을 시흥지구 전투사령관으로 임명했다. 김홍일이 방어해야 했던 방어선은 양화대교부터 광진교까지의 한강 유역이었다.

김홍일은 우선 패전 사단의 병력과 물자를 수습하려 했다. 특히 소화기, 중화기류의 안전한 남하를 위해 밤섬 일대에 부교를 설치해 이들을 옮기고, 부교 인근의 민가를 헐어 화기류를 관리할 공간을 만들었다. 부교를 통해 패잔병들 역시 수월하게 이동할 수 있었다.

하지만 패잔 병력의 사기는 전투 수행이 불가능한 수준으로 상당히 떨어져 있었다. 이들 앞에 김홍일 장군은 팻말을 들었다.

"미군이 곧 참전한다. 우리가 3일만 버티면 전세는 역전된다."

이러한 격려와 동시에 패전 5개 사단의 병력을 3개 사단으로 축소 및 재편했는데, 피난 과정에서의 도망 및 전투 중 사망으로 부족했던 장교를 대신해 하사관을 소대장으로 승진시키는 등 지휘 체계를 복구하는 데 주력했다. 이러한 노력이 빛을 발해, 군의 사기는 상당히 진작된다.

물론 김홍일의 탁월한 한강 방어 이외에도, 북한군이 왜 서울에서 발이 묶였는지에 대해서는 여러 주장이 나뉜다.

첫째, 북한군은 강원도 쪽 병력과 함께 남진할 계획이었으나, 강원도에서 김종오 대령과 6사단이 이들을 막아 남진 계획에 차질이 생겼다는 의견이다.

둘째, 북한군은 서울만 점령하면, 남로당이 봉기하면서 자연스럽게 적화통일될 것이라는 박헌영의 주장을 믿었기에 한강 도하가 늦어졌다는 의견도 있다.

셋째, 북한군은 3일 치의 식량과 군수품만을 갖고 서울까지 진격했는데, 소련의 추가 보급이 늦어지면서 한강 도하 역시 늦어졌다는 의견도 있다.

어찌 되었든 6월 28일 한강 인도교를 폭파하며 국군이 사실상 서울을 포기한 순간부터 북한군이 한강을 건너는 7월 4일까지, 만 7일 동안 김홍일 장군이 북한군의 한강 도하를 성공적으로 지연시킨 것은 사실이다.

지연 작전이 전개되던 6월 29일 맥아더 장군이 국내에 들어왔고, 다음 날인 6월 30일에는 제2차 세계대전 당시 위용을 떨친 스미스 부대가

들어왔다. 사실상 김홍일 장군의 지연 작전은 우리 전황이 바뀔 수 있는 발판을 마련한 것이다. 물론 북한군의 한강 도하를 끝까지 막을 수는 없었는데, 김홍일 장군은 청주, 음성, 진천 일대에 다시 한번 방어선을 형성해 북한군의 진격을 한 차례 더 늦출 수 있었다.

김홍일 장군이 없었다면 북한군은 낙동강 방어선까지 손쉽게 진격했을 것이다. 그렇게 되었다면 미군의 참전까지 시간을 벌지 못했을 것이고, 우리 군의 수습 역시 힘들었을 것이다. 전쟁 초기에 김홍일 장군이 있었기 때문에 전황을 바꿀 수 있었다.

김홍일 장군은 국군의 자주적인 전력 확보를 강조하며 미국이 전시작전권을 갖는 것에 반대했다. 평소 미국과 불협화음이 잦았던 김홍일은 1950년 9월 1일 육군종합학교 교장으로 발령받았다. 전시 상황에 장군이 교장으로 발령받은 것은 일종의 좌천이었다. 1년 뒤, 김홍일은 미국의 요구로 중장 계급으로 강제 예편을 당했다.

당시 군내 대다수 인사가 "김홍일 장군은 꼭 필요하다"라고 했고, 이승만 대통령조차도 "조선시대 수군이 이순신 장군을 믿고 따른 것과 같이, 우리 국군 병사들이 김홍일 장군을 믿고 따르는데, 어찌 김홍일 장군을 예편시키느냐"라고 전했음에도 미국은 마음을 바꾸지 않았다.

김홍일 장군은 중국 국민혁명군 복무 당시 계급인 중장의 별 2개(중국은 준장 계급이 없고 소장 계급이 별 하나로 시작된다)와 국군 복무 당시 계급인 중장의 별 3개를 합쳐 '5성 장군'이라는 별명으로 불린다. 군인으로서 그의 능력과 경력이 얼마나 뛰어났는지 알 수 있는 대목이다.

김홍일 장군은 5·16군사쿠데타 당시 박정희를 지지했다.

당시 박정희를 필두로 하여 쿠데타를 일으킨 육사 8기 출신들이 가장 존경했던 인물이 자신들의 스승이었던 김홍일이었다. 흐트러진 정치를 군이 바로잡길 바라는 마음도 있었다. 박정희 역시 김홍일을 존경했고 그의 지지를 얻고 싶었을 것이다. 그래서 박정희는 김홍일 장군을 외무장관으로 임명했다.

하지만 박정희가 2년의 군정 이후 정권을 민간에 이양하겠다는 약속을 지키지 않게 되면서 김홍일은 박정희와 등을 지게 된다. 김홍일은 야당 정치인으로서 활동했고 신민당 대표까지 맡으며 정치인의 삶을 살았다. 이후 독립유공자와 그 후손들의 모임인 광복회 회장까지 역임하며 말년까지도 사회 활동을 이어나가다 생을 마감했다.

참고문헌

· 박경석, 《오성장군 김홍일》, 서문당, 2014.
· 윤상원, 〈1920년대 전반기 김홍일의 항일무장투쟁〉, 독립기념관 한국독립운동사연구소, 한국독립운동사연구 제47집, 2014.
· 이동원, 〈6·25전쟁 초기 김홍일의 활동과 예편〉, 국방부 군사편찬연구소, 군사지 제99호, 2016.

68 국민방위군 사건을 아는가?

1950년 6월 25일 북한의 남침으로 국군은 서울을 북한에 빼앗긴 채 낙동강 방어선까지 밀려났다. 같은 해 9월, 인천상륙작전으로 전세가 역전되면서 국군은 서울을 되찾고 38도선을 넘어 압록강까지 진격한다. 하지만 11월, 중공군이 참전하여 국군과 유엔군은 남쪽으로 후퇴할 수밖에 없었고, 오산까지 밀려나며 서울을 두 번째로 빼앗긴다(1·4후퇴).

전쟁 발발 3일 만에 처음으로 서울을 빼앗겼을 때, 이승만은 서울 시민들에게 전쟁 위험과 본인의 피난 사실을 알리지 않았다. 정부를 믿은 서울 시민들은 그대로 서울에 남았고, 이들 중 일부는 서울을 점령한 북한군의 편을 들기도 했다. 9월 28일 서울을 수복했을 당시, 이승만은 서울 시민 55만 명을 북한군에 부역한 혐의로 조사하고 일부는 사형하는 등 북한군 통치하에 들어갔던 서울 시민을 가혹하게 관리했다.

하지만 중공군이 투입되며 두 번째로 서울을 빼앗길 상황에 처하자,

이승만은 자국민을 북한군 통치하에 넘기는 실수를 반복하지 않으려 했다. 그리고 향후 반격 시 전쟁에 동원할 수 있는 젊은 인력을 확보하기 위해 국민방위군 설치법을 제정, 시행했다.

국민방위군 설치법은 군인, 경찰, 공무원이 아닌 17세 이상, 40세 이하의 장정들을 제2국민병에 편입시키며, 이들 중 학생을 제외한 자는 지원에 따라 국민방위군에 편입시키는 법이었다. 이들은 민간인으로 동원되었음에도 육군참모총장의 지시를 받았다.

국민방위군이 조직되기 시작한 것은 1·4후퇴(1951)를 전후로 한 기간이었다. 국가의 부름 아래 그것도 한겨울 부산행 행군길에 오른 국민방위군이었으나, 국가는 이들에게 식량이나 방한용품 등 필요한 물자를 지원하지 않았다. 오죽하면 이들에게 땅을 파서 동면하는 뱀과 개구리를 잡아먹으라는 명령이 내려올 정도였다. 엄연히 군에 동원됐음에도 사정이 위와 같다 보니 무기 역시 제대로 지급될 리가 만무했다.

보급이 제대로 이뤄지지 않은 이유는 정권과 군의 부패 때문이었다. 이로 인해 어마어마한 숫자의 사상자가 발생한 것을 국민방위군사건(1951)이라고 하는데, 이는 우리 역사상 최악의 군납비리사건이었다.

국민방위군사건의 사망자 숫자는,
1951년 2월 총무처 생산 문서에 따르면 약 7만 7천 명,
진실·화해를위한과거사정리위원회의 조사에 따르면 약 5만~8만 명,
부산일보에 따르면 5만 명,
《한국현대사》를 집필한 한홍구 교수에 따르면 5만 명 이상,

친이승만 성향으로 유명한 역사학자 유영익 교수는 오히려 사망자를 9만 명으로 가장 많이 집계했다.

진실·화해를위한과거사정리위원회가 국민방위군사건에 대해 2007년 발표한 자료에 따르면, "전선 이남 교육대로 이동하는 과정에서 68만여 명 중 수천에서 최대 수만 명이 추위와 배고픔, 질병 등으로 사망"했다고 한다. 그리고 당시 군 당국은 국민방위군 68만 350명 중 최종 목적지인 교육대에 도착한 인원은 29만 8,124명뿐이었다고 발표했다. 수도권에서 경상도까지 행군하는 와중에 약 30만 명의 인원 손실이 발생한 것이다.

당시 국민방위군은 정규군이 아니었기 때문에 혼선을 줄이고자 국군과 유엔군이 작전 도로로 활용하는 주도로가 아닌 산길로 행군했다. 그렇다 보니 산속에서 사망한 사람이나 중도에 도망친 사람 등 이탈 인원이 제대로 집계되지 않았다. 앞서 언급한 30만 명이 모두 사망한 것은 아닐지 모르겠으나, 공식 집계보다 더 많은 10만 명 이상의 사망자가 발생했을 수도 있다. 행군은 한겨울에 진행되었기 때문에 동상으로 인한 피해도 심각했고, 그로 인해 신체를 절단한 사람들 역시 다수 발생했다.

국방부가 집계한 6·25전쟁 3년간의 국군 사망자가 약 14만 명 (137,899명)인데, 국민방위군사건으로 인해 약 석 달간 수만 명이 죽었으니, 국민방위군사건이 얼마나 악질적인 사건인지 짐작할 수 있을 것이다.

통역 장교로 현장을 목격한 리영희 전 한양대 교수의 증언은 더욱 직설적으로 국민방위군사건을 비판한다.

"6·25전쟁의 죄악사에서 으뜸가는 인간 말살 행위였다."

"얼마나 많은 아버지가, 형제와 오빠가, 아들이 죽어 갔는지… 단테의 연옥과 불교의 지옥도 그럴 수 없었다. 단테나 석가나 예수가 한국의 1951년 겨울의 참상을 보았더라면 그들의 지옥을 차라리 천국이라고 수정했을지도 모를 일이었다."

김수환 추기경에 이어 두 번째 추기경으로 서임된 정진석 추기경은 서울대학교 재학 중 국민방위군에 징집된다. 피난 과정을 직접 경험한 정진석 추기경은 자신이 목격한 참상에 충격을 받아 재학 중이던 서울대학교 화학공학과를 자퇴하고 신학대에 입학한다. 정진석 추기경은 훗날 중앙일보 기자와 인터뷰에서 국민방위군사건에 대해 이렇게 말했다.

"부대가 얼어붙은 남한강을 건널 때, 발밑의 얼음이 깨졌습니다. 줄지어 강을 건너던 행렬의 중간이 끊어졌습니다. 제 바로 뒤에서 따라오던 부대원들이 물에 빠졌습니다. 겨울 강, 얼음물에 빠져 아우성치며 죽어가는 모습을 하나도 빠짐없이 목격했습니다. 바로 코앞에서 그걸 봤어요. 그게 저일 수도 있었습니다. 그뿐만 아닙니다. 산을 넘어 행군하다가 전우가 지뢰를 밟았습니다. 지뢰는 터졌고, 전우는 목숨을 잃었습니다. 그것도 저일 수 있었습니다. 살아가는 하루하루가 저에게는 마지막 날이었습니다. 그때 절감했습니다. 내 생명이 나의 것이 아니구나."

현실이 이러한데도 이승만정권은 국민방위군사건을 왜곡하기 바빴다.

이승만은 아예 이렇게 말했다.

"국민방위군사건을 비난하는 자들은 모두 빨갱이다."

그러자 이승만의 총애를 받던 윤보선마저 이렇게 말했다.

"각하, 국민방위군사건에 대해 비판하는 사람들이 빨갱이라는 증거가 어디 있습니까?"

이를 계기로 이승만과 갈라선 윤보선은 훗날 민주당 대선 후보로 출마하게 된다.

이승만이 말을 할 때마다 눈물을 흘리며 이승만에게 아부하여 '낙루장관'이라는 별명이 붙었던, 실상은 굉장히 무능했던 신성모 국방부 장관은 이런 식으로 말했다.

"국민방위군 희생자가 아주 적게 난 것은 국민에게 행복스럽게 생각하지 않을 수 없다."

"간첩의 책동에 동요 말기를 바란다."

아니 도대체 국민방위군사건이 간첩과 무슨 상관이 있단 말인가.

국민방위군 지휘부 구성 역시 허술했다. 당시 우익청년단체였던 대동청년단의 단장 격이었던 김윤근이 국민방위군 사령관으로 임명되었는데, 김윤근은 씨름 대회에서 여덟 번 우승한 경험이 있는 뛰어난 씨름선수였으나 군 경력은 도무지 찾아볼 수 없는 인물이었다. 김윤근이 국민방위군 사령관이 될 수 있었던 이유는, 이승만이 대동청년단을 방문했을 때 우렁찬 목소리로 경례를 지시하는 등 행사를 진행하는 김윤근이 마음에 들었기 때문이다. 단지 이승만이 마음에 들어 했다는 이유 하나만으로 군 경험이 일천한 김윤근이 수십만 명의 국민방위군을 지휘하는 사령관이 된 것이다. 너무나도 졸속한 인사 발령이었다.

김윤근은 국민방위군의 사령관이 되어 군수품을 빼돌려 사익을 취했고, 그 결과 수만 혹은 수십만 명의 장정들이 굶어 죽고 얼어죽었다.

상상도 하지 못할 규모의 인원이 사망하다 보니 이승만도 이를 끝까지 부정하거나 은폐할 수는 없었고, 관계자를 처벌해야 했다. 이승만은 김윤근에게 공개적으로 책임을 물어 총살하지만, 신성모만큼은 보호하고자 그를 주일대사로 보낸다. 최근 윤석열 대통령이 대한민국 국방부 장관이었던 이종섭을 호주대사로 임명한 것과 똑같은 사례다.

국민방위군은 이승만의 판단으로 시행됐고 그가 임명한 인사들이 부정, 부패했기 때문에 발생한 사건이다. 이로 인해 적게는 수만, 많게는 수십만의 자국민이 죽었는데, 군 통수권자인 이승만은 아무런 책임을 지지 않았다.

참고문헌

· 박환, 《한국전쟁과 국민방위군사건》, 민속원, 2020.
· 문창재, 《대한민국의 주홍글자: 국민보도연맹과 국민방위군 사건》, 푸른사상, 2021.
· 유상수, 〈한국전쟁 전후 이승만의 사적통치기반 형성과 변화〉, 호남사학회, 역사학연구 제82호, 2021.

9장

박정희 신격화를
중단하라

나이가 들수록
박정희를 이해하려는 마음이 생기다가도,
역사 책을 들여다보면
천하의 나쁜 독재자였음을 또다시 확인하게 된다.
다시 한번 마음을 다잡는다.

69 박정희가 일왕에 충성을 맹세하는 혈서를 썼다고?

"태어나 보니 일본이었고, 공부 잘해서 일본 육사 들어간 것이 자랑이지 잘못이냐?"

일제강점기 조선인이 공부를 잘해서 일본 육사에 들어간 것이 그렇게 잘못이냐고 말하는 사람들이 있다. 그러나 일본 육사는 황국신민으로서 충성을 기본으로 하고, 황국을 위해 목숨을 바칠 것을 맹세하는 곳이었다. 더군다나 당시 일본 육사는 전범 장교를 양성하는 곳이자 우리 독립운동가를 탄압하는 장교를 양성하는 곳이었다. 일본 육사를 졸업하고도 한국광복군의 총사령관이 된 지청천이나 백마 탄 김장군으로 유명한 김경천 장군처럼 일본에서 배운 군사학을 조선의 독립을 위해 활용한 인물도 있었음을 알아야 한다.

박정희는 대구사범학교를 70명 중 69등으로 졸업했다. 아깝다. 꼴등할 수 있었는데. 대구사범학교를 졸업한 박정희가 문경공립보통학교에

박정희의 혈서 기사를
실은 만주신문

발령받아 교편을 잡기 시작한 해는 1937년이었다. 그해 중일전쟁이 발발했고, 일제의 민족말살통치가 본격적으로 시작되었다. 민족말살통치기에 조선인 교사들은 조선 학생들에게 민족의식을 심어 주기 위해 일제가 금한 우리 말과 글, 역사를 몰래 가르치다 체포를 당하기도 했다. 박정희는 교사가 체질에 맞지 않았던 것 같다. 그는 제복을 입고 칼을 찬 군인이 되고 싶어했다. 박정희는 만주국 육군군관학교(신경군관학교)에 지원서를 냈지만, 나이 제한에 걸려 떨어졌다. 문경공립보통학교의 동료 교사였던 유증선의 조언으로 박정희는 일왕에 충성을 다짐하는 혈서를 썼고, 그 혈서 덕분에 만주 육사에 합격했다.

다음은 만주신문에 실린 박정희가 썼다는 혈서의 원문이다.

일본인으로서 수치스럽지 않을 만큼의 정신과 기백으로써 한 번 죽음으로써 일사봉공一死奉公의 굳건한 결심입니다. 한 명의 만주국군으로서 만주국을 위해, 나아가 조국 일본을 위해 어떠한 일신의 영달을 바라지 않겠습니다. 멸사봉공滅私奉公, 견마犬馬의 충성을 다할 결심입니다.

만주신문 1939년 3월 31일자 기사 중

별의별 친일파를 보았지만, 일왕에게 충성을 다짐하는 혈서를 썼다는 친일파는 듣도 보도 못했다. 혈서 덕분인지 박정희는 만주국 육군군관학교에 입학할 수 있었다. 박정희는 자신보다 다섯 살 어린 학생들 사이에서 열심히 공부했다. 그는 수석으로 졸업하며 졸업생 선서를 했다.

"대동아 공영권을 이룩하기 위한 성전에서 나는 목숨을 바쳐 사쿠라와 같이 훌륭하게 죽겠습니다."

박정희는 신경군관학교에서 우수한 성적을 거둔 덕에 일본 육군사관학교에 편입할 수 있었다. 1944년, 일본 육사를 졸업한 박정희는 만주의 관동군 소위로 군 생활을 시작했다. 그러나 관동군은 대일전에 참전한 소련군에 의해 무장 해제되었고, 박정희는 일본군을 빠져나와 임시정부 산하 부대였던 한국광복군으로 편제되어 국내로 들어왔다. 박정희는 한국광복군에 자발적으로 들어간 것이 아니라, 사실상 한국광복군의 포로 부대로 입국한 것이었다.

나도 자유를 좋아한다. 대한민국에 살면서 개인의 성취도 중요하다고 생각한다. 하지만 국가와 민족의 입장에서 생각해 보자. 만약 대한민국이 외세에 의해 다시 무너지고 식민지배를 받게 된다면 어떻게 될까?

식민지시대에 태어난 어떤 후손이 대한민국을 다시 세우고 독립운 동을 전개하기는커녕 식민지배를 행하는 외세에 충성을 맹세하며 그 나라의 육군사관학교에 들어가 군복을 입고 장교가 되어 대한민국의 독립운동가들에게 총을 겨누며 독립운동을 탄압한다면, 그 후손을 용서할 수 있겠는가? 더욱이 독립 후 새롭게 들어선 우리나라에서 그 후손이 대통령이 된다면, 역사적으로 이보다 더러운 모순이 또 있겠는가.

후손들에게 이렇게 말해야 하는가?

"시대에 순응하여 최선을 다해 성공하고 출세하되, 민족과 조국을 위해 개인을 포기하지 말라. 못난 조국과 백성들은 너가 하기에 따라 다시 너를 추종하리라."

참고문헌
· 정운현·김재홍, 《박정희 소백과사전1: 친일》, 전자책나무, 2013.
· 한상범, 《박정희와 친일파의 유령들》, 삼인, 2006.

70 박정희가 빨갱이였다고?

　　박정희는 한국광복군 포로수용부대에 편제되어 국내로 돌아온 뒤 국방경비대의 포병 소위가 되었다. 그러던 중 대구의 공산주의자들이 소요를 일으킨 10·1사건(1946)이 일어났는데, 박정희의 셋째 형 박상희가 이 사건에 연루되어 경찰의 총에 맞아 죽었다. 가장 존경했던 형의 죽음에 분노해서 그랬는지, 아니면 사회주의 국가가 들어설 것이라는 판단을 했던 것인지 박정희는 박상희가 속했던 남로당에 가입하여 군사총책으로 활동했다. 참고로 박상희의 딸이자 박정희의 조카는 훗날 김종필과 결혼한다. 박정희의 조카 사위였던 김종필은 5·16군사쿠데타 이후 중앙정보부를 창설한 인물로, 충청도의 맹주로서 3김 시대를 이끌며 대표적인 보수 정치인이 되었다. 사회주의 경력이 있던 박정희나 박상희의 사위였던 김종필이 평생 반공이라는 가면을 쓰고 살았음이 우습다.

　남로당 군사총책 박정희는 여수·순천사건(1948)에 연루되어 체포되었다. 전기 고문까지 당하며 사형 선고를 받을 가능성이 유력했지만 박정희는 군대 내 남로당 조직원 명단을 모두 폭로하는 배신을 함으로써 살아남았다. 박정희의 변절 덕에 남한 군대에서 활동하던 남로당원들이 대거 검거되는 숙군 작업이 성공한다. 박정희는 이에 공헌한 대가로 1심에서 사형 대신 무기징역을 선고받았다. 그리고 2심에서 10년형으로 감형되었다.

> 박정희는 약 300명의 공산당원 첩보원들이 체포되도록 증거를 제공했다. 그 대가로 박정희는 사형을 면했다. (중략)
>
> 그는 10년 징역으로 감형받았다.
>
> 미국 케네디 대통령 브리핑 문서(1961.11.)

10년형을 선고받고 감옥에 있던 박정희를 부활시킨 것은 6·25전쟁이었다. 박정희는 남로당 좌익 출신이라는 한계가 있었음에도 변절 이후 숙군 작업의 공신이 되어 오히려 공산주의자들의 공공의 적이 되었다. 이로 인해 박정희는 6·25전쟁 당시 남한의 중요한 인재 영입 대상으로 떠오르게 되었다.

6·25전쟁 중, 박정희는 대한민국 육군 소령으로 화려하게 부활했다.

참고문헌

· 정운현·김재홍, 《박정희 소백과사전2: 좌익 박정희와 용인술》, 전자책나무, 2014.
· 김삼웅, 《박정희 평전: 개발독재자》, 앤길, 2017.

71 5·16쿠데타를 가장 기뻐했던 나라가 일본과 북한이었다고?

5·16쿠데타(1961)가 일어나자 일본은 당연히 기뻐했다. 박정희가 일왕에게 충성을 맹세했던 혈서라는 스펙이 있지 않은가. 일본의 이케다 총리는 쿠데타를 일으킨 박정희 국가재건최고회의 의장을 일본으로 초청했다. 참고로 이승만은 대통령으로 집권한 12년 동안 일본을 방문하지 않았다.

북한에서는 5·16쿠데타에 대해 환호 일색이었다. 김일성은 북로당의 당수였고, 박정희는 남로당의 군사총책이었으니, 김일성 입장에서는 자신의 아래 서열이 남한의 권력을 쥔 셈이었다.

김일성은 박정희를 떠보기 위해 황태성을 내려보냈다. 황태성은 박정희의 셋째 형 박상희의 친구이자 박정희의 어린 시절 멘토였다. 박정희가 형 박상희보다 황태성을 믿고 따랐을 정도로 각별한 사이였다. 박정희가 남로당에 들어갈 때 신원보증을 해 준 인물도 황태성이었다. 대구10·1사건 당시 박정희의 친형 박상희는 죽었지만, 황태성은 도망처 월북해 있었다.

황태성이 박정희를 만나기 위해 남한으로 내려오자, 박정희는 오히려 황태성을 체포하여 처형했다. 일명 황태성간첩사건(1961)이다.

5·16쿠데타 직후 박정희의 남로당 경력을 의심의 눈초리로 바라보는 미국의 눈치를 살피기 위해서라도 박정희는 어쩔 수 없이 황태성을 죽여야 했다.

참고문헌

· 서중석·김덕련, 《서중석의 현대사 이야기5: 제2공화국과 5·16 쿠데타, 미국은 왜 쿠데타를 눈감았나》, 오월의봄, 2016.
· 홍대선, 《유신 사무라이 박정희》, 메디치미디어, 2024.

72 한일수교가
굴욕적이지 않았다고?

　　대한민국과 일본의 한일수교 논의는 1952년 6·25전쟁이
한창일 때 처음 있었다. 이때 이승만정부는 일본에 과거 식민지배에 대
한 배상금으로 35억 달러를 요구하였으나, 일본이 이를 거절하며 논의
는 결렬됐다. 이승만은 친일파를 부활시킨 것과 별개로 지독한 반일주
의자였고, 이승만 집권 12년 동안 일본과의 수교는 이루어지지 않았다.
　"내 눈에 흙이 들어가기 전까지 일본과 수교하지 않겠다."

　　4·19혁명(1960)으로 이승만이 하야하고 장면 민주당 정부가 들어섰
다. 민주당의 뿌리는 친일지주 자본가 정당인 한민당이었다. 그래서인
지 장면내각은 곧바로 일본과의 수교를 준비했다. 장면내각 역시 일본
에 30억 달러를 배상금으로 요구했고, 일본은 수교를 거부한다.

　　5·16쿠데타(1961)로 박정희가 정권을 잡으며 한일수교는 다시 물꼬
를 트게 된다. 국가재선최고회의 의상 박정희는 중앙정보부장 김종필

을 일본으로 보내 일본 외상 오히라와 회동하게 했다. 둘은 비공개로 만나 수교 내용을 협의했는데, 이를 김종필-오히라비밀회담(1962)이라 부른다. 회담의 내용은 알려지지 않았다가, 훗날 회담의 내용을 기록한 메모가 드러나며 세상에 공개됐다.

김종필은 오히라에게 일제강점기 35년간의 식민통치에 대한 사과를 요구했으나 오히라는 이를 거절했다. 사과받는 것을 포기한 김종필은 수교 조건으로 경제 발전 자금 6억 달러의 무상 지급을 내걸었다. 김종필과 오히라의 협상 결과 3억 달러의 무상 지급, 2억 달러의 정부 차관 지급, 3억 달러의 민간 차관 지급이 체결되었다. 도합 8억 달러를 받기로 약속했지만 그중 5억 달러는 차관이었기 때문에 다시 일본에 갚아야 할 돈이었다.

2년간의 군정이 끝나고 1963년 대선에서 박정희가 윤보선을 15만 표 차이로 이기며 당선되었다. 이는 우리 대선 역사상 가장 적은 표 차이였다. 박정희는 선거 중 "한국인들 정서에 맞는 민주주의를 하겠다"라고 말했는데, 정작 정권이 들어서자 우선적으로 준비한 것이 한일수교였다. 그러자 대학생들의 한일수교를 반대하는 6·3시위(1964)가 전개되었다. 6·3시위의 주동자 중 한 명은 고려대학교 상경대 회장이었던 이명박이었다. 이명박은 6·3시위로 체포되어 감옥에 갔다. 보통 학생운동을 하다 잡혀 감옥을 가게 되면 강제로 군대에 보내지는 경우가 많다. 학생운동을 하다 체포된 문재인이 공수부대로 끌려갔던 것처럼 말이다. 그런데 이명박은 군대가 아닌 현대를 갔다. 그래서 한때 '이명박 프락치설'이 돌기도 했다.

박정희정권은 국민과 대학생들의 반대를 무릅쓰고 1965년 한일회담을 성사시켰다.

한일수교의 문제점은 이러했다.

첫째, 일본의 사과가 없었다.

둘째, 일본으로부터 배상금도, 보상금도 아닌, 독립축하금의 명목으로 3억 달러를 받았다. 독립축하금이라는 단어에 화가 나지 않으면 한국인이 아니다. 그리고 3억 달러는 너무 형편없는 금액이었다.

셋째, 나머지 차관은 우리가 일본에 갚아야 할 금액이었기에, 우리 경제가 일본에 종속당하는 결과를 초래했다.

넷째, 추후 배상권 포기 각서에 도장을 찍었다. 그 결과, 지금까지도 위안부 할머니들을 비롯해 강제 징용으로 끌려간 사람들과 그 후손들이 금전적 배상을 받지 못하고 있다.

다섯째, 일본이 불법으로 가져간 문화재 반환 문제를 언급하지 않았다.

여섯째, 재일 동포 처우 개선 문제에 대한 언급이 없었다.

일곱째, 독도가 우리 땅임을 확실하게 못박지 못했다.

그럼에도 일본으로부터 받은 독립축하금 3억 달러 덕분에 경제개발이 이루어진 결과 우리가 잘살게 되었다는 논리를 펼치며 한일수교를 옹호하는 사람들도 많다. 일정 부분 동의한다. 분명히 그 돈은 포항제철과 경부고속도로를 만드는 데 도움이 되었다.

그러나 과거 일본의 식민지배를 받았던 다른 국가와 비교해 보아도 우리가 일본으로부터 받은 독립축하금 3억 달러는 적절치 못했다. 제

2차 세계대전 당시 일본에 3년간 지배당했던 필리핀은 5억 5천만 달러의 배상을 받았다. 일본에 겨우 3년을 지배당한 인도네시아 역시 우리보다 많은 약 3억 9천만 달러의 배상을 받았다. 이에 비하면 일제 35년간의 굴욕과 상처, 수탈과 학살의 대가로 3억 달러는 도저히 납득하기 어려운 금액이었다. 1965년부터 1973년까지 베트남 파병을 통해 우리 군인과 기업이 미국으로부터 벌어들인 돈이 10억 달러였음을 고려하면 더욱 그러하다.

일본 편을 드는 한국인들은 독립축하금 3억 달러가 당시 일본 외환보유액의 50%에 해당했기 때문에 일본이 그만큼 성의를 보였다고 주장한다. 거짓말이다. 1965년 일본이 보유한 외환은 약 18억 달러였다. 금을 비롯한 기타 자산을 합치면 21억 달러였다. 혹여나 일본이 무상으로 지급한 3억 달러 외에 정부와 민간 차관 5억 달러까지 합친다 해도, 이 금액은 일본 외환보유액의 절반이 안 되었다. 더군다나 그중 차관 5억 달러는 우리가 일본에 갚아야 할 돈이었다. 게다가 독립축하금 3억 달러는 일괄 지급의 형식이 아니었다. 일본은 이자와 물가 상승률을 계산하지 않고, 연간 3천만 달러를 10년에 걸쳐 지급했다. 3천만 달러는 1965년 일본의 외환보유액 18억 달러의 2%에 불과했다.

혹자는 말한다.
"과거의 일은 묻어 두고 한일 간 미래를 위한 관계를 도모해야 한다."
이렇게 말하는 사람 치고 같은 민족인 북한과 대화하고, 북한을 개혁과 개방으로 이끌어야 한다고 말하는 사람을 본 적이 없다. 우리는 피해자다. 우리 민족에게 큰 상처를 주고도 합당한 사과와 배상을 하지 않은 피의자 일본과 통합을 이야기하려면, 먼저 일본의 진정 어린 사죄와 반성이 있어야 할 것이다.

참고문헌
· 도시환, 《한일협정 50년사의 재조명1~3》, 동북아역사재단, 2014.
· 한상범, 《박정희와 한일협정》, 21세기사, 2015.
· 전재정, 《한일회담 한일협정, 그 후의 한일관계》, 동북아역사재단, 2015.
· 노 다니엘·김철훈, 《독도밀약》, 한울아카데미, 2011.

73 박정희가 경제개발을 했다고?

"박정희의 독재는 경제개발을 위해 피할 수 없는 선택이었다. 박정희가 없었다면 우리는 몇 십년은 더 깡통 차고 있었다."

"박정희는 하늘이 내려 주신 대한민국의 선물이다. 우리의 오천년 역사 중에 백성들의 배고픔을 해결한 위대한 인물이 박정희다."

과연 박정희가 대한민국 경제 발전의 초석을 마련한 걸까?

일단 박정희의 경제개발은 여러 면에서 운도 따랐다. 운도 실력이라면 할 말 없지만 그 운들을 한번 살펴보자.

첫째, 장면내각에서 경제개발 5개년 계획을 미리 수립해 놓았다. 많은 사람들이 이를 박정희의 업적으로 잘못 알고 있다. 박정희는 장면내각에서 준비한 경제개발 5개년 계획을 실천에 옮겼을 뿐이다.

둘째, 이승만정권에서 4년제 대학이 많이 설립되었다. 이후 박정희가 권력을 잡자 4년제 대학을 졸업한 고급 인력이 쏟아져 나왔다. 경제개발에 대한 비전도 의지도 없었지만, 인재도 없었던 이승만정권과 비교하면 4년제 대학 졸업생들은 박정희정권의 큰 인적 자원이었다.

셋째, 박정희가 정권을 잡았던 1960~1970년대 미국의 지원과 자본주의체제를 고수한 아시아의 화교 문화권 국가들은 모두 고도 성장을 했다. 일본은 세계 최고의 경제 대국이 되었고, 홍콩과 싱가포르는 도시국가임에도 세계 경제의 거점이 되었다. 한국과 여러 면에서 비슷한 대만 역시 경제성장에서 한국을 앞섰다. 한국 경제만 발전한 것이 아니라는 뜻이다.

넷째, 경제 발전 자금이 외부에서 들어왔다. 박정희정권은 일본과 수교를 맺으면서 3억 달러를 무상으로 받았다. 또한 6·25전쟁이 일본 경제 발전의 디딤돌이 되었듯이, 베트남전쟁은 한국 경제 발전의 디딤돌이 되었다. 베트남전에 참전한 한국 군인들의 피와 땀은 엄청난 금액인 10억 달러라는 외화로 들어왔고, 미국은 파병의 대가로 한국군의 현대화와 차관 제공, 그리고 우리 기업들의 베트남 진출을 가능케 했다.

그럼에도 박정희의 경제개발을 '한강의 기적'이라고 한다. 나 역시 진보들에게 비난받을지언정 박정희가 경제개발을 통해 온 국민을 똘똘 뭉치게 했다는 점만큼은 인정하고 싶다. 박정희가 경제개발을 추진한 것은 북한의 김일성과 대립 경쟁에서 이기고자 하는 심리였을 수도 있고, 쿠데타 권력이라는 태생적 한계 때문에 경제개발을 내세워 국민들의 민심을 호도하려는 측면도 있었을 것이다. 일제강점기 혼자 출세하려고 혈서까지 써 가며 일본 군복을 입었던 출세지향적인 박정희가 진심으로 국가와 나라를 사랑하는 마음으로 경제개발을 추진했을 리 없다는 진보 세력의 의견도 존중한다.

그렇지만 박정희의 1960년대 경공업 중심의 수출 주도와 1970년대 중화학공업 육성은 탁월한 선택이었다. 1970년대 이후 철강, 기계, 전자, 석유화학, 조선, 자동차 등 국가가 관심을 기울여 키운 산업들은 이후 수십 년간 한국 경제의 버팀목이 되었다. 그가 정경유착하며 편애했던 거대 기업들은 전두환정권에서 기업 통폐합을 거치면서 세계적인 기업으로 성장했고, 이후 그 기업들이 한국 경제를 이끌어 나아가게 되었으니, 오늘날 거대기업들의 태생은 사실상 박정희정권 때였다.

'잘살아보세'를 외쳤던 새마을운동(1970) 역시 일제의 농촌진흥운동(1932)을 그대로 본뜬 것이었지만, 한국인 근면의 본능을 일깨웠다는 사실은 부정할 수 없다.

김대중은 박정희정권의 공과 과를 묻는 기자에게 이렇게 답했다.

"박정희 정권의 과에 대해서는 더 말하지 않겠다. 잘한 일 가운데 가장 큰 것은 국민들이 '우리도 하면 된다'는 자기 가능성을 발견할 수 있도록 만든 점이다. 물론 우리 국민의 높은 능력과 본질에서 나온 것이기는 하지만 어쨌든 이것은 지난 정권의 공이다."

박정희의 경제개발에 대한 부정적인 시각이 있다.

재벌, 정경유착, 관치 금융, 빈부 격차, 지역 격차, 도농 격차, 이러한 경제개발에 따른 후유증은 모두 박정희정권에서 시작되었다는 것이다.

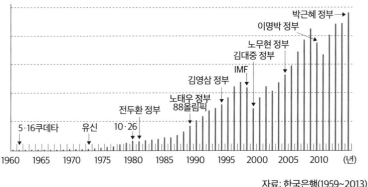

대한민국의 연도별 1인당 GDP

박근혜 정부
이명박 정부
노무현 정부
김대중 정부
IMF
김영삼 정부
노태우 정부
88올림픽
전두환 정부
5·16쿠데타   유신   10·26

1960 1965 1970 1975 1980 1985 1990 1995 2000 2005 2010 (년)

자료: 한국은행(1959~2013)

당시 유수의 경제학자들이 먼저 국내 자립 경제를 활성화한 다음 수출 주도형 산업으로 전환하자고 했음에도, 박정희는 이를 무시하고 수출만을 밀어붙였다. 수출 증대를 위한 저임금·저곡가정책으로 인해 노동자와 농민은 희생을 강요당했고, 살인적 물가상승률을 견뎠던 서민의 희생으로 일궈 낸 경제개발을 박정희 개인의 공으로 볼 수 없다는 것이다.

박정희정권에서 수출은 외형적으로 성장하고 있었으나 만성적인 무역수지 적자에 시달려야 했다. 수출이 수입을 넘어 처음으로 흑자를 기록한 것은 1986년 전두환정권 때였다. 이로 인해 대한민국은 외환보유액을 신경 써야만 하는 나라가 되었고, 관리를 잘 못하다 보니 IMF경제위기(1997)를 경험하게 되었기에 한국 경제의 모든 불안 요소는 박정희정권의 잘못된 경제개발에서 시작되었다는 것이다.

경제개발은 박정희정권의 공과功過 중 공이라 본다. 그런데 박정희가 없었다면 우리가 이만큼 살 수 없었다는 피동적이고 수동적인 마인드는

"우리 위대한 수령께서"라고 하는 북한 사람들과 다를 것이 없다고 본다.

박정희정권의 경제개발은 1960~1970년대 자본주의 국가들의 경제개발과 시대 흐름을 같이했다. 특히 냉전체제 경쟁에서 자유 진영의 승리를 위한 미국의 경제적 지원은 한국의 경제발전에 지대한 영향을 미쳤다. 또한, 한국인의 근면성과 성실함은 어느 국가와도 견줄 수 없다. 한국인은 한국뿐만 아니라 다른 나라에서도 잘 먹고 잘산다. 더군다나 한국인은 영리하고 학구열도 높다. 여기에 부정할 수 없는 천민자본주의적인 마인드가 더해져, 남보다 잘살고 싶은 열망이 우리의 경제성장에 불을 지폈다. 이러한 요소들을 무시한 채, 오로지 박정희가 없었다면 우리는 가난했을 것이라는 자학적이고 피동적인 마인드를 가져서는 안 될 것이다.

참고문헌

· 서중석·김덕련, 《서중석의 현대사 이야기8: 경제 성장, 박정희 공로? 위험한 착각!》, 오월의봄, 2017.
· 박근호, 《박정희 경제 신화 해부정책 없는 고도성장》, 회화나무, 2017.
· 유종일 외, 《박정희의 맨얼굴: 박정희 경제 신화 화장을 지우다》, 시사IN북, 2011.

74 박정희의 경부고속도로 건설이 칭송받는다고?

"박정희의 경부고속도로 건설은 신의 한 수였다. 빨갱이 인간들 김대중, 김영삼이 거리에 드러누워 경부고속도로를 반대했다."

"김대중 왈, 부자들이 첩을 차에 끼고 다닐 고속도로를 왜 만드냐 해놓고 반성 한마디 안 한다."

거짓말이다. 김대중이 경부고속도로를 반대하며 드러누웠거나 위와 같은 말을 한 적이 없다.

1967년 박정희 대통령은 서울과 부산을 연결하는 경부고속도로 건설 계획을 발표했다. 경부고속도로는 1968년 초에 착공하여 1970년 7월 7일에 준공되었으니, 약 2년 반 만에 공사가 끝났다.

당초 16년이 걸릴 것으로 예상된 경부고속도로 건설은 군인들까지 대거 동원하고 연인원 900만 명을 투입하여 공사 기간을 대폭 줄였다. 경부고속도로 건설 비용은 당시 박정희정권의 2년치 예산에 달하는

3천억 원으로 추산되었으나, 겨우 400억 원의 비용으로 완공되었다.

박정희가 무리한 공사 일정을 계획한 데에는 정치적인 이유도 있었다. 3선 개헌을 통과시켜 1971년 대선에 출마할 기회를 잡은 박정희는 민심을 얻기 위해 큰 성과가 필요했고, 이를 위해 선거 전인 1970년을 경부고속도로 완공 시기로 정한 것이다.

이러한 밀어붙이기식의 무리한 공사로 인해 77명의 산업 희생자가 나왔다. 옥천 금강휴게소에는 위령탑이 세워져 경부고속도로 건설 중 순직한 이들을 기리고 있다. 이들의 노고와 희생 덕분에 우리가 오늘날 고속도로를 편안하게 이용할 수 있다는 것에 감사한 마음이다.

경부고속도로 건설 계획을 발표했을 때 반대하는 의견이 많았다. 국제개발협회(IDA)는 서울과 부산은 경부선 철도가 이미 복선화되어 있고, 국도 역시 연결되어 있으므로 고속도로 건설보다는 국도 재정비가 더 효율적일 것이라고 했다. 오히려 고속도로가 시급한 곳은 서울과 강릉, 광주와 포항을 연결하는 동서 간의 노선이라는 의견도 나왔다.

한미합동조사위원회 역시 IDA와 같은 이유로 경부고속도로 건설을 반대했다. 우리나라 국토개발부조차도 서울~강릉, 포항~목포 구간이 실질적으로 가장 필요한 고속도로라고 주장했다.

국제부흥개발은행(IBRD)은 고속도로 건설 자금 확보를 위한 대한민국 정부의 차관 요청을 거부하면서, 그 이유로 "개발도상국들의 고속도로 건설이나 종합제철 사업의 추진은 국가원수의 정치적 목적을 위한 기념비 건립이나 다름없다"라고 말했다.

이처럼 경부고속도로 건설에 대한 반대는 국내외를 가리지 않았다.

당시 보수 언론 역시 경부고속도로 건설에 염려의 시선을 보냈다.

부풀어 오르는 꿈을 현실화시키는 데에 따른 그만큼의 난관을 각오해
야 하고, 철저한 계획이 따라야 한다. 공사비로는 국제적인 표준을 감안
해 최소한 600억은 들 것으로 예상되는데, 그런 방대한 자금을 어떻게
염출하느냐가 또한 커다란 문제이다. 충분한 대책을 세워 전 국민의 협
력을 얻도록 하는 여유 있는 건설의 자세를 바란다.

조선일보(1967.12.7.)

의욕만 앞선 경부 간 고속도로의 문제점. 심각한 주택난 하나도 제대로
해소시킬 능력을 갖지 못한 우리나라 재정 형편에 어떻게 이처럼 방대
한 사업을, 그나마도 4년 만에 완성시킬 수 있다는 건가?

동아일보(1967.11.21.)

당시 국내 상황 역시 녹록지 않았다.

1967~1968년에는 남부 지방의 극심한 가뭄 때문에 영·호남의 학교에
는 장기 결석생이 20만 명에 달했다. 남부 지방에서는 굶어 죽는 사람이
나올 정도로 심각한 가뭄이었다. 그럼에도 박정희정권은 경부고속도로
건설을 강행했다. 이 과정에서 재정 부족을 이유로 서울 아시안게임 개
최 권한을 포기해야 했고, 결국 1970년 아시안게임은 방콕에서 개최되
었다.

부지 확보 과정에도 논란이 있었다. 박정희정권은 고속도로 부지를
확보하는 과정에서 부지 소유주들에게 미개발 상태인 강남의 땅을 대가

2020년 6월 10일 거제타임즈는 경부고속도로 건설을 반대하는 김영삼과 김대중의 사진을 게재했다. 그런데 이 사진은 2007년 충북 폐기물 종합처리장 추가시설 조성을 반대하는 주민들의 사진을 흑백 처리한 것이었다.

로 부지를 매입했다. 만약 강남 토지 매입자들이 토지를 오래 소유했더라면 이들은 일확천금을 얻었겠지만, 토지 매입자 대부분은 농민들이었으며 당시 강남은 저습지로 농사에 부적절했다. 강남 땅에서 농사를 지을 수 없자 농민들은 어쩔 수 없이 강남 땅을 팔았는데, 이 땅은 대부분 중앙정보부가 다시 사들였다. 쉽게 말해 정부 기관이 투기를 해서 시세차익을 얻으며 경부고속도로를 건설한 것이다.

경부고속도로 건설에 대해 국내외의 전문 기관과 주요 언론들은 하나같이 반대하고 우려의 시선을 보냈다. 그러나 경부고속도로 건설을 반대한 유일한 인물인 양 박정희 추종자들로부터 비난을 받는 정치인이 있다. 바로 김대중이다. 김대중이 경부고속도로 현장에서 굴착기 앞에 드러누워 공사를 막았다는 사진 기사도 실렸다. 물론 사진은 새빨간 거짓말이다. 거짓 사진과 기사를 올리고도 정정하지 않는 언론사도 문제이고, 그 거짓말을 진실인 양 철석같이 믿는 자들도 문제이다.

혹자는 이렇게도 말한다.

"김대중의 반대로 경부고속도로가 완공되지 못했으면, 대한민국은 지금도 농업 국가였을 것이다."

거의 저능아 수준의 발언이다. 이때 고속도로가 만들어지지 않았다면, 그 이후에 만들었으면 될 일 아닌가? 박정희정권이 아니면 대한민국은 절대로 고속도로를 만들 수 없는 나라였다는 근거는 대체 무엇인가? 또한, 이 당시에는 이촌향도 현상으로 도시로 인구가 몰리고 있었고, 산업 비중도 벌써 2차 산업과 3차 산업이 급격히 증가하고 있었는데 어떤 근거로 농업 국가가 됐을 것이라 주장하는가?

김대중은 신민당 대선 후보 시절인 1971년 경부고속도로 건설에 대해 이렇게 말했다.

"고속도로 건설 취지를 반대하지는 않으나, 남북 간보다는 동서 간을 뚫는 길이 급한 일이다."

김대중의 주장은 국제개발협회(IDA), 한미합동조사위원회, 국토개발부의 주장과 한 치의 오차도 없이 같았다. 김대중이 이의를 제기했던 것은 고속도로 건설 구간이었지, 고속도로 건설 자체를 반대한 것이 아니다. 만약 경부고속도로 이전에 서울~강릉, 광주~포항 간 고속도로가 먼저 건설되었다면, 지역 격차를 해소하는 데 도움이 되었을 것이고, 이러한 기반을 바탕으로 5~10년 뒤 경부고속도로가 건설되었다면 국토 균형 발전에 더 적합했을지 모를 일이다.

그렇다면 박정희의 경부고속도로 건설은 왜 그렇게 칭송받을까.

경부고속도로는 서울 서초구에서 부산 금정구를 잇는 도로다. 도로가 개통된 이후 강남이 개발되었으며, 부산을 포함한 포항, 울산, 창원의 남동임해공업이 발전했다. 해당 지역에 부가 집중되고 그 지역의 사람들이 대한민국의 기득권층이 되었다. 이들의 관점에서는 경부고속도로 덕분에 부를 축적하게 됐으니, 경부고속도로 건설은 박정희의 위대한 업적으로 이들에게 세뇌된 것이다.

전 세계에서 고속도로를 만들었다고 칭송받는 사람은 박정희 말고 없다. 세계 최초의 고속도로는 1930년대 독일에서 만든 아우토반이다. 이 아우토반 건설을 계획한 사람은 나치의 수장 히틀러였다. 유럽의 어느 누구도 히틀러가 유럽 경제를 일구었다고 칭송하지 않는다.

아이젠하워는 히틀러의 아우토반을 본떠 1953년 미국에 처음으로 고속도로를 만든다. 그러나 아이젠하워는 미국 최초의 고속도로를 완공한 대통령이 아닌 제2차 세계대전의 전쟁 영웅으로 더 기억되고 있다.

일본은 우리보다 7년 빠른 1963년 최초의 고속도로를 개통했는데, 그 당시 일본 총리가 누구였는지 알고 있는가?

동남아시아나 아프리카처럼 우리보다 경제발전이 더딘 국가들도 오늘날 고속도로를 갖추고 있으며, 그 고속도로를 만들었다는 이유로 정치 지도자를 칭송하지도 않는다.

나는 박정희의 경부고속도로 건설 이후의 결과와 성과에 대해 결코 부정적이지 않다. 시간을 앞당겨 만들어진 경부고속도로가 1970년대의 경제개발과 중화학공업 육성에 중심 혈관이 된 것은 분명한 사실이다. 그래서 동서 간의 고속도로보다 경부고속도로를 먼저 건설한 박정희의 선택이 틀렸다고 말할 수 없다.

하지만 경부축 중심의 경제개발이 지역으로 확산되는 파급 효과보다 오히려 경부축으로 집중되는 역류 효과가 발생했다. 이 과정에서 소외된 호남과 강원도는 낙후되었고, 이로 인해 지역 간 불균형 발전과 지역 격차, 그리고 지역 감정 등 많은 문제가 야기된 것도 사실임을 직시해야 한다.

참고문헌

· 최광승, 〈박정희는 어떻게 경부고속도로를 건설하였는가〉, 한국학중앙연구원, 정신문화연구 2010 겨울호 제33권 제4호(통권 제121호), 2010,
· 박태균, 〈와우아파트, 경부고속도로, 그리고 주한미군 감축〉, 역사비평사, 역사비평 2010년 겨울호 (통권 제93호), 2010.
· 구현우, 〈박정희는 왜 산업화 정치에 몰입했는가? - 산업화 정치의 잃어버린 연결고리를 찾아서〉, 서울대학교 한국행정연구소, 행정논총 세57권 세3호, 2019.

75 김대중 납치사건의 주범이 박정희가 아니라고?

        도널드 트럼프 현 미국 대통령이 만약 CIA를 동원해 자신과 대선에서 붙은 카멀라 해리스를 납치하여 대서양에 빠트려 죽이려고 시도했다면 어떤 일이 벌어졌겠는가? 트럼프는 대통령직에서 쫓겨남과 동시에 살인교사 혐의로 구속 수사 대상이 될 것이다. 그런데 박정희는 대통령직에서 쫓겨나기는커녕 오히려 피해자였던 김대중을 무려 6년 동안 가택 연금을 시켰으니, 그래서 박정희를 독재자라고 하는 것이다.

  1971년 대선에서 김대중을 상대로 간신히 승리한 박정희는 1년 후인 1972년 10월 유신을 선포했다. 교통사고 후유증을 치료하고자 일본에 머무르던 김대중은 유신독재에 저항하기로 마음먹었다. 김대중은 일본에서 한국민주회복통일촉진국민회의, 일명 한민통을 결성하고 일본과 미국 교포들을 중심으로 박정희정권에 대한 반독재투쟁을 벌였다. 그러자 김대중을 잠재적 위협으로 인식하던 박정희와 중앙정보부는 김대중을 납치하는 극단적인 계획을 세우고 실행에 옮겼다.

1973년 8월 8일, 김대중은 도쿄 그랜드팰리스호텔에서 5명의 괴한에게 납치되었다. 괴한들은 중앙정보부 요원들이었다. 이들은 마취약을 사용해 김대중이 의식을 잃게 만든 뒤 '용금호'라는 선박으로 끌고 갔다. 용금호는 중앙정보부의 공작선이었다. 김대중은 용금호에서 손과 발이 묶이고, 눈은 테이프로 가려졌다. 또한, 그의 손목과 발목에는 수십 킬로그램의 돌이 매달려 있었다.

김대중의 증언에 따르면, 괴한들은 이런 대화를 나누었다고 한다.

"던질 때 풀어지지 않게 단단히 묶어라."

"솜이불을 같이 묶어야 물에 안 떠오른다."

"여기 상어가 나온다더라."

당시 가톨릭 신자였던 김대중에게는 예수의 형상이 나타났고 김대중은 자신이 아직 죽을 때가 아니라면서 예수에게 살려 달라 간절히 빌었다고 한다. 이 순간, 하늘에서 비행기 소리가 들렸고(비행기는 김대중의 행방을 찾던 미국의 전투기였다), 한 통의 전화를 받은 괴한들은 김대중의 결박을 풀어 주고 마실 물을 주었다.

한 괴한이 김대중에게 이렇게 물었다.

"당신은 왜 해외에서 반국가적인 행동을 하고 다니는 것이오?"

김대중의 대답은 이러했다.

"나는 박정희의 독재 정권을 반대했지, 대한민국을 반대한 적 없소."

일본에서 납치되어 현해탄에 빠져 죽을 뻔한 김대중을 구한 것은 누구였을까? 바로 미국이었다.

김대중이 일본에서 납치되자 미국은 CIA를 동원해 김대중의 소재와 납치의 배후를 찾았다. 당시 CIA 한국 지부장 도널드 그레그는 중앙정보부에 전화를 걸어 김대중을 죽여서는 안 된다는 메시지를 전했고, 주한 미국대사 필립 하비브는 직접 청와대까지 들어가 박정희에게 이렇게 말했다.

"김대중을 죽이면 한미 관계에 악영향이 있을 것이다."

김대중은 일본 앞바다에 수장될 뻔한 위기를 넘기고 결국 부산항에 내려졌다. 구급차에 실린 김대중은 몇날 며칠 동안 낯선 곳으로 끌려다녔으니, 그는 죽음에 대한 공포를 상당히 오랜 시간 동안 느껴야 했다. 며칠 후 김대중은 동교동 자택 근처에서 풀려나 가족을 다시 만날 수 있었다.

김대중 납치사건은 국내외에 엄청난 파장을 불러일으켰다.

국내에서는 박정희의 유신독재를 반대하는 대학생들이 거리로 쏟아져 나왔다. 그렇게 시작된 유신반대운동은 장준하와 함석헌 같은 지식인, 김수환 추기경과 같은 종교인까지 동참하며 그 규모가 더욱 커졌다. 박정희는 이들을 무자비하게 체포했지만, 유신을 반대하는 분위기가 사그러들지 않자 수차례의 긴급조치까지 발동했다. 그럼에도 유신에 대한 반대 여론은 가라앉지 않았다.

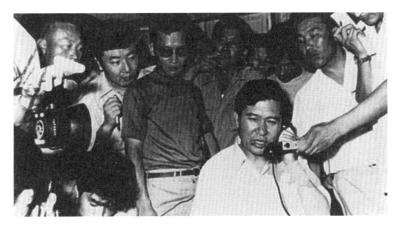
일본에서 납치당한 후 한국으로 돌아와 기자회견을 하는 김대중의 모습 ⓒ 김대중도서관

　김대중 납치사건은 박정희정권의 독재 행각을 전 세계에 알린 셈이 되었다. 대한민국의 국제적인 위상은 당연히 추락했고, 박정희의 유신독재에 대한 비판이 국내외에서 거세게 쏟아지기 시작했다.

　특히, 납치사건이 벌어졌던 일본에서는 비판의 목소리가 더욱 격렬했다. 박정희는 일련의 사건들과 관련하여 '우리 정부와 관계가 없는 일'이라며 시치미를 뗐다. 그러나 정작 일본에서 사건에 관여했던 중앙정보부 요원의 지문이 발견되었고, 일국의 정보부 요원이 타국에 망명한 인물을 납치하고 수장을 시도했다는 점에서 주권 침해 논란이 일었다.

　일본 정부는 '박정희의 변명하는 태도는 일본에 대한 중대한 간섭'이라며 공식적으로 비판했다. 한일 간 외교 관계는 급격히 얼어붙었으며, 이로 인해 당시 총리였던 김종필이 직접 일본에 건너가 박정희의 친필 사과문을 전달하는 굴욕을 맛보기도 했다.

　김대중 납치사건은 중앙정보부가 벌인 사건인 만큼 박정희정부의 책임인 것은 사실이다. 그러나 지시를 내린 주체에 대해서는 아직까지 분명하게 밝혀지지 않았다. 김종필 당시 국무총리를 비롯하여 일각에서는 박정희가 '납치 및 수장'을 지시하지 않았으며 당시 중앙정보부장 이후락이 단독으로 실행한 후 박정희에게 보고했다고 주장했다.

그러나 피해 당사자인 김대중은 범인으로 박정희를 지목했고, 김영삼 역시 박정희를 지목했다. 그럼에도 박정희를 지지하는 많은 사람들은 김대중 납치사건의 주범이 박정희가 아닐 것이라는 희망 회로를 돌리고 있다. 그런 사람들에게 묻고 싶다.

그렇다면 김대중의 교통사고도 우연이라고 생각하는가?

김대중이 일본에서 납치를 당하기 2년 전인 1971년 5월 24일, 김대중은 의문의 교통사고를 당했다. 당시 김대중은 대선에서는 패했지만 전국적인 스타 정치인이었다. 김대중은 8대 총선을 앞두고 해남과 진도에서 신민당 지원 유세를 마치고 광주비행장으로 차를 타고 이동 중이었다. 차에는 김대중과 권노갑, 경호실장 이명우, 주치의 이경호가 타고 있었고, 뒤따르던 차에는 경호원과 보좌관들이 있었다.

김대중이 탄 차가 무안~광주 간 국도에 접어들었을 때, 맞은 편에서 대형 트럭이 급커브를 틀고 중앙선을 넘어 김대중이 탄 차의 트렁크를 들이받았다. 김대중이 탄 차는 도로 밖 논두렁 개천에 처박혔고, 뒤따라오던 김대중 일행의 차는 트럭과 정면으로 충돌하여 3명이 즉사했다. 이 사고로 김대중은 골반과 다리를 크게 다쳤고, 평생 오른쪽 다리를 절며 살아야 했다.

김대중의 교통사고가 일반적인 교통사고라고 보기에는 이상한 점이 많았다.

첫째, 이렇게 큰 교통사고가 났음에도 사고 지점에서 불과 10분 거리에 위치한 무안경찰서의 경찰들은 사고가 난 지 2시간이 지나서야 현장에 출동했다. 꼭 누구의 지침을 받아 모른 척한 것이라고 설명할 수밖에 없는, 뒤늦은 출동이었다.

둘째, 사고를 낸 트럭이 하필 공화당 국회의원이었던 홍승만의 아들의 회사 차량이었다. 이것도 우연이라 하기에는 미심쩍다.

셋째, 트럭의 운전사가 중앙선을 침범하고 그로 인해 3명의 사망자가 나왔음에도, 또 크게 다친 사람이 유력한 정치인이었음에도 단순 교통사고로 처리되었다. 운전기사는 구속조차 되지 않았다.

넷째, 스타 정치인이자 다음 대통령으로 유력했던 김대중이 죽을 뻔한 사건이었음에도 언론은 조용했다. 김대중의 교통사고는 경향신문의 보도만이 유일했다. 이 정도면 일종의 보도 지침이 있었다고 누구나 예상할 수 있다.

박정희 입장에서 김대중만큼 눈엣가시였던 정치인이 없었던 것을 생각해 볼 때, 김대중의 교통사고 역시 박정희를 사건의 배후로 보는 것이 합리적인 의심이다.

참고문헌

· 김대중선생납치사건 진상규명을 위한 시민의 모임 편, 《(문헌, 증언, 자료)김대중 납치사건의 진상》, 푸른나무, 1995.
· 간대준씨납치사건진상조사위원회 편, 《김대중사건의 진상: 납치사건에서 사형판결까지》, 삼민사, 1987.
· 국가정보원 과거사건 진실규명을 통한 발전위원회 편, 《김대중 납치사건 진실규명》, 국정원, 2007.

76 장준하의 죽음도 박정희와 연관없다고?

김대중 납치 2년 후에는 재야의 대통령이나 다름없었던 장준하가 산에서 변사체로 발견되었다(1975.8.17.).

박정희는 일본군 장교였다가 패잔병이 되어 한국광복군에게 체포되어 국내로 들어왔다. 그러나 학도병으로 일본군에 강제 징집되었다가 일본군을 탈출하여 충칭 임시정부에 합류한 뒤 김구의 비서실장으로 국내로 귀국한 장준하는, 박정희에게 열등감을 유발하는 요인이었다.

장준하는 귀국 후 〈사상계〉라는 잡지를 발행하고 세계 언론상인 막사이사이상을 수상했다. 유신헌법이 발표되고 유신독재가 현실화되자 장준하는 개헌청원100만인서명운동(1973)을 전개했다. 장준하는 37번의 체포와 9번의 투옥을 당할 정도로 박정희의 독재에 맞섰던 대표적 인물이었다. 장준하는 대통령이었던 박정희의 면전에 대고 이렇게 면박을 주기도 했다.

"일제가 계속됐다면 당신은 만주국 장교로서 독립투사들에 대한 살육을 계속했을 것 아닌가."

이런 장준하가 갑자기 산에서 실족사한 것이다. 장준하의 죽음에 의심이 가는 것은 너무 당연하다. 의심스러운 부분을 하나씩 짚어 보자.

첫째, 장준하가 함께 등산을 다니는 친구는 백기완이나 이철우였다. 그런데 사고가 생긴 날은 뜬금없이 김용환이라는 인물과 등산을 갔다. 김용환은 날씨가 더워 쉬고 싶다는 장준하를 세 번이나 설득하며 등산을 갔다. 김용환은 장준하가 출마한 총선 때 자원봉사자였던 인물로 몇 년 동안 만난 적조차 없는 인물이었다.

둘째, 장준하는 미국 CIA의 전신인 OSS에서 특수훈련을 받았다. 그런 사람이 일반인이 다니는 등산로에서 미끄러져 죽었다는 것은 합리적이지 않다.

셋째, 장준하 시신의 검시 소견에 따르면 직접적인 사인은 오른쪽 귀 뒤쪽에 있는 급소를 예리한 흉기로 찔린 후두부 함몰에 의한 것이었다. 추락사라고 발표되었지만 기이하게도 전신 골절상이나 외상이 하나도 발견되지 않았고 얼굴도 멀쩡했다. 더욱 신기한 일은 양팔의 겨드랑이에서 피멍이 발견되었는데 이는 결코 추락하면서 생길 수 있는 상처가 아닌, 누군가가 양팔을 끼고 끌고갈 경우에 생길 수 있는 흔적이었다. 또 장준하의 허리 부분에는 주사바늘 자국이 있었다. 평소 허리에 주사를 맞은 적이 없다는 가족들의 증언을 생각하면 수상한 일이었다.

넷째, 사고 당시 유일한 목격자이면서 신고자인 김용환의 행동이 수상했다. 김용환은 증언을 계속적으로 반복했다. 그런데 왜 김용환은 경찰이 아닌 군부대에 신고했을까. 그리고 김용환은 왜 죽은 장준하의 시계를 차고 있었을까.

다섯째, 장준하의 죽음을 다루던 동아일보의 편집 기자가 구속되었다. 다른 어떤 언론사에서도 장준하의 죽음을 다루지 못했다.

당시 장준하가 산에서 실족사로 죽었다는 소식은 언론이 아닌 사람들의 입을 통해 전해졌다. 대다수의 많은 국민들은 '장준하가 암살된 것이 아닐까'하는 의구심을 가졌다.

김대중 교통사고(1971),

김대중 납치사건(1973),

장준하 사망사건(1975)이 모두 우연이거나 박정희와 관련이 없다고 말하는 사람들이 바로 박정희 신격화의 범인들이다.

참고문헌

· 김삼웅, 《장준하 평전》, 시대의창, 2009.

· 서중석, 《비극의 현대지도자》, 성균관대학교출판부, 2002.

· 박희창 기자, 〈故 장준하 선생, 머리에 둔기 맞아 숨진 뒤 추락했다〉, 동아일보, 2015. 5. 23.

· KBS, 〈KBS 인물현대사 26편 장준하 1부 민족주의자의 길〉, 2004.1.9.

· KBS, 〈KBS 인물현대사 27편 장준하 2부 거사와 죽음의 진실〉, 2004.1.17.

77 박정희가
지역 감정을 유발했다고?

고구려 장수왕이 남하정책을 펼치자, 이에 맞서 신라의 눌지왕과 백제의 비유왕이 손을 잡고 나제동맹(433)을 체결했다. 나제동맹은 무려 120년 동안 이어진 절대 동맹이었다. 서로 원수가 된 것은, 신라의 진흥왕이 나제동맹을 깨고 백제를 공격하여 한강 하류를 차지하자, 분노한 백제의 성왕이 신라를 공격하다가 관산성에서 전사(554)하면서부터이다. 진흥왕은 앞뜰에 성왕의 목을 묻으며 이렇게 말했다.

"신라 신하들이 신라왕을 보려거든, 먼저 백제 성왕의 해골을 발로 밟은 후 배알하라."

분노한 백제는 100여 년 후 원수를 갚았다. 의자왕은 윤충을 보내 신라의 대야성을 빼앗고, 그곳에서 잡힌 김춘추의 딸 고타소와 사위 품석의 머리를 베어 낸 뒤 감옥 바닥에 묻어 성왕의 억울함을 달랬다. 딸의 죽음에 이성을 잃어버린 김춘추는 당나라에 머리를 조아렸고, 당나라를 이용해 백제를 멸망시켰다(660). 이후 고구려까지 멸망(668)하면서 삼국의 역사가 아쉽게 막을 내린다. 훗날 후백제의 견훤이 신라의 수도 경주에 처들어가 경애왕을 죽이는 복수극을 전개하기도 했지만, 그 이후천 년 동안 백제계와 신라계의 대립은 없었다. 사실 백제의 중심은 충청도였다. 신라 사람들이 백제를 생각할 때 충청도를 떠올렸지 전라도를 떠올리지 않았다. 그렇기에 경상도와 전라도의 지역적 대립은 박정희가 권력을 잡기 전까지 5천 년 역사에서 찾아볼 수 없었다.

5·16쿠데타로 권력을 잡은 박정희는 5차 개헌(1962)을 통해 직선제를 단행했다. 이후 1963년 대선에 공화당 후보로 출마하여 신민당 후보 윤보선을 상대로 15만 표를 더 얻어 1.55%의 차이로 간신히 이겼다. 그런데 박정희의 득표는 전라도에서만 윤보선보다 무려 30만 표가 더 나왔다. 사실상 박정희를 대통령으로 만들어 준 지역은 전라도나 다름없었다. 여수·순천사건으로 체포되었다가 살아난 박정희가 정권을 잡으면, 좌익 지역으로 몰려 고통받는 전라도 사람들의 서러움을 씻어 주겠거니 하는 마음이었던 것 같다. 1963년 대선 사례를 보아도 박정희 정권 이전에 영호남의 지역 감정은 존재하지 않았다.

1967년 총선에서 김대중이 목포에 출마하자, 박정희는 김대중의 낙선을 위해 목포에서 국무회의를 열고 총선 직전까지 무려 1주일을 머물렀다. 그러면서 목포의 발전을 약속했다. 자신의 정적이었던 김대중의 당선만큼은 막고 싶었던 것이다. 그럼에도 김대중은 목포에서 당선되었다. 이때부터 노래 '목포의 눈물'은 현실이 되었다. 박정희는 자신의 정치적 정적을 당선시켰다는 이유만으로 목포를 철저히 짓밟았다.

3선 개헌을 날치기로 통과시키고 1971년 대선에서 또다시 출마한 공화당의 박정희는 신민당의 김대중과 대선을 치러야 했다. '여촌야도'라는 말대로 시골에서는 여당 박정희의 표가 많았고 도시에서는 야당 김대중의 열풍이 거셌다. 신민당 대통령 경선에서 아깝게 김대중에게 패했던 김영삼은 부산 등에서 김대중을 위한 유세를 했다. 그 당시 부산과 경남은 야당의 도시였다. 그러자 박정희는 김대중의 천재적인 선거 참모였던 엄창록을 협박으로 매수하는데, 이를 영화〈킹메이커〉에서 제대로 보여 주었다. 박정희 캠프는 엄창록의 조언대로 부산과 경상도 전봇대마다 선거 벽보를 붙였다.

　"호남인이여 단결하라. 신민당 김대중"

　이를 본 경상도 사람들은 화를 내며 말했다.

　"우리가 남이가"

　박정희의 당선을 위해 지역 감정을 이용하고 대선에서 지역 감정이 이용된 것도 이때가 최초였다.

　1971년 대선에서 승리한 박정희는 이후 목포를 비롯한 호남의 경제성장을 막았다. 박정희가 생각할 때 호남은 김대중의 지역 기반이었다. 박정희정권이 경부축 중심의 경제개발을 주도하면서 부산 주변 도시들은 대도시로 성장하였고, 많은 인구가 경상도로 몰렸다. 경상도 기업들은 성장하여 대기업이 되었지만, 전라도 기업들은 국책사업에서 번번이 미끄러졌다. 경상도에 비해 전라도는 낙후되었다.

　전라도 사람들이 경상도의 개발을 보면서 느낀 박탈감도 컸다. 한 지역이 잘살게 되면서 못사는 시역을 비하하는 천민자본주의적 심리도 나타났다. 우리가 잘살고 인구도 많으니 우리끼리 뭉치면 패권은 우리가 영원히 지닌다는 지역이기주의가 팽배해졌다. 이 모든 시작이 박정희 정권 때부터였다.

혹자는 지역 감정의 화신은 김대중이라 한다. 사실 김대중의 고향이 경상도였다면 더 일찍 대통령이 되었을 테니 일단 김대중은 지역 감정의 최대 피해자였다. 그러나 김대중은 정계 은퇴 후에도 호남의 맹주로서 재기가 가능하였고, 충청도 표를 의식해 충청도의 맹주였던 김종필과 손을 잡은 DJP연합을 통해 대통령이 되었기에, 김대중은 지역 감정의 최대 피해자이자 최대 수혜자라고 보는 것이 맞다.

혹자는 전라도의 지역 감정을 탓한다. 1997년 대선에서 김대중의 지지율이 전라도에서 90% 넘게 나왔다고 비판한다. 그러나 일종의 피해자들에게 그렇게까지 뭉칠 수 있냐고 비판하는 것이 더 잔인하다.

광주는 전두환 신군부 쿠데타 세력에 의해 수많은 죽음을 경험했다. 전두환 역시 박정희처럼 전라도를 차별했다. 호남에는 기업도 없었고 그래서 자식들이 취직을 위해 뿔뿔이 흩어져야 하는 설움을 경험하며 살아왔다. 호남 출신이라는 이유로 출세길도 막혔다. 더구나 자신들에게 총칼을 겨누었던 살인마들을 계승한 정당의 후보에게 표를 줄 수 없는 것은 너무 당연하다. 더구나 김대중은 호남 출신이었다.

민주화를 외치다 수없이 많은 죽음을 당하고 지역 차별에 몸서리친 지역에서 자기 고향 출신 대통령 후보에게 몰표를 한 것조차 지역 감정이라고 말하는 자들은 역사적 맥락을 모르는 무지한 자들이거나 아니면 그냥 학살자를 두둔하는 세력인 것이다.

정치 선진국 미국조차 후보의 고향에서는 표가 많이 나온다. 그렇기에 자기 고향 정치인에 대한 몰표는 일면 이해가 된다. 그런데 그보다더 무서운 것은 특정 지역 사람이 대통령이 되는 것을 막기 위한 몰표,그리고 자신들이 누리는 기득권을 더 누리기 위한 몰표가 더 무서운 것이다. 참고로 1997년 대선에서 김대중이 대구에서 득표한 비율은 12%에 불과했다. 그런데 경상도 인구의 10% 정도는 일자리가 없어서 경상도로 건너간 전라도 사람들이다. 어느 지역의 몰표가 더 무서운가?

2002년 대선에서 노무현 후보의 호남 지지율은 93%였다.
2022년 대선에서 이재명 후보의 호남 지지율은 85%였다.
노무현과 이재명은 전라도 출신이 아니다. 그들의 고향은 아이러니하게도 경상도다. 호남은, 경상도 출신의 정치인이라 할지라도 광주의아픔을 공유하고 올바른 역사관을 지녔을 때 출신과 상관없이 지지할수 있는 선진적 정치의식을 보여 준 것이다. 호남의 몰표가 나쁜 지역감정이라면 어찌 경상도 출신의 후보에게 몰표가 갔겠는가. 호남의 몰표는 지역 감정의 표출이 아니라 정상과 비정상, 정의와 불의에 대한 정확한 몰표였다. 만약 보수 대통령 후보로 전라도 출신이 출마했더라도경상도에서 일방적인 지지를 보여 줄 수 있는지를 고민해 보아야 한다.
개인적으로는, 북한에 살면서도 '김일성 개새끼'라고 하는 사람과 경상도에 살면서도 진보적 역사관을 갖는 사람들이 가장 멋있어 보인다.

참고문헌
· 조희연, 〈'지역 감정'과 한국의 민주주의〉, 창비, 창작과비평 1993년 봄호(통권 제79호), 1993.
· 한홍구, 〈한국민주주의와 지역 감성 - 남북분단과 통서분열〉, 역사학연구소, 역사연구 제37호, 2019.

78 진보가 박정희를 싫어하는 27가지 이유

첫째, 친일파였다. 일왕에게 혈서를 쓰고 만주 육사에 진학했다. 일본 육사 졸업 후 관동군 육군 중위까지 했고,《친일인명사전》에도 등재되었다.

둘째, 공산주의자였다. 남로당 군사총책으로 활약하다 여순사건으로 체포되어 무기징역까지 받았다. 대한민국 진보도 공산주의를 싫어한다.

셋째, 쿠데타를 했다. 다른 말로 반역을 꾀한 것이다. '성공한 쿠데타는 혁명이다'는 말보다 무서운 말이 없다. 이 말은 군인들에게 또 다른 반란을 꿈꾸게 할 수 있다.

넷째, 5·16쿠데타 직후 중요한 과거사를 은폐했다. 장면내각에서 준비했던 과거사 진상조사위원회를 혁파하여 제주4·3사건, 거창양민학살사건, 보도연맹사건 등 유족들의 진상 조사 요구를 묵살함과 동시에 연좌제를 적용하여 오히려 유족들을 고통스럽게 만들었다. 자신의 좌익 경력에 대한 콤플렉스와 자신에 대한 미국의 의심을 이렇게 해소하고자 했다.

다섯째, 굴욕적인 한일수교를 했다. 배상금도 아니고 보상금의 일종인 독립축하금 명목으로 3억 달러밖에 받지 못했다. 독립축하금이라는 용어를 받아들이는 그 줏대 없음에 놀랍다.

여섯째, 한일수교의 대가로 일본으로부터 공화당 창당 자금 6천 6백만 달러를 따로 받았다. 이는 사실상 개인 착복이나 다름없었다.

일곱째, 독도밀약을 체결하여 사실상 일본과 독도를 공유했다. 오늘날 일본의 독도를 향한 이해하지 못할 행동은 독도밀약으로부터 기인한 측면이 있다.

여덟째, 한국군의 베트남 파병은 유엔군의 일환이 아닌 미국의 용병이었다. 파병된 우리 군인들의 피와 땀으로 많은 외화를 벌어들여 경제개발에 밑거름이 되었지만, 당시 한국군의 베트남 파병은 국제사회의 비판을 피할 수 없었다. 베트남 참전 용사들의 고엽제 피해 문제, 라이따이한(한국과 베트남의 혼혈아) 문제, 그리고 베트남 민간인 학살 문제에 대해 박정희는 눈과 귀를 닫았다.

아홉째, 지역 감정을 유발하고 그 과정에서 영호남의 지역 격차를 발생시켰다. 지역 불균형 발전 수혜자인 경상도 사람들은 박정희를 추종하고, 피해자인 전라도 사람들은 박정희를 원망한다. 망국적 지역 감정을 시작시킨 장본인이다.

열째, 4년 중임제를 깨고 3선 개헌을 날치기로 통과했다. 우리 역사에 3선 개헌은 이승만이 한 번(2차 개헌, 사사오입, 연임의 제한이 없어 사실상 종신제 개헌에 해당), 박정희가 한 번(6차 개헌, 날치기통과) 했다. 이승만과 박정희는 미국식 4년 중임제를 날려 먹은 두 명의 독재자인 것이다.

열한째, 1971년 대선에서 부정선거를 했다. 관권선거와 금권선거가 역대급으로 심한 대선이었다. 당시 국가 예산 5,300억 원의 1/8에 해당하는 700억 원을 개인의 선거 자금으로 썼던 금권선거이자 관권선거였다. 군수와 면장이 막걸리 통을 들고 다니면서 선거운동을 했고, 집집마다 일만원권이 담긴 고무신이 뿌려졌다.

열두째, 7·4남북공동성명을 체결하여 통일 분위기를 조성해 놓고, 자신의 독재 권력을 강화하기 위한 유신헌법이 통과되자, 7·4남북공동성명을 먼저 파투를 냈다. 국민적 염원인 통일을 이용하여 김일성과 손잡고 남북한의 독재 권력을 서로 강화시킨 것이다. 주연은 박정희, 조연은 김일성이었다.

열셋째, 유신 개헌을 했다. 대통령은 통일주체국민회의에서 선출되었다. 제8대 대통령 취임식(1972)에서는 전 세계로부터 왕따를 당했다.

딱 세 나라의 외교관만이 취임식에 참석했다. 대만과 에티오피아, 그리고 가봉이었다.

열넷째, 유신독재를 했다. 대통령은 국회의원의 1/3 임명권과 국회해산권을 가진 초강력 대통령이 되었다. 대통령령으로 긴급조치를 발동하여 그 명령이 헌법보다 우선이게 했다.

열다섯째, 수많은 노래가 금지곡이 되었다.
김추자의 〈거짓말이야〉 - 박정희의 거짓말을 놀리는 것 같아서.
송창식의 〈왜 불러〉 - 장발을 단속하는 경찰에게 반말한다고.
이금희의 〈키다리 미스터 김〉 - 키가 작은 박정희가 기분 나쁠까 봐.
양희은의 〈아침이슬〉 - 가사 중 '붉은 태양'이 김일성을 상징한다고.
배호의 〈0시의 이별〉 - 밤 12시에 이별하면 통행금지 위반이어서.
한대수의 〈물 좀 주소〉 - 물고문을 연상시킨다고.

열여섯째, 친일반민족행위자를 대거 등용했다. 친일파에게 수여된 훈장은 이승만정부 162건, 전두환정부 28건, 노태우정부 22건, 김대중정부 7건, 노무현정부 2건인 데 반해 박정희정권 동안 무려 206명의 친일파에게 훈장이 수여되었다. 10월 유신에서 '유신'이란 이름도 일본의 메이지유신에서 따온 것으로서 박정희정권의 친일 성향을 알 수 있다.

열일곱째, 유신헌법을 반대하며 개헌청원100만인서명운동(1973)을 했던 장준하가 의문사를 당했다. 박정희가 당연히 의심이 간다.

열여덟째, 자신의 정적 김대중을 일본에서 납치하여 죽이려다 미국의 개입으로 실패했다. 죽이지 못한 김대중을 1973년부터 1979년까지 6년간 가택 연금을 시켜 집 밖에도 못 나오게 했다.

열아홉째, 대학생들이 민청학련을 조직하여 유신철폐를 외치자, 그 뒤에 인민혁명당이라는 간첩 조직이 있다고 조작하여 무고한 사람을 죽였다. 이를 인혁당사건(1974)이라고 한다. 인혁당사건 관련자 8명에게 사형을 선고한 4월 9일은 국제법학자협회가 지정한 '사법사상 암흑의 날'이 되었다. 인류 역사상 가장 창피한 판결이 박정희의 독재 정권 유지를 위한 인혁당 관련자 사형 판결이었다. 세계적인 독재자이다.

스무째, 박정희정권의 정경유착은 심각한 수준이었다. 일단 박정희 군정 시절 중앙정보부의 4대 의혹이 있다.

새나라자동차사건(1961) - 일본에서 자동차 400대를 수입하여 판매하려다 일어난 부정부패 사건

워커힐사건(1961) - 워커힐호텔 건설비 2억 5천만 원(현재가 10조)을 중앙정보부가 착복한 사건

증권파동(1962) - 중앙정보부가 한전 주식의 주가 상승을 유도하여 시세 차익으로 국가 예산 10%를 확보했던 사건

빠찡코사건(1962) - 중앙정보부가 빠찡코 기계 2,500대를 일본으로부터 들여와 수익을 남기려 했던 사건

삼성의 한국비료를 통해 사카린을 밀수하려다 여론에 들통나니 삼성에 책임을 뒤집어씌운 사카린밀수사건(1966)도 유명하다. 이로 인해 국

회의원 김두한이 국회오물투척사건을 일으킨 것이었다.

스물한째, 박정희는 결코 청렴하지 않았다. 러닝셔츠에 막걸리는 그
냥 쇼였다. 김지태의 부일장학회(부산일보와 부산MBC)를 강탈하여 정수
장학회(박정희의 '정'과 육영수의 '수')를 만들었다. 또한 경주 최씨 부자가
삼성 이병철에게 넘긴 영남대학교를 이병철이 사카린밀수사건으로 코
너에 몰리자 헌납을 강요했다.

전두환 회고록의 내용이다.

"박종규 전 청와대 경호실장이 말하기를 박정희정권은 대기업으로부
터 매달 40억 원의 정치 자금을 받았다."

미국 의회가 작성한 프레이저 보고서에는 박정희가 해외에 비밀 계좌
를 만들어 상당한 액수의 돈을 빼돌렸다는 기록이 있다.

스물두째, 무수히 많은 간첩 사건을 조작했다.

강화도간첩사건 조작(1965), 동백림사건 조작(1967), 유럽간첩단사건
조작(1969), 이수근간첩사건 조작(1969), 형제간첩단사건 조작(1971),
인민혁명당사건 조작(1964·1974), 민청학련사건 조작(1974), NH회학원
침투간첩사건 조작(1973), 울릉도거점 간첩단사건 조작(1974), 11·22사
건 조작(1975), 문인간첩단사건 조작(1974), 이외 삼척 고정간첩단사건
조작 등, 위에 열거한 사건 모두 제6공화국 시절 무죄판결을 받았다.

스물셋째, 미국에게 박정희의 비리를 폭로하려는 전 중앙정보부장 김
형욱을 파리에서 납치해 분쇄기에 갈아 죽인 후 닭에게 모이로 주었다.

스물넷째, 미국과 국교 단절을 생각했다. 진보도 미국과 국교 단절에는 절대 반대다. 역대 대통령 중 사실상 가장 반미 대통령의 육성 녹음이 명확히 남아 있다.

스물다섯째, 군부 내 사조직 하나회를 육성했다. 자기가 군부 쿠데타로 권력을 잡았기에 군부 장악이 필요했던 것이다. 사실 대통령이 군대에 사조직을 만들었다는 것 자체가 미친 짓이다. 이는 훗날 12·12신군부쿠데타를 야기했다. 이름을 왜 '하나회'로 지었는지 묻는 박정희의 질문에 전두환이 이렇게 답했다.

"하늘도 하나, 태양도 하나, 각하도 하나, 우리도 하나입니다."

스물여섯째, 부마항쟁이 일어나자 군대를 출동시켜 민간인 학살을 계획했다. 김재규의 법정 최후 진술의 내용이다. 박정희는 이렇게 말했다.

"앞으로 부산 같은 사태가 생기면 이제는 내가 직접 발포명령을 내리겠다. 자유당 때는 최인규나 곽영주가 발포 명령을 하여 사형을 당하였지만 내가 직접 발포 명령을 하면 대통령인 나를 누가 사형하겠느냐."

차지철은 이렇게 말했다.

"캄보디아에서는 300만 명 정도를 죽이고도 까딱없었는데 우리도 데모대원 100~200만 명 정도 죽인다고 까딱 있겠습니까?"

스물일곱째, 여인들을 불러다 궁정동에서 술 시중을 들게 했다. 박정희가 연예인들과 각종 미인들을 불러다 술을 마셨던 궁정동에는 박정희의 경호를 위해 안가만 4곳이 있었다고 한다. 연산군을 위해 각 지역의 미인들을 한양에 끌어올리는 채홍사라는 관리가 있었다. 박정희의 여색을 채우기 위해 채홍사가 따로 존재했던 것이다.

　박정희는 사망한 그날도 양주 시바스 리갈을 마시다 중앙정보부장 김재규의 총을 맞고 여인들 앞에서 죽었다.

참고문헌

· 조현연, 〈[특집-청산하지 못한 역사, 바로 세워야 할 역사]청산해야 할 박정희 독재통치 18년과 '인간 박정희'〉, 대한기독교서회, 기독교사상 2004년 9월호 (통권 제549호), 2004.
· 홍석률, 〈[과거청산, 우리 역사의 전환점 3]박정희 독재 정권기의 인권침해〉, 재단법인 역사와 책임, 내일을 여는 역사 제18호, 2004.
· 정원석, 〈1990년대 후빈 박정희 신드롬의 전개와 그 의미〉, 게명대학교 한국학연구원, 한국학논집 제96집, 2024.

10장

5·18광주민주화운동을
폄훼하지 말라

1980년 5월 26일 시민군 대변인 윤상원은
내외신 기자들에게 이렇게 말했다.

"우리는 최후의 1인까지 투쟁할 것입니다.
탱크를 동원해 진압하겠다면 어차피 질 수밖에 없겠지요.
그러나 강경 진압이
오늘의 사태를 근본적으로 해결하리라고는 생각하지 않습니다.
우리는 패배할 것입니다.
그러나 내일의 역사는
우리를 승리자로 만들 것입니다."

79 독재추종 세력이
5·18광주민주화운동을
부정하는 이유

이승만의 자유당은 4·19혁명(1960)으로 문을 닫았다.

1년 후 5·16군사쿠데타(1961)로 권력을 잡은 박정희는 공화당을 창당
하며 대통령이 되었지만, 이승만의 자유당과는 철저히 단절을 꾀했다.
사실상 이승만에게 가장 비판적인 인물도 박정희였다.

10·26사건(1979)으로 대통령 박정희가 시해되면서 계엄이 선포
되었다. 혼란스러운 시기에 보안사령관 전두환은 계엄사령관 정승
화를 체포하는 12·12쿠데타(1979)를 일으켰다. 전두환은 서울의 봄
(1979.10.26~1980.5.15.)이 끝나자마자 5·17비상계엄확대를 발표한 뒤,
서울 시민에게는 들이대지 못한 총부리를 광주 시민에게 들이댔다. 광
주를 짓밟은 전두환은 정권 이양 수순을 밟았다.

전두환은 '정의'라는 단어를 좋아했다. 가장 정의롭지 못한 자가 뻔
뻔하게 말이다. 그래서 전두환이 내세운 구호는 '정의 사회 구현'이었다.
또, 전두환이 1981년에 창당한 정당의 명칭은 '민주정의당'이었다. 줄여

서 민정당이다. 민정당은 박정희의 공화당과는 분명 다른 정당이었다.

　5·18광주민주화운동에 대해 정보가 없는 사람들과 경상도를 필두로 한 소위 보수 지지자들은 민정당을 지지했다. 이후 노태우가 김영삼, 김종필과 3당 야합을 하는 민주자유당(민자당, 1990), 김영삼의 신한국당(1995), 이회창의 한나라당(1997), 박근혜의 새누리당(2012), 자유한국당(2017), 미래통합당(2020) 등을 거쳐 오늘날 국민의힘(2020)까지가 보수 정당의 역사이다.

　민정당부터 국민의힘에 이르기까지 보수 정당은 정당의 명칭만 바꿨을 뿐, 정당의 역사와 이념을 정확히 계승했다. 이러한 보수 정당을 지지하는 사람들 입장에서는 보수 정당의 뿌리였던 민정당의 창시자 전두환이 학살자가 되어서는 안 된다. 학살자를 지지해서는 도덕적 명분 싸움에서 이길 수 없기 때문이다. 이들에게는 전두환이 학살자가 아니라, 1980년 5월의 광주 시민들이 폭도가 되어야 했다.

참고문헌

· 김영기·채종훈·주정민, 〈5·18 민주화운동에 대한 유튜브 왜곡영상 네트워크 분석〉, 전남대학교 5·18 연구소, 민주주의와 인권 제21권 제1호, 2021.
· 임지봉, 〈5·18특별법 제8조와 표현의 자유의 제한〉, 숭실대학교 법학연구소, 법학논총 제52집, 2022.

80 　서울역회군이 광주에 비극을 불렀다고?

전두환 신군부 쿠데타에 모두 침묵할 때, 오직 광주만이 피를 흘려 가며 저항했다. 이는 광주의 자부심이다.

그래서 이런 말이 있다.

"한국의 민주주의는 광주의 피를 먹고 자랐다."

그러나 많은 사람들이 잘 모르는 것과 착각하는 것이 있다. 잘 모르는 것은 '서울의 봄'이고, 착각하는 것은 공수부대가 투입되기 전, 다시 말해 5월 18일 이전의 광주가 혼란스러웠다고 생각하는 것이다.

영화 〈서울의 봄〉이 흥행에 성공하면서 '서울의 봄'은 누구나 한 번쯤은 들어 본 말이 되었지만, 그 의미를 정확히 아는 사람은 드물다.

영화 〈서울의 봄〉은 12·12쿠데타를 다룬 작품이었다. 사실 제목만 서울의 봄이었을 뿐이다. 서울의 봄은 서울에서 민주화의 싹이 트는 시기를 표현한 말이다. 박정희의 18년 철권통치가 무너지고, 비로소 민주주의가 올 것이라는 희망과 믿음을 '봄'이라고 표현한 것이다.

서울의 봄은 박정희 대통령이 시해된 1979년 10·26사건부터 1980년 5·17비상계엄확대까지 약 7개월의 기간을 말한다. 그러나 사람들의 인식에 각인된 서울의 봄은 1980년 5월 서울역 앞의 모습이었다.

1980년 3월, 대학생들이 캠퍼스에 모여들면서 학원민주화 바람이 일기 시작했다. 대학생들은 12·12쿠데타의 주역이 전두환임을 알게 되었고, 마침 전두환이 중앙정보부장에 취임하자 학생들의 분노는 더욱 거세졌다. 대학생들은 거리로 뛰쳐나갔고, 서울 14개 대학의 교수 361명은 성명서를 발표하며 동참했다.

5월 14일 7만여 명의 학생이 군집하여 시위를 벌였고, 다음 날인 15일에는 서울의 대학생은 물론 전국 각지에서 올라온 대학생들과 일반 시민 등 무려 10만 명이 서울역 앞에 모였다. 그러나 계엄철폐와 전두환 퇴진을 요구하는 수많은 군중을 보고도 전두환과 신군부는 어떤 액션도 취하지 않았다. 학생 대표들은 고민했다. 진군하여 신군부의 항복을 받아 낼 것인가, 아니면 해산할 것인가.

결국 대학생들은 자신들의 학교로 돌아가기로 결정했다. 한국 현대사에서 가장 아쉬운 순간으로 기억되는 서울역회군(1980.5.15.)이었다.

당시 회군을 결정했던 서울대 총학생회장 심재철은 그 후 전두환이 만든 민정당의 후신인 보수 정당에서 국회의원만 5선을 했고, 국회부의장이 되었다. 회군을 반대했던 서울대 복학생 대표 이해찬은 노무현정권에서 국무총리를 지냈다. 회군에 대한 또 다른 반대자, 당시 서울대 대의원의장 유시민은 보건복지부 장관을 지냈다. 또한, 당시 경희대 학

서울역시위를 벌이는 학생들이 경찰이 쏘는 최루탄을 피하고 있다. ⓒ 경향신문

생으로 시위에 참여했던 문재인은 대통령이 되었다. 이들을 역사의 죄인으로 규정할 수는 없지만, 적어도 이들은 광주의 죽음에 대해서 아파해야 했다.

문재인은 자신의 저서 《운명》에서 이렇게 말했다.

"대학생들의 배신이 5·18에서 광주 시민들로 하여금 큰 희생을 치르도록 했다."

서울역회군을 가장 반대했던 유시민은 다음과 같이 주장했는데, 이는 불행히도 현실이 되었다.

"지금 상황에서 해산은 자살 행위나 다름없다. 여기서 물러나면 모든 것이 끝나고 신군부는 어떤 보복 행위를 할지 모른다."

역사에 가정은 없지만, 만약 서울역회군이 없었다면 광주에서 일어난 것보다 더 큰 참극이 서울에서 벌어졌을지 모른다. 그러나 학생들은 해산을 결정했고, 신군부는 서울역회군을 기다렸다는 듯이 5월 17일 24시 비상계엄을 전국으로 확대했다. 그 결과, 광주는 피를 흘려야 했다.

광주가 흘린 피는 1980년대 학생운동의 원천이 되었고, 대한민국 민주화의 뿌리가 되었다. 그러나 희생을 당했던 도시 광주의 아픔은 여전히 현재 진행형이다. 아픔에 공감하지 못하는 자들의 폄훼와 조롱, 그리고 여전히 가해자 편을 드는 사람들이 넘쳐나는 현실에서 서울역회군에 대한 아쉬움을 충분히 논할 수 있다고 본다.

서울역회군이 없었더라면 신군부의 항복을 받아 냈을지도 모르는 일 아닌가?

참고문헌

· 민주화운동기념사업회 한국민주주의연구소 엮음, 《한국민주화운동사3》, 돌베개, 2010.
· 박상하, 《80 서울의 봄영화 '서울의 봄'에서 못 다한 뒷이야기》, 여산서숙, 2023.
· 오세제, 〈서울역 회군 연구 - 신군부의 심리전과 학생운동의 대응〉, 서강대학교 현대정치연구소, 현대정치연구 제16권 제2호(통권 제38호), 2023.

81   광주 학살은
전두환의 기획이었다고?

신군부는 서울의 봄에 대응하지 못했다.

서울에서 수십만 대학생을 힘으로 눌러 진압하려다 발생할 수 있는 유혈 사태는 신군부로서도 부담스러웠을 것이다. 그렇다고 전두환이 유혈 사태를 피하자고 다 잡은 권력을 포기할 인간은 아니었다. 사실 서울 효창운동장에는 서울의 봄을 진압하기 위한 공수부대가 주둔 중이었다. 그런데 서울역회군을 통해 학생들이 스스로 시위를 중단하고 해산을 선언하니, 전두환과 신군부 입장에서는 서울에 공수부대를 투입하는 최악의 상황을 피할 수 있게 된 것이다. 서울역회군은 전두환에게 기쁨과 자신감을 안겨 주었다. 공수부대를 서울이 아닌 지방의 한 작은 도시에 투입하는 결정은 그리 어려운 일이 아니었다.

5월 17일, 신군부는 자정을 기해 비상계엄을 전국으로 확대했다. 5·17비상계엄확대는 터무니없을 정도로 기습적이었다. 앞서 박정희가 시해된 10·26사건 이후 제주도를 제외한 전국에 비상계엄이 내려져 있었는데, 이를 제주도까지 확대한 것이다. 그리고 신군부는 모든 대학에 휴교령을 내렸고, 내란음모죄로 김대중을 구속시켰다.

신군부가 김대중을 구속한 이유는 따로 있었다.

1979년 외신을 통해 박정희 대통령을 비난했다는 이유로 김영삼이 국회의원직에서 제명되자, 김영삼의 정치적 고향이었던 부산과 마산에서 시민들이 들고일어났다. 부마민주항쟁이었다(1979.10.16.).

신군부는 김영삼의 제명이 부마민주항쟁의 불씨가 된 것을 학습했고, 이제는 광주에서 큰 지지를 받고 있던 김대중을 구속했다. 신군부는 김대중을 구속함으로써 광주에서 일어날 소요를 기대했던 것이다.

전두환은 군인인 자신이 권력을 잡을 수밖에 없었다는 선전용 명분이 필요했고, 그래서 광주를 도발했던 것이다.

참고문헌

· 황석영·전용호 《죽음을 넘어 시대의 어둠을 넘어: 광주 5월 민중항쟁의 기록》, 창비, 2017.
· 박만규, 〈[5·18연구]신군부의 광주항쟁 진압과 미국문제〉, 전남대학교 5·18연구소, 민주주의와 인권 제3권 제1호, 2003.
· 민병로·김남진, 〈5·18민주화운동의 진상규명과 책임자처벌에 관한 대법원 판결 분석〉, 전남대학교 5·18연구소, 민주주의와 인권 제16권 제2호, 2016.

82 학살이 먼저였는가?
저항이 먼저였는가?

"광주 시민들 양심 좀 있어 봐라. 폭도들이 오죽했으면 공수부대까정 나서야 했으까. 근데 뭐 민주유공자?"

서울의 봄이 절정이던 1980년 5월, 서울 이외에도 부산과 대구, 광주, 전주, 청주 등 전국 각지에서 대학을 중심으로 각각의 봄이 진행되고 있었다. 그중 가장 아름다운 모습을 연출한 곳은 광주였다.

5월 14일부터 16일까지 광주의 전남도청 앞에서 열렸던 민족민주화성회는 서울의 봄과는 비교도 안 될 정도로 질서정연했다. 도청 앞 평화시위는 전남대 학생회와 시민단체가 협의하여 16일 금요일 밤 횃불시위를 마지막으로 중단되었고, 광주 시민들은 모두 일상으로 돌아가고 있었다. 금남로는 시위의 흔적조차 찾아볼 수 없을 만큼 깨끗이 청소되었다. 5월 17일 토요일은 날씨마저 좋아서 광주의 많은 시민들이 나들이를 가며 봄을 만끽했다. 그날 밤, 12시를 기해 발표한 신군부의 비상계엄확대 조치를 알고 잠에 든 광주 시민이 과연 몇이나 되었을까?

운명의 5월 18일이 밝았다.

5월 18일은 일요일이었다. 조간신문도 배달되지 않았고, 지금처럼 인터넷이나 유튜브를 보던 시대도 아니었다.

그래서 광주 시민들은

신군부가 비상계엄을 확대했는지,

전국 대학에 휴교령이 내려졌는지,

김대중을 내란음모죄로 뒤집어씌워 구속했는지도 모른 채,

평화로운 일요일을 맞이하고 있었다.

아침에서야 비상계엄의 전국 확대 조치와 전국 모든 대학에 휴교령이 선포된 것을 알게 된 광주의 학생들은 전남대학교로 모여들었다. 전남대학교 정문은 총검으로 무장한 계엄군이 가로막고 있었다. 이에 학생들은 비상계엄 철폐와 신군부 퇴진을 요구하는 구호를 외치며 평화시위를 벌였다. 자신이 다니는 학교에 들어가겠다고 목소리를 높였을 뿐인데 계엄군은 학생들을 향해 '돌격 앞으로'를 감행했다. 도대체 공수부대는 무슨 명령을 받았기에 학교에 들어가겠다는 학생들을 군홧발로 짓밟고 M16 개머리 판으로 내리쳐야만 했을까?

공수부대는 시위에 참여한 학생뿐만 아니라 전남대학교 근처에 있던 일반 시민까지 무차별적으로 폭행했다. 시내버스를 세우고 올라타 승객을 끌어내린 뒤 군홧발로 짓밟았다. 공수부대의 무차별적인 폭행은 전남대학교를 벗어나 광주 전역으로 확대되고 있었다. 공수부대는 영화관에 들어가 영화를 보던 사람들을, 당구장에 들어가 당구를 치던 사

람들을 무차별 폭행했다. 회사 건물에 들어가 일요일임에도 일하고 있는 젊은 직원들을 이유 없이 구타했다. 동문 체육대회 행사가 진행 중이던 광주일고 운동장에 들어가 운동복을 입은 행사 참여자들을 때리고 기절시켜 끌고 갔다.

《죽음을 넘어 시대의 어둠을 넘어》에 수록된 김정섭의 증언이다.

"나는 요란스러운 군홧발 소리와 인기척에 놀라 뒤를 돌아보았다. 40~50명의 공수들이 한꺼번에 나를 향하여 곤봉을 휘두르며 쫓아오고 있었다. '나는 학생이 아니다'라고 황급히 소리쳤다. 그러나 공수들은 나를 에워싸고 군홧발로 차기 시작했다. 주먹으로 몸 전체를 두들겨 팼고 곤봉과 휴대하고 있던 M16 총 개머리 판으로 집단 구타하기 시작했다. 이때까지도 내가 공수들에게 왜 맞아야 하는지 의문스러웠고 맞고 있다는 것 자체가 억울했지만 엄청난 공수들의 힘에 어찌할 수가 없었다."

백일이 갓 지난 딸이 있었던 청각장애인 구두수선공 김경철은 처남을 배웅하고 집으로 돌아가기 위해 금남로를 지나가다가 공수부대에게 붙잡혔다. 공수부대원은 그를 무자비하게 구타했다. 쓰러진 김경철은 통합병원으로 이송되었지만, 19일 새벽 3시경 끝내 사망했다. 김경철은 5월 광주에서 최초의 민간인 희생자였다.

광주에 투입된 공수부대는 마치 살인 면허증을 가진 것처럼 보였다.

이 모든 것이 5월 18일이었다.

세상 큰 혼란이었던 서울의 봄 당시 수십만 군중 앞에 얼굴도 들이밀지 못한 공수부대가 평화로운 광주에서 시위 군중도 아닌 일반 시민을 향해 박달나무 진압봉을 휘두르고, 군홧발로 밟고, 사람을 죽이기 시작한 날이 바로 5월 18일인 것이다.

서울역회군의 주역 심재철은 이렇게 말했다.

"계엄사가 김대중을 체포하겠다고 발표하자, 다음 날 18일 광주 시민들이 대대적인 저항을 한 것이다."

심재철이 잘못 알았다. 거짓말이거나.

5월 18일 광주 시민들의 저항은 군인들의 무자비한 살상에 대해 충격을 느끼고, 이를 알리기 위해 뭉쳤을 뿐이다. 학생과 시민들이 금남로에 모여든 것도 김대중의 구속 때문이 아니라, 밑도 끝도 없는 군인들의 시민을 향한 폭력과 적개심에 대한 분노였다.

이승만을 몰아내자며 경무대 앞에 모인 대규모의 군중을 향한 경찰의 발포로 수백 명의 사상자가 나온 4월 19일을 4·19혁명(1960)이라 한다. 가장 많은 인파가 모여 경적을 울리고, 교회와 성당과 절의 종이 울리며 민주화와 직선제 개헌을 힘 모아 열망했던 6월 10일을 6·10항쟁, 정식 명칭은 6월민주항쟁(1987)이라 한다.

그러나 5·18광주민주화운동의 5월 18일은 분명 4월 19일과 6월 10일과는 성격이 다르다. 5월 18일은 전두환 신군부의 5·17비상계엄확대와 김대중 구속에 분노한 대규모 군중이 모여 시위를 시작한 날이 아니라, 쿠데타 세력이 자신의 목표 달성을 위해 한 도시에 들어가 평범한 일상

전남도청 앞 상무관에 희생된 시민들의 시신이 관에 안치되어 있다. ⓒ 5·18기념재단

을 살고 있는 대한민국 시민들을 때리고 짓밟고 죽이는, 해서는 안 될 공권력 행사를 시작한 날이다. 쿠데타 세력의 정당하지 못한 공권력 행사에 맞서 대한민국의 민주주의를 지키고 내 이웃을 지키기 위해 정의로운 투쟁이 시작된 날이 5월 18일인 것이다.

총부리를 들이대면 "에구 무서워라" 하면서 불의에 고개를 숙이고 타협할 것이라 생각하며 선택한 도시가 하필 광주였다는 것이 신군부의 패착이었다. 광주와 호남은 불의에 타협할 줄 모르는 역사성을 가진 곳임을, 불의한 자들은 몰랐던 것이다.

참고문헌

· 5·18민주화운동진상규명조사위원회, 《5·18민주화운동진상규명조사위원회 종합보고서1~2》, 2024.
· 김왕배, 〈'분노의 분노'를 넘어, 5·18 항쟁의 시간과 기억〉, 전남대학교 호남학연구원, 감성연구 제23호, 2021.
· 심봉환, 〈5·18광주민주화운동 국회청문회 연구(1988~1989)〉, 한양대학교 대학원, 2022.

83 광주 시민들이
어떻게 무장할 수 있었냐고?

"일반 시민들이 무기고를 털었다는 사실을 믿을 수 없다.
무기고를 지키는 경찰이 가만히 있었다는 말이냐?"

광주 시민들이 총을 들었다는 사실에 대해 제대로 이해하지 못하는
사람들이 많다. 시민들이 총을 든 것 자체가 문제이고, 그렇다 보니 군
인들이 총을 든 시민들을 진압할 수밖에 없었던 것 아니냐며 당시 신군
부의 시민 학살을 정당화하려는 자들이 있다.

5월 21일, 계엄군들은 도청 앞에서 비무장한 시민들에게 집단 발포를
가했다. 조준 사격이었다. 도청 앞에서만 54명이 사망하고 500명 이상
이 부상을 당했다. 광주 시민들이 무장을 하기 전에 계엄군의 발포가 먼
저 있었다는 것은 명백한 역사적 사실이다. 그럼에도 광주의 실상에 대
해 믿지 않는 사람들이 많다. 그래서 그들이 신봉하는 보수 언론사의 자
료만을 제시해 보겠다.

"젊은 여자, 예쁘장한 여자일수록 가해지는 (계엄군의) 폭력은 더 심했고 옷을 찢어발긴다든지 가격하는 신체 부위가 여체의 특정 부위에 집중됐을 때 그것은 어떻게 표현해야 되겠는가? 백주겁탈, 폭력만행, 성도착적 무력진압 등의 표현들이 떠올랐다."

김충근, 당시 동아일보 사회부 기자

"대검으로 찌르고… 여자에게는 속옷만 입히고 마구 때리고 폭행, 집까지 쫓아가 폭행, 도망가는 시위대에 칼 던졌다."

장재열, 당시 중앙일보 광주 주재 기자

"아무것도 못한 채 눈물밖에 흘릴 수 없는 내 자신이 원망스러웠다."

서청원, 당시 조선일보 사회부 기자, 전 한나라당 대표최고위원

광주 시민들이 총을 들었던 이유는 다음과 같다.

첫째, 군인들에 의해 가족이 죽고, 친구가 죽은 것에 대한 분노였다.

둘째, 살기 위해서였다. 또 다른 가족과 이웃이 언제 죽을지 모르는 상황이었다.

셋째, 광주 시민도 떳떳이 세금을 내는 대한민국 국민이었다. 국민의 세금으로 유지되는 군인이 국민에게 총구를 겨눈 것이었다. 이는 개가 주인을 문 것이나 다름없다. 미친개들은 잡아야 하지 않겠는가?

넷째, 광주 시민들은 쿠데타 세력의 반란 행위에 꼬리를 내릴 경우, 대한민국의 민주주의는 무너져 내릴 것이라 생각했다. 광주의 저항을 통해 이 땅의 민주주의를 지켜 내야 한다는 의무감에 뻔히 이기지 못할 것

을 알면서도 총을 들어야 했다. 광주 시민들의 무장은 처절한 애국심의 발로였다.

그럼에도 광주 시민들의 무장에 의구심을 표하는 사람들은 이렇게 묻는다.

"대체 시민들이 무장하는 것이 어떻게 가능했는가?"

1990년대까지만 해도 예비군들은 자신의 무기가 어디에 보관되어 있는지 잘 알고 있었다. 당시 경찰서와 예비군 부대, 동사무소와 같은 관공서 옆에는 무기고가 있어 무기를 쉽게 확보할 수 있었다. 특히 광주와 화순, 나주 등의 경찰서가 텅 비어 있었으니 시민들의 무기 확보는 더욱 쉬웠다.

광주를 비롯한 전라남도의 경찰서는 왜 텅 비어 있었을까? 당시 광주는 광역시가 아니었기 때문에 전남경찰청이 광주의 치안을 담당했다. 전남경찰청장은 안병하였다. 광주 경찰은 경찰이기 이전에 광주 시민이었다. 공수부대의 무리한 진압에 항의하는 광주 경찰들 또한 공수부대에게 구타의 대상일 뿐이었다. 안병하 청장은 분노한 광주 경찰이 공수부대와 충돌했을 때 일어날 대규모의 유혈 사태를 우려하며 광주 경찰에게 해산을 명령했다. 따라서 광주 시민들은 빈 경찰서의 무기고에서 무기를 쉽게 확보할 수 있었다. 경찰을 동원해 광주 시민을 진압하라는 명령을 거부했던 안병하 청장은 신군부에 끌려가 모진 고문을 당했고, 1988년 61세의 나이로 사망했다.

전남경찰청은 안병하 청장을 훌륭한 경찰의 표본으로 삼아 동상을 세워 그의 경찰정신을 기리고 있다.

혹자는 또 말한다.

"총은 그렇다 치자. 어떻게 시민이 군용트럭과 장갑차를 확보할 수 있었나?"

그렇다면 광주 시민은 이렇게 답변할 것이다.

"당시 광주 아세아자동차 공장에서 군용트럭과 장갑차를 생산했다."

의구심은 끝이 없다.

"그렇다면 일반 시민들이 어떻게 장갑차를 운전할 수 있었는가?"

군대에서 총을 다룬 경험이 있다면 총을 쏘고, 장갑차를 본 경험이 있다면 장갑차를 몰 수 있는 것이 당연하다. 당시 광주 인구는 80만 명이었다. 설마 장갑차를 운전할 수 있는 사람이 한 명도 없었을까?

광주 아세아자동차 공장에서 생산된 장갑차를 최전방까지 운송하는 사람도 아세아자동차 공장에서 근무하는 광주 시민이었다.

광주 시민들은 무장할 수밖에 없었다는 것과 1980년에는 어느 지역에서나 시민들의 무장이 지금보다 수월했음을 말하고 싶다.

참고문헌

· 5·18기념재단, 《5·18열흘간의 항쟁(개정판)》, 2020.
· 5·18민주화운동진상규명조사위원회, 《5·18민주화운동진상규명조사위원회 송합보고서1~2》, 2024.

84 공수부대는 광주에서 여성과 어린이들을 정말 죽였는가?

　　5월 21일 도청 앞에서의 집단 발포 이후 공수부대는 광주 외곽으로 부대를 이동시켰다. 그리고 그들은 광주를 철통같이 에워쌌다. 광주에서 화순으로 나가는 길목 근처 주남마을에는 차량을 차단하는 7공수의 주둔지가 있었다.

　5월 23일, 25인승 미니버스가 계엄군의 주둔지를 지나갔다. 버스 안에는 21일 도청 앞 집단 발포로 인한 사망자가 속출하자, 시신을 넣을 관을 구하기 위해 화순으로 향하던 사람들과 방송통신고 학생 황호걸, 송원여상 3학년 박현숙 등 18명이 타고 있었다.

　공수부대원 한 명이 도로변에 나와 차를 멈추라 지시하자 버스가 멈췄다. 이어서 "손을 머리 위로 올리라"라는 핸드마이크를 찬 군인의 지시에 탑승객은 손을 흔들어 저항 의사가 없다는 것을 밝혔다. 그러나 도로 양쪽에 매복 중이던 7공수는 경고조차 없이 차량을 향해 10여 분간 집중 사격을 가했다. 이후 공수부대는 차량으로 들어가 사람들을 확인 사살까지 했다. 미니버스의 탑승객 18명 중 17명이 죽었다. 15명은 그 자리에서, 나머지 2명의 중상자는 주남마을 뒷산으로 끌려가 총살을 당한 뒤 암매장되었다. 이 사실은 유일한 생존자였던 여고생 홍금숙과 7공수 출신 최영신의 양심 고백에 의해 밝혀졌다.

홍금숙은 1988년에 열린 청문회에 증인으로 참석했다.

"차 안에 여학생들이 몇 명 있었거든요. 살려 달라고 손을 흔들고 그러는데도 계속 총알이 날아오고 (중략) 대검을 탁 들이대면서 하는 말이 '너도 유방 하나 잘리고 싶냐?' 그러더라고요."

주남마을 학살사건 다음 날인 5월 24일에는 진월동 어린이 학살이 있었다. 11공수가 진월동 저수지 옆길을 통과할 때, 저수지에서 10대 남자아이 15명이 놀고 있었다. 11공수는 아이들에게 집중 사격을 가했고, 전남중학교 1학년 박광범이 그 자리에서 숨졌다.

광주 효덕초등학교 4학년 전재수는 동네 뒷동산에서 놀다가 고무신이 벗겨져 고무신을 주우러 돌아서는 순간, 계엄군이 쏜 총에 맞아 사망했다. 그의 묘에는 수십 년간 사진이 없어 무궁화가 새겨져 있었는데, 2021년 그의 아버지가 사망하면서 유품이 정리되던 중에 전재수의 사진이 발견되었다. 전재수의 아버지는 한 장 남은 아들의 사진을 묘비에 두기 싫었는지 평생을 품에 안고 계시다 돌아가셨다.

같은 날, 11공수는 송암동에서 민간인 7명을 또 죽였다. 광주 육군보병학교 교도대가 이동 중이던 11공수를 기습 공격하며 아군 사이에 교전이 발생하면서 10여 명의 사망자가 나왔다. 그러자 11공수는 이에 대한 분풀이로 마을 민가를 향해 무차별적으로 사격을 가했다. 그들은 김금순의 집에 들어가 장기를 두고 있던 권근립, 김승후, 임병철을 총살했다. 권근립의 어머니 김금순이 이 상황을 모두 보았다. 11공수는 그래도 화가 풀리지 않았던지 칠면조 우리에 난사를 가해 200여 마리를 죽이고 젖소까지 총을 쏴 죽였다. 살레시오고 2학년 김평용과 동네 주민 박연옥은 총소리에 놀라 하수구에 숨었다. 11공수는 하수구에 총을 난사했고, 두 명 모두 죽었다.

또한, 11공수는 송암동에서 차량 통행을 제지하면서 김종철과 송정교를 살해했다. 김종철은 곤봉에 맞아 죽었고, 송정교는 딸과 함께 이동 중에 총격을 받고 살해되었다. 이 외에도 11공수는 근처 마을에 무차별적인 사격을 가해 방에서 낮잠을 자던 노득기, 논에서 일하던 김영묵, 농장을 운영하던 김행남, 이발소를 운영하던 윤영화에게 사격을 가해 부상을 입히기도 했다.

1980년 5월 광주에서 공수부대는 사람들이 아니었다. 1980년 광주의 진압군으로 투입된 11공수 이경남 일병은 훗날 목사가 되어 광주에서 저지른 학살극에 대한 양심 고백을 했다.

"시위대를 잔인하게 다루라고 교육을 받았다."

"도서관과 학원에서 뒤늦게 귀가하는 여학생은 성폭행 대상이었다."

"진압 작전 과정에서 사람들을 진압봉으로 때리고, 군홧발로 짓이겼다. 시민들이 지나가다가 혹시 당신들 공산군 아니냐고, 국군이면 어떻게 이럴 수 있냐고 묻더라."

당시 광주에 투입된 공수부대원들의 만행을 일일이 설명할 수 없으니, 5·18 노래로 대신하겠다.

왜 쏘았니? 왜 찔렀니? 트럭에 싣고 어디 갔니?

망월동에 부릅뜬 눈 수천의 핏발 서려 있네

5월 그날이 다시 오면 우리 가슴에 붉은 피 솟네

꽃잎처럼 금남로에 뿌려진 너의 붉은 피

두부처럼 잘리워진 어여쁜 너의 젖가슴

5월 그날이 다시 오면 우리 가슴에 붉은 피 솟네

가사의 내용은 거짓이 아닌 모두 사실이었다.

광주 시민의 무장은 살기 위한 몸부림이었고, 자위권 행사였다.

참고문헌 ─────

· 5·18민주화운동진상규명조사위원회, 《5·18민주화운동진상규명조사위원회 백서》, 2024.

· 김남진, 〈5·18민간인학살과 '반인도적 범죄' - 공소시효와 소급효금지원칙을 중심으로〉, 전남대학교 5·18연구소, 민주주의와 인권 제21권 제3호.

· 김희송, 〈5·18민주화운동의 재구성 - 계엄군의 사격행위를 중심으로〉, 전남대학교 5·18연구소, 민주주의와 인권 제17권 제2호, 2017.

85 광주 시민들이
교도소를 습격했다고?

"5·18이 민주화운동이라면 왜 사람들이 총을 들고 광주교
도소를 습격했는가?"

"광주 시민들이 교도소를 습격하여 수감 중이던 범죄자들을 밖으로
내보내어 사회 혼란을 야기하려고 한 것 아니냐?"

광주교도소 습격설을 처음으로 제기한 것은 신군부였다. 신군부 전
남합동수사단은 〈광주교도소 습격기도사건〉이라는 문건에 이렇게 기
록했다.

광주교도소에서 복역 중이던 류락진의 동생 류영선이 교도소를 습격
하여 류락진을 구출하도록 선동했다. 류영선은 교도소를 습격하는 과
정에서 총상으로 사망했다.

그러나 이 기록은 신군부의 날조였다.

실제로 류락진은 5·18 당시 광주교도소에서 복역 중이었다. 하지만 동생 류영선은 신군부가 날조한 광주교도소 습격사건(5월 21일 오후 7시 30분)이 아닌 계엄군의 도청 앞 집단 발포(5월 21일 오후 1시)로 사망했다. 이미 6시간 전 도청 앞에서 죽은 류영선이 류락진을 구출하기 위해 광주교도소에 나타날 수는 없는 일이었다.

1997년 대법원은 광주교도소에서 발생한 계엄군의 사격에 대해 무죄를 선고했다. 5·18광주민주화운동과 관련된 계엄군의 사격은 모두 내란에 해당하는 행위로 규정했지만, 광주교도소에서 계엄군의 사격만큼은 무죄가 된 것이었다. 5·18을 왜곡하는 세력은 이 판례를 들이밀며 시위대가 광주교도소를 습격한 것은 사실이라고 주장한다. 우습다. 광주교도소를 지켰던 계엄군의 사격이 무죄 판결을 받은 것이지, 시위대가 광주교도소를 습격했다는 내용은 판결문 어디에도 없다.

시위대는 정말 광주 교도소를 습격했을까?

전혀 아니다. 시위대는 교도소를 습격한 사실이 없다. 그렇다면 광주교도소 앞에서 두 차례의 교전이 발생한 이유는 무엇일까?

광주교도소는 호남고속도로의 동광주IC와 담양, 곡성 일대로 이어지는 국도 바로 옆에 자리하고 있었다. 이 국도는 외부에서 광주를 오가는 차량이라면 무조건 거쳐야 하는 도로였다. 계엄군의 임무가 단순히 도로를 차단하는 것이었다면 시위대와 계엄군이 충돌하는 일은 없었을 것이다. 하지만 계엄군은 교도소 인근 도로를 이용하는 차량과 사람들을 향해 무차별적으로 사격을 가했다. 훗날 국방부는 계엄군의 사격으로 인한 피해를 이렇게 표현했다.

　계엄군의 발포로 인해 가족과 함께 광주교도소 앞을 통과하던 차량, 아
　이들과 함께 광주를 떠나던 사람, 계엄군 주둔 지역의 마을주민 등 많은
　사람들이 죽거나 다쳤다.

〈과거사진상규명위원회 종합보고서〉

　3공수가 투입되기 전까지는 광주교도소 인근에서 시위대와 계엄군의
교전은 발생하지 않았다. 광주교도소 경비를 담당했던 제31보병사단의
사단장 정웅 장군은 1988년 국회에서 열린 광주청문회에 출석해 이렇
게 증언했다.
　"31사단이 경비를 하고 있을 때는 습격을 받은 사실이 한 번도 없다."

　이렇듯 신군부에 의해 조작된 광주교도소 습격설은 이미 수많은 증언
과 기록으로 거짓임이 증명되었다. 그러나 5·18을 왜곡하는 세력은 여
전히 교도소가 광주 시민에 의해 습격당했다고 주장한다. 이는 광주교
도소 습격 날조 사건이다.

참고문헌

· 박준병·정웅 증언, 〈국회 '광주청문회 회의록'〉, 제21호, 1988.12.21.
· 5·18민주화운동진상규명조사위원회, 《5·18민주화운동진상규명조사위원회 종합보고서1~2》, 2024,

86 5·18광주민주화운동 때 북한군이 광주에 왔다고?

"광주사태는 좌익 세력과 북한이 파견한 특수부대원이 군중을 선동하며 일으킨 폭동이다."

위 내용은 현재 수감 중인 5·18 왜곡의 대표 주자 지만원이 2002년에 신문에 게재한 광고의 내용이다.

5·18기념재단에 접수되는 5·18 관련 왜곡 신고 건수 중 약 40%가 북한군 개입 관련 내용이라 한다.

북한군이 개입하지 않았다는 예시만 들겠다.

첫째, 전두환의 신동아 인터뷰(2016년 5월 17일) 내용이다.

기자 : 5·18 당시 보안사령관으로서 북한군 침투와 관련된 정보 보고를 받은 적이 있습니까?

전두환 : 전혀.

(중략)

정호용 : 이북에서 600명이 왔다는 거요. 지만원 씨가 주장해요.

전두환 : 어디로 왔는데? 난 오늘 처음 듣는데.

정호용 : 5·18 때 광주로. 그래서 그 북한군들하고 광주 사람들하고 같이 봉기해서 잡았다는 거지.

전두환 : 오 그래? 난 오늘 처음 듣는데.

둘째, 5·18광주민주화운동 당시 북한군 개입설을 주장한 지만원은 구속되었다.

지만원은 북한이 600명의 특수부대를 침투시켜 광주를 점거하고 시위를 지휘하고 계엄군을 폭행했다고 주장한다. 그 근거는 5·18 당시 촬영된 사진 속 인물들이 실제 북한 사람이라는 것이다. 지만원은 북한 사람들을 광수(광주에 파견된 특수부대)로 지목했다. 그러나 지만원이 지목한 수많은 광수들은 실제로 대한민국에 살고 있는 평범한 시민들로 모두 밝혀졌다.

지만원에게 1광수로 지목당한 차복환 씨.

"지만원 씨가 저를 '광수 1호'가 되게 했더라. 제 명예가 훼손된 거라 사과를 꼭 받고 싶고 법적 대응도 한번 생각해 보고 싶다."

71광수로 지목당한 박남선 씨.

"아무 증거도 없이 보수 극우주의자들이 단합을 위해서 억지 주장을 하는 것에 불과합니다."

139광수로 지목된 심복례 씨.

"시방 지만원 그놈이 나를 어쩌자고 간첩으로 이어났나 이해가 안 가. 내 여서(해남) 평생을 살았당께. 여기서 나고 여기서 결혼해서 먹고 살고. 5·18 그때 남편 죽고 나서도. 그런데 뭔 염병한다고 나를 간첩이라고, 지가 뭐를 안다고."

지만원은 허위 주장에 의한 명예훼손죄로 고소를 당하여 징역 2년을 선고받고 서울구치소에 수감 중이다.

피고인(지만원)은 자신의 주장을 관철시키기 위해 그 주장과 상반되는 내용이 담긴 책자의 발행인이나 5·18광주민주화운동 당시 촬영된 영상 속 등장인물들을 비방하기로 마음먹었다.

서울중앙지법 2016고단2095

피고인 A(지만원)를 징역 2년에 처한다.

서울중앙지법 2020노804

셋째, 북한 특수군 출신 김명국이 양심 고백을 했다.

2013년, 김명국 씨는 자신이 북한 특수군 출신이며 1980년 당시 광주에 있었다고 주장했다. 그러나 2021년, 김명국 씨는 자신의 본명이 사실 김명국이 아닌 정명운임을 밝히며 양심선언을 한다.

"광주 시민에게 미안하다. 광주 시민의 마음을 아프게 했다."

넷째, 5·18에 대한 김일성의 발언에도 북한이 개입하지 않았음을 밝혔다.

중국 심양에서 열린 등소평과 김일성의 대담(1981년 4월 18일) 중 김일성은 이렇게 말했다.

"미군이 남한에 주둔하는 상황에서, 우리가 남조선 인민봉기에 개입한다면 전쟁이 일어난다. 때문에 우리는 광주사태와 같은 인민봉기에 개입하지 않았다."

다섯째, 북한 교과서에 5·18이 북한의 소행이라 적혀 있다는데 거짓말이다. 북한 교과서에는 5·18에 대해 이렇게 서술하고 있다.

남철은 광주가 내려다보이는 산언덕의 무덤에서 누나의 사진을 꺼내보며 이렇게 다짐한다.
"미제와 전두환 악당 놈들에게 복수를 다짐하고
김일성 원수님과 김정일 지도자 선생님의 품에 안기겠다."

북한의 권력자들은 자신들의 정치 체제를 선전하고, 남한의 혼란을 조장하려는 의도로 학생들에게 북한이 살기 좋은 세상이라고 교육한다. 그 과정에서 교과서의 내용은 충분히 왜곡될 수 있다. 무엇보다 우리 대한민국 사람들은 북한 정권의 거짓말을 믿지 않는다.

대체 북한 교과서 어디에 5·18이 자기들의 소행이라고 적혀 있는가?

여섯째, 5·18 왜곡 세력은 북한이 5월 18일을 '광주인민봉기 기념일'로 지정하고 있기 때문에 5·18이 북한의 소행이라고 주장한다. 그러나 이것만으로 북한군이 개입했다는 것은 논리적 비약이다. 그렇게 치면 북한은 우리의 4·19혁명을 '남조선인민봉기 기념일'로, 6월 10일을 '6월 민중항쟁 기념일'로 지정했다. 그렇다면 우리의 4·19혁명과 1987년 6월 민주항쟁이 북한의 소행이란 말인가? 북한은 그저 남한 사회의 혼란이나 시위, 항쟁을 선전에 활용하는 과정에서 기념일로 삼았던 것뿐이다.

일곱째, 북한에 5·18 열사묘가 있다고 하지만 역시 거짓말이다.

5·18 왜곡 세력은 북한군이 5·18광주민주화운동 당시 광주에 내려갔다는 주장과 함경북도 청진에 이들의 묘가 있다고 주장한다. 해당 묘에는 '인민군 영웅들의 렬사묘'라고 적혀 있다. 그 어디에도 광주나 5·18과 관련된 단어는 없다. 이러한 열사 묘는 북한 사방 천지에 깔려 있다. 이 열사 묘가 6·25전쟁 때 죽은 인민군의 묘인지, 아니면 남파 간첩의 묘인지 확인할 수 없다.

여덟째, 미국의 5·18 기록 어디에도 북한군 개입에 대한 정황이 없다.

북한은 최근 남한의 정치 불안 상황을 빌미로 어떠한 군사적 행동을 취하는 기미가 없다.

CIA 문서(1980.5.9.)

김일성은 남한에 대한 위협 행동을 하는 것이 전두환 손에 놀아나는 것이라고 인식했다. 평양은 지난 한 달(1980년 5월) 동안 남한의 사태에 절대 개입하지 않았다는 기존 입장을 재확인했으며…

CIA 문서(1980.6.2.)

조갑제 전 조선일보 기자가 직접 촬영한 1980년 5월 광주의 모습

아홉째, 5·18 당시 광주에 파견되었던 보수 언론사 기자들도 북한군에 대한 언급이 없었다.

> '전두환 타도!'라는 구호 뒤에는 '김일성은 오판 말라!'라는 구호가 따랐다. 시민들이 간첩으로 의심 가는 시위자를 붙들어 계엄 당국에 넘겨주기도 했다. 광주 사태의 기본 이념은 반공·민주화였다.
>
> 조갑제 전 조선일보 기자 (5·18 직접 취재)

만약 북한군 600여 명이 내려온 것이 사실이라면, 이는 기자 입장에서 엄청난 특종이다. 그럼에도 당시 어떠한 언론과 방송 어디에도 북한군 이야기는 찾아볼 수 없었다.

열째, 외국 기자들의 5·18 기록 어디에도 북한군에 대한 언급이 없다.

영화 〈택시 운전사〉로 익숙한 독일 기자 위르겐 힌츠페터는 당시 독일방송 특파원으로 광주에 잠입해 취재했다. 그는 광주에서 직접 카메라를 들고 촬영한 영상들을 바탕으로 〈기로에 선 한국〉이라는 다큐멘터리를 제작했다. 계엄군 철수 이후 광주는 평온했고, 약탈이나 물자의 부족이 없었다고 했다. 다큐멘터리의 내용은 '광주 시내는 폭도가 점령해 아비규환이 됐다'라는 계엄군의 주장에 상반됐다.

힌츠페터는 5·18에 대해 이렇게 덧붙였다.

"우리 독일인이 제2차 세계대전 때 했던 만행을 기억하는 만큼, 5·18도 반드시 기억되어야 한다."

열한째, 대한민국 정부의 5·18 조사 결과 어디에도 북한군이 등장하지 않는다.

> 5·18민주화운동 진실에 대한 국가적 차원 조사(총6차례)
> – 1980년 항쟁 직후 계엄사 발표
> – 1985년 국방부 재조사
> – 1988년 국회 청문회
> – 1995년 검찰 및 국방부 조사
> – 1996년~1997년 전두환·노태우 재판
> – 2007년 국방부과거사진상규명위원회
>
> 12·12, 5·17, 5·18사건 조사결과보고서

상기한 조사에서 북한군이 광주에 침투했다는 증거나 정황은 단 한 번도 발표된 바 없다.

열두째, 1980년 당시는 계엄 상태였으며 진돗개 하나가 발령되어 있었다. 이러한 상태에서 육로로 후방인 광주에 북한군 600명이 잠입했다는 것은 말이 되지 않는다. 외계인이 아닌 이상 600명이 침투하는 것은 불가능하다. 배를 타고 오는 경우도 마찬가지다. 해안선을 따라 경비 초소가 있었고, 이들에게 발각되지 않고 광주까지 잠입했다면 각 부대의 사령관들, 특히 당시 합동수사본부장 전두환부터 옷을 벗었어야 한다.

열셋째, 대한민국 수많은 도시 중 북한군이 광주에 들어갈 이유가 없다.
광주는 항만이나 대형 공항과 같은 주요 시설이 없었고, 군사 시설 역시 향토 예비사단인 31사단 정도밖에 없었다. 또한 북한이 사회 혼란을 유발하려 했다면 수도권이나 부산, 마산, 창원, 울산 등에 투입해 연계적으로 시위를 조장할 수도 있었을 텐데, 고립된 광주를 선택하는 것은 논리적이지 못하다.

열넷째, 7공수, 3공수, 11공수, 20사단은 왜 북한군을 한 명도 못 잡았나?
만약 5·18 당시 북한군이 침투한 것이 사실이고, 진압 과정에서 북한군을 사살하거나 체포했다면, 간첩을 잡은 것 이상의 포상이 있었을 것이다. 일반 사병이었다면 곧바로 제대했을 것이고 간부들은 특진했을 것이다. 당시 간첩 포상금이 3천만 원이었는데, 서울 강남의 집 한 채 가격이 3천만 원이 되지 않을 때였으니, 지금으로 치면 포상금이 20~30억 원 이상이었다고 볼 수 있다. 그 누구보다 북한군을 잡는 것에 동기부여가 강한 공수부대들이었을 텐데, 지만원의 주장대로라면 북한군이

600명이나 광주에 있었다는데, 당시 광주에 투입된 3공수, 7공수, 11공수, 20사단 소속 군인들은 뭘 했단 말인가?

열다섯째, 북한군이 평화를 사랑하나?

5월 21일, 도청 앞에서 애국가가 울려 퍼지자 군중들은 애국가를 따라 불렀다. 그 순간 진압군이 발포하여 시민들이 참혹하게 죽었다. 북한군이 함께 애국가를 부르다 총 맞고 죽었단 말인가?

그 이후 계엄군이 광주 외곽으로 빠져나가면서 광주의 해방 기간이었던 5일 동안, 광주는 너무 평화로웠다. 북한군이 그 평화로움에 젖어 들어 함께 주먹밥을 먹고, 시신의 관 위에 태극기를 두르고 함께 애국가를 불렀을 리 없다.

참고문헌

· 안종철, 《5·18 때 북한군이 광주에 왔다고?》, 아시아문화커뮤니티, 2016.

· 한은영, 〈5·18역사왜곡의 극단주의적 특성 - 유튜브 5·18왜곡 동영상을 중심으로〉, 전남대학교 5·18연구소, 민주주의와 인권 제20권 제1호, 2020.

· 김희송, 〈5·18역사 왜곡에 대한 고찰 - 《역사로서의 5·18》에 대한 분석을 중심으로〉, 전남대학교 5·18연구소, 민수수의와 인권 세14권 세3호, 2014.

87 5·18 유공자 명단을 공개하라고?

　　　　　　　　　"유공자 명단 공개가 5·18정신 훼손이냐? 나라 위해 희생
했는데 왜 명단을 못 밝히냐?"

　　2022년, 홍준표 대구시장과 강기정 광주시장이 MBC 〈100분 토론〉에
출연해 토론을 하는 도중, 홍준표 대구시장은 왜 광주민주화운동 유공
자 명단을 공개하지 않냐고 다그치며 물었다. 유력 정치인조차 가짜뉴
스에 속고 사는 것이다.

　　5·18광주민주화운동 유공자 명단은 이미 공개되어 있다. 5·18공원 지
하 추모승화공간 벽면에는 5·18 피해자 4,296명의 명단이 새겨져 있다.
이 명단에는 단지 광주민주화운동에 직접 참여한 인물들뿐만 아니라 이
와 관련해 구속되었거나 고초를 입은 사람 모두 유공자로 지정이 되어
있고 이들의 이름을 5·18 기념공원에서 확인할 수 있다.

5·18기념공원 추모승화공간에는 5·18 유공자 명단이 공개되어 있다.

　5·18로 인해 돌아가신 분들은 운정동의 국립 5·18민주묘지에 안장되어 있다. 1묘역에 776명, 2묘역에 232명이 안장되어 있으며 그 비석에 이름이 하나하나 새겨져 있다.

　5·18 유공자의 명단을 공개할 법적 이유는 없지만, 광주는 떳떳하게 그 명단을 밝혔다. 그래도 못 믿겠다면, 직접 광주에 가서 확인하라.

참고문헌

· 이희성, 〈5·18민주유공자 보상법의 현황과 과제〉, 전남대학교 5·18연구소, 민주주의와 인권 제9권 2호, 2009.
· 진광식, 〈국가유공자보상의 범위결정 및 보상의 원칙〉, 전남대학교 5·18연구소, 민주주의와 인권 제9권 2호, 2009.

88 5·18광주민주화운동이 자랑스러운 진짜 이유

5월 21일 도청 앞 집단 발포 후, 공수부대는 광주 외곽으로 빠져나갔다.

광주는 헌정 역사상 처음이자 마지막으로 행정과 치안의 공백 상태를 겪었다. 광주 시민들은 5월 21일부터 27일 새벽, 공수부대의 도청 공격이 있기까지 닷새 동안 광주를 '대동세상'이라고 불렀다.

인류 역사에서 국가와 법이 만들어진 후 백만 명에 가까운 시민들이 공권력이 사라진 행정과 치안의 공백 상태에서 평화와 질서를 유지한다는 것은 불가능에 가까운 일이다. 그러나 그 불가능을 이루어 낸 도시가 바로 광주였다.

전두환 신군부는 계속해서 광주에 대해 오판했다. 신군부가 5월 21일 도청 앞에서 발포한 이후 공수부대들을 광주 외곽으로 배치한 이유는 행정치안의 공백 상태였던 광주에서 소요가 일어나기를 바랐던 것이다. 그렇게 되면 군인으로서 광주의 소요를 당당히 진압했노라 말하며

주먹밥을 나누는 생명의 공동체 광주의 모습 ⓒ 전남일보 나경택, 5·18기념재단 제공

정권 창출의 명분과 정당성을 만들 수 있었다. 그러나 광주는 신군부 학살자들의 의도대로 움직이지 않았다.

광주는 성스러울 정도로 평화로웠다.

도청 옥상 태극기 옆에는 조기가 함께 걸렸다.

광주 시민들은 질서정연하게 시신을 정리하고 관에 태극기를 덮어 주었으며, 애국가를 불러 대한민국의 민주주의를 위해 희생당한 그들을 위로해 주었다. 부상자들을 위해 시민들은 앞다퉈 헌혈에 참여했고, 광주의 의사와 간호사들은 며칠간 집에 들어가지도 못하며 부상자들을 치료했다. 어머니들은 시민군을 먹이기 위해 광주리에 음식을 들고 도청으로 왔고, 아예 가마솥을 들고나와 밥을 해 주었다. 그렇게 먹은 주먹밥은 나눔과 연대의 상징이 되었다.

힌츠페터는 이렇게 말했다.

"계엄군 천수 이후 광주는 평온했고, 약탈이나 물자의 부족이 없었다."

1992년 미국 LA 폭동 당시 보석상, 은행, 마트 등이 습격당하고 절도 및 강도를 당해 도시가 마비된 것도 그랬고, 2024년 8월 영국에서 반이민 폭력시위가 벌어졌을 때도 수많은 상점이 강도를 당했다.

그에 비하면 1980년의 광주는 놀라운 시민의식을 보여 주었다.

공권력이 전무한 치안 공백 상태에 시민들 일부가 총을 들고 있었지만, 광주에서는 그 흔한 강도 사건 하나 일어나지 않았다. 은행과 백화점, 금은방, 동네 구멍가게까지 무엇 하나 훔치려는 사람도 없었다.

그럼에도 전국 뉴스에서는 '광주 시내가 폭도에게 점령당해 아비규환이 되었다'는 신군부의 거짓 주장만이 반복되어 보도되었다.

시민들은 쿠데타 세력에 맞서서 민주주의를 지키려는 광주 시민을 폭도로 호도하는 방송국을 용납할 수 없었다. 그래서 광주의 MBC와 KBS 방송국이 불에 탔다.

1980년 5월의 광주를 무법천지로 잘못 알고 있는 타 지역 사람들이 많다. 시민들이 총을 들었던 이유는 내 이웃을 지키기 위함이었고, 이 땅의 민주주의를 지키기 위함이었다. 총구는 오로지 전두환의 신군부를 향했다. 광주 시민군은 결코 부끄러운 행동을 하지 않았다.

5월 27일 새벽, 작전명 '상무충정작전'으로 도청을 공격해 올 공수부대를 도망 없이 맞이한 시민군들은 자신들의 목숨을 내던진 희생이 이 땅에서 민주화의 주춧돌이 될 수 있을 것이라는 희망이 있었다.

5월 26일 밤 12시를 기해 광주 시내는 모든 전화가 끊겼다.

5월 27일 새벽, 광주 시민들은 자기 대신 죽어 가는 도청의 시민군들에 대한 미안함에 잠 못 들고 있었다. 그때 들린, 확성기를 통해 울려퍼

지던 여인의 목소리를 기억한다.

"사랑하는 광주 시민 여러분, 저희를 잊지 말아주세요. 저희를 기억해
주세요."

참고문헌

· 한국사회학회 편, 《세계화시대의 인권과 사회운동: 5·18광주민주화운동의 재조명》, 나남출판, 1998.
· 임남숙, 〈포커스: 일성록/5·18기록물 세계기록유산 등재 - 일성록 국보 제153호로 임금입장에서 펴낸
  일기 5·18기록물 한국 및 동아시아 민주화에 영향〉, 대한인쇄문화협회, 프린팅코리아 제10권 제7호,
  2011.
· 김찬호, 〈'5·18세계화' 담론 형성과 변화 과정 - 1990년대 광주시민연대 시례를 중심으로〉, 전남대학
  교 대학원, 2018.

89 　내가 기억하는
5·18광주민주화운동

　　　　　나는 광주가 고향이다.

8살이었다.

학교를 안 가도 되니 너무 좋았다.

두꺼운 솜이불에 못질을 해가며 창문을 가렸다.

총알을 막기 위해서라고 했다.

집 밖으로 못 나가게 했지만, 엄마 몰래 친구와 밖으로 나가 농성동을 지나가는 탱크를 구경하면서 소리쳤다.

"군인 아저씨 화이팅!"

어떤 아저씨가 나와 내 친구를 잡더니 이렇게 말했다.

"나쁜 군인들이니, 그런 말 하지 말고 집에 들어가거라."

나와 친구는 이렇게 생각했다.

'우리나라 군인들을 욕하는 저 아저씨는 분명 간첩일 거야.'

집에 들어와서 간첩 아저씨 만났다고 엄마에게 말했더니, 엄마는 눈시울을 붉히며 내 엉덩이를 때렸다.

어렸던 나는 군인 아저씨가 나쁠 것이라고는 꿈에도 생각하지 못했다. 여기까지가 1980년 5월의 내 기억이다.

이후 매년 5월이 다가오면 공부하기 어려울 정도의 최루 가스가 교실까지 몰려왔고, 선생님은 학생들의 눈 밑에 치약을 발라주곤 했다. 광주사태라 불렸던 당시, 그 광주사태로 죽은 사람들의 끔찍한 사진 또한 쉽게 접할 수 있었다.

사실, 광주의 학생들은 부모님과 학교 선생님의 이야기를 통해 광주의 진실을 어렸을 때부터 알고 있었다. 뉴스에서 전두환을 볼 때마다 어린 마음에도 분노를 느꼈다. 그 당시 시민들의 설움을 달래준 것은 프로야구였고, 해태 타이거즈는 광주에서 종교였다.

모교인 광주 살레시오고등학교에서 교편을 잡게 되면서 나는 다시 의미심장한 5·18을 접했다. 살레시오고등학교에서는 5월이 되면 전교생이 종이학을 접었다. 그리고 1980년 5월에 죽은 두 명의 선배를 추모했다. 그중 한 명은 5·18 당시 시민군의 대변인이었던 윤상원 열사였다. 계단에 걸린 액자 속의 윤상원 열사의 모습은 출중했다. 지적인 외모와 세상의 악과 거리가 멀어 보이는 얼굴이었다. 윤상원 열사는 전남대학교를 졸업하고 서울에서 은행을 다니다가 광주로 내려와 들불야학을 운영하던 중 5·18을 맞이했다. 윤상원은 도청 시민군의 대변인으로서 외신 기자들에게 광주의 상황을 브리핑했고, 마지막 도청 항쟁에서 생을 달리했다.

한 해는 살레시오고등학교에서 열리는 5·18기념식에 윤상원 열사의 아버지가 아들의 모교를 방문하셨다. 백발의 머리로 멋들어지게 늙은 윤상원의 아버지. 그는 아들의 정신을 후배 살레시안들이 이어가기를 바랐다. 그리고 사비를 털어 전교생에게 고등학생 시절의 〈윤상원 일기〉를 작은 소책자로 만들어 나눠주셨다.

특별히 생각나는 페이지가 있다.

하루는 고등학생 윤상원이 공부하다가 아버지에게 물었다.

"아버지, 세상에는 힘들게 사는 사람들이 많은 것 같아요. 저는 그들을 위한 삶을 살고 싶은데, 제가 무엇을 해야 할까요?"

"아들아, 지금은 그런 생각 하지 말고 열심히 공부하거라."

"아버지, 제가 열심히 공부한다고 해서 세상이 바뀔까요?"

8년간 교직 생활의 마지막 해.

나는 교내에 설치된 윤상원 열사 동상 제막식 행사를 진행한 후 살레시오를 떠났다.

참고문헌

· 윤상원, 《윤상원 일기: 님을 위한 행진곡의 주인공, 시민군 대변인》, 글통, 2021.

11장

통일을
반대하지 말라

우리 역사가 대외적으로 팽창하지 못하고
소극적인 모습을 띠었다고 아쉬워하는 사람들이
통일을 반대하는 것은 모순이다.
통일은
다른 나라를 지배하려는 정복전쟁이 아니라
우리의 원래 영토를 회복하는 과정이다.
현재 우리 앞에 주어진 땅도 되찾지 못하면서
과거 조상들이 강성하지 못했다며 비판하는 것은 모순이다.

90 이승만정권에서 평화통일을 이야기하면 간첩으로 몰렸다고?

대한민국 정부가 수립(1948)되고, 4·19혁명(1960)으로 이승만이 하야할 때까지 약 12년 동안 이승만정권이 지속되었다. 이 시기 한반도는 6·25전쟁을 겪으며 다수의 군인과 민간인이 전쟁으로 사망했다. 전쟁으로 가족, 친구, 이웃을 잃은 남한 사람들은 북한을 적대 국가로 여길 수밖에 없었다. 북한 역시 마찬가지였다. 이승만과 김일성, 두 지도자는 남북한의 대립적 국민 정서를 자신들의 독재 권력을 강화하는 데 이용했다. 그 결과, 남북 간의 적대감은 최고조에 달했다.

이승만정권의 통일정책은 오로지 군대를 몰고 올라가 북한을 박멸하자는 '북진멸공'이었다. 이 당시 평화통일을 주장하면 간첩으로 몰리기 일쑤였다. 평화통일을 주장하는 인물이 아예 없던 것은 아니었다. 바로 조봉암이었다.

1956년 대선에서 조봉암은 무소속으로 출마했음에도 200만 표를 얻으며 선전했다. 조봉암은 공안정국에서 제대로 된 선거 활동도 하지 못했고, 개표 현장에서 참관조차 하지 못했다. 오죽하면 대선이 끝난 뒤 조봉암이 이렇게 말했을까.

"나는 투표에서 이기고 개표에서 졌다."

자연스럽게 조봉암은 차기 대선인 1960년 대선에서 이승만의 잠재적 경쟁자로 여겨졌다. 자유당은 이승만의 잠재적 경쟁자를 일찍이 제거해야 했다. 이승만정권은 조봉암이 한때 사회주의자였다는 이유로 그가 창당한 '진보당'을 간첩 정당으로 몰아갔다. 그리고 조봉암과 진보당 당원들을 국가보안법 위반 혐의로 체포했는데, 이를 진보당사건(1958)이라고 한다.

조봉암은 사형 선고를 받았고, 1959년 7월 형이 집행됐다. 형이 집행되기 전, 조봉암은 마지막으로 담배 한 대를 태우며 이렇게 말한 뒤 형장의 이슬이 되었다.

"나는 이 박사와 싸우다 졌으니, 승자로부터 패자가 이렇게 죽음을 당하는 것은 흔히 있는 일이오. 다만, 나의 죽음이 헛되지 않고 민주 발전에 도움이 되기를 바라며, 그 희생물로는 내가 마지막이 되기를 바랄 뿐이오."

이승만은 1960년 4·19혁명으로 하야했다. 이후 대통령은 윤보선, 총리는 장면으로 하는 민주당 정권이 들어섰다. 장면내각이 출범하자 시민과 학생들을 중심으로 통일에 대한 논의가 활기를 띠기 시작했다. 일부에서는 남북의 어느 체제도 따르지 않는 중립국으로서의 통일을 주장하는가 하면, 대학생들은 남북학생대표회담의 개최를 주장하며 '가자

북으로, 오라 남으로'를 외쳤다. 하지만 장면내각은 이승만의 독재를 몰아낸 민주 정권이라는 외형과 달리, 친일 지주와 자본가를 수용했던 한민당을 계승한 정권이었다. 그래서 통일에 대한 당시 사회의 적극적인 분위기와 달리 장면내각은 통일 문제를 소극적으로 대했다. 장면내각은 한반도 문제를 유엔에 맡기자고 주장했다. 이는 6·25전쟁에 남한 측으로 참전한 유엔의 중재하에 통일을 이루자는 것으로 북한 입장에서 받아들이기 어려운 조건이었다.

참고문헌

· 김삼웅, 《죽산 조봉암 평전》, 시대의창, 2019.
· 정태영·오유석·권대복 공편, 《죽산 조봉암 전집》, 세명서관, 1999.
· 서중석, 《조봉암과 1950년대 상·하》, 역사비평사, 1999.
· 이범준, 〈조봉암 52년 만에 재심에서 무죄 판결〉, 경향신문, 2011.1.20.

91 박정희와 김일성이 짜고 치는 고스톱을 했다고?

1961년 박정희는 5·16군사쿠데타를 일으켰다. 박정희의 혁명공약 제1조는 이러했다.

"반공을 국시의 제일의로 삼고 지금까지 형식적이고 구호에만 그친 반공 태세를 재정비 및 강화한다."

박정희는 여수·순천사건(1948) 당시 남로당의 군사총책으로 체포되어 무기징역을 선고받았던 전력이 있다. 그러나 6·25전쟁 덕분에 다시 군복을 입을 수 있었고 별을 단 이후 쿠데타의 주인공이 되었다. 권력을 잡은 박정희는 과거 자신이 사회주의에 가담했던 이력을 일종의 콤플렉스라 생각했다. 그래서 자신에게 씌워진 공산주의 전력을 지우기 위해 반공을 기치로 내건 것이었다.

2년간의 군정을 끝내고 1963년 대선에서 박정희가 당선되었다. 박정희정권은 여전히 반공을 내세우며 '선경제 후통일'을 표방했다. 평화통일에 대한 논의 자체는 언급될 수 없었다.

박정희는 1967년 재선에 성공했다. 직후인 1968년에는 김신조 일당이 청와대를 침투한 1·21사건, 북한의 미국 첩보선 푸에블로호 납치사건, 울진과 삼척의 무장공비사건 등으로 남북한의 긴장 관계가 최고조에 달했다. 이승복 어린이의 "나는 공산당이 싫어요" 문구는 대대적으로 선전되었고, 교육 현장에서 반공 표어와 반공 포스터 만들기가 수업의 연장이었다.

박정희는 남북한 긴장 관계의 고조를 명분으로 3선 개헌을 날치기로 통과(1969)시켰고, 1971년 대선에서 접전 끝에 김대중에게 이기며 다시 독재 정권을 연장했다. 박정희는 당시 국가 예산의 1/8(김종필 기록 600억 원, 강창성 기록 700억 원)을 대선 자금으로 쏟아부었는데, 계속해서 이러한 방식으로 대선을 치르다가는 국가 재정이 악화될 것이라 예상했다. 또, 이러한 물량 공세에도 김대중을 간신히 이겼다는 점에서 차기 대선의 승리 또한 불분명하다고 판단했다.

박정희가 권력 연장에 대한 방법을 고민하고 있을 때, 닉슨독트린(1969)이 발표되면서 냉전체제가 완화되었다. 1971년에는 남북적십자 회담이 개최되며 남북한 간에도 데탕트의 바람이 불어오고 있었다. 이때, 남한의 중앙정보부장 이후락은 비공개로 북한을 방문해 김일성과 만났다. 당시 간첩을 잡는 조직의 수장이 국민 몰래 북한에 건너가 김일성을 만난 셈이다. 북한도 박성철 부수상을 남쪽으로 내려보내 박정희와 만나게 했는데, 박성철 또한 6·25전쟁 당시 인민군의 군단장이었다. 이 모든 것은 비밀리에 진행되었다.

1972년 7월 4일, 갑자기 서울과 평양에서 동시에 7·4남북공동성명이 발표되었다.

첫째, 통일은 외세에 의존하거나 외세의 간섭을 받음이 없이 자주적으로 해결하여야 한다.

둘째, 통일은 서로 상대방을 반대하는 무력 행사에 의거하지 않고 평화적 방법으로 실현해야 한다.

셋째, 사상과 이념, 제도의 차이를 초월하여 우선 하나의 민족으로서 민족적 대단결을 도모하여야 한다.

7·4남북공동성명의 통일 3대 원칙은 '자주적·평화적·민족적 대단결'이었다. 7·4남북공동성명 직후 남북 관계를 개선하고 통일 문제를 해결할 목적으로 남북조절위원회가 조직되고, 남북 간 직통 전화가 개통되면서 한반도 내에서 통일에 대한 기대감이 고조되기 시작했다. 이산가족과 실향민들은 북녘의 가족을 만나고 고향에 갈 수 있다는 기대감에 부풀었다.

통일 분위기가 무르익자, 박정희는 자신이 통일에 대한 업무를 달성할 때까지만 정권을 잡을 수 있도록 개헌에 동참해 달라며 국민을 선동했다. 이렇게 통과된 헌법이 유신헌법(1972. 10.)이다. 형식적으로는 통일주체국민회의에서 6년 임기의 대통령을 선출했지만 영구적인 출마가 가능했기에 사실상 총통제나 다름없었다. 이렇게 박정희의 유신독재시대가 열렸다.

남한에서 유신헌법이 통과된 지 두 달 후인 12월, 북한에서는 신사회주의 헌법이 제정되면서 김일성이 주석에 취임했다. 남한의 박정희는 초강력 대통령이 되었고, 북한의 김일성은 갑자기 주석직을 신설하고 주석이 된 것이다. 통일 분위기가 조성된 이후 남북한 양국의 독재 권력이 오히려 강화된 것이었다. 박정희와 김일성이 서로 짜고 통일 분위기를 이용하여 자신들만의 권력을 강화한 셈이다.

1년 뒤, 박정희는 6·23평화통일선언을 발표(1973)하여 통일 문제를 다시 유엔에 이관시킬 것을 주장했다. 그러나 이는 7·4남북공동성명의 자주적 통일에 대한 약속을 어기는 것이었다. 사실상 유신헌법을 통과시키고 자신의 독재체제를 구축한 박정희 입장에서는 다시 남북한을 대립의 관계로 돌리는 것이 정권 유지에 더 유리했던 것이다. 북한은 이에 질세라 남북조절위원회의 중단을 선언했고, 한반도에는 다시 긴장감이 감돌기 시작했다.

결과적으로 7·4남북공동성명은 남북한의 독재 권력을 강화하는 데 이용되었다. 우리 민족의 가장 큰 염원인 통일을 자신들의 정치적 이득을 취하는 데 이용한 박정희와 김일성은 역사적으로 용서받기 힘들다.

참고문헌

· 신종대, 〈유신체제 수립 원인에 관한 재조명 - 북한 요인의 영향과 동원을 중심으로〉, 서강대학교 사회과학연구소, 사회과학연구 제13권 제1호, 2005.
· 김지형, 〈7·4공동성명 전후의 남북대화〉, 수선사학회, 사림 제30호, 2008.
· 홍석률, 〈1970년대 전반 동북아 데탕트와 한국 통일문제〉, 한국역사연구회, 역사와현실 제42권, 2001.

92   노태우의 통일정책만큼은
인정해야 한다고?

박정희가 10·26사건(1979)으로 사망하고 곧 12·12군사쿠데타가 일어나며 신군부 전두환이 등장했다. 전두환은 광주 시민을 학살하고 정권을 잡은 후 통일 방안으로 '민족화합민주통일방안'을 발표(1982)했다.

전두환은 남한 내 이산가족 상봉을 주도하며 KBS에 〈이산가족을 찾습니다〉라는 프로그램을 편성해 대대적으로 방송했다(1983). 이를 '남남 이산가족 상봉'이라고 하는데, 방송의 주제가였던 설운도의 〈잃어버린 30년〉은 전 국민이 부를 만큼 이산가족 상봉의 반향은 상당했다. 2년 뒤에는 최초의 남북 이산가족 상봉이 실현(1985)되었다. 정치적 의도 여부와는 별개로 전두환정권은 이산가족 상봉에 적극적인 태도를 보였다. 이러한 점에서 전두환의 통일정책만큼은 박정희보다 긍정적으로 평가할 만하다.

6월민주항쟁(1987)으로 9차 개헌이 단행되어 5년 단임의 대통령 직선제가 실시되었다. 1987년 12월 치러진 대선에서 노태우가 김대중과 김영삼을 이기고 당선되어 1988년 2월에 취임했다.

노태우정권은 서울올림픽을 성공적으로 개최하고자 7·7특별선언(1988)을 발표하여 남북한이 민족 공동체로서 함께 번영의 길로 나아가자며 북한 선수단의 올림픽 출전을 독려했다. 하지만 북한은 끝내 서울올림픽에 참가하지 않았다. 북한의 불참에도 불구하고 서울올림픽은 소련과 중국, 동독, 헝가리 등 공산권 국가들이 참가하면서 동서 화합의 장이 되었고, 세계의 화합을 이끌어 내는 데 성공했다.

노태우정권은 올림픽에 참가한 헝가리와 수교(1989)했고, 뒤이어 소련(1990), 중국(1992) 등의 공산권 국가와 수교하는 북방외교를 했다. 베를린장벽이 무너지고(1989) 소련이 해체(1991)되는 등 냉전체제가 허물어지는 당시의 정세 속에서 노태우정권은 발 빠르게 대응했다. 그로 인해 남북한이 유엔에 동시 가입할 수 있었다(1991.9.).

그리고 연달아 남북고위급회담(1991.12.)이 개최되었고 남북기본합의서가 발표되었다.

제9조 남북은 서로 무력을 사용하지 않으며 침략하지 아니한다.
제15조 남북은 민족내부교류로서의 교류와 협력을 실시한다.

서로를 주적으로 바라보던 남북 관계에서 벗어나 처음으로 상호 불가침을 천명했다. 그리고 남북의 교류를 국가 대 국가의 교류가 아닌 민족내부교류로 규정했다. 현재 남한과 북한은 각각 다른 국가에서 살아가고 있지만 언젠가는 하나의 민족, 하나의 국가로 살아야 하기에 통일을 위해 함께 노력해야 하는 잠정적 특수 관계라고 정의한 것도 남북기본합의서가 처음이었다. 회담 직후 남북은 한반도비핵화공동선언 (1991.12.)을 발표하며 한반도에서 평화와 통일의 분위기가 다시금 형성되었다.

비록 노태우는 광주의 학살자 중 한 명이었지만, 공산권 국가들과 발빠르게 수교했던 북방외교와 통일을 위한 노력만큼은 박수를 받을 만했다.

참고문헌

· 정세현, 〈남북합의서의 법적성격과 정치적 의의〉, 통일원, 통일문제연구 제4권 제1호, 1992.
· 국립외교원 외교안보연구소 외교사연구센터, 《남북기본합의서와 한반도 비핵화 공동선언》, 선인, 2023.
· 정기웅, 〈노태우 정부 이후 역대 정부의 북방정책 - 통일정책에서 국가전략으로〉, 한국외국어대학교 국제지역연구센터, 국제지역연구 제25권 제1호, 2021.
· 김연철, 〈노태우 정부의 북방정책과 남북기본합의서 성과와 한계〉, 역사비평사, 역사비평 2011년 겨울호(통권 97호), 2011.

93 1994년
전쟁이 일어날 뻔했다고?

       김영삼정권에서 한미연합훈련 팀스피리트가 재개되자 북한은 1993년 핵확산금지조약(NPT) 탈퇴를 선언했다. 노태우정권에서 어렵게 만들어진 남북 간의 화해 분위기가 김영삼정권에서 금이 가고 있었다. 이러한 긴장 속에 1994년 남북 실무회담이 판문점에서 열렸다. 그러나 회담장의 분위기는 살벌했다.

박영수(북한 대표): 팀스피리트 강행하고 패트리어트 배치하면 어떤 사태가 벌어지겠나? 우리는 대화에는 대화로, 전쟁에는 전쟁으로 대응할 만반의 준비가 돼 있다.

송영대(남한 대표): 입에 담을 수 없는 욕설에 가까운 표현을 사용한 데 대해 엄중 경고한다. 지난번 개소리라고 운운하고, 오늘도 '정신 못 차리고 있다'는 표현을 썼다. 한마디로 망발이다. 초보적인 예의도 없다.

박영수: 우리는 전쟁을 바라지 않지만 결코 그쪽이 전쟁을 강요하는 데 대해서는 피할 생각이 없다. 전쟁의 효과에 대해서 송 선생 측에서

심사숙고해야 한다. 여기서 서울이 멀지 않다. 전쟁이 일어나면 불바다
가 되고 만다.

송영대 : 아니 그걸 말이라고 하느냐. 아니 우리가 가만히 있을 것 같은
가?

박영수 : 그래서 심사숙고해야 한다.

송영대 : 전쟁 선언하는 거냐.

박영수 : 그쪽에서 전쟁 선언을 했다는 것이다.

송영대 : 전쟁을 전쟁으로 대응한다?

박영수 : 그렇다.

북한 대표 박영수의 '서울의 불바다' 발언은 여과 없이 전국 9시 뉴스
에서 전파를 탔다. 뉴스의 전파는 김영삼 대통령의 지시사항이었다. 실
무회담의 녹화테이프가 김영삼의 명령으로 방송사에 전달된 것이다.

김영삼은 민주투사이기도 했지만 지독한 반공주의자였다. 그리고 전
쟁도 불사할 각오까지 하고 있던 대통령이었다. 이 뉴스는 서울뿐 아니
라 전국을 충격에 빠트렸다. 사람들은 유사시 대피 장소로 활용될 아파
트 지하실을 청소하고, 마트의 컵라면과 생수는 동이 날 정도로 사재기
열풍이 불었다. 주한미군의 가족 3만 명은 일본으로 대피했다.

미국 클린턴 대통령은 항공모함 5척을 동해로 보내며 국방장관에게
전투 개시 준비에 대한 명령을 내렸다.

한국의 김영삼 대통령은 북한에게 선전 포고를 하다시피 했다.

"북한이 무모한 모험을 감행한다면 자멸과 파멸의 길로 갈 것이다."

모든 방송사는 전쟁 위기와 북핵 문제를 집중 보도했다.

누가 봐도 전쟁이 일어날 것 같은 상황이었다. 이때 나와 내 친구들은 군대에 있었다.

누군가는 전쟁을 막아야 했다.

1992년 대선에서 김영삼에 패배한 뒤 영국 케임브리지대학에서 공부하던 김대중이 미국으로 건너가 내셔컬프레스클럽에서 이렇게 연설했다.

"국제적으로 잘 알려졌으며, 북한에서도 신뢰할 만한 지미 카터 전 대통령 같은 분이 남북한 사이를 중재해야 한다."

김대중의 연설 중에 미국의 전 대통령 지미 카터의 역할이 제기되자, 지미 카터는 클린턴 행정부의 반대에도 무릅쓰고 김대중의 요구에 응하고자 평양을 방문하여 김일성을 만났다.

북한에 올라가 김일성을 만난 카터가 훗날 회고하기를, 김일성은 굉장히 겁을 먹고 있었다고 한다. 미국과 군사적으로 대립하는 것이 두려웠던 김일성은 자신의 일가를 외국으로 도피시킬 준비를 할 만큼 당시 상황에 공포감을 느꼈던 것 같다. 카터는 김일성을 다독거리며 "미국이 북한을 공격하지 않을 테니 북한은 핵을 포기하라"라고 말했고, 김일성에게 김영삼과의 남북정상회담을 수선했다. 일련의 과정에 모두 관여한 카터는 이후 노벨평화상을 받았다.

하지만 김영삼과 김일성의 남북정상회담은 이루어지지 못했다. 회담이 얼마 남지 않은 시점에서 83세의 김일성이 심근경색으로 급작스럽게 죽었기 때문이다. 분단과 전쟁을 획책한 인물에게 어울리지 않는 ㅎ

상이었다. 김일성의 갑작스러운 죽음에 김영삼정권은 당황했다. 북한에 조문단도 보내지 않고 휴가 중인 장병들을 모두 자대로 복귀시키며 혹시나 있을 전쟁 상황에 대비했다. 이에 분노한 김일성의 아들 김정일은 강도 높게 우리 정부를 비판했고, 이로 인해 김영삼정권 내내 남북 관계는 경색되었다.

만약 1994년에 전쟁이 발발했으면 어떻게 되었을까?

클린턴에게 보고된 시뮬레이션의 결과를 보면, 개전 뒤 90일간 미군 사상자는 5만 2,000명, 한국군 사상자는 49만 명이었다. 서울의 민간인 사망자 규모는 자그마치 100만 명으로 추산되었다.

남북 관계를 스스로 경색시킨 김영삼은 형식적인 통일 방안인 '민족공동체통일방안'을 발표했다(1994.8.15.). 김영삼을 별로 좋아하지 않는 이유이다.

참고문헌 ────

· 전봉근, 《북핵위기 30년》, 명인문화사, 2023.
· 김태현, 《제1차 북핵 위기 협상(1993~1994)》, 경인문화사, 2022.
· 정종욱, 《정종욱 외교 비록: 1차 북핵위기와 황장엽 망명》, 기파랑, 2019.
· 올타 케일라, 〈제1차 북핵위기(1993-1994) 협상의 담론적 유산 - 미·한 외교사적 기록과 회고록을 중심으로〉, 서울대학교 대학원, 2021.

94 햇볕정책을 펼쳤는데 연평해전이 일어났다고?

1997년 대선에서 김대중이 당선되었다. 북한은 김대중의 당선을 가장 두려워하며 이회창의 당선을 바랐다고 한다. 남한에서 강경 보수적인 대통령이 당선되어야만 남북한의 대립 관계가 계속되고, 그래야 북한 주민을 결집할 수 있다고 생각했기 때문이다. 1997년 대선 직전, 이회창 후보에게 유리한 분위기를 형성하기 위해 한나라당이 북한 측에 휴전선에서 무력시위를 요청하는 사건이 있었는데, 이를 총풍 사건이라고 한다.

김대중은 정치 활동 기간 내내 평화통일을 주장하며, 다방면으로 통일 방안을 구상해 원대한 통일 계획을 발표한 인물이었다. 김대중은 대통령에 당선되자마자 햇볕정책을 실시했다. 곧이어 금강산 해로 관광이 가능해졌다(1998). 정주영 현대 명예회장의 소떼 방북(1998)은 전 세계적인 이슈였다.

햇볕정책으로 인한 남북한 간 화해 분위기 속에서 김대중과 김정일이 만나는 최초의 남북정상회담이 개최되었다(2000). 분단된 지 55년 만에 양국의 정상이 평양에서 만난 것이다.

김대중과 김정일은 6·15남북공동선언을 발표했다.

"남북의 통일을 위한 남측의 연합제안과 북측의 낮은 단계의 연방제안이 서로 공통성이 있다고 인정하고 앞으로 이 방향에서 통일을 지향시켜 나가기로 하였다."

김대중정부는 통일정책과 관련하여 수많은 성과를 거두게 된다.

첫째, 남북 이산가족 상봉이 정례화됐고, 금강산에는 이산가족 면회소가 설치됐다.

둘째, 금강산은 해로뿐만 아니라 육로 관광이 가능해졌다.

셋째, '철마는 달리고 싶다'를 슬로건으로 하여 경의선이 복구되었다.

넷째, 개성공단을 착공했다.

지금으로서는 상상하기 힘들 정도로 남북한 간의 화해 분위기가 조성되었다. 이러한 성과를 인정받아 김대중은 노벨평화상을 수상했다(2000.12).

그런데 김대중정권 시절 햇볕정책을 무색하게 하는 제2차 연평해전이 일어났다(2002). 보수반공 세력은 신이 나서 햇볕정책의 한계를 지적했다.

유치하지만 이렇게 반박하고 싶다.

6·25전쟁은 이승만정권의 반공정책의 한계였는가?

도끼만행사건(1976)은 박정희정권의 반공정책의 한계였는가?

버마 아웅산 테러사건(1983)과 KAL기 폭파사건(1987)은 전두환정권의 반공정책의 한계였는가?

연평도 포격사건(2010)은 이명박의 반공정책의 한계였는가?

오물풍선은 윤석열의 반공정책의 한계였는가?

반공정책으로 북한과의 적대 관계가 심화되면서 여러 사건이 발생하고, 이에 따라 전쟁에 대한 공포가 커질 때마다 평화를 정착하기 위한 목소리를 내기는커녕 그놈의 반공과 멸공 타령만 하는 자들이나, 햇볕정책 중에 사건 하나 터졌다고 햇볕정책을 중단하라는 자들이나 '평화콤플렉스 증후군'에 빠진 사람들이다.

제2차 연평해전(2002)이 일어나 젊은 장병들이 전사했다. 당시 대통령이었던 김대중은 한일월드컵 폐막식의 참석을 위해 일본으로 출국했다. 이 때문에 김대중은 비판을 많이 받았다. 한일월드컵은 한일 간 공동으로 개최되었고, 서울 개막식에 일본 총리도 참석했다. 결승전과 폐막식에 우리 대통령도 참석해야 우리의 월드컵이라 할 수 있는 것 아닌가. 더구나 우리 월드컵 폐막식에 대통령이 불참했을 경우 국제사회에 한반도의 안보 상황에 대해 부정적인 인상을 심어 줄 수 있다는 것도 충분히 고려할 만한 사항이다.

폐막식 다음 날, 연평해전 전사장병 합동영결식에 김대중 대통령이 모습을 드러내지 않자 이 또한 비판받았다.

이에 대해 김대중정권은 1967년 당포함사건(북한군의 공격으로 당포함이 침몰하고 39명이 전사한 사건) 때 박정희 대통령이 전사장병 영결식에 참석하지 않은 것과 1996년 강릉 무장공비사건 전사장병 영결식에 김영삼 대통령이 참석하지 않은 사례를 말하며 관례에 따랐다고 했다.

아쉽다. 보수 대통령들이 그러했다고 하더라도 진보 대통령이 전사 장병을 더 챙기는 모습을 보여 주었어야 했다. 약속되었던 한일정상 간 회담은 미루면 그만이었다.

개인적으로 햇볕정책을 200% 지지한다. 그러나 북한의 도발 행위에 대해 목소리를 높이는 진보 정권이 되어야만 분단반공 세력으로부터 종북이니, 좌빨이니 하는 소리를 듣지 않을 것 아닌가. 문재인정권이 북한 측으로부터 '삶은 소대가리'라는 말을 들었으면 김정은을 향해 '삶은 돼지 수육'이라고 말하면 안 된단 말인가. 그럼에도 변명하자면 김대중 대통령은 영결식 다음 날인 7월 2일 일본에서 돌아와 서울 공항에 내리자마자 국군수도병원을 방문하여 연평해전의 부상 장병과 가족들을 위로했다.

진보 정권은 북한을 민족공동체로 인식하는 통일을 지향하는 대북관을 갖지만, 그 대북관으로 인해 현재 대한민국 국민들의 자존심을 상하게 해서는 안 된다. 정치적 손익이라도 따져 가며 행동했으면 좋겠다.

참고문헌

· 정창현, 《남북정상회담: 한반도와 동북아를 움직이는 선택》, 선인, 2014.
· 노중선, 《남북대화 백서》, 한울, 2000.
· 박형준, 〈남북정상회담 개최와 한반도 안보 상황의 상관관계 연구 - 2000년~2018년 개최 시기를 중심으로〉, 한국정치정보학회, 정치정보연구 제23권 제2호(통권 제52호), 2020.
· 라려방, 〈남북정상회담 비교 연구 - 합의내용과 실천과정에 대한 평가를 중심으로〉, 경남대학교 대학원, 2022.

95   김대중이
       북한에 핵을 만들어 주었다고?

"김대중이 북한에 돈을 퍼 줘서 김정일이 핵을 만들었다."
"김대중은 자기 입으로 북한이 핵을 만들면 책임지겠다고 했으니 책임지고 노벨평화상을 반납하라."

무지한 독재추종 세력은 김대중을 '핵대중'이라고 비아냥거린다. 김대중이 북한에 핵개발 자금을 대주었다는 것이다. 이 말이 어느 정도로 멍청한 거짓말이냐면, '이명박은 청렴했다' '박근혜는 영리했다' '윤석열은 술을 전혀 마시지 않았다' 수준의 저질스러운 거짓말이다. 북한이 핵을 만들면 책임지겠다는 김대중의 워딩 자체도 존재하지 않는다. 즉 김대중은 그런 말을 한 적이 없다. 인터넷상에 돌아다니는 거짓 정보들을 보고 있자면 한숨만 나온다.

북한은 핵 준비를 우리가 알고 있는 것보다 훨씬 빨리 시작했다. 6·25선생이 끝난 식후 1954년 북한은 핵무기 방위부대를 설치했다.

1년 후인 1955년, 북한은 핵물리학 연구소를 설치하고 소련과 핵연구 협정을 체결하며 핵물리학자를 소련으로 유학을 보냈다. 그러나 쿠바 미사일사태(1962)가 일어나면서 소련은 미국에 굴복하며 쿠바에서 미사일을 철수시켰다. 이를 본 김일성은 주체사상을 내세우며 자주국방을 도모했다. 이 과정의 일환으로 1962년 평안도 영변에 핵 연구 단지를 만들기 시작해 1967년부터 소련으로부터 도입한 원자로 가동시켰다.

1990년에 이르러 북한은 핵 보유에 더욱 가열하게 매달렸다. 독일이 통일(1990)되고 소련이 해체(1991)되는 것을 보면서 체제 유지에 불안을 느낀 김일성은 개혁과 개방으로 가는 대신 쇄국정책을 선택했다. 더는 기댈 국가조차 없던 북한의 선택은 핵을 보유하는 것이었고, 이 무렵부터 북한은 국제사회에 핵을 보유하는 것에 대해 큰소리를 내기 시작했다.

사실 한반도에는 이미 핵이 존재하고 있었다. 바로 미국이 남한에 배치한 전술핵이었다. 1958년부터 미국의 전술핵이 한국에 대량으로 배치되기 시작하면서 북한은 핵에 대한 공포를 느꼈다. 한반도 비핵화를 부르짖었던 것도 북한이 먼저였다.

한국에 설치된 미국의 전술핵은 1991년 냉전 해체 분위기에 따라 철수되었고, 미국은 한미연합훈련인 팀스피리트까지 중단하는 대가로 북한에 핵사찰을 받을 것을 요구했다. 이에 북한은 남한과 '한반도 비핵화 공동선언(1991)'을 맺으며 국제원자력기구(IAEA)의 6차례 핵사찰을 수용하기로 했다. 그러나 제2차 핵사찰에서 북한의 플루토늄 양에 대한 문제로 북한과 미국은 다시 충돌했다(1993, 1차 북핵위기).

1994년 한반도는 '서울 불바다설'이 언급되면서 전쟁 직전의 상황까지 몰렸다. 미국 클린턴정부는 북한 폭격 계획까지 준비하고 있었으나, 미국 전 대통령 지미 카터가 김대중이 제시한 화해법을 받아들이고 북한을 방문하면서 극적으로 전쟁을 막을 수 있었다. 앞 장에서 자세히 설명한 내용이기에 이만 줄이겠다. 한국인들은 전쟁의 위기를 막은 김대중의 혜안에 고마워하기는커녕….

　김대중이 대통령에 당선(1997)되기 전부터 북한이 핵을 보유했다는 주장과 기사는 수도 없이 많았다.
　1994년 고위 탈북자들은 이미 북한이 5개의 핵무기를 보유하고 있다고 말했다.
　같은 시기 빌 클린턴 미국 대통령은 이렇게 말했다.
　"북한이 핵을 사용하려 할 경우 북한의 최후가 될 것이다."
　이는 사실상 미국 대통령이 북한의 핵 보유를 인정하는 발언이었다.

　북한에서 망명한 김일성대학 총장 출신 황장엽은 이렇게 말했다.
　"북한의 핵개발 계획이 이미 1980년대 중반부터 시작되었고, 북한 사람들은 북한이 핵무기까지 보유했다고 믿는다."

　북한이 핵을 보유하는 것은 우리보다 미국이 더 민감하게 반응했다. 북한이 핵을 보유할 경우 한국이나 일본까지 핵을 보유하겠다고 주장하면 미국으로서는 막을 명분이 없기 때문이었다. 미국 클린턴 대통령은 2000년 남북정상회담에서 김대중 대통령이 북한의 핵과 미사일 문제를 해결한 것에 대해 감사를 표하면서 세계 평화를 위한 대단한 승리였다고 칭송하기까지 했다. 미국 대통령이 북핵 문제를 잘 해결한 김대중을 칭송했는데, 친미사대주의자들은 김대중을 핵대중이라고 비난한다. 이는 미국 대통령을 바보로 만드는 것 아닌가.

21세기에 들어와서도 북한의 핵 실험과 미사일 개발은 계속되었다. 미국은 경제 제재 조치와 6자회담 등 북한을 어르고 달랬지만 북한은 고강도 도발을 계속했다. 북한은 2006년에 1차 핵실험, 2009년에 2차 핵실험을 제법 성공시키면서 세계에 공포감을 심어 주었다. 이후 2013년 3차 핵실험, 2016년부터 2018년까지 2년 동안 4차, 5차, 6차에 걸친 핵실험을 했다. 1차 핵실험은 노무현정부, 2차와 3차 핵실험은 이명박정부, 4차와 5차 핵실험은 박근혜정부 때였고, 6차 핵실험은 문재인정부 때였다. 도대체 북한의 핵실험이 김대중정부와 무슨 상관이 있는가?

김대중정부 시기 북한은 어떠한 핵 실험도 진행하지 못했다. 2000년 남북정상회담 이후 6년이 지난 2006년에 북한의 1차 핵실험이 있었다. 이것이 김대중정부의 잘못인가?

이 땅의 반공보수에게 당연시되는 논리가 있다.

김대중정부가 북한에 돈을 퍼 주어서 그 돈으로 핵개발이 되었다는 것이다. 김대중은 대체 북한에 얼마를 주었을까?

김대중정부에서 4억 5천만 달러를 불법으로 대북송금했다는 이유로 관련자들이 처벌받았다. 그런데 이 송금은 사실, 남한 기업의 북한 진출이었다. 국민 세금도 아니었고, 현대그룹의 돈이었다. 현대 정주영 회장의 2차례에 걸친 소떼 방문(1998) 당시 소떼 1,001마리는 불법이 아니었지만, 대북 사업권을 따내기 위한 아들 정몽헌의 북한 투자는 불법이 된 것이다. 소와 돈을 다르게 적용하는 이중적 잣대였다.

좋다. 4억 5천만 달러 중 일부는 금강산 관광 개발 사업에 쓰였고, 또 일부는 북한 정권으로 전해졌다 치자. 그 돈을 가지고 김정일이 식량을 샀는지, 사치품을 샀는지, 자기 비밀 계좌에 숨겨 두었는지 아무도 모를 일이다. 그 돈이 핵을 개발하는 데 들어갔다는 증거는 무엇인가?

북한에 대한 경제적 지원은 무조건 핵개발과 연결된다는 것인가?

미국은 북한에 상당한 경제적 지원을 했다. 미 의회조사국이 최근 발간한 대북 지원 보고서에 따르면, 1995년부터 미국이 북한에 지원한 식량, 에너지, 의약품 등을 금액으로 환산하면 총 13억 1천 285만 달러(한화 약 1조 4천 200억 원)에 달한다. 그렇다면 북한의 핵은 미국이 만들어준 것인가? 핵미국인가?

1994년 전쟁 위기를 극복하고, 1995년 한반도에너지기구(KEDO)가 설치되었다. 미국, 일본, 한국이 북한에 경수로 지원 에너지를 공급하기로 했는데, 이때 김영삼정권이 북한에 지원하기로 한 금액이 무려 35억 달러라는 것을 알고 있는가? 김대중정권 때 현대그룹이 북한에 지원한 돈의 8배에 해당한다. 다행히 북한이 약속을 어겨 일부만 지불되었기에 망정이지… 핵영삼인가?

1995년 이후 2009년까지 국제사회의 대북 식량 지원은 1천 200만 톤 분량으로 중국(26.9%), 한국(26.5%), 미국(17.5%), 일본(10.7%) 등 4개국이 전체의 80%를 넘었다. 6자회담이 계속될 때 나머지 5개 국가(미국,

중국, 러시아, 일본, 한국)가 중유 수만 톤 등의 에너지를 북한에 지원하기도 했다. 북한의 핵을 한국과 미국, 중국, 일본, 소련이 연대해서 만들어 주었는가?

이 땅의 보수 세력이 대중에게 각인시킨 가장 큰 거짓말을 바로잡고자 한다.

2001년 김대중 대통령이 이런 말을 했다는 것이다.

"북한은 핵을 개발한 적도 없고, 개발할 능력도 없다. 대북 지원금이 핵개발에 악용된다는 것은 터무니없는 유언비어이다. 북한이 핵을 개발했다거나 개발하고 있다는 거짓 유언비어를 퍼뜨리지 말라. (북한이 핵을 개발하면) 내가 책임지겠다."

도대체 김대중이 언제 어디서 이 말을 했는가?

음성 녹음이 있는가? 아니면 기사가 있는가?

이 말은 사실 북한의 2인자였던 김영남 외교부장이 워싱턴포스트와의 인터뷰(1991)에서 했던 말을 인용하여 거짓으로 꾸며낸 것이다.

"북한은 핵 무기를 소유하고 있지도 않으며, 그것을 만들 의사도 결단코 없다."

거짓말의 진원지를 찾아보았더니, 1차 핵개발이 있었던 2006년부터 나라사랑어버이연합과 대한민국어버이연합 등 극우단체가 퍼뜨린 찌라시로 시작된 것이었다.

오죽하면 조선일보의 보수 논객 조갑제가 한마디 했을까.

"(북핵에 대해 책임지겠다는 김대중의 발언은) 들은 사람은 있다는데 기록이 없다."

그렇다면 김대중은 대통령 재임 시절 무언가를 책임지겠다는 말을 한 적이 있을까?

있다. 김대중은 대북 송금 대국민담화에서 이렇게 말했다.

"정부는 남북정상회담 추진 과정에서 이미 북한 당국과 많은 접촉이 있었던 현대 측의 협력을 받았다. 이것이 공개적으로 문제가 된 이상, 정부는 모든 진상을 밝혀야 하고 모든 책임은 대통령인 제가 져야 한다고 생각한다. 저는 여기에 대한 책임을 지겠다."

북한 김영남의 발언과 김대중이 다른 의미로 말한 책임지겠다는 발언을 묶어 김대중에게 북핵에 대한 책임을 씌우려 하는 극우 세력과 보수 언론도 문제이지만, 이러한 거짓에 대해 제대로 된 해명과 진실을 밝히는 데 앞장서지 않는 진보 세력도 반성해야 한다.

참고문헌

· 조명철 외,《북핵 해결 이후 국제사회의 대북 경제지원 활성화 방안: 양자간 지원을 중심으로》, 대외경제정책연구원, 2005.
· 김대호,《북한 핵개발은 남한 보수정권에 의해 완성되었다!》, 도화, 2016.
· 조석장 기자,〈金대통령 "北송금 책임지겠다"〉, 파이낸셜 뉴스, 2003.02.14.
· 정연주 기자,〈핵무기 동시사찰·불사용 문서보장 없을 땐 북한 핵사찰 않겠다〉, 한겨레신문, 1991.6.22.
· 윤경원 기자,〈시민단체 폭발직전…"대북지원 일체 중단하라"〉, 데일리안, 2006.10.11.
· 고싱혁 객원칼럼니스트,〈김대중·노무현의 北핵 옹호 발언 모음〉, 2013.2.5.

96 이명박근혜와 윤석열은 통일정책을 제시하지 않았다고?

2002년 대선에서 당선된 노무현은 김대중의 통일정책을 계승하며 2007년 2차 남북정상회담을 개최했다.

노무현은 육로를 통해 휴전선을 넘어 북한의 김정일을 만났다. 노무현과 김정일은 10·4공동선언을 발표했다. 그리하여 제2차 연평해전이 발발했던 서해를 서해평화협력지대로 만들 것을 약속하고, 이산가족 상봉 확대와 백두산 관광을 위한 백두산~서울 간 직항로를 개설하기로 약속했다. 그러나 몇 달 후 치러진 대선에서 이명박의 승리로 정권이 교체되었고, 제2차 남북정상회담의 성과는 사실상 없었다고 봐도 무방했다.

2008년 이명박정부가 들어서면서 이산가족 상봉과 금강산 관광은 중단되었다. 경의선 철도 운행 역시 중단되었다. 이러한 와중에 이명박은 통일에 대비한다며 통일세를 걷겠다고 했다. 정부의 행보와는 반대되는 통일세 논의에 많은 이들이 의문을 표했다.

다음 보수 대통령 박근혜는 기자회견에서 이렇게 말했다.

"통일은 대박이다."

그러나 박근혜는 갑자기 개성공단 운영을 전면 중단했다. 이명박과 박근혜 정부를 거치면서 김대중정부에서 일궈 놓은 남북한 간의 성과는 모두 무너졌다.

북한과 전쟁을 했던 이승만정부는 제외하더라도, 박정희정부부터 노무현정부까지는 어느 정권도 빠짐 없이 통일 방안을 제시한 데 반해 이명박과 박근혜 정부에서는 어떠한 통일 방안도 제시하지 않았다.

이후 진보 정권이었던 문재인정부는 남북 관계의 개선을 위해 주도적인 자세로 나섰고, 2018년에는 세 차례의 남북정상회담을 가졌다. 문재인과 김정은이 손을 잡고 판문점을 함께 건너는 장면은 내외신 기자들의 환호성을 불렀다. 그럼에도 김정은은 남북연락사무소를 폭파(2020)하고 문재인 대통령을 향해 '삶은 소대가리'라고 표현하는 등 과격한 행동을 이어갔다. 문재인정부는 북한을 향해 제대로 된 대응이나 강도 높은 비판을 하지 않았다.

문재인정부 이후 다시 보수 정권인 윤석열정부가 들어섰다. 현재 남북 관계는 다시 이승만정부 시절로 돌아간 듯하다. 사실상 지금의 남북 관계는 끝장났다. 윤석열정부는 과거 이명박과 박근혜 정부처럼 어떠한 통일 방안을 발표하지 않았다. 통일 방안은커녕 국민들은 윤석열정부의 대북정책의 기조조차 알지 못한다. 느낌상 윤석열정부는 북한을 대화의 상대가 아닌, 그리고 대결할 만한 상대도 아닌, 그저 무시하는 상대로 바라보고 있는 것 같다. 그리고 북한을 박멸의 대상으로 바라보는 것 같다. 문제는 윤석열이 스스로 북진멸공의 전쟁관을 가지고 있는 것처럼 보인다는 것이다.

나는 항상 우리 대한민국의 전시작전권을 미국이 가지고 있다는 사실을 안타까워했다. 그러나 요즘처럼 우리에게 전시작전권이 없다는 것이 오히려 다행으로 느껴진 적이 없다.

참고문헌

· 이찬호, 《통일정책의 안정적 추진를 위한 법제화 방안: 통일정책추진기본법(안)》, 한국법제연구원, 2018.
· 백학순, 《박근혜정부의 대북 통일정책: 역대 남한정부의 대북 통일정책과 비교》, 광일북스, 2018.

97 통일을
꼭 이루어야만 하는 이유

삼국시대(고구려, 백제, 신라)와 남북국시대(통일신라, 발해)의 분열기에도 같은 민족이라는 일체감이 존재했다. 그러다 1민족 1국가의 시작을 알린 고려시대 500년 동안 민족적 일체감은 더욱 커졌고, 이후 조선 500년을 거치면서 민족의식은 확고해졌다.

일제강점기 35년부터가 문제였다. 이후 독립은 이루어졌지만, 우리의 하나되려는 마음이 강대국의 이해관계와 이념 대립을 넘지 못하면서 어언 80여 년째 남북한 분단시대를 살아오고 있다. 80여 년 동안 남한과 북한 사이의 적대감과 이질감은 더 커졌다. 6·25전쟁 때문에 그러했고, 남북한 독재 권력자들의 행태와 북한체제의 특수성과 가난, 남한 친일 매국 세력의 반민족적 행위들로 인해 더욱 그렇게 되었다.

남북한의 통일을 말할 때는 전제조건이 있어야 한다. 남북한 당사자 간 대화의 과정에서 각각의 리더를 존중하지 않을 수는 없지만, 일단 역사적으로 북한의 독재 권력자들에 대한 적절한 평가가 내려져야 한다.

김일성을 위시한 3대 독재 세습과 북한 주민들에 대한 인권 탄압에 비판의 목소리가 나와야 한다. 또한, 통일은 북한의 독재자와 그 독재 속에 호의호식하는 소수의 북한 기득권자를 위한 통일이 아니라, 북한 동포들에게 우리가 누리는 자유와 번영을 나누어 주고 싶은 민족공동체적 발현이어야 한다. 그리고 당연히 대한민국 중심의 통일이어야 한다.

통일에 대해 부정적인 시각이 많다는 것을 알고 있다. 통일을 반대하는 이유는 대체로 이러하다.

첫째, 북한과 통일한다고 해서 우리가 더 부강해질 것 같지 않다.

둘째, 통일 비용이 많이 들어 국민 세금만 늘어날 것이다.

셋째, 후진적인 북한 주민과 섞여 살게 되면, 사회 혼란이 늘어난다.

이런 생각들이 얼마나 기우인지, 왜 통일이 되어야 하는지 내 주장을 말해 보겠다.

첫째, 전쟁에 대한 불안감이 해소된다.

수천만 국민이 전쟁의 공포 없이 평화로운 삶을 영위하는 것을 금전적 가치로 환산할 수 없다.

둘째, 국방비 감소 등 분단 비용이 감소된다.

많은 사람들이 통일 이후 발생할 통일 비용을 걱정한다. 그런 사람들에게 묻고 싶다. 그렇다면 분단 비용은 어떻게 생각하는가?

남북한 간 군사적 대치로 소요되는 국방비도 문제지만 남북한의 젊은 청년들이 한창의 나이에 군대에서 시간을 보내는 인생 소모 비용은 어떻게 계산할 것인가? 통일 비용은 일시적일 수 있지만, 분단 비용은 분단 상황이 지속되는 한 영원히 계속된다는 것을 알아야 한다.

셋째, 영토가 2배 이상 넓어진다.

우리 역사가 대외적으로 팽창하지 못하고 소극적인 모습을 띠었다고 아쉬워하는 사람들이 통일을 반대하는 것은 모순이다. 통일은 다른 나라를 지배하려는 정복전쟁이 아니라, 우리의 원래 영토를 회복하는 과정이다. 현재 우리 앞에 주어진 땅도 되찾지 못하면서 왜 과거 조상들이 강성하지 못해 제국을 형성하지 못했고, 외세의 침략만을 받았는지 비판하는 것은 모순이다.

넷째, 인구가 증가한다.

통일이 되었을 때 여러 가지 사회 혼란이 있을 수 있지만, 우리의 저출생 문제를 해결하기 위해 충분히 감당할 수 있어야 한다. 현재 한국의 저출생만큼 심각한 문제가 있는가. 지방 지자체의 소멸이 20여 년 남았다는 발표와 국민연금 소멸이 30년 남았다는 연구 결과가 있다. 인구 절벽이라는 큰 위기 상황을 극복할 수 있는 유일한 대안은 통일이다.

다섯째, 내수 시장이 커지고 북한의 노동력이 확보된다.

북한의 2,700만 인구가 더해지면 내수 시장이 더 활성화되며, 남한의 기업들에게도 호재가 될 것이다. 인구 절벽에 직면한 남한의 상황을 고려해볼 때 북한의 노동력을 확보하는 것은 우리 기업에 새로운 경쟁을 불어넣을 것이다. 외국인 근로자가 한국으로 밀고 들어오는 것보다 북한의 노동력이 훨씬 긍정적인 해결책이지 않은가.

여섯째, 북한 지역이 개발되는 과정에서 새로운 일자리가 창출된다.

북한의 경제개발 과정에서 남한의 기술력과 경험이 활용될 것은 당연한 예상이다. 이 과정에서 남한 사람에게도 새로운 일자리가 창출되며, 성공할 수 있는 여러 기회가 주어질 것이다.

일곱째, 외국과 외국 기업의 투자가 증가할 것이다.

휴전 상태의 국가에서 통일 국가로 탈바꿈을 하면 외부로부터의 투자가 증가할 것이다. 특히, 북한의 미개발 지역과 지하 자원을 개발하는 과정에서 많은 외국 자본의 투자를 기대할 수 있다.

여덟째, 향후 30여 년간 경제성장률이 상당할 것이다.

낙후된 북한에서 경제성장이 이뤄질 경우 한반도 전체의 경제성장률을 크게 끌어올릴 것이다. 북한의 풍부한 노동력이 남한의 거대 기업과 만난다면, 기업의 대규모 투자와 기술력을 토대로 20여 년이면 주요 인프라가 북한에 구축되면서 선진국 수준으로 발전할 것이라 본다. 전쟁 이후 자본과 기술력이 없었던 우리나라도 30여 년 만에 일어설 수 있었고, 중국이 경제 대국으로 성장한 것도 등소평의 개혁개방정책이 시행된 1980년대부터 30여 년밖에 걸리지 않았다. 남한의 경제 협력으로 북한의 경제성장 속도는 기존의 남한과 중국보다 빠를 것으로 예상된다.

아홉째, 중국과 일본 사이에서 한반도가 헤게모니를 장악할 수 있다.

우리의 통일을 가장 반대하는 나라는 바로 일본과 중국이다. 일본과 중국은 절대 좋은 관계가 될 수 없다. 양보할 수 없는 동북아 패권 대립 때문이기도 하지만, 중일전쟁과 민간인 학살이라는 중국의 피해의식과 일본의 반성하지 않는 모습이 있는 한, 두 나라의 화해는 이뤄지기 어려울 것이다. 두 나라의 대립에서 분단된 한반도가 이용당한 측면도 있다. 한쪽은 일본에 의지하려 하고, 한쪽은 중국과 손을 잡으려 하니 남북한의 대립은 고조되었다. 그러나 한반도가 통일된다면, 중국과 일본 사이의 헤게모니를 통일 한반도가 쥘 수 있게 된다. 우리가 어떤 선택을 하냐에 따라 중국과 일본은 똥줄이 탈 것이다. 동북아의 중심을 한반도로 재편성하는 것이 가능하다.

열째, 유라시아 대륙을 향한 출발역이자 종착역이 될 수 있다.

부산에서 출발하는 열차가 시베리아를 거쳐 유럽까지 갈 수 있을 것이다. 마찬가지로 유럽 사람들은 열차를 타고 한반도를 방문할 수 있을 것이다. 단지 사람만이 아니다. 시베리아 대륙의 풍부한 광물 자원이 기차를 통해 한반도로 들어오면, 운송비가 대폭 절약된다.

남북한이 통일되어 유럽과 한반도를 잇는 철도망이 구축되면, 섬나라 일본은 분명 한일 해저터널을 제안할 것이고, 이에 동조하는 친일매국 세력도 나타날 것이다. 한일 해저터널에 동조하는 사람은 단두대로 보내야 할 민족의 역적임을 미리 말하고 싶다. 만약 부산과 일본 사이에 한일 해저터널이 개통된다면, 유라시아 횡단열차의 기착점이자 종착점은 일본이 되고, 부산은 그저 지나치는 하나의 역에 불과할 것이다. 일본인이 유럽에 가고 싶다면, 먼저 부산으로 와서 티켓을 끊고 기차를 타게 만들어야 한다. 또한, 유럽이나 중국 사람들이 기차를 타고 부산에 도착하여 체류하다가 일본으로 건너가는 배를 타도록 해야 한다. 앞으로 부산이 세계적인 도시로 성장할 수 있는 큰 기회 중 하나는 우리의 경부선과 경원선이 시베리아 횡단열차와 연결되는 것이다. 또한, 부산에서 삼척까지 연결된 동해선을 북쪽까지 연장할 수 있다면, 아름다운 우리 동해 바다를 바라보며 설악산과 금강산을 지나 블라디보스톡까지 가는 세계에서 가장 아름다운 기차 여행 코스를 상상할 수 있다.

열한째, 관광산업이 발달할 것이다.

북경의 중국인들은 비행기가 아닌 기차를 타고 압록강철교와 평양을 거쳐 서울까지 관광을 올 것이다. 관광 대국 중국이나 일본을 방문하는 각양 각국의 관광객 역시 통일된 한국을 찾을 가능성이 높다.

개마고원의 스키장 개발, 백두산 관광, 금강산과 묘향산의 세계화가 가능해지고, 비무장지대 역시 뛰어난 관광 자원이 된다. 전쟁과 분단을 끝내고 통일과 평화라는 화두를 세계에 던지면, 세계인들이 통일 한국을 찾을 것이다. 그만큼 통일 한국은 세계적인 관광 대국으로 성장할 수 있을 것이다.

열두째, 이산가족이 만날 수 있고 실향민은 고향에 갈 수 있다.

얼마 전까지만 해도 통일을 해야 하는 가장 큰 이유였다. 그러나 분단과 전쟁 이후 많은 세월이 지나면서 이산가족과 실향민 중에는 이미 돌아가신 분이 많아졌다. 소수의 살아 계신 분들조차 고령이시다. 이들의 통일에 대한 열망과 소원을 우리의 소원으로 받아들이지 못할 이유는 없다. 국회에서 이산가족 상봉에 관한 입법이 통과되었음에도 거부권을 행사한 박정희와 달리, 전두환은 이산가족 상봉을 가능하게 했다. 도대체 박정희는 왜 이산가족과 실향민의 아픔을 외면했을까?

열셋째, 남북 분단의 대치 상황이 정치적으로 이용되는 것을 그만 보고 싶다.

이승만은 항상 북진멸공을 외치며 평화통일을 주장하는 이들을 간첩으로 몰아 죽였다.

박정희는 남북한 긴장 관계의 고조를 핑계로 3선 개헌을 날치기로 통과시키고, 7·4남북공동성명으로 통일 분위기까지 조성해 놓고 유신헌법으로 초강력 대통령이 되었다. 또한, 박정희는 수많은 간첩 사건을 조작하여 자신을 반대하는 세력을 고문하고 죽였다.

전두환은 북한의 금강산 댐 건설로 인해 서울이 물바다가 될 것이라고 거짓말을 퍼뜨리며 전국 어린이들의 돼지저금통을 수거했다. 그리고 1987년에는 대선 2주일 전에 일어난 대한한공 KAL기 폭파사건을 이용해 보수 정당의 후보 노태우를 당선시키는 데 기여했다.

2002년 대선에서 이회창을 당선시키기 위해 북한에게 휴전선에서 총을 쏘도록 부탁했던 총풍사건도 있었다.

이승만이건, 박정희건, 전두환이건, 이회창이건 남북한 대립을 이용하여 자신의 정치적 이득을 얻으려는 자들은 하나같이 보수들의 지지를 받는 대통령이었거나 대통령 후보였다.

그런데 여기에 끝판왕 보수 대통령이 등장했다. 사실 보수 대통령도 극우 대통령도 아닌, 친일매국 세력의 대통령이자 주술 대통령 윤석열이다. 윤석열의 비상계엄 선포로 인해 윤석열정부가 북한과의 전쟁을 계획한 정황이 너무 많이 드러났다. 북한의 NLL공격을 유도했고, 평양에 무인기를 보내 국지전을 유도했다. 남한 특수부대에 북한 인민군복을 입혀 내란을 선동하는 한편, 국방부 장관은 북한의 오물풍선이 시작되는 지점을 원점 타격하라는 지시까지 했다. 이 정도면 그냥 전쟁을 일으키고자 한 것이다.

통일이 되어야 하는 이유는 전쟁을 획책하는 윤석열 같은 인간이 더는 존재해서는 안 되기 때문이다.

열넷째, 북한이 보유한 핵이 우리의 핵이 된다.
자연스럽게 통일 한반도는 핵 보유국의 지위를 갖게 된다.

이 정도면 통일은 꼭 되어야만 하는 것 아닌가?
그럼에도 통일이 되었을 때 남북 간 지역 격차, 남북한 주민들의 생활 및 교육 격차, 그로 인해 발생할 여러 문제들이 통일에 대해 머뭇거리게 한다는 것을 안다.

통일에 대한 불안 요소를 모두 해소할 수 있는 탁월한 방안이 있다. 나는 전적으로 김대중의 남북연합에 의한 통일을 지지한다. 작금의 정치인 중 어느 누구도 김대중 대통령만큼 통일에 대한 깊은 식견을 보이지 못하는 것이 시대의 아픔이다.

김대중의 통일 방안은 3단계 통일 방안이었다.
1단계 국가연합, 2단계 연방제, 3단계 완전통일.
김대중은 1단계인 국가연합 단계에 가장 강조점을 두었고 가장 오랜 기간 동안 국가연합 단계를 거쳐야 한다고 했다. 국가연합의 단계란 남북한 양 국가가 현재처럼 외교, 국방, 내정의 권한을 각각 가지고 독립 국가로서의 기능을 다하는 것이다. 또한, 상호 협력으로 특히 북한이 개혁과 개방을 통해 시장 경제와 민주주의를 받아들이는 시간을 가져야 한다고 보았다. 남북한이 하나가 될 만큼의 사고방식과 행동방식, 민족적 동질성이 회복된 후에야 미국처럼 연방제를 시행하고, 그 이후 완전한 통일이 가능하다는 주장이 김대중의 통일 3단계론이다.

통일 독일의 사례에서 알 수 있듯이, 통일 초기에는 동독 사람들의 불만이 고조되었지만 시간이 지나면서 독일인들의 일체감이 형성되었고 유럽의 중심 국가로서 목소리를 내는 독일이 되었다. 독일이 아직도 서독과 동독으로 분단되어 있었다면 지금과 같은 강대국으로 발돋움할 수 있었을까? 서독이 아무리 잘살았다고 한들 반쪽짜리 독일일 뿐이다.

우리 역시 마찬가지다. 우리가 경제적으로 성장하고 국방력을 갖추고, K-컬처가 전 세계의 호응을 받고 있다 할지라도, 외국인의 시각으로는 여전히 절반의 한국이다.

참고문헌

· 아태평화재단, 《김대중의 3단계 통일론》, 한울, 2009.
  통일연구원, 《통일인프라구축 및 개선방안》, 통일연구원, 2004.
· 전국대학북한학과협의회, 《남북화해와 민족통일》, 을유문화사, 2001.

12장

대한민국의 정신을
훼손하지 말라

대한민국은 후손들에게
자랑스러운 나라여야 한다.
이를 방해하는 자들은 역사의 죄인이다.

98 뉴라이트가
이렇게 출현했다고?

1997년 진보 진영의 김대중이 제15대 대통령에 당선되면서 대한민국 역사상 최초로 여야 간 평화적인 정권 교체가 이루어졌다. 2000년에는 최초의 남북정상회담이 평양에서 개최되었고, 김대중 대통령은 노벨평화상을 수상했다. 이어서 2002년, 노무현이 제16대 대통령에 당선되면서 진보 진영은 다시 한번 정권을 재창출했다.

상황이 이러하자 소위 보수 진영의 지식인을 자처하는 사람들은 조바심을 내기 시작했다. 지금껏 보수 진영의 기치였던 '반공'만으로는 새로운 21세기를 이끌어 가기 어렵겠다고 판단한 것이다. 이에 보수의 리더들은 기존의 보수와 차별화를 시도하며 반공 보수가 아닌 경제 보수, 즉 시장 경제를 표방하는 새로운 보수로 나아가고자 했다.

새로운 우익, 새로운 보수를 표방하는 뉴라이트의 시작이었다.

뉴라이트는 전향한 운동권 출신들이 많았고, 이명박정권의 싱크탱크 역할을 하면서 새로운 세력으로 자리잡았다. 이후 뉴라이트는 이명박정부의 실정과 박근혜 대통령의 탄핵을 거치며 쇠퇴했으나, 윤석열정부의 출범과 함께 화려하게 부활했다.

뉴라이트는 자본주의를 강조하는 과정에서 인간의 이기주의와 기회주의적 특성을 인정한다. 따라서 일제강점기 동안 이기적이고 기회주의적이었던 친일매국노와 독재추종 세력에 대해 당위성을 부여하는 한편, 인간애와 민족의식을 저버린다.

뉴라이트가 대중에게 각인시키고자 하는 것이 있다.

첫째, 일제강점기에 한반도가 근대화되었다는 '식민지근대화론',

둘째, 이승만이 공산주의를 저지하고 자유 대한민국을 세웠다는 '이승만 건국론',

셋째, 대한민국의 경제성장은 오로지 박정희 덕분이었다는 '박정희 부국론'이다.

그 결과, 뉴라이트는 조선 이전의 역사를 경시하고 비하하는 몰역사적 태도를 보인다. 또한, 일제강점기 기회주의와 이기주의를 보였던 친일파를 옹호하는 친일적 성격, 통일에 대해 부정적으로 인식하는 반민족적 성격, 이승만과 박정희를 추앙하는 친독재적 성격을 보인다.

다시 정리하자면,

뉴라이트는 몰역사적, 친일 반민족적, 친독재적 성격을 지닌 집단이라고 할 수 있다.

동시에 뉴라이트는 인간의 아픔에 공감하는 능력을 상실한 집단이기도 하다. 따라서 뉴라이트는 일제강점기에 수탈당한 조선인에 대한 연민을 느끼지 못한다. 이승만에 의해 희생된 수많은 민간인을 오히려 빨갱이로 취급한다. 또한, 위안부 할머님들에 대한 망언을 일삼고, 세월호 유가족을 조롱하는 비인간적, 패륜적인 성향을 보인다.

뉴라이트는 정의로움에 대한 열등의식을 가진 자들이다.

이들은 잠재적 매국노들이다.

참고문헌

· 김기협,《뉴라이트 비판》, 돌베개, 2024.

· 역사교육연대회의,《뉴라이트 위험한 교과서, 바로 읽기》, 서해문집, 2009.

99 일본은 조선왕조와 전쟁을 한 적이 없다고?

"조선은 왜 망했을까? 일본군의 침략으로 망한 걸까? 조선은 안에서 썩어 문드러졌고, 그래서 망했다. 일본은 조선왕조와 전쟁을 한 적이 없다."

지금은 대통령 비서실장이지만 당시 보수 정당의 비상대책위원장을 맡았던 정진석 의원이 자신의 페이스북에 위와 같은 발언을 남겼다.

일단 정진석의 표현은 역사적으로 큰 오류다.

고려 말, 왜구의 침략이 591회 있었고 조선시대에는 178회 있었다. 삼포왜란(1510)과 을묘왜변(1555) 등은 차치하더라도, 임진왜란(1592)과 정유재란(1597)의 7년 전쟁이 조선의 인구 1/3을 죽음으로 몰고 갔다는 것을 설마 모르진 않았을 것이다.

그의 발언에는 국권을 피탈당한 대한제국을 놓고 "조선은 일본과 전쟁할 능력도 없는 못난 나라였다"라고 표현함으로써 후손인 우리에게 열등의식을 심고, 일본의 조선 강점에 대한 면죄부를 주려는 의도가 숨어 있는 것이다. 정진석의 표현을 국권이 피탈되던 시기로 국한하더라도, 일본이 조선왕조와 전쟁을 한 적이 없다는 것은 역사 왜곡이다.

김옥균을 비롯한 급진개화파가 일본과 손을 잡고 갑신정변(1884)을 일으키자, 조선의 군인들은 급진개화파에 반기를 들며 급진개화파와 일본군을 향해 총구를 분명히 겨누었다.

동학농민운동이 일어나자 고종과 민비는 청나라에 군대를 요청했다. 청군이 조선에 상륙하자 일본 역시 조선에 군대를 보냈고, 일본군은 무력으로 경복궁을 점령했다. 일본군의 경복궁 점령은 결코 무혈입성이 아니었다. 경복궁을 지키려는 경복궁 수비대와 일본군 사이에 처절한 전투가 있었다. 조선은 경복궁을 그저 내어 준 게 아니라, 힘이 없어 빼앗긴 것이다.

일본군이 경복궁을 점령하자, 무기를 내려놓고 고향으로 돌아갔던 동학농민군이 다시 봉기했다(1894.9, 2차 봉기). 수만 명의 동학농민군은 공주 우금치에서 일본군의 개틀링 기관총 아래 피를 뿌리며 쓰러졌다. 우금치에서 겪은 그들의 죽음은 외세에 이 땅의 지배권을 줄 수 없다는 민초들의 저항이자 의지였다. 국가와 왕조를 지키기 위해 민초가 일어섰다면, 이 또한 조선왕조의 저항이 맞다.

일본과 조선의 전쟁은 계속되었다.

1895년 을미사변이 발생하자 유인석, 이소응 등이 을미의병을 봉기하였고, 1905년 외교권이 박탈되자 최익현과 신돌석 등이 을사의병을 일으켰다. 일제는 1907년 한일신협약을 발표하여 대한제국의 군대를 해산시켰다. 이에 시위대 대대장 박승환은 군대해산을 반대하며 권총으로 자결했다. 박승환의 자결 소식이 알려지자, 시위대는 일본인 교관에게 총을 쏘면서 전투를 시작했다. 남대문 앞에서 대한제국의 시위대가 기관포로 무장한 일본군과 두 시간 이상 치열한 전투를 치렀으니, 이를 남대문전투라고 한다(1907.8.). 이 전투에서 무기와 병력의 열세로 많은 시위대 군인들이 죽었다. 남대문 근처 시가지에는 시위대의 시신이 여기저기 널렸고, 이를 지켜본 프랑스 선교사 뮈텔 주교는 이 상황에 대해 다음과 같은 글을 남겼다.

"일본군은 죽어 나자빠져 있던 대한제국 군인들의 시신들을 들어 올려 희희낙락하면서 헹가래를 쳤다. 안타까운 장면이었다."

대한제국의 지방군 진위대는 무기를 들고 탈영하여 의병 부대에 합류했다. 이렇게 대한제국의 군인이 합류한 의병을 기존의 을사의병과 구별하여 정미의병이라 부른다.

정미의병은 13도창의군을 구성한(1908) 이후 국제법상 교전단체임을 인정받으려 했다. 즉, 자신들이 대한제국의 정식 군대임을 선포했다는 뜻이다. 이렇게 전국적으로 확산된 정미의병을 무마하기 위해 일제는 호남대토벌작전(1909)까지 단행했다.

사실을 은폐하기로 유명한 일본의 《일한합방비사》중 정미의병과 관련한 내용이다.

1907년 의병 봉기의 수는 약 5만 명, 충돌 건수 304회
1908년 의병 봉기의 수는 약 7만 명, 충돌 건수 1,450회

1909년 의병 봉기의 수는 약 3만 8천여 명, 충돌 건수 950회 일본의 침략에 맞서 정미의병은 전국적 항쟁을 한 것이다.

이런 역사적 사실 앞에서 조선왕조가 일본과 전쟁 한 번 하지 않았다는 것이 말이 되는 소리라 할 수 있을까.

조선은 일본과 전쟁할 능력도 없는 국가였다고 돌려 까고 싶었겠지만, 우리 민초들은 국가로부터 작은 혜택 하나 받은 것 없어도 국가가 위기에 빠지면 나라를 살리기 위해 목숨을 바치는 위대한 DNA를 가졌음을, 정진석은 정서적으로 이해하기 힘들 것이다.

조선은 엄연히 일본의 침략으로 인해 일본에 불법적으로 합병되었다. 물론 일본에게 식민지배를 당할 만큼 스스로 강하지 못했음을 반성해야 하며, 다시는 그런 역사가 반복되지 않도록 노력해야겠지만, 우리 조선을 강탈한 일본에 분노를 느끼고 그들의 침략 행위를 비판하는 것은 당연한 일이다.

예를 들어 우리 집이 문단속에 소홀하여 강도가 들었다고 치자. 그 강도가 가족을 때리고 재산까지 훔쳤다. 물론, 문단속을 잘하지 못한 부분에 대해 반성해야 하겠지만, 문단속을 제대로 하지 못했으니 강도가 들어와도 된다고 말한다면 그 사람은 정신병자이다.

참고문헌

· 조동걸, 《한말 의병전쟁》, 한국독립운동사연구소, 1987.
· 김상기, 《의병전쟁과 의병장》, 경인문화사, 2019.
· 홍순권, 《한말 호남지역 의병운동사 연구》, 서울대학교출판부, 1994.

100 우리가 일제강점기에 일본인이었다고?

"일제시대 우리 국민의 국적은 일본이었다."

독립기념관장 김형석과 고용노동부 장관 김문수의 주장이다.

국회에서 열린 고용노동부 장관 인사청문회에서 박홍배 민주당 의원과 김문수 장관의 대화 내용이다.

"일제강점기에 살았던 우리 선조들의 국적은 어디입니까?"

"나라를 뺏겼으니 당연히 우리 선조의 국적은 일본이었다고 생각합니다."

"일제 치하 저의 부모님, 후보자 부모님의 국적이 일본입니까?"

"일본이지. 그걸 모르십니까?"

김형석과 김문수에게 이렇게 묻고 싶다.

만약 우리가 일제강점기 동안 일본인이었다면,

우리의 거족적 만세운동인 3·1운동은 반국가투쟁이었나?

독립운동의 구심점 역할을 했던 임시정부는 반정부단체였는가?

김구 주석은 반국가단체의 수장이었는가?

항일무장독립군은 반군인가?

이봉창은 자국의 왕을 죽이려 한 시해범인가?

윤봉길은 자국의 장성들을 살상했던 테러리스트인가?

친일매국했던 반민족행위자들은 애국자였는가?

1945년 8월 15일은 광복이 아니고 망국이었는가?

국가의 3요소인 국민, 영토, 주권을 박탈당하고, 경술국치로 한일병합을 당했으니, 어쩔 수 없이 일제강점기 우리의 국적은 일본이었다는 주장도 있다. 이는 일본의 식민지배가 합법이었다는 일본 극우의 시각과 일치한다.

우리 대법원은 일본의 식민지배가 불법이라고 판결을 내렸다. 따라서 우리는 1910년부터 1919년까지 계속 조선인(대한제국인)이었고, 1919년 3·1운동으로 인해 대한민국 임시정부가 수립되면서 우리는 대한민국인이 되었다. 이를 부정하면 대한민국 헌법을 부정하는 것이며, 지금의 대한민국을 부정하는 것이 된다.

백번 양보해서, 1910년의 한일합병이 합법이라고 치더라도,

일본인이 되기를 거부하며 독립운동을 했거나 비록 행동에 옮기지는 못했지만 독립을 염원했던 수많은 한국인을 일본인으로 매도하는 것은 너무 큰 모욕이다.

일제강점기 일본인들은 한국인들을 자신들과 같은 국민으로 여기지

않았다. 한국인에게는 참정권이 주어지지 않았고, 한국인은 일본 내각이나 조선 총독 또는 총감 등의 고위직에 진출할 수 없었다. 한국인들은 같은 일에 종사해도 일본인보다 월급도 적었고, 일본 학생들과 학제도 달랐으며 진학도 달리해야 했다. 한국인들은 강제 징용과 정신대로 끌려가도 급료조차 받지 못했다.

1923년 관동대지진이 일어나자, 도쿄의 일본 민간인들이 무려 6,661명의 한국인을 죽였다. 당시 우리가 일본인이었다면 관동대학살은 일본인 자국민끼리의 학살이었는가?

백제부흥운동을 전개했던 부여융과 흑치상지의 국적을 신라라고 생각하는 사람은 없다. 나치의 통치를 받은 4년 동안, 자신이 독일인이었다고 생각하는 프랑스 사람은 없을 것이다. 만주사변 이후 일본의 지배를 받았던 만주의 중국인들도 한때 일본인이었다고 말하지 않는다.

치열한 독립운동이 있었고, 자랑스러운 민족의식이 있는 우리일진대, 왜 스스로 우리 조상이 일본인이었다고 자처하는 사람들이 생겨난 걸까? 그리고 이러한 주장을 아무 창피함도 부끄럼도 없이 당당하게 이야기하는 사회 풍토는 무엇일까?

참고문헌 ─

· 곽희양 기자, 〈김형석 독립기념관장, '일제 치하 국적'에 대해 "공직자로선 정부 정책 존중, 개인적 입장에선…"〉, 경향신문, 2024. 10. 22.
· 김유민 기자, 〈"일제 때 우리 국적은 일본"… 김문수, 사과 요구 끝까지 거부〉, 서울신문, 2024. 10. 10.
· 이영채·한홍구, 《한일 우익근대사 완전정복》, 창비, 2020.

101 나라를 팔아먹은
이완용을 옹호한다고?

"대한제국이 존속했다 하더라도 일제보다 행복할 수 없었
고, 이완용은 비록 매국노였지만 어쩔 수 없는 측면도 있었다."

위의 내용은 윤석열정권의 국방부 장관이었던 신원식의 발언이었다.

친일매국 세력은 조선의 국권 피탈 원인을 일본의 침략이라는 외부가
아닌 내부에서 찾으려 한다. 그리고 그 내부의 원인 중 가장 큰 이유로
조선이라는 나라의 힘없음과 무능을 꼽는다. 동의한다. 19세기부터 조
선은 나약했고, 고종은 무능했으니까. 그런데 그들이 고종의 무능을 부
각하려는 이유 중 하나는 이완용의 매국을 두둔하기 위해서다.

이완용은 친일매국노의 대명사이다. 을사오적, 정미칠적, 경술국적
의 트리플크라운을 달성했으니, 말 다한 것 아닌가. 그런 이완용에게 면
죄부를 주게 되면, 이제 친일했다 하여, 매국했다 하여 비판을 받을 사람
은 없어진다.

육영공원에서 영어와 신문물을 배운 이완용은 주미대사를 맡은 철저한 친미주의자였다. 미국에서 건너온 서재필이 독립협회를 조직할 당시 이완용은 독립협회의 회장이 되었다. 서울 서대문에 있는 독립문 현판의 글씨를 이완용이 썼다고 하는 설도 있으니, 이완용을 단순히 친일 매국노라고 알고 있는 사람들에게는 충격적일 수도 있다.

이후 친러파로 변신한 이완용은 고종을 러시아공사관으로 피신시킨 아관파천(1896)의 주역이었다. 고종은 아관파천 이후 1년 만에 경운궁(덕수궁)으로 돌아와 대한제국을 수립(1897)했고, 이완용은 대한제국의 장관급 관료가 되어 승승장구했다. 그러나 러일전쟁(1904)에서 일본이 승리(1905, 포츠머스조약)하자 반일 노선을 견지해 온 이완용은 갑자기 태세를 전환하며 친일 관료의 대표 주자가 되었다. 평소 그를 껄끄럽게 생각한 일본으로서 천군만마를 얻은 셈이었다.

덕수궁 중명전에서 이토 히로부미가 대한제국의 대신들을 불러 놓고 을사늑약의 체결을 강요할 때, 이완용이 찬성하며 말했다.

"일본은 청나라와 러시아와 전쟁을 벌여 승리했는데, 이제 무엇인들 못 하겠는가? 그런데 일본이 타협적으로 우리와 일을 처리하려고 하니, 우리 정부도 일본의 요구에 응하는 것이 마땅하다고 생각한다."

을사오적 중에서 학부대신 이완용이 제일 먼저 을사늑약에 찬성했다. 이완용을 따라 권중현·박제순·이근택·이지용도 을사늑약에 찬성하며 외교적으로 조선은 일본의 보호국이 됐다. 이때 이완용의 나이는 48세였고 이토 히로부미의 나이는 65세였으니, 둘은 17살 차이가 났다. 이완용은 이토 히로부미를 스승으로 모시다시피 했다. 그 때문인지 이완용은 대한제국 황제 다음의 높은 자리인 총리대신에 오를 수 있었다.

이완용은 고종 퇴위(1907)에도 앞장섰다. 황제 양위식을 강제로 열어 고종과 순종의 참여를 강요했으나, 고종과 순종 모두 불참했다. 그러자 이완용은 내시에게 고종의 옷과 순종의 옷을 입힌 채 옥새를 주고받게 하여 황제 양위식을 마무리 지었다. 조선 사람의 충忠이라고는 눈 씻고 찾아볼 수 없었다.

이완용은 총리대신으로서 고종의 퇴위 직후 한일신협약(1907, 정미조약)의 체결을 주도했다. 그는 대한제국의 각 부서에 일본인 차관을 임명하여 대한제국의 장관을 조종케 했고, 대한제국의 군대를 해산시켰다. 대한제국의 언론을 일본으로부터 검열받기 위한 신문지법의 제정(1907)과 일본의 식민지배로 향하는 길에 저항할 것 같은 인사들을 잡아들이기 위한 보안법의 제정(1907) 역시 일본에 협력한 총리 이완용의 작품이었다.

2년 후, 여전히 총리대신이었던 이완용은 기유각서를 체결(1909)하여 대한제국의 사법권을 자발적으로 일본에 넘겼다.

이 무렵, 이완용이 자신의 스승 이토 히로부미에게 한 말이 있다.

"어떤 난관에도 좌절하지 않고, 대한제국을 일본에 병합시키겠습니다."

이토 히로부미는 하얼빈에서 안중근에게 죽음을 당했고, 이완용은 명동성당 앞에서 이재명에게 칼을 맞고 사경을 헤매다 간신히 살아났다. 스승 이토는 죽었고, 자신은 병석에 누워 있다 보니, 매국을 놓고 경쟁 관계였던 송병준과 이용구가 주도하는 일진회에게 매국의 주도권을 빼앗길 지경이었다. 이완용은 그 꼴을 보다 못해 직접 나서서 한일병합조약을 체결(1910)시켰다.

한일병합조약 체결은 당시 조선의 제3대 통감이었던 데라우치와 대한제국 총리대신 이완용 사이에서 이루어졌다. 한일병합조약문에 찍힌 순종의 어새는 순종의 비였던 순정효황후가 치마 속에 숨겼으나, 윤덕영이 치마 속에 손을 넣어 빼앗은 다음 조약문에 찍었다.

나라를 넘기는 매국의 경쟁에서 이완용이 완승을 했다. 매국 경쟁에서 패배한 일진회의 이용구는 한일병합조약 이후 버림을 받고 결핵에 걸려 죽었다. 참으로 기가 막힌 경쟁이었다.

일제강점기에 이완용은 일본으로부터 백작의 지위를 받았다. 그 지위는 훗날 후작까지 올라갔다. 이완용의 재산은 오늘날 돈으로 환산하면 600억 원 정도가 된다고 한다. 그 당시 조선의 최고 부자 가문이었던 이회영 일가가 독립운동에 전념하기 위해 일가의 재산을 처분한 것이 돈으로 따지면 600억 원 정도였다고 하니 이완용의 부를 짐작할 수 있다.

시간이 지나 3·1운동이 일어나자 이완용은 이렇게 말했다.

"조선 민중들아, 시위한다고 세상이 바뀔 것 같더냐? 우리 천황폐하는 그럴 분이 아니다."

이완용은 늘그막에 조선의 창덕궁을 일본 왕의 별궁으로 삼으려 했다. 창덕궁은 임진왜란 이후 사실상 조선의 법궁法宮이자 왕들의 집이나 다름없는 곳이었다. 흥선대원군이 경복궁을 재건했지만, 조선왕조의 정신은 창덕궁에 더 크게 깃들어 있었다.

일제강점기 35년 동안 일본의 왕들은 단 한 번도 조선 땅을 방문하지
않았다. 그런데 무슨 이유로 창덕궁을 일왕의 별궁으로 만들겠다는 말
인가. 이완용은 창덕궁을 팔아서라도 일왕을 조선 땅에 오도록 하여 한
번 만나보고자 했던 것일까.

이완용은 1926년 69세의 천수를 누리고 죽었다.
이완용이 사망하자 동아일보에는 이런 글이 실렸다.

팔지 못할 것을 팔아서, 누리지 못할 것을 누린 자.

이완용은 아들 이항구에게 다음과 같은 유언을 남겼다.
"아들아, 앞으로는 미국이 득세할 것이다. 너는 친미파가 되거라."
이항구 역시 일본으로부터 남작 지위를 받고 잘살다가 해방되기 직전
에 죽었으니, 천운이 아닐 수 없다. 이완용의 후손들은 대를 이어 아직
까지 부를 누리고 있다.
이완용의 무덤에는 항상 식칼이 꽂혀 있었다. 1979년 후손들에 의해
이완용의 묘는 파묘되고, 시신은 화장됐다. 그의 뼛가루가 우리 산천 어
디에 뿌려졌는지 모르겠지만, 그곳은 더럽게 오염된 곳이다.

참고문헌
· 윤덕한, 《이완용 평전: 한때의 애국자, 만고의 매국노》, 길, 2012.
· 김윤희, 《이완용 평전》, 한겨레 출판사, 2023.
· 한철호, 〈역사에 대한 반성과 반성의 역사 - 윤덕한, 《이완용 평전》(서울: 중심, 1999), 동아시아비평
　제4호, 2000.

102 광복절인가?
건국절인가?

"임시정부는 국가의 요소 국민, 주권, 영토가 없었다."

"1948년 8월 15일에야 국민, 주권, 영토가 갖춰진 국가가 만들어졌으니, 진정한 의미의 건국이 이뤄졌다고 봐야 한다."

"8월 15일을 건국절로 기념해야 한다."

임시정부의 법통을 계승하여 1948년 8월 15일, 대한민국 정부가 수립될 때 이승만을 비롯한 내각의 어느 누구도 감히 '건국'이라는 단어를 쓰지 못했다.

오늘날 대한민국 정부 수립일 1948년 8월 15일을 건국일이라고 주장하는 사람들이 있다. 사실 '건국'이라는 단어 자체에 거부감은 없다. 그러나 건국이라고 주장하는 사람들의 의도가 불순하기 때문에 이날을 광복절이 아닌 건국절로 지정하자는 주장을 받아들일 수 없는 것이다.

일제강점기 임시정부와 등을 지고, 일본과 개인의 영달을 위해 밀정과 매국의 길을 선택한 자들은 임시정부 입장에서 처단해야 할 반민족적 인물이었다.

현재 대한민국이 임시정부의 법통을 계승했다고 하면, 지금의 대한민국에서도 이들은 반역자가 된다. 따라서 친일파로선 '1948년 이전까지는 나라가 없었다'는 주장이 가장 반갑고 바람직한 전제조건이 된다. 그렇게 해야만 자신들이 과거에 행한 반역 행위를 덮을 수 있고, 나라가 없었어야 반역이라는 행위의 심각성이 모호해지기 때문이다. 또한, 대한민국이 임시정부와 상관없이 새롭게 건국되었다고 해야 해방정국에서 분단에 앞장섰던 자들이 오히려 건국공신이 되는 것이다. 즉, 1948년 8월 15일이 정부 수립으로 규정되면 반역자가 되는 것들이, 건국으로 규정되면 개국공신이 되는 것이다.

1948년 8월 15일을 '정부수립일'로 규정해야 하는 이유와 그 타당성에 대해 말해 보겠다.

첫째, 이승만은 1948년 대통령 취임 선서에서 '대한민국 30년'이라는 표현을 사용했다. 이는 1919년 대한민국 임시정부의 수립을 인정하고, 대한민국 임시정부를 이어받아 1948년 대한민국 정부를 새롭게 수립한다는 의미였다. 즉 이승만조차 '정부 수립'이라고 표현했지, '건국'이라는 표현을 쓰지 않았다.

둘째, 대한민국의 헌법 전문은 '3·1운동으로 건립된 대한민국 임시정부의 법통과 불의에 항거한 4·19민주이념을 계승'한다고 말하고 있다.

대한민국의 헌법을 부정할 수 없다.

셋째, 군자금과 의연금을 보내는 한반도의 동포들은 임시정부의 국민이었다. 또한, 임시정부는 지방 제도에 해당하는 연통제가 갖춰졌기에 한반도는 임시정부의 영토로 해석할 수 있다. 일본이 임시정부의 영토인 한반도를 불법으로 점령하고, 한국인을 불법으로 지배했기 때문에 임시정부는 이를 되찾기 위한 노력을 게을리하지 않았다.

넷째, 미국의 독립기념일이나 자유프랑스의 사례처럼 우리 임시정부를 국가로 인식할지의 여부는 우리의 의지에 따른 것이지, 남들의 잣대에 의해 좌우되는 것이 아니다.

미국은 1776년 독립선언문을 발표하고 오랜 독립전쟁을 거쳐 1783년 실질적인 독립을 맞이했다. 그러나 미국의 독립기념일 7월 4일은 미국이 실제로 독립한 1783년이 아닌, 독립선언문을 발표한 1776년 7월 4일을 말한다. 그렇다면 미국은 독립선언문을 발표한 이후 진정한 독립을 이룰 때까지 7년 동안 국가의 주요 3요소에 해당하는 영토, 국민, 주권을 갖고 있었을까? 미국인들은 독립선언을 한 그날부터 스스로 독립했다고 생각한다.

우리는 3·1운동에서 기미독립선언문을 발표하고, 이에 따라 우리 스스로 독립된 임시정부를 세웠다. 이후 주권과 영토를 완전히 되찾기 위해 끊임없이 저항한 끝에 오늘날의 대한민국이 수립되었다. 따라서 임시정부가 수립된 1919년을 건국으로 삼는 것 역시 우리의 의지이다.

다섯째, 1948년 8월 15일을 건국으로 보는 것은 북한과 단절하자는 것이다. 남북한의 통일정부를 수립하지는 못했지만, 임시정부의 법통을 계승한 우리가 정통이고, 언젠가 북쪽의 영토와 인민들을 우리 국가 안에 포함해야 한다는 의지를 가지고 '정부 수립'이란 표현을 쓴 것이다. 건국을 주장하면, 북한을 독립 국가로 인정하는 꼴임과 동시에 통일에 대한 당위성을 잃게 된다.

다시 말하지만 건국이라는 단어 자체에 거부감은 없다. 그러나 '정부 수립'을 부정하고 '건국'이 옳다고 외치는 자들의 면면을 보라. 그들은 하나같이 친일매국 혹은 이승만 추종 세력이거나 반통일친분단 세력이다. 친일매국과 독재추종과 반통일친분단 세력이 역사적으로 정당성을 갖기는 어렵다. 그래서 이들의 주장은 반역사적이다.

참고문헌

· 신용옥, 〈대한민국 제헌헌법과 '건국절' 논란〉, 고려사학회, 한국사학보 제65호, 2016.

· 백기완·김명인, 〈광복절과 건국절 - 보수권력의 역사인식과 식민주의 극복의 과제〉, 새얼문화재단, 황해문화 5·18연구소 제68호, 2010.

· 박병석, 〈국호 및 국가승계 분석을 통한 '대한민국'의 국가·정부 논쟁 해명 - 건국절 논쟁의 증언을 바라며〉, 한국동양정치사상사학회, 한국동양정치사상사연구 제18권 제2호, 2019.

103　홍범도 흉상을 육사에서 철거한다고?

　　우리 육군사관학교 충무관 앞에는 다섯 명의 독립운동가 흉상이 세워져 있다.

　　홍범도 장군, 지청천 장군, 김좌진 장군, 이범석 장군, 그리고 아나키스트 이회영. 이 다섯 분의 흉상이 전부 이전된다. 네 분은 육사 교정 내 이전이지만 홍범도 장군의 흉상은 어디로 옮길지 결정되지 않은 채 우선 철거한다는 것이다. 홍범도 장군의 흉상만 그런 것이 아니었다. 한일신협약으로 대한제국 군대가 해산되었을 때 이를 반대하며 자결했던 시위대 대대장 박승환의 흉상도 충무관 1층에서 어디론가 옮겨진다고 한다.

　　그렇다면 이들의 빈자리를 누가 차지하게 될까?

　　가장 먼저 언급되는 인물은 친일파 백선엽이다. 백선엽은 간도특설대에서 근무한 경력이 있다. 간도특설대는 조선인들로 구성된 독립군 토벌단체였다. 민족문제연구소가 발간한 《친일인명사전》에서는 일본군 장교 중 소령급인 소좌 이상만 친일파로 분류되었지만, 간도특설대

만큼은 사병마저도 친일파로 규정할 정도로, 간도특설대는 밀정 중의
밀정이었다.

> 간도특설대는 부대장과 간부 일부가 일본 군관이고 나머지 전부는 한
> 국계 군관이었다. (중략) 간도특설대의 본래 임부는 잠입, 파괴 공작이
> 었다. 지금으로 말하자면 특수부대, 스페셜 포스로서 폭파, 소부대 행
> 동, 잠입 등의 훈련이 자주 행해졌다. 내가 간도특설대에 착임하였던
> 1943년 초에는 게릴라의 활동은 거의 봉쇄되어 있었지만, 그때까지는
> 대단했다고 한다.
>
> 백선엽 회고록,《젊은 장군의 조선전쟁》, 일본어판

대한민국 육군사관학교가 뿌리를 두어야 할 곳은 자주와 독립이어야
하며, 친일과 매국이어서는 안 된다. 반대에 부딪치자, 백선엽은 다행히
후보에서 제외되었다.

그러자 맥아더 장군이 후보로 떠올랐다. 맥아더는 제2차 세계대전의
영웅이자 인천상륙작전의 주인공이다. 인천 자유공원에는 맥아더 동상
이 세워져 그를 기념하고 있다. 그만하면 되지 않았는가. 맥아더는 일왕
을 전범 재판에 세우는 것을 막았고, 천황제 유지에 지대한 공을 세운 인
물이기 때문에 패전국 일본인들이 고마워하는 인물이기도 하다. 반면,
한국인들은 맥아더에게 서운함을 느낀다.

무엇보다 대한민국의 육군사관학교이다. 군이 외국인의 흉상을 세워
야 할 이유는 없다.

대한민국 첫 4년제 육사 생도이자 대한민국 군인의 가장 큰어른은 바

로 박경석 장군이다. 1980년 광주민주화운동 당시 인사 참모차장이었던 박경석 장군은 전두환, 노태우와 같은 광주의 학살자들에게 훈장을 수여하라는 상부의 명령을 거부하고 군복을 벗었다. 적과 싸워 큰 공을 세운 인물에게 수여하는 것이 무공훈장인데, 자국의 민간인에게 총구를 겨눈 자들에게는 훈장을 수여할 수 없다는 것이 이유였다. 박경석 장군은 대한민국의 가장 훌륭한 장군으로 김홍일 장군과 채명신 장군을 꼽았다.

김홍일 장군은 장제스 휘하의 국민당군에서 별 2개를 달고, 한국군에서는 별 3개를 달아 오성장군으로 불린다. 김홍일 장군은 홍커우공원 의거의 주인공 윤봉길에게 폭탄을 만들어 준 장본인이며, 6·25전쟁 당시 한강 방어선을 형성하여 대한민국을 지킨 6·25전쟁 최고의 영웅이다.

채명신 장군은 6·25전쟁과 베트남전쟁에 참전한 영웅이다.

그는 생전에 이렇게 말했다.

"베트남에서 전사한 수천 명의 장병들이 있는데, 나 혼자 장군 묘역에 따로 묻힐 수 없다. 내가 죽게 된다면 베트남전쟁 참전용사들과 함께 묻히겠다."

채명신 장군은 실제로 베트남전쟁 참전용사 묘역에 사병들과 함께 묻혔다.

현재 전쟁기념관에는 김홍일 장군의 흉상과 더불어 우리 최초의 해군 제독인 손원일 제독, 훈련 도중 수류탄 오발 사고가 발생하자 자신의 몸을 던져 부하들을 지키고 순직한 강재구 소령의 흉상도 함께 전시되어 있다.

이처럼 우리 국군에는 훌륭한 군인들이 많이 있다. 그런데 군이 백선엽과 같은 친일파나 맥아더 같은 외국인의 동상을 우리 육군사관학교에 세워야 할 이유가 있을까?

박경석 장군은 이렇게 말씀하셨다.

"이제 내 나이가 이렇게 많으니, 혹여나 내가 이 세상을 떠나고 대한민국에서 백선엽 같은 작자들을 떠받드는 세력이 다시 나왔을 때 누가 막을 것인가."

참고문헌

· 김관용 기자, 〈55개 독립운동단체 "장병들 탄피로 만든 홍범도 흉상, 1㎝도 못 옮긴다"〉, 이데일리, 2024.11.6.
· 박경석, 《정의와 불의》, 역바연, 2022
· 김태훈 기자, 〈홍범도 장군 흉상 '현 위치 손지' 유력〉, SBS, 2025.1.14.

104 이화여대의 뿌리는 유관순인가? 김활란인가?

"이제야 기다리고 기다리던 징병제라는 커다란 감격이 왔다. 지금까지 우리는 나라를 위해서 귀한 아들을 즐겁게 전장으로 보내는 내지(일본)의 어머니들을 물끄러미 바라만 보고 있었다. 그러나 반도여성(조선 여성) 자신들이 그 어머니, 그 아내가 된 것이다. 이제 우리도 그 책임을 다함으로써 진정한 황국신민으로서의 영광을 누리게 되었다."

일본의 앞잡이가 되어 나라를 팔아먹은 이완용이 있었고,
일본에 잘 보여 큰돈을 벌었던 민영휘와 박흥식도 있었고,
일본의 밀정이 되어 독립운동가를 팔아먹은 김창룡과
독립운동가를 지독히도 고문했던 친일 경찰 노덕술도 있었지만,
자신의 성공을 위해 조선의 청년들을 전쟁터로, 징용으로, 위안부로 보내는 데 일말의 죄의식조차 없었던 조선의 여성이 있었으니, 바로 김활란이다.

김활란은 임시정부의 숙청 대상 친일파 명단에서 교육계에서 두 번째로 이름을 올렸으니, 어느 정도로 악질 매국녀였는지 짐작이 간다.

해방 이후 김활란은 1945년 이화여자전문학교를 이화여자대학교로 승격시킨 후 초대 총장에 취임하여 무려 16년간 총장직에 재임했다. 김활란은 이화여대의 역사와 맥락을 같이한다.

지난 22대 국회의원 선거가 치러졌던 2024년, 역사가 출신의 한 후보가 과거 이런 발언을 했다고 하여 논란이 되었다.

"김활란은 미군에 이대생을 성상납했다."

그러자 이화여대는 이런 입장문을 냈다.

"후보자의 억측으로 본교와 구성원의 명예를 훼손하는 행위에 대해 법적으로 대응하겠다."

일단 후보자의 억측이었는지 사실 관계를 따져 보자.

해방과 함께 미군정이 시작되자 김활란은 모윤숙과 비밀 사교단체인 낙랑클럽을 만들었다. '낙랑'이라는 명칭은 고구려 낙랑공주의 이름에서 따온 것으로 낙랑클럽은 고귀한 신분을 가진 이들의 모임을 뜻했다. 낙랑클럽은 영어가 가능한 이화여대를 비롯한 여성 명문 대학생 150여 명으로 구성되었고, 고급 사교단체라는 명목으로 미군과 고위 외교관 등을 파티에 초대하여 접대하고 정보를 빼내는 역할을 했다. 여기까지는 이화여대 측도 인정하는 사실이다.

미국 국립문서보관소에 있었던 낙랑클럽 관련 문서를 1990년에 중앙일보가 폭로하면서 세상에 드러났기에, 낙랑클럽의 존재 자체는 반박을 할 수가 없었다. 그렇다면 이화여대 학생들이 중심이었던 낙랑클럽이 사교 접대만 했는지, 성상납을 했는지를 정확히 따져야 이화여대가 후보자의 주장을 억측이라며 화를 낼 만했는지 판가름할 수 있을 것이다.

미국 CIC가 작성한 비밀문서를 확인해 보자.

낙랑클럽은 서울에 거주하는 여성들에 의해 48년이나 49년께 사회단체로 조직됐다. 이 단체의 목적은 외국 귀빈, 한국정부 고위관리 및 미국 장성 주한 외교사절 등을 접대하기 위한 것이다. (중략) 낙랑 회원들은 두 가지 임무를 수행하고 있는데 밤에는 한복으로 곱게 차려입고 불빛을 받으며 고위관리들을 접대하고, 낮에는 한국군을 접대하기 위한 물품들을 구하기 위해 미군 막사의 문을 노크했다.

미국 CIC의 자료를 읽었을 역사가 출신의 후보자가 무리한 억측을 했다는 생각이 드는가?

한국여성단체협의회(초대회장 김활란)는 공식 입장을 발표했다.

"후보자가 명확한 근거도 없이 저급한 언행으로 역사를 왜곡하고 대한민국의 모든 여성에게 치욕감과 모욕감을 안겨 주었다."

이화여대는 김활란을 지키고자 대학과 구성원의 명예를 들먹였고, 한국여성단체협의회는 김활란을 지키고자 대한민국 전체 여성의 자존심을 끌어들였다. 그들에게 묻고 싶다.

일본을 위해 한국의 여인들을 팔아넘겼던 김활란의 명예를 지키는 것이 대한민국의 여성의 자존심을 세우는 것인가?

일제강점기 김활란 때문에 정신대로 끌려간 한국 여인들의 치욕감과 모욕감이 곧 우리의 치욕이고 모욕임을 부정하는가?

당신들이 생각하는 여성 존중은 무엇인가?

후보자가 하고 싶은 이야기는 이것이지 않았을까?

"일제강점기 조선의 학생과 청년에게 학도병과 징병을 장려하고, 조선의 여성들을 정신대에 동원하는 연설을 하여, 조선의 젊은이들을 고통에 빠트렸던 여인이 김활란이었다. 해방되고 친일 행위에 대한 처벌을 받지도 않은 채 이화여대의 총장 자리에 앉아서, 일제강점기에 했던 못된 버릇을 고치지 못하고 다시 대한의 여성들을 미군 옆에서 술 시중이나 들게 했던 여인이 김활란이었음을 알아야 한다."

이화여대에는 김활란의 동상이 세워져 있다. 김활란의 동상에 낙서를 하거나 김활란의 매국 행위를 비판하는 포스트잇을 붙여 역사적 응징을 가하는 깨어 있는 이화여대생들이 있다.

반면, 이화여대에 유관순의 동상은 없다.

이화여대의 뿌리는 유관순인가? 김활란인가?

참고문헌

· 반민족문제연구소, 《친일파 99인2》, 돌베개, 1993.
· 이임화, 〈한국전쟁과 여성성의 동원〉, 역사학연구소, 역사연구 제14호, 2004.
· 김상도 기자, 〈이승만정부 외교사절, 미군등에 "낙랑클럽" 이용 정보 빼냈다〉, 중앙일보, 1995.1.18.
· 조호진 기자, 〈이대 학생위 "친일파 김활란 동상 철거하라"〉, 오마이뉴스, 2008.5.27.
· 박상규 기자, 〈자랑스런 이대인은 김활란이 아닌 유관순〉, 오마이뉴스, 2008.2.6.

105 중국은 천년의 적,
일본은 백년의 적이라고?

지금의 중국을 좋아하기는 힘들다.

시진핑의 말도 안 되는 장기독재는 그렇다고 치더라도, 중국은 분명 6·25전쟁(1950~1953) 때 우리의 북진통일을 막았다.

최근에는 동북공정으로 고구려와 발해의 역사를 자기네들 것이라 우기고, 하다못해 김치와 태권도도 자기네들 것이라고 이야기하니 분노스럽다.

2017년 시진핑은 트럼프를 만나 이렇게 말했다.

"한국은 역사적으로 중국의 일부였다."

국가 지도자가 해서는 안 될 어처구니없는 망발이었다. 이 정도면 전쟁에 가까운 경고를 날렸어야 했다.

중국은 여러 가지 측면에서 인류의 역사와 문명을 선도해 왔다. 일찍이 인류 초기 문명인 황하문명을 이룩했으며 화약, 인쇄술, 나침반 등 인류 발전에 핵심 역할을 했던 기술들이 고대 중국에서 발명되었고, 이는 서구 문명보다 빨랐다. 이러한 중국의 선진 문물은 한반도와 만주, 일본과 동남아 등 동아시아권에 직접적인 영향을 미쳤다. 분명 중국은 세계의 중심지라 불릴 만한 강대국이었고, 중국 주변의 수많은 국가가 중국에 조공을 바치며 관계를 형성했다.

하지만 조공을 바쳤다는 이유로 이들 국가가 중국의 속국이라고 주장하는 것은 심각한 비약이다. 이러한 논리가 성립된다면 중국은 흉노, 선비, 거란, 만주, 몽골의 속국이 된다. 중국도 수없이 많은 굴욕적인 조공을 바쳤다는 사실을 부정할 수 없을 것이다.

중국의 역사에도 위축될 필요가 전혀 없다. 중국 역사의 절반은 이민족 지배기였다. 중국의 한족은 5호16국(304~439)의 선비, 흉노, 강, 갈, 저 등의 지배와 요나라(916~1125) 거란족에 의한 지배와 금나라(1115~1234) 여진족에 의한 지배, 원나라(1271~1368) 몽골에 의한 지배, 청나라(1636~1912) 만주족에 의한 지배를 받았다. 중국 역사 전체에서 외세의 직접적인 지배를 받은 것만 700여 년이 넘는다. 만약 수나라와 당나라의 황제들이 사실상 선비족이었음을 고려한다면 천년 이상을 이민족의 지배를 받은 셈이다. 그러나 우리는 원간섭기 80여 년과 일제강점기 35년 말고는 외세의 지배를 받은 적이 없다. 엄밀히 따지면 원간섭기도 직접 지배가 아닌 간접 지배였다.

엄청난 인구와 영토를 가졌음에도 불구하고 소수 민족에게 수도 없이 지배를 당한 못난 역사가 바로 중국의 역사이다.

문재인 전 대통령이 중국을 방문하여 이렇게 말했다.

"중국은 높은 산봉우리, 대국이고 한국은 작은 나라다. 중국몽과 함께 하겠다."

이 발언은 나를 너무 창피하게 만든 발언이었다. 이를 비판하지 못하면 진보의 자격이 없다고 본다.

우리에게 중국은 경제적으로 가장 중요한 나라 중 하나이다. 북한과의 통일 과정에서 발생할 중국과의 마찰을 고민해 볼 때, 중국은 우리에게 분명 중요한 나라이다. 분명히 용중用中해야 한다. 그럼에도 대한민국의 국민을 대표한다는 대통령이 자기 나라를 스스로 작은 나라라고 표현한 것은, 또 중국의 꿈과 함께하겠다고 말한 것은 분명히 사대적인 발언이었다.

작금의 반일 정서가 싫은 친일파들은 이렇게 말한다.

"중국은 천년의 적이고, 일본은 백년의 적이다."

사실 이 말은 북한의 김정일이 김정은에게 유언으로 했던 말이다. 신친일파와 일부 꼴통 보수들은 김정일의 말을 신줏단지 모시듯 믿고 있다. 진정한 종북이다. 최근 김정은도 이 말을 입에 달고 산다고 한다. 이는 미국과 관계 개선을 바라는 북한 정권이 북한 주민들의 반중의식을 고취시키려는 의도와 함께 나온 말이었다. 북한이 이러한 대중외교관을 가지고 있다는 것은 한편 다행스러운 일이기도 하다. 또한, 북한 사람들이 가장 싫어하는 나라 중 한 나라가 중국이라고 하니, 역시 반갑다. 언젠가 통일을 두고 중국과 대립할 수 있는 우리 입장에서는 북한 동포들의 중국에 대한 거부감을 싫어할 이유는 없다.

김정일의 발언을 함축적 의미를 따지지 않고 있는 그대로 해석하더라도, 중국이 우리 역사의 천년의 적이라는 말은 역사적으로 틀린 문장이다. 우리나라를 가장 많이 침략한 나라는 분명 일본이다. 우리 민족이 당했던 970여 차례의 외세 침략 중 700여 차례 이상이 일본의 침략이었다. 수많은 왜구의 침략은 600여 년 전이었고, 임진왜란은 400여 년 전이었다. 아무리 최근 일본에게 강압적 식민지배를 당했다 하더라도 일본이 100년의 적이라는 것은 역사적 오류이다.

반일 정서를 무마하기 위해 어디서 주워듣고 써 먹는 말이 하필 김정일과 김정은의 정치적 멘트였음을 안다면, 친일매국 세력은 과연 창피해할까?

참고문헌
· 박민희 기자, 〈시진핑은 왜 '한국은 중국의 일부였다'고 했을까〉, 한겨레, 2024.8.28.
· 신윤재 기자, 〈'천년의 적'의 귀환…한국은 결국 중화제국의 위성국이 될까〉, 매일경제, 2023.2.18.
· 유봉영, 〈외구(外寇)와 감결(鑑訣) 소위 십승지지(十勝之地)〉, 백산학회 제8호, 1970.
· 육사 사학과 편, 《한민족전쟁사총론》, 교학연구사, 1988.

106 일본군 성노예 위안부가 자발적 매춘이었다고?

"일본군 성노예 위안부는 자발적인 매춘이었으며, 일제의 강제 동원은 없었다."

이영훈은 《반일종족주의》에서 뜬금없이 조선시대 신분제의 영향으로 가난한 가정이 딸을 팔았다는 내용을 실어서, 마치 우리 민족이 자식을 내다 파는 민족인 것처럼 묘사했다. 우리에게도 그런 가슴 아픈 사례가 있었다고 한들 단언컨대 조선은 중국과 일본보다 자식을 내다 팔거나 죽이는 일이 훨씬 적었다.

또한, 이영훈은 위안부로 끌려간 여인들의 증언은 모두 거짓이며 이들은 더 나은 삶을 살기 위해 스스로 위안부가 되었다고 주장한다. 과거 위안부 할머님들을 모욕한 죄로 절을 하고 사죄했던 전력이 있는 그가 위안부 할머님들의 마음에 다시 대못을 박은 것이다.

중일전쟁 이후 위안부는 일본군에게 군수품 취급을 받았다. 황군의 수송선에 여자는 태울 수 없다는 불문율을 깨고, 일본군 위안부 성노예는 군마나 군견에 해당하는 군수품처럼 수송선에 실려 중국과 동남아, 태평양의 여러 섬으로 강제로 끌려갔다.

전쟁 중에 군수품은 적에게 넘겨서는 안 된다는 상식처럼, 태평양전쟁 중에 각 지역에서 후퇴하던 일본군은 군수품을 폐기처분했다. 살아서 돌아온 위안부 여인들은 그리 많지 않았다.

1991년 12월 9일, 김학순 할머니가 일본 도쿄 증언대에 섰다. 일본 정부가 위안부의 존재를 부정하며 증거를 요구하자, 김학순 할머니는 살아 있는 증인으로서 위안부의 실태를 최초로 고발했다.

이후 다른 할머니들의 증언이 잇따르기 시작했다.

"성병주사인 606호 주사를 맞아 몸이 병들고 자궁이 썩어 나갔다."

위안부 피해자 황금주 할머님의 증언

"삿쿠(콘돔)를 재사용했는데 이를 직접 씻는 것이 가장 고통이었다."

위안부 피해자 김복선 할머님의 증언

"강제로 위안소에 끌려가 위안부 생활을 겪으며 자궁을 적출당했고, 위안소를 탈출하는 과정에서 인두질까지 당했다."

수요집회에 1,000번 넘게 참여한 이수산 할머님의 증언

할머니들의 증언뿐만 아니라 1944년 한 미군 병장이 찍은 위안부 영

상도 공개되었으나 여전히 이를 부정하는 세력이 있다.

다음은 일본인의 양심 고백이다.

"1941년 관동군 사령부의 명령을 받아 군 위안소를 설치할 때, 중국인 가옥을 약탈하여 군 위안소로 만들고, 조선 여성 30명을 일본군 '위안부'로 강제로 영업시켜, 일본 군부대의 군인들 4,000명이 강간·구타·폭행 대상으로 만들어 성병으로 고생하고 빚까지 가중시켰다."

"면장은 군수의 명령으로 면에 8명이 할당되었으므로 국가에 대한 봉사로 딸을 내놓아야 한다고 했다. 마을에 5명밖에 없었기 때문에 모두 트럭에 돌멩이처럼 실려 갔다."

마나베 겐, 《어느날 군 소집 영장이 와서》

"조선에서 온 여인이 종군 간호사, 여자 정신대, 여자 근로봉사대라는 명목으로 모집되었으나 수송된 이후 위안부라는 사실을 알게 되었다."

쓰치가네 도미노스케, 《싱가포르로의 길: 어느 근위병의 기록》

"여인들은 도쿄 군수 공장에 간다는 모집으로 배를 탔으나 싱가포르에 갔고, 버마까지 연행되어 도망갈 수 없었다는 말을 했다."

요미우리 신문 종군기자 오마타 유키오의 증언집 《전쟁터와 기자(랑군)》

현재 정부에 등록된 위안부 피해자 240명 중 생존자는 8명이다.

'기억하는 자들이 사라지면 역사는 왜곡된다.'

왜곡된 사실은 왜곡을 믿고자 하는 이들에게 진실로 받아들여진다.

양명학에서는 인간 본연의 착한 마음을 양지良知라고 한다. 타인의 아픔에 공감하고 함께 아파할 줄 아는 마음이 곧 양지이다.

같은 대한민국의 국민으로서 느끼는 양지의 마음을, 심지어 일본인조차 느끼는 그 감정을 선동이고 위선이라고 말하는 사람들이 있다. 그들은 한국인이 아니다.

2020년 9월 28일, 독일 내 한인 시민단체 코리아협의회는 베를린 미테 지역에 소녀상을 설치했다.

베를린 시민들에게 일본군 '위안부' 문제를 알리기 위한 목적이었다. 그런데 2020년 10월 7일, 일본 정부의 항의로 소녀상 철거 명령이 내려졌다. 이에 코리아협의회는 법원에 철거명령 집행정지 가처분 신청을 제출하여 철거는 일시 보류됐고, 협의 끝에 2022년 9월 28일까지 소녀상 존치가 가능하게 되었다.

코리아협의회는 소녀상의 영구 존치를 위한 방법을 모색하고 있으나, 일본 정부의 끝없는 로비와 일본 극우 세력의 항의에 가로막히고 있다. 소녀상 영구 존치를 방해하는 것은 일본만이 아니다. 대한민국의 극우 세력이 베를린 미테 지역 관할청에 항의 전화를 거는 등 일부 우리 국민들이 동참하고 있다.

2022년 4월 28일, 독일의 올라프 숄츠 총리가 일본을 방문하여 기시다 총리를 만났다. 기시다 총리는 숄츠 총리에게 미테 지역의 소녀상 철거를 부탁했다.

불과 1년 전만 하더라도 독일은 메르켈 총리가 재임 중이었다. 메르켈 총리는 제2차 세계대전 당시 독일 나치정권이 벌인 과오를 반성하고 사과하는 태도를 보였다. 비단 메르켈 총리뿐만 아니라 패전 이후 독일은 꾸준히 자신들의 잘못을 인정하고 반성해 왔으며, 히틀러를 추종하는 세력에 대해서는 단호하게 응징했다. 그런데 제2차 세계대전 당시 독일과 함께 추축국이었던 일본은 지금까지도 전쟁 당시 저지른 반인륜적 행위와 전쟁 범죄에 대해 반성하지 않고, 진정 어린 사죄도 하지 않았다. 심지어 위안부를 일본 정부 차원에서 처음으로 인정했던 고노담화(1993)를 없었던 일인 것처럼 무시하는 행태를 보이고 있다.

우리를 더 분노하게 하는 것은 가해자 일본의 뻔뻔한 태도보다 같은 한국인으로서 일본의 편을 드는 친일매국 세력의 행동이다.

2022년 6월 27일, 대한민국의 친일 성향 극우 인사들이 베를린 소녀상 앞에서 철거를 요구하는 시위를 벌였다. 이 시위의 주도자는 엄마부대 대표 주옥순, 낙성대경제연구소 이우연, 국사교과서연구소 김병헌이었다.

이들이 내건 플래카드에는 이런 글이 적혀 있었다.

"위안부 사기를 멈추라."

베를린의 많은 사람들이 한국 극우 세력의 시위를 비판하자, 엄마부대 대표 주옥순은 이렇게 말했다.

"너희들은 큰 죄를 짓고 있다. 대한민국을 모독하고 있다."

일본 정부는 철거를 위한 로비를 끈질기게 이어가고, 일본의 극우 세력들은 독일의 공무원들이 업무를 못 할 정도로 항의성 메일과 전화를 보내고 있다. 이러한 상황에서 한국의 극우 세력까지 합세해 활동을 벌이고 있다. 그러나 안타깝고 답답하게도 윤석열정부는 대책을 마련할 생각이 없어 보인다.

2024년 10월, 결국 소녀상을 철거하지 않으면 과태료를 부과할 것이라는 처분이 내려졌다.

2024년 11월 최근까지 소녀상 앞에서는 코리아협의회와 극우를 반대하는 모임이 소녀상 철거를 반대하는 집회를 진행하고 있다.

참고문헌

· 조지 힉스, 《위안부: 일본 군대의 성노예로 끌려간 여성들》, 전경자(역), 창비, 1995.
· 안세홍, 《나는 위안부가 아니다: 아시아의 일본군 성노예 피해 여성 21인의 목소리》, 글항아리, 2020.
· 반일행동, 《비가 오나 눈이 오나 3000일: 소녀상을 지킨 우리들의 시간》, 코리아 미디어, 2024.
· 요시미 요시아키, 《일본군 군대위안부》, 이규태(역), 소화, 2006.
· 박현주 기자, 〈"위안부 사기 그만"… '엄마부대' 주옥순 등 독일서 시위, 현지선 "더 배워라"〉, 아시아경제, 2022. 6. 27.
· 김종훈 기자, 〈주옥순에 고소당한 항현필 "한국인들에게 모욕감 줬다"〉, 오마이뉴스, 2022. 9. 7.
· 김지영 기자, 〈독일 베를린 소녀상 철거 명령에 가처분 신청〉, YTN, 2024.10.18.

107 독도가
우리 땅이 아니라고?

독도가 우리 땅임을 증명하는 역사적 근거는 다음과 같다.

첫째, 신라 지중왕 때 이사부가 우산국을 복속했다는 기록이 있다.

둘째, 고려시대 우산국에서 토산물을 바쳤다는 기록이 있다.

셋째, 《세종실록지리지》에 울릉도와 독도를 별도로 기록했다.

넷째, 《신증동국여지승람》 중 팔도총도라는 지도에 울릉도와 독도를 각각 따로 그렸다.

다섯째, 조선시대 안용복이 일본에 건너가 울릉도와 독도가 우리의 땅임을 확인받았다.

여섯째, 1882년 고종이 울릉도개척령을 발표했다.

"우산도(독도)는 울릉도의 곁에 있는데 서로 떨어져 있는 거리가 얼마나 되는지 각별히 감찰하라."

일곱째, 대한제국에서 독도칙령(1900)을 발표하여 울릉도를 군으로 승격시키고, 독도를 울릉도의 부속도서로 공표했다.

여덟째, 독도에 관한 일본 최초의 문헌 《은주시청합기》에 울릉도와 독도는 고려의 영토라고 기록되어 있다.

아홉째, 일본 문헌 《통항일람》에 안용복에게 독도가 조선의 영토임을 인정한 기록과 일본 어선들의 독도 접근을 금지한 기록이 있다. 우리 역사는 거짓을 말하지 않는다. 안용복의 영웅담은 사실이었음이 증명되었다.

열째, 일본의 삼국접양지도는 중국, 조선, 일본의 영토를 표기했는데, 울릉도와 독도는 조선의 영토로 표기했다.

열한째, 일본 메이지정부 국무회의 기록인 〈태정관문서〉에 독도를 일본 영토 밖으로 인식한 내용이 기록되어 있다.

우리 땅이었던 독도는 언제 빼앗겼는가?

일제에 의해 강제로 체결된 한일의정서(1904. 2.)가 시작이었다.

1조 대한제국 정부는 대일본제국 정부를 확신하고 시정의 개선에 관하여 그 충고를 들을 것.
4조 대일본제국 정부는 전항의 목적을 성취하기 위해 군사 전략상 필요한 지점을 임시 수용할 수 있을 것.

일본은 군사 전략상 필요한 이유를 들어 가장 먼저 독도를 강탈했다. 1년 후인 1905년, 일본은 시마네현 고시에 의해 독도가 자신들의 영토임을 밝혔다. 우리가 국권을 강탈당하기 전에 먼저 빼앗긴 땅이 독도였다. 누Gnu 무리가 이주하다 하이에나들에게 사냥당할 때, 가장 뒤처진 어린 새끼부터 먹이가 되듯이 우리는 막둥이 독도를 가장 먼저 잃었다.

35년간 강제 식민통치를 겪고 1945년 우리는 해방을 맞이하며 독도를 비롯한 모든 영토를 돌려받았다. 하지만 일본은 독도를 반환한 적이 없다고 우겼다. 결국 해방 후 6년이 지난 1951년 샌프란시스코회의를 통해서야 막둥이 독도는 다시 우리 땅이 되었다.

　독도는 우리의 '역린'이다. 일본이 우리의 역린을 건드릴 때마다 화가 난다. 그런데 한국인이 그 독도를 건든다. 역시 뉴라이트이다.
　이영훈은 《반일종족주의》에서 독도가 반일종족주의의 상징이 되었다고 했다. 그는 대놓고 독도는 일본 땅이라고 말하지 않았지만, 조선시대 독도가 조선의 영토였다는 근거는 없다고 설명하려 애를 썼다. 독도 연구자들이 보기에는 허무맹랑한 기술이었다.

　최근 뉴라이트를 각종 기관장에 앉히고, 일본에 굴욕적 외교를 벌인 윤석열정권의 독도에 대한 대응을 보면 기가 막힌다.
　첫째, 해양수산부 대통령 업무보고에서 독도가 사라졌다.
　둘째, 독도 방어훈련인 동해영토수호훈련이 축소되었다.
　셋째, 일본이 독도 홍보 예산을 늘리는 데 반해 우리는 삭감되었다.
　넷째, 국방부 정신전력 교재의 한반도 지도에서 독도가 사라졌다.
　다섯째, 일본이 정한 '다케시마 날'에 한미일 해군훈련을 했다.
　여섯째, 외교부 '해외안전여행' 사이트에 독도를 재외공관으로 표시했다.
　일곱째, 행정안전부 민방위 교육 영상에 독도가 일본 땅으로 표기된, 일본에서 만든 지도를 사용했다.

여덟째, 전쟁기념관에 설치된 독도 조형물이 철거되었다.

실수라고 하기에는 반복적이며 의도적이다. 독도까지 양보했을 때 일본으로부터 얻을 수 있는 이익이 무엇인지 나로서는 이해할 수 없다.

우리네 초등학교에는 훌륭한 담임 선생님들이 많이 계신다.

아이들이 학교에서 배웠다며 노래 '독도는 우리땅'을 부르고 다닌다.

최근 '독도는 우리땅' 노래 가사가 바뀌었지만 나는 아직도 예전의 '독도는 우리땅' 가사가 좋다.

울릉도 동남쪽 뱃길 따라 이백 리
외로운 섬 하나 새들의 고향
그 누가 아무리 자기네 땅이라고 우겨도
독도는 우리땅

경상북도 울릉군 남면 도동 일번지
동경 백삼십이 북위 삼십칠
평균기온 십이도 강수량은 천삼백
독도는 우리땅

오징어 꼴뚜기 대구 명태 거북이
연어알 물새알 해녀 대합실
십칠만 평방미터 우물 하나 분화구
독도는 우리땅

지증왕 십삼년 섬나라 우산국
세종실록지리지 오십 페이지 셋째 줄
하와이는 미국땅 대마도는 일본땅
독도는 우리땅

러일전쟁 직후에 임자 없는 섬이라고
억지로 우기면 정말 곤란해
신라 장군 이사부 지하에서 웃는다
독도는 우리땅

참고문헌

· 독도사전편찬위원회, 《독도사전 개정증보판》, 한국해양수산개발원, 2019.
· 강준식, 《독도의 진실 독도는 우리 땅인가》, 소담, 2012.
· 윤혜성, 《독도는 우리땅(지피지기 백전백승)》, 미디어북, 2016.
· 김종근, 〈한국과 일본 고지도에 나타난 독도와 동해 표기〉, 동북아역사재단, 영토해양연구 제27권, 2024.
· 신운용, 〈한국 학계의 '반민족주의' 논조와 '독도공유론'에 대한 비판적 검토2〉, 고조선단군학회, 단군학연구 제39호, 2018.

108 윤석열의 비상계엄이 계몽령이라고?

2024년 12월 3일 오후 10시 30분경, 윤석열은 대통령 긴급 대국민 특별 담화를 열고 대한민국 전역에 비상계엄을 선포했다. 종북 반국가 세력을 척결하고 자유 대한민국을 수호하겠다는 명분이었다. 1980년 전두환의 비상계엄 전국 확대 조치 이후 44년 만에 선포된 비상계엄이었다.

비상계엄 선포 직후 국회가 전면 통제된다는 소식에 국회의원들과 시민들은 발 빠르게 국회로 향했다. 비상계엄에 동조하며 국회가 계엄군에게 점령당하기를 바라는 듯한 국회의원들도 있었다. 국회 앞에 모인 시민들은 국회 장악을 시도하는 계엄군을 온몸으로 가로막았고, 민주당 국회의원들과 일부 국민의힘 국회의원들은 담을 넘어 국회 본청으로 들어갔다. 국회 내부에 진입한 계엄군이 본청 안으로 들어가려 하자, 보좌진들은 출입문 앞에 책상을 쌓아 계엄군을 막았다. 결국 새벽 1시경 만장일치로 비상계엄해제요구 결의안이 가결되었다. 그 결과, 비상계엄이 선포된 지 2시간 30분 만에 계엄은 사실상 해제되었다. 헌정 사상 최단 기간의 비상계엄이었다.

대한민국 정부 수립 이후 총 12번의 비상계엄이 선포되었다. 이승만 6번, 박정희 4번, 전두환 1번, 윤석열 1번이었다. 하나같이 보수 세력의 지지를 받는 대통령들이었음이 아이러니하다.

비상계엄은 본래 목적에 입각하여 국가 비상사태에 사회 질서를 유지하기 위해 선포된 적도 있었지만, 대부분의 비상계엄은 권력자가 자신의 권력을 강화하기 위한 친위 쿠데타의 형식으로 선포되었다. 그 과정에서 강도 높은 폭력이 동반되어 무고한 국민들이 탄압을 받거나 학살당하기도 했다.

우리나라 헌정 사상 최초의 비상계엄은 여수·순천사건을 진압하기 위해 선포되었다(1948.10.25.). 여수·순천사건이 제주4·3사건을 진압하기 위한 출동에 반대하는 14연대 군인들과 박정희를 비롯한 남로당이 일으킨 반란이었던 것을 감안하면 비상계엄 선포 자체는 합당할 수 있다. 그러나 이를 진압하는 과정에서 수많은 민간인이 학살당했다는 것이 문제였다. 국방부 기록에 따르면, 비상계엄이 선포된 이후 여수와 순천 지역에서는 7천여 명의 민간인 사망자가 발생했다.

비상계엄을 선포하고 여수·순천사건을 진압한 이승만은 곧이어 제주4·3사건을 진압하겠다는 이유로 제주 지역에 비상계엄을 선포했다(1948.11.17.). 여수·순천사건과 마찬가지로 그 피해는 민간인에게 돌아갔다. 제주에서는 총 14,442명의 민간인이 사망했다. 기록에 따라 민간인 사망자를 3만 명, 많게는 8만 명까지 보기도 하니, 당시 자행된 민간인 학살의 규모를 짐작할 수 있다.

　비상계엄은 한국전쟁(1950) 중에도 선포되었다. 한국전쟁 당시 이승만은 총 3차례의 비상계엄을 선포했는데, 전쟁은 국가 비상사태에 해당하는 상황이므로 비상계엄을 선포하는 것 자체에는 문제가 없다. 그러나 자신의 집권 연장을 위해 부산정치파동을 계기로 발령(1952.5.25.)한 비상계엄은 사실상 이승만의 친위 쿠데타였다.

　이후 이승만의 독재와 3·15부정선거에 참지 못한 국민들이 들고 일어나는 4·19혁명이 시작되자, 이승만은 또다시 비상계엄을 선포했다(1960.4.19.). 4·19혁명을 진압하는 과정에서 186명이 사망했고, 1,500명이 부상을 당했다. 그러나 독재 타도를 위한 국민들의 열망은 꺼지지 않았다. 계엄군조차 이승만에 등을 돌릴 정도로 이승만에 대한 민심은 바닥으로 떨어졌고, 결국 이승만은 민주주의를 향한 국민들의 성원을 이기지 못하고 하야했다.

　국민들의 피와 땀으로 이승만이라는 독재를 몰아낸 지 불과 1년여 만에 박정희가 5·16쿠데타를 일으키며 다시 비상계엄이 선포되었다(1961.5.16.). 박정희의 비상계엄 역시 자신의 권력 장악을 위한 친위 쿠데타였다.

　박정희는 자신에 반대하는 세력을 진압하기 위해 비상계엄을 서슴없이 발동했다. 박정희는 군정을 끝내고 대통령에 당선된 후 한일수교를 준비했는데, 한일수교에서는 일본의 과거 식민지배에 대한 사과와 그에 대한 보상이 정확하게 언급되지 않았다. 국민들은 이러한 한일수교에 강하게 빈발하며 반일 감정을 드러냈고, 대학생을 중심으로 시위가 시작됐다. 1964년 6월 3일 시위가 절정에 달하자(6·3시위) 박정희는 이를 진압하기 위해 서울에 비상계엄을 선포한다. 박정희는 강제로 대학휴교령을 내렸고 언론을 탄압했으며 학생, 언론인, 정치인을 가리지 않고 1,120명에 달하는 사람들을 체포했다.

박정희는 유신헌법을 공포하면서도 비상계엄을 선포했다. 대통령 간선제와 임기 6년의 무기한 연임을 가능케 했던 유신헌법은 차기 대통령 선거에서 승리가 불확실한 박정희의 정권 연장을 위한 발악이었고, 사실상 총통제를 선언한 것이었다. 박정희는 전국에 비상계엄을 선포하고 군대를 동원해 국회를 강제로 해산하며 모든 정치 활동을 중단시켰다(1972.10.17.).

이처럼 박정희는 무력으로 상황을 통제한 다음, 같은 해 12월 제7차 개헌인 유신헌법을 공포하여 독재를 이어 나갔다. 참고로 윤석열의 비상계엄 사태 직후 미국이 등을 돌렸듯이, 1972년 박정희의 비상계엄을 목격한 미국과 일본을 비롯한 서방 국가들이 박정희에 등을 돌렸다.

박정희가 유신헌법을 등에 업고 독재를 이어 가던 중, 1979년 YH무역사건이 발생했다. 당시 김영삼 신민당 총재는 신민당사에서 농성을 벌이던 여공들을 지원했는데, 이를 계기로 의원직을 제명당한다. 김영삼의 의원직 제명은 그의 정치적 고향이었던 부산과 마산에서 격렬한 시위의 도화선이 되어 부마민주항쟁(1979)이 일어났다. 부마민주항쟁으로 발령된 비상계엄(1979.10.18.)은 10·26사건으로 박정희가 사망하면서 열흘 만에 해제되었다.

당시 대통령 권한대행이었던 최규하는 전국에 비상계엄을 발령했다

(1979.10.27.). 현직 대통령의 사망이라는 사상 초유의 사태에 비상계엄은 그 당위성이 충분했다. 하지만 두 달 후 전두환이 12·12군사쿠데타로 정권을 장악하면서 계엄은 또다시 독재자의 손에 이용되었다.

독재자 박정희가 시해되면서 국민들은 곧 민주화가 올 것이라는 희망에 차 있었다. 최규하는 긴급조치를 폐지했고, 이듬해 국회는 유신헌법 폐지를 위한 개헌특위를 열었다. 1980년 3월 이후 대학들이 개강하면서 대학가에도 민주화 열풍이 불었고, 학생들은 전두환의 퇴진과 계엄령 해제를 요구하는 시위를 벌였다. 그러나 정권을 장악한 전두환은 이러한 분위기를 누그러뜨릴 필요성을 느꼈고, 결국 비상계엄을 전국으로 확대하는 조치를 내렸다.

이처럼 박정희의 사망과 함께 선포된 계엄은 무려 7개월 뒤 전두환에 의해 전국으로 확대 선포되었다(1980.5.17.).

전두환은 5·17비상계엄확대를 발표한 뒤, 광주에 공수부대를 집중적으로 투입했다. 이때 투입된 3공수, 7공수, 11공수는 광주 시민을 무자비하게 살상했다. 5·18광주민주화운동으로 광주에서는 계엄군에 의해 사망자(실종자 포함)가 832명 발생했고, 3,000명의 부상자가 발생했다.

비상계엄은 우리 역사의 크나큰 아픔으로 기억된다. 대부분의 비상계엄은 민주주의를 유린하고 국민에게 상처를 주었으며, 독재자의 권력을 유지하는 도구로 이용되었다. 전두환이 물러나고 대한민국에 진정한 민주주의가 실현된 이후 국민들은 다시는 비상계엄을 경험하지 않을 것이라고 생각했다. 그런데 44년 만에 윤석열이 비상계엄을 선포하면서 우리는 다시금 아픈 기억을 떠올리고 위기를 마주해야만 했다.

비상계엄을 선포한 이승만, 박정희, 전두환, 그리고 윤석열은 하나같이 자신의 권력 강화를 위한 비상계엄을 선포했으며, 그에 걸맞은 최후를 맞이했다.

이승만은 4·19혁명으로 하야한 후 하와이로 망명을 가야 했다.

박정희는 비상계엄 선포 직후 김재규의 총에 맞아 생을 마감했다.

전두환은 내란죄로 1심에서 사형을, 2심에서 무기징역에 처해졌다.

윤석열은 어떤 최후를 맞이할까?

윤석열은 비상계엄 선포의 이유를 이렇게 말했다.

"종북 반국가 세력을 일거에 척결하고 자유헌정 질서를 지키기 위해 비상계엄을 선포합니다."

종북 반국가 세력이 누구인가?

일단 '김일성 개새끼' 하고 시작하겠다. 유유상종이라고 내 주변 사람들은 90%가 진보적 성향을 보인다. 이들 중에서 북한을 찬양하고 고무하는 자들은 최근 몇 년간 단 한 명도 본 적이 없고, 설령 있었다면 손절한다. 얻다 대고 구식 케케묵은 종북을, 그것도 대통령이나 되어서 극우 유튜버들이나 사용하는 용어를 쓴단 말인가.

우리가 생각하는 반국가적 행위는 이렇다.

첫째, 대한민국을 부정하는 행위.

둘째, 대한민국보다 다른 나라의 이익을 우선하는 행위.

셋째, 소요를 부추기고 사회 혼란을 조장하는 행위.

첫째, 먼저 대한민국을 부정하는 행위를 하는 자들이 있는가?

있다. 헌법을 부정하는 자들이다.

'3·1정신을 계승하기를 거부하는 자'

'임시정부의 법통 계승을 부정하는 자'

'불의인 이승만을 추종하는 자'

윤석열은 3·1정신과 임시정부의 법통을 계승하기를 거부하는 뉴라이트 인사들을 역사기관장 자리에 앉혔으며, 이승만을 찬양했다. 윤석열이 대한민국을 부정하는 자이다.

둘째, 대한민국보다 다른 나라의 이익을 우선하는 자가 있는가?

있다. 윤석열과 그의 하수인들이다.

윤석열정권은 일본과 굴욕적인 외교를 했고, 징용 피해자들에 대한 보상 문제에 '제3자 변제안'을 제시하여 일본 기업의 입장을 헤아렸으며 일본의 원전 오염수 문제에 침묵하여 일본 정부의 입장을 대변했다. 강제 징용의 한이 서린 사도광산이 세계문화유산으로 등재되는 것도 막지 못했고, 독도 분쟁에 있어 일본의 눈치를 보거나 일본의 편을 들었다. 그리고 일본의 역사 왜곡에 대응하는 각 부처의 예산을 대폭 삭감했다. 윤석열은 분명 일본의 이익을 우선했다.

셋째, 소요를 부추기고 사회 혼란을 조장하는 자가 있는가?

있다. 윤석열이다.

국회를 장악하기 위해 내란을 일으키려 했던 것도 모자라, 부정선거를 운운히며 국민들을 혹세무민惑世誣民하고, 법원에 의해 발부된 정당한 체포영장조차 거부하여 법의 형평성을 무너뜨렸다. 감옥에 갇히면서도 자신에 대한 지지를 호소하여 일종의 소요를 조장했으니, 윤석열은 반국가 세력이 맞다.

그렇다면 반국가 대통령 윤석열의 비상계엄 선포는 정당했는가?

국무회의 절차와 국회의 통고通告 여부를 떠나, 비상계엄은 전시 상황이나 사변에 준하는 국가 위기 시에 선포가 가능하다는 전제조건이 따른다. 그러나 윤석열이 비상계엄을 선포했을 때 북한은 준동하지도 않았고, 공공의 안녕을 위협하는 작은 소요조차 없었다. 국가의 위기는 없었지만 대통령 윤석열의 개인적인 위기는 분명히 있었다. 명태균 관련 리스크, 아내 김건희 리스크. 그런데 대한민국은 민주공화정체 국민 국가이므로, 대통령이 곧 국가일 수는 없다. 5년 임기의 선출직 대통령이 자기 개인의 정치적 위기를 어떻게 국가의 위기와 등치시킨단 말인가?

독재국가도 아닌 민주주의 국가에서,

공산국가도 아닌 자본주의 국가에서,

후진국도 아닌 국민소득이 4만 달러에 육박하는 선진국에서,

전시도 아니고 소요사태도 없는 상황에서,

평화 시에 계엄을 일으킨 대통령도 윤석열이 처음일 것이고,

여소야대 빡친다고 계엄을 일으킨 대통령도 윤석열이 처음일 것이고,

마누라 특검 막자고 계엄을 선포한 것도 윤석열이 처음일 것이다.

엄연한 삼권분립 국가에서 국회의 권한을 정지하려 했던 윤석열의 반헌법적 비상계엄은 내란이 맞다. 그런데도 대한민국의 소위 보수라 불

리는 사람들은 윤석열의 비상계엄을 놓고 계몽령이었느니, 고도의 통치 전략이었느니 하며 지지한다. 그들의 논리는 이렇다.

첫째, 비상계엄의 가장 큰 이유로 밝힌 종북 반국가 세력 소탕을 응원한다.

둘째, 부정선거를 밝히기 위해 어쩔 수 없이 비상계엄을 선포했다는 윤석열의 말을 믿는다.

셋째, 야당과 국회의 독재로 인한 국가 운영의 어려움을 알리기 위해 비상계엄을 선포했다는 거짓말을 또 믿는다.

반론을 해 보자.

첫째, 윤석열이 말하는 반국가 세력은 없다. 종북 반국가 세력이 있다 한들 그들은 극소수일 것이고 세상에 목소리를 낼 수 없다. 바로 당신들 친일매국 세력이 대한민국의 근간을 흔든다. 또한 윤석열과 정치적으로 적대 관계에 있다고 해서 그들을 반국가 세력으로 매도하는 것은 대통령 윤석열을 국가의 기준으로 삼는 전근대적인 사고방식이다. 이는 왕조시대의 백성들과 북한의 독재추종자들이나 범하는 우매한 행동이다. 이러한 잣대를 적용한다면, 대통령 문재인에게 맞섰던 검찰총장 윤석열도 당시의 반국가 세력이다. 또한, 문재인 대통령을 '문재앙'이라 부르며 비난한 자들도 당시의 반국가 세력이다.

만약 진보 대통령이 집권하여 자신을 지지하지 않은 국민을 반국가 세력으로 몰아간다면, 보수들이 이에 동의할 수 있는지 묻고 싶다.

둘째, 부정선거를 밝히겠다고 대통령이 비상계엄을 선포하는 경우는 분명 세계 최초일 것이다. 기본적으로 부정선거는 정권과 권력을 장악한 쪽에서나 가능한 것이다. 2024년 총선은 윤석열 정권하에 치러지지 않았는가? 선관위 사무총장 역시 자신이 직접 임명한 절친 아닌가?

부정선거가 의심이 갔다면, 대통령이 앞장서서 의혹을 밝히려 노력하면 될 것 아닌가? 부정선거 때문에 비상계엄을 선포할 정도였다면, 왜 부정선거를 언급하는 대국민 담화조차 한 번도 발표하지 않았단 말인가. 계엄 실패로 코너에 몰리기 전까지 대통령 윤석열이 단 한 번이라도 부정선거를 언급한 적이 있었는가?

윤석열정권에서는 선관위에 대한 경찰과 검찰의 압수수색만 165건이나 이어졌다. 그럼에도 부정선거에 대한 어떤 증거도 찾지 못했다면, 그래도 의혹이 있다 싶으면 국민적 의혹을 해소하는 차원에서 수백억 원이 들더라도 재개표를 시도했어야 했다. 국민과 야당을 설득하여 동의를 얻어 내면 가능한 일 아니었는가? 그런데 부정선거를 밝히겠다고 비상계엄을 선포하여 국가 신용도를 엉망으로 만들고 6조 3천억 원이라는 국가 경제적 손실까지 끼쳤단 말인가? 계엄이 사실상 2시간 30분 만에 끝났기에 망정이지 비상계엄이 성공하여 계엄 상태가 오래 지속되었다면 국가 경제와 대외 신용도는 어찌 되었단 말인가?

대통령으로서 감옥에 갇힌 신세가 된 윤석열은 부정선거를 밝혀야 한다고 자신의 지지자들을 선동할 것이 아니라 어떤 부정선거가 있었다는 것인지 자세히 밝히기를 바란다.

참고로 5년간 부정선거에 관한 소송 150건 모두 선관위가 승소했다.

셋째, 야당과 의회의 독재라는 말이 존재하는가? 대통령의 권한이 초헌법적이라는 말은 들어 본 적 있어도, 국회와 야당이 초헌법적일 수 있다는 말은 들어 본 적 없다. 우리는 엄연한 삼권 분립 국가이다. 대통령이 정치를 잘 못해 총선에서 패배하고 여소야대가 되었으면 거대 야당과 대화를 통해 협력을 이끌어 내는 것이 대통령의 숙명이다. 5년의 임기 내내 여소야대를 견디며 IMF 위기를 극복하고, IT산업과 K-컬처의 기반을 다진 김대중을 보고 배워야 하지 않겠는가?

대화는커녕 자신이 장악한 검찰을 이용하여 거대 야당의 대표 이재명을 제거할 목적으로 389회의 압수수색과 50시간이 넘는 소환 조사만 6차례, 법원에 107차례 출석케 하여 무려 800시간이 넘는 법정 출석을 강요했다. 이재명 대표의 부인 김혜경 여사는 법인카드 7만 8천 원을 개인 용도로 사용했다며 130차례나 압수수색을 당해야 했다. 합리적인가? 김건희는 300만 원 상당의 명품 디올백을 뇌물로 받아도 수사를 피했다. 또 건설 중이던 고속도로를 김건희 집안이 소유한 토지 근처로 이동시켜 땅값의 무한 상승을 꾀하고도 국민들에게 사과하지 않았다. 김건희의 주가 조작으로 수많은 투자자들이 손실을 입었음에도 무죄 판결을 받았다.

이처럼 법 앞에 평등은 개나 줘 버렸던 자신이 야당 때문에 정치를 못하겠다니 이런 코미디가 어디 있는가.

야당이 탄핵을 남발했다고 하는데 그게 불법인가? 반헌법적인가? 감사원장이나 방통위원장 탄핵이 불만이었으면 야당을 설득하고 대화에 나섰어야 할 일 아닌가? 대화보다는 검찰권을 이용해 야당을 압박했고,

인사청문회는 있으나 마나 한 것이 되어버릴 정도로 자신의 인사권을 마음껏 행사하지 않았는가. 1987년 민주화 이후 국회 개원식조차도 오지 않은 대통령이 윤석열 말고 또 있었단 말인가. 대선에서 0.7% 차이로 간신히 당선된 자신은 대통령으로서 누릴 수 있는 모든 권한을 행사하면서, 야당이 총선에서 크게 이겨 다수당의 권리를 법적으로 정당하게 행사하는 것이 기분 나빴다는 것인가?

야당의 탄핵 남발이나 윤석열의 25번 거부권 남발은 어찌 되었건 합법이지만, 윤석열의 비상계엄은 불법이라는 것이 가장 큰 문제다. 가짜 극우 세력은 비상계엄 또한 대통령의 고유 권한이라고 말한다. 맞다. 고유 권한이다. 그러나 비상계엄은 전시·사변 또는 이에 준하는 국가 비상사태여야 대통령의 고유 권한이 성립된다. 또 공공의 안녕질서를 유지할 필요가 있을 때여야 고유 권한이 성립된다. 그 비상계엄도 혼자 선포하는 것이 아닌 국무회의 심의를 거쳐야 한다. 그러나 윤석열은 국무회의 심의를 거치지 않았다. 설령 이 모든 조건을 충족한다고 하더라도 대통령의 국회 장악은 불법이다. 국회 장악은 곧 내란인 것이다.

윤석열의 비상 계엄은 사실상 친위 쿠데타였고, 역사상 가장 바보 같은 비상계엄이었다.

윤석열 같은 몰염치는 없다. 이명박과 박근혜는 염치라도 있었다. 윤석열과 그의 비상계엄을 지지하는 국민이 있다는 사실이 안타깝다.

참고문헌
· 김무용, 《한국 계엄령 제도의 역사적 기원과 변천》, 선인, 2015.
· 고문현, 〈계엄에 관한 연구〉, 숭실대학교 법학연구소, 법학논총 제47집, 2020.
· 1987 PRESS 편집부, 《비상계엄: 2024년 윤석열 정부 비상계엄 사태》, 1987 PRESS, 2024.

대한민국에서 올바르게 산다는 것

애국심이 본능인 사람들이 있다.

나는 대한민국을 사랑한다.

축구장에서 애국가를 부를 때 응원석으로 태극기가 펼쳐지면 눈물이 나온다.

대한민국이 처한 현실과 국가의 불안한 미래에 스트레스를 받는다.

분단시대 절반의 나라지만,

친일매국노들이 기득권을 누렸던 나라지만,

그래도 대한민국을 사랑한다.

사실 민족은 혈연이나, 국가는 계약이다.

민족은 피가 섞인 가족이라면,

국적은 언제든지 바뀔 수 있기에 국가는 주민등록 등본과 같다.

그래서 나는 혈연인 민족을 사랑하고, 통일을 지향한다.

그러나 일종의 계약 관계임에도 대한민국을 사랑하는 마음 역시 본능처럼 작용한다.

민족애와 애국심이 충돌했던 경험이 있다.

2008년 베이징올림픽에서 남한의 진종오 선수와 북한의 김정수 선수가 마지막 힌 발로 금메달을 결정짓는 순간, 진종오 선수의 마지막 한 발이 금빛 사격이 되었을 때 내 두 팔은 이미 하늘로 올라가 있었다. 애국심이 민족애를 뛰어넘는 순간이었고, 이 역시 본능이었다.

국가는 국민의 애국심을 고양하기 위해 노력한다. 그래야 국가의 위기 상황에서 국민의 희생을 강요할 수 있기 때문이다. 그런데 자칫 잘못된 애국심은 반민족적 행위를 강요하기도 한다. 반민족적 국가관은 친일매국 세력과 결탁한 독재자들이 키워낸 것이다. 그들에게 세뇌된 많은 국민들이 반민족과 애국을 동일시하는 것이 지금까지 대한민국의 비극이며, 그 비극은 현재 진행형이다.

민족애가 애국심의 발로여야 한다. 계약의 차원에서 대한민국을 사랑하는 것이 아닌, 같은 언어와 역사를 공유하는 피붙이로 대한민국을 사랑하고, 또 다른 피붙이를 껴안아 하나의 가족이 되려는 노력이 있어야 한다. 그래야 우리를 엿보고 이용하려는 옆집에 맞설 수 있다.

이 책의 집필 기간은 시간적으로 따지면 5년이었다. 민감한 생각들을 책으로 내기까지에는 동기가 있었다. 영화 〈독립전쟁〉의 시나리오가 거의 완성될 때 한강 작가가 노벨문학상을 수상했다. 5·18을 다룬 소설 《소년이 온다》와 4·3을 다룬 소설 《작별하지 않는다》가 한강 작가의 주요 작품이었다. 노벨문학상을 받았음에도 한강 작가는 5·18과 4·3에 대해 다른 생각을 가진 자들로부터 많은 비난을 받았다.

기가 막혔다.

이 분노가 《진보을 위한 역사》의 출간 작업을 본격화하는 계기가 되었으니, 이 책의 동기 부여자는 한강 작가인 셈이다.

나에게 있던 기존의 글들을 묶는 작업을 했다. 유튜브 강의를 하며 써 놓았던 수많은 글들과 다큐 시나리오를 작업하며 버려졌던 어마어마한 글밥들이 있었기에 금방 끝나는 작업이라 생각했지만, 50여 일 넘게 날 밤을 새고 나서야 원고를 완성할 수 있었다. 완전히 탈고를 하고 연구실 사람들과 맛있는 저녁을 먹고 '이제 야근은 그만해도 되겠다'고 생각하며 집으로 돌아간 날이 작년 12월 3일이었다.

직원에게 전화가 왔다.

윤석열이 비상계엄을 발표했다며 빨리 TV를 보라고 했다.

비상계엄을 선포하는 윤석열의 영상이 나왔다.

헬기와 특전사들이 국회로 들어가는 모습을 보아야 했다.

나는 역사하는 사람이기에 비상계엄의 역사를 알고,

나는 광주 사람이기에 비상계엄으로 상처 입은 광주의 역사를 안다.

전두환의 얼굴과 광주의 아픔이 스치며 가슴은 뛰기 시작했고 자칫 울어 버릴라치면 대성통곡할 것 같은 마음이었다. 집이 가까웠다면, 아니 술을 마시지 않았다면, 국회로 달려갔을 것이다.

전화가 빗발쳤다.

"너도 몸을 피해라."

피식했다. 말도 안 되는 소리 말라고 했다.

그 와중에도 내일 출간을 앞둔 《진보를 위한 역사》가 걱정되었다.

포고령 3조, 모든 언론과 출판은 계엄사가 통제한다.

연구실 사람들과 새벽까지 통화하며 설령 내가 잘못되더라도 이 책만큼은 지켰다가 언젠가 출간시키라 말했다. 물론 웃으며 말했다.

계엄은 실패로 돌아갔다. 그렇다면 계획대로 12월 4일 《진보를 위한 역사》를 출간했어야 했다. 그러나 그럴 수 없었다. 역사전쟁을 할 때인가 하는 상실감이 들었다. 22대 국회의원들과 국회 앞에 달려간 시민들에게 신세를 진 셈이다. 책 출간을 포기하고 거리에 나가 윤석열 탄핵을 소리쳤다. 탄핵이 가결되었을 때 여의도에서 승리의 만세를 외쳤다.

탄핵 이후 책의 출간을 결정하는 데 있어 기존의 내용이 문제였다. 처음 《진보를 위한 역사》를 집필할 때는 뉴라이트의 역사 왜곡을 바로잡는 데 초점을 맞췄었다. 뉴라이트의 조선 비하, 노비 왜곡, 세종 공격에 대한 거짓을 알리는 내용을 눈물을 머금고 뒤로한 채 근현대사 중심의 책으로 탈바꿈시켜야 했다. 시대가 시대이니, 그렇게 해야 했다.

윤석열이 체포되고, 또 구속되고, 국민은 둘로 쪼개지고 극우라 불리는 가짜 극우들이 출현하며 세상은 시끄러워졌다. 그럼에도 나는 이 책만 생각하며 어려운 침묵을 선택했다. 50여 일 날밤을 또 샌 후에야 완성된 《진보를 위한 역사》는 사실상 내가 가장 쓰고 싶은 책이었고, 쓰기가장 어려운 책이었다. 애정하는 마음이 깊은 이 책을 독자들에게 내놓으면서 투사의 심정과 수험생의 심정이 공존한다.

나의 투쟁은 성공할 것인가?

독자들은 과연 이 책의 점수를 어떻게 줄 것인가?

진보를 위한 역사

초판 1쇄 발행 2025년 2월 7일
초판 6쇄 발행 2025년 2월 17일

지은이 황현필
발행인 공정범
발행처 역바연
주소 경기도 용인시 수지구 수지로421, 503호
등록 2021년 11월 26일 제2021-000150호
전화(팩스) 031-896-7698
메일 yeok_bayeon@naver.com

ISBN 979-11-985932-8-3 03910

ⓒ 황현필

이 책을 만든 사람들

기획·편집 공지영
디자인 디자인 경놈